Rodrigo Coelho de Lima
(Coordenador e coautor)

DIREITO COOPERATIVO
Avanços, desafios e perspectivas

VOLUME II

Rodrigo Coelho de Lima
(Coordenador e coautor)

DIREITO COOPERATIVO

Avanços, desafios e perspectivas

VOLUME II

Del Rey editora

Belo Horizonte
2019

Impresso no Brasil | Printed in Brazil
EDITORA DEL REY LTDA

www.editoradelrey.com.br

Editor: Arnaldo Oliveira

Editor Adjunto: Ricardo A. Malheiros Fiuza *(in memoriam)*

Diagramação / Capa: Alfstudio

Revisão: Ilamara Murta da Fonseca
Maíra Duarte Magalhães

EDITORA
Rua dos Goitacazes, 71 – Lojas 20 a 24
Centro - Belo Horizonte-MG
CEP 30190-909

Comercial:
Tel.: (31) 3284-3284 | 2516-3340
vendas@editoradelrey.com.br

Editorial:
editorial@editoradelrey.com.br

D598 Direito cooperativo: avanços, desafios e perspectivas, v.2 / Rodrigo Coelho de Lima (coordenador e coautor). – Belo Horizonte: Del Rey, 2019.
xvi, 472 p. – Inclui bibliografia.

ISBN: 978-85-384-0566-5

1.Direito 2. Direito comercial 3. Cooperativas
I. Título

CDU 34:334

Ficha catalográfica elaborada pela bibliotecária Meire Luciane Lorena Queiroz CRB 6/2233.

O próximo grande salto evolutivo da humanidade será a descoberta de que cooperar é melhor que competir.

(Pietro Ubaldi)

Pois se uma grande pedra se atravessa no caminho e 20 pessoas querem passar, não o conseguirão se um por um a procuram remover individualmente. Mas se as 20 pessoas se unem e fazem força ao mesmo tempo, sob orientação de um deles, conseguirão solidariamente afastar a pedra e abrir caminho para todos".

(Padre Theodor Amstad)

PREFÁCIO

Uma excelente obra sobre o Direito Cooperativo, que vem muito a propósito dos desdobramentos dos aspectos societários e dos atos cooperativos – estes os dois vetores do trabalho que, em parte com autores idênticos, sucede e aprofunda as investigações de outra obra coletiva (*Direito Cooperativo – avanços, desafios e perspectivas*, Belo Horizonte: Del Rey, 2018).

A análise ora empreendida pelos autores avançou sobre a complexa e fecunda diversidade introduzida no mercado – de modo a justificar a troca do lucro pela qualidade dos serviços, independentemente do capital. Sob tal premissa, são estudados os elementos da organização, sua mecânica, seus riscos específicos, na conjugação própria de direitos, deveres e vantagens.

Estou diante de coletânea que procura exaurir, em seu filão de pesquisa, o sentido e alcance do vocábulo *fonte*. Buscam os autores as duas acepções do étimo, para a solução dos problemas atinentes a novos ônus, novas obrigações e novas responsabilidades. Seus estudos tanto prosseguem fontes normativas, com ênfase no costume – como é de feição do direito empresarial – quanto discutem as fontes das obrigações, no escopo de enfrentamento dos dois planos práticos do direito, o do lícito e o do ilícito.

Após a instrutiva leitura e a indispensável meditação, confirmo as teses adotadas em julgados de minha relatoria, em que procurei a compatibilização do princípio de portas abertas, com: 1) a validade de exigência estatutária, na cooperativa de trabalho, da seleção pública de provas (Ap. Cív. nº 1.0024.11.222771-5/003); e 2) a validade de exclusão, na cooperativa de crédito, de cooperado empresário de atividade concorrente (Ap. Cív. nº 1.0194.13.003005-0/001).

Deparo, então, artigos doutrinários sobre a Governança Cooperativa (em que, diversamente da governança corporativa, se adiciona a obrigatoriedade da formação técnica do cooperado eleito diretor). Surge nitidamente delineada a influência dos cooperados mediante o Conselho de Administração, a responsabilidade social, a atuação do Conselho Fiscal e as técnicas de gerenciamento do risco, além do controle de adequação de condutas, vale dizer, o *compliance*. São cinco os artigos sobre o tema, de Antônio Augusto de Castro e Luiz Humberto de Castro; Charles Fernando Vieira da Silva e Cláudio Victor Carneiro de Mendonça; Davidson Henrique Eulino Silva Santos; José Romeu Rodrigues Junior e Mônica Marques Rodrigues; e Maria Rachel Ribeiro de Oliveira Barbosa.

Dois são os artigos produzidos sobre o processo administrativo sancionador, ambos quanto às cooperativas de crédito, em que, a partir da estratégia e dos objetivos sociais e econômicos dos próprios cooperados, é superado o aspecto puramente punitivo e vem discernida a regulamentação das práticas para responsabilidade dos gestores e respectivos meios de apuração interna: são os estudos de Paulo Roberto Cardoso Braga e o do Coordenador, Rodrigo Coelho de Lima.

Há um artigo acerca da relação do instituto da recuperação judicial de empresas às cooperativas, de autoria de Denis Rosa de Abreu, além de outro sobre a específica liquidação, de Rafael Vieira Fernandes e Celso Arantes Brito Neto, nos quais entrevejo a repercussão atual de toda a (já antiga) variedade de concepções sobre a personalidade jurídica das cooperativas.

Sobre a reforma trabalhista e seus efeitos nas cooperativas (e ousaria dizer que estas últimas podem vir a subsidiar e superar os efeitos daquela), Giovanni Câmara de Morais perscruta a função e o alcance dos atos cooperativos na relação de trabalho não mais necessariamente subordinado, ao influxo dos princípios da dupla qualidade e da retribuição pessoal diferenciada.

Identifico ainda artigos doutrinários dedicados às perspectivas e oportunidades do cooperativismo financeiro, a cargo de Ênio Meinen; ao ato cooperativo relacionado com a geração fotovoltaica de energia elétrica, por Kassim Schneider Raslan, que desenvolve e especifica sua experiência de análise nos benefícios e segurança jurídica dessa atividade sob a roupagem de cooperativa; e sobre a terceirização de serviços públicos, por Pedro Henrique S. F. do A. Duarte, com princípios equiparáveis aos da administração pública, tomada a adjetivação de "pública" por "do público" e não no de oficial.

E, concluindo por solucionar problemas pontuais diversos, entrevejo estudos sobre a elaboração estatutária (Nery Luiz Cenzi), sugestão de cláusulas tradutoras dos princípios do cooperativismo; sobre os parâmetros de adesão voluntária (Fernanda F. Sciavicco Garcia Guimarães), revelando-lhe as possibilidades e os limites; sobre a contabilidade de cooperativa financeira (José Osvaldo da Costa), em que estabelecida técnica de tradução das estratégias da administração cooperativa, para persecução da responsabilidade social aplicada ao setor; sobre a solução de controvérsias por meios alternativos à jurisdição (Hudson Lídio de Navarro e Rodrigo Coelho de Lima), em paralelo ao já ocorrente, em geral, no direito societário; e sobre a devolução de capital pela retirada do cooperado (Isabela Ramos da Silveira e Silva), a revelar o desfecho do inesgotável debate sobre a categoria de responsabilidade societária.

Eis, portanto, aspectos de direito material e de direito processual, em prol da segurança dos credores, a revelar intercambiáveis os fatores da produção, em oportuna obra doutrinária atenta aos pilares do direito cooperativo: a supressão da intermediação, a não essencialidade do capital, tratando-se de sociedades de pessoas, e o afastamento da ideologia do lucro, substituído pelo resultado.

Dezoito temas, a revelar o conceito, o objeto e a finalidade do Direito Cooperativo e suas relações com os demais ramos do direito. Ao falar do objeto, não me refiro apenas ao ato cooperativo. Refiro-me a todo o objeto científico, a abranger os múltiplos institutos da nova disciplina autônoma da ciência jurídica.

Um registro. Vários dos autores integraram a Comissão de Direito Cooperativo da Seção Mineira da Ordem dos Advogados do Brasil, pelo que me cabe lembrar o que disse, falando por todos os Presidentes de Comissões, em sua recente posse, a Professora Maria Celeste Morais Guimarães:

> não há, em toda a gama de atividades das profissões do direito, esfera intelectual mais rente à prática e mais veloz no acompanhamento da evolução do direito, que as Comissões, cuja permanente contribuição ao exercício da especialização – ante os ramos científicos emancipados, a exigir constante trabalho de formação de profissionais – consegue lograr a efetivação da verdadeira exegese e o oportuno aporte aos necessários ajustes normativos.

Acrescente-se que, no campo do Direito Cooperativo, o trabalho da Comissão se situa em setor de antiga história e de apenas recente elaboração doutrinária. E que já enfrenta o problema da multiplicação dos ramos (quando menos, sete) de cooperativismo.

Está de parabéns o Coordenador e coautor, Rodrigo Coelho de Lima, por este que vem a ser o Volume II, de estudos continuados, com o mesmo título da obra antes lançada. Estão de parabéns os coautores. Está de parabéns a Editora, em nova fase de profícuos eventos associados a lançamentos de obras, a que se integra esta, importante, senão indispensável.

José Marcos Rodrigues Vieira
Professor Titular de Direito Processual Civil da FDUFMG
Desembargador do Tribunal de Justiça de MG

APRESENTAÇÃO

Como presidente nacional do Sistema de Cooperativas de Crédito do Brasil (Sicoob), e operando no cooperativismo há 25 anos, tenho percebido o aumento do interesse da sociedade civil e do setor público, incluindo o Poder Judiciário, de conhecer melhor o ambiente regulatório e operacional deste diferenciado empreendimento socioeconômico que, apesar de sua presença no País há mais de um século, por aqui é ainda pouco conhecido.

Dentre os pilares doutrinários adotados universalmente pelo movimento cooperativista está o Princípio de número 5, que, dado o singularismo do tipo societário, recomenda justamente a ampla difusão dessas particularidades, a fim de que os operadores mantenham a máxima fidelidade ao modelo.

O aspecto central da distinção da sociedade cooperativa em face de outras iniciativas empresariais está no ato cooperativo, que envolve uma relação interna (cooperado/dono x cooperativa x cooperado/dono), âmbito na qual a affectio societatis é bem mais efetiva que na prática mercantil (relação externa, que de um lado reúne o empresário e de outro o consumidor/cliente).

Visando a lançar luz sobre os grandes temas cooperativistas em debate na atualidade, esta publicação reúne um seleto grupo de pensadores do movimento, cada qual na sua especialidade, que trazem reflexões sobre governança, terceirização, tributação, relações trabalhistas e aspectos obrigacionais diversos, além de ampla abordagem sobre a doutrina mutualista propriamente dita.

Estou certo de que o presente conteúdo enriquecerá a abordagem dos temas submetidos à dialética jurídico-doutrinária, contribuindo para a consolidação de importantes teses pró-movimento cooperativista, a bem de toda a sociedade.

Boa leitura!

Henrique Castilhano Vilares
Presidente nacional do Sicoob

SUMÁRIO

GOVERNANÇA COOPERATIVA

ANTÔNIO AUGUSTO DE CASTRO

Administrador formado pela Universidade Federal de Minas Gerais (UFMG); cursos de aperfeiçoamento no Insead, em Fontainebleau, França e no Korean Development Bank, em Seoul, Coréia do Sul. Palestrante e professor de cursos de formação de administradores, executivos e colaboradores de cooperativas, com destaque para o ramo crédito.

LUIZ HUMBERTO DE CASTRO

Administrador formado pela Universidade Federal de Minas Gerais (UFMG); Advogado; Graduação em Direito pela Faculdade Milton Campos; Pós-graduação em Direito Empresarial pela Universidade Cândido Mendes. Sócio da 3.COM Assessoria Empresarial Ltda. Consultor e instrutor nas áreas de risco, crédito, cobrança e governança para cooperativas.

RESUMO

O objetivo principal do presente artigo consiste em revisar conceitos sobre a governança corporativa e, em seguida, apresentar sugestões referentes ao que pode ser feito para introduzir boas práticas de Governança no sistema cooperativo brasileiro. Aborda um histórico do tema, mostrando as fraudes e golpes empresariais que causaram mais repulsa e indignação entre acionistas e investidores.

Sempre que o tema é governança, surgem exemplos de sua falta ou bom uso nos meios corporativos. A necessidade de regras claras de governança não diz respeito só às sociedades por ações, privadas ou estatais, onde ocorrem os conflitos de interesses entre as partes envolvidas nas transações. Os problemas e conflitos ocorrem também nas cooperativas brasileiras, apesar de os conselhos de administração e fiscal, serem todos associados (donos).

Ao final do texto, serão sugeridas alternativas para as deficiências encontradas na governança cooperativa.

Palavras chave: Governança Corporativa. Governança Cooperativa. Conselho de Administração. Conselho Fiscal. Assembleias de Cooperados.

ABSTRACT

The main objective of this article is to review concepts about corporate governance and then to present suggestions regarding what can be done to introduce good Governance practices into the Brazilian cooperative system. It addresses a history of the topic, showing the scams and corporate scams that have caused more disgust and indignation among shareholders and investors.

Whenever the theme is governance, there are examples of their lack or good use in corporate media. The need for clear governance rules concerns not only private or state-owned companies, where conflicts of interest occur between the parties involved in the transactions. Problems and conflicts also occur in Brazilian cooperatives, although the boards of administration and fiscal are all associated (owners).

At the end of the text, alternatives will be suggested for the deficiencies found in cooperative governance.

Keywords: Corporate Governance. Cooperative Governance. Administrative Council. Supervisory Board. Cooperative Assemblies.

1. INTRODUÇÃO

Ao longo dos últimos 100 anos, a governança corporativa vem evoluindo gradativamente, com leis e normativos sobre as sociedades por ações, direitos dos minoritários, penalidades aos fraudadores, exigências de códigos de condutas, demonstrativos financeiros, conselhos fiscais, auditorias independentes e órgãos reguladores.

No Brasil, o tema Governança Corporativa (ou sua falta) é discutido em situações das mais diversas, principalmente pela grande imprensa e jornais ou periódicos de economia e negócios, quase sempre quando da descoberta de fraudes ou má condutas de administradores. É assunto obrigatório nos relatórios de gestão de médias e grandes empresas, geralmente como autoelogios, pois se apresentam como exemplos da boa governança, o que nem sempre é verdadeiro.

Segundo o ex-presidente da Comissão de Valores Mobiliários (CVM), Leonardo Pereira (cujo mandato compôs o período entre novembro de 2012 e julho de 2017), em evento sobre governança em julho de 2015, declarou: "todos os problemas que foram parar na CVM nos meus 3 anos de gestão foram de falta de governança corporativa por parte das companhias". O problema da falta de governança corporativa não é algo exclusivo das empresas estatais e afetou, entre outras, empresas privadas listadas no Novo Mercado, onde as exigências de governança são maiores.

Hoje ele poderia falar, com muita propriedade e perplexidade sobre as duas maiores empresas brasileiras: Vale e Petrobrás, além da ascensão e queda empresarial de Eike Batista (grupos EBX e OGX), todas do Novo Mercado da Bm&fBovespa. Quando suas ações despencaram na Bolsa, investidores nacionais e internacionais sofreram vultosos prejuízos. Anunciavam nos relatórios e nas belíssimas propagandas como "eram ciosas com suas estruturas de governança!". O empresário Eike Batista, por exemplo, publicou sua autobiografia, contando como se tornou um grande empresário. Foi considerado pela revista Forbes como o 'homem mais rico do Brasil e o oitavo do mundo'.

Os acionistas americanos foram despertados para a necessidade de impor limites mais rigorosos ainda aos conselheiros e diretores após a fraude de manipulação de ações, em proveito próprio, dos controladores e executivos da Texaco (Vidigal, 2008), como se verá adiante.

O empurrão que faltava para um movimento de exigência de modernização da governança foi dado em 1984 pelo ativista Robert Monks[1], que usou sua participação acionária em empresas para pressionar e exigir dos administradores a prestação de contas transparentes de seus atos aos acionistas.

2. ANTECEDENTES / HISTÓRICO

Os passos iniciais para uma exigência de governança corporativa podem ter sido dados na Inglaterra por volta de 1650, com o surgimento da primeira *corporation*. Seus acionistas elegeram um Conselho, o qual nomeou um *Chief Executive Officer* (CEO) (Vidigal, 2007). Mas não resta dúvida de que já havia na Europa, por parte dos governos financiadores e investidores das grandes aventuras (tais como as grandes navegações, guerras e expansão do comércio), exigências de prestação de contas dos recursos disponibilizados.

A Companhia Britânica das Índias Orientais fora criada pouco antes (1600), em Londres, por John Watts e George White, e durou até 1874.

1 Robert Augustus Gardner Monks (1933-) é norte-americano e ativista de acionistas. É cofundador dos Institutional Shareholder Services, Lens Investment Management, Lens Governance Advisors e The Corporate Library

Acredita-se que só com princípios de governança (apesar dos horrores praticados contra o povo indiano) poderia ter tido tão longa vida.

Exemplos clássicos de falta de governança vêm da Europa e Estados Unidos. Ao final da década de 1920, os Estados Unidos entraram em um grande período de recessão econômica (chamada Grande Depressão ou crise de 1929), a qual persistiu ao longo da década de 1930, terminando apenas após o início da Segunda Guerra Mundial. Na Inglaterra, o poderoso Barings Bank, o então mais antigo banco de investimento da Inglaterra, fundado em 1762, veio a fechar suas portas em 1995 devido a operações malsucedidas em sua filial de Singapura. Seu gerente, Nick Leeson, ocasionou perdas para o Barings de US$ 1,4 bilhão em especulação, primariamente em contratos de futuros ou operações de alto risco. A matriz alegou, constrangida, que não sabia de nada, pois o gerente Leeson tinha autonomia operacional. Porém, as próprias autoridades de Singapura alegaram que os superiores de Leeson deveriam saber da existência das movimentações.

Os Estados Unidos da América foram palco de inúmeras fraudes empresariais arquitetadas por administradores profissionais, manipuladores do mercado acionário em interesse próprio, regiamente abonados caso atingissem as metas propostas pelos Conselhos de Administração.

Um caso que despertou fúria de investidores (principalmente dos grandes fundos de pensão e investidores institucionais), foi da Texaco em 1984. Sua diretoria e o conselho de administração utilizaram uma prerrogativa legal norte-americana – o *American Companies Act* – para recomprar ações da Texaco a um valor substancialmente acima do valor de mercado, evitando que um acionista minoritário (Bass Brothers) as adquirisse, o que seria uma ameaça à posição corporativa dos diretores e conselheiros. O ágio pago ao minoritário foi de US$ 137 milhões e a esperteza legal levou a mudanças na legislação, criação de boas práticas de gestão e maior cobrança dos administradores na condução dos negócios das empresas.

O caso da falência da *Enron Corporation* também chamou a atenção mundial pelo descaso com auditorias internas e externas que não denunciaram manipulação do preço de suas ações pelo alto escalão. A empresa texana, fundada em 1995, explorava gás natural, derivativos climáticos (seguro climático para negócios sazonais), gerenciamento de risco e produção de energia. Possuía cerca de 21 mil empregados. No Brasil, tinha participações em algumas empresas do setor de energia, como a Elektro, a Gaspart (do grupo OAS, em recuperação judicial) e no gasoduto Brasil-Bolívia. Com a desregulamentação do setor de energia e inovações tecnológicas nos Estados Unidos, a empresa chegou a ser a sétima maior corporação americana e uma das líderes mundiais em energia (gás natural e eletricidade) atingindo, em 2002, o valor de mercado de US$ 68 bilhões.

Porém, toda a grandeza da empresa era falsa e manipulada pelos seus executivos, em conluio com bancos, políticos da Casa Branca e uma das maiores empresas de auditoria: Arthur Andersen (que também fechou suas portas, demitindo quase 100 mil funcionários ao redor do mundo). A ação da Enron, dezembro de 2000, valia US$ 90.00 e em novembro de 2001 caiu para menos de US$ 0.80 (oitenta centavos de dólar).

Uma grande empresa americana do mercado financeiro, a *Long-Term Capital Management*, criada em 1994 em Greenwich, Connecticut, fazia gestão de fundos *hedge*. Ela quase faliu em 1998, ao perder mais de US$ 4.6 bilhões em operações nos mercados financeiros, sendo salva por interferência do banco central americano (FED), que convocou credores para convencê-los a injetar capital na empresa. Sua quebra teria repercussões nocivas no mercado acionário americano e mundial. O Fundo usava estratégias de negociação de retorno absoluto combinadas com alta alavancagem financeira, acumulando ativos de US$ 126 bilhões. Sua ótima reputação era devida à de seus três fundadores John Meriwether, Myron Scholes e Robert C. Merton, estrelas de primeira grandeza do mercado financeiro inglês. O que chamava a atenção dos investidores que perderam seus recursos era que Scholes e Merton foram ganhadores do Prêmio Nobel de Economia (por haverem revolucionado, quem diria, a forma de analisar derivativos).

O século XXI mal tinha começado e a *Securities and Exchanges Commission* (SEC) investigava grandes empresas por fraudes contábeis ou práticas lesivas ao mercado: Arthur Andersen (2002), Merck (2001), Xerox (2002), Bristol-Myers Squibb (2002), Tyco (2002) e ImClone Systems (2002). Na Itália, no mesmo período, explodiu o escândalo da Parmalat (2003), trazendo repercussões para suas atividades no Brasil.

Em consequência das fraudes e escândalos contábeis que, na época, atingiram grandes corporações, o Congresso Americano aprovou, em junho de 2002, a Lei Sarbanes Oxley (ou SOX), iniciativa do senador democrata Paul

Sarbanes e do deputado republicano Michael Oxley. Era preciso estancar a fuga dos investidores do mercado mobiliário causada pela insegurança e perda de confiança em relação as escriturações contábeis e aos princípios de governança nas empresas. Esta Lei representa a maior reforma do mercado de capitais americano desde a introdução de sua regulamentação, logo após a crise financeira de 1929.

O mercado empresarial brasileiro passou também por incontáveis casos de fraude e quebras por parte de grandes conglomerados empresariais, companhias de poupança e empréstimo, administradoras de consórcios, companhias aéreas (tais como Vasp, Varig, Transbrasil), empresas de construção civil que venderam imóveis e não os entregaram (tendo como exemplo a Encol) , grandes lojas de departamento que fecharam suas portas sem pagar fornecedores e entregar compras já pagas (por exemplo: Bemoreira, Mesbla, Mappin, entre outras tantas).

Após o período de exceção, podem ser lembrados os casos dos bancos Crefisul, Econômico, Nacional, Bamerindus, Mercantil de Pernambuco e Banorte. Seus correntistas foram salvos pelo Programa de Estímulo à Reestruturação e ao Fortalecimento do Sistema Financeiro Nacional (PROER), programa de saneamento condicionado à transferência de controle acionário. Os bancos estatais, com raras exceções, conhecidos por nunca se importarem com governança e com seus dirigentes nomeados por razões políticas, também foram saneados, fechados ou vendidos com recursos do Programa de Incentivo à Redução do Setor Público Estadual na Atividade Bancária (PROES). Ambos os programas foram criados no governo Fernando Henrique (1995-2002).

Há poucos anos, houve os escândalos da debacle dos Bancos Banespa, Santos, Panamericano, Rural e Morada, entre muitos outros. Pode-se afirmar que tudo foi por falta de governança. Felizmente, muitos golpes comerciais ou financeiros contra acionistas, governos e cidadãos já vêm sendo evitados ou frustrados com a eficaz atuação do legislativo, judiciário e dos órgãos reguladores, pressão dos acionistas, punição dos responsáveis etc.

Diante dessas situações, o governo federal, órgãos reguladores, bolsas de valores, acionistas institucionais e minoritários viram, então, que era necessário um esforço conjunto e urgente para implantação no país de boas práticas de governança nas corporações privadas ou estatais.

3. GOVERNANÇA CORPORATIVA

3.1 Conceito

O conceito de governança corporativa mais usado no Brasil pelos órgãos reguladores (Banco Central do Brasil, Agências Nacionais de Energia Elétrica, de Saúde Suplementar, de Transporte Terrestre, Aéreo, Aquaviário, entre outros), empresas e mercado financeiro, de modo geral, é o do Instituto Brasileiro de Governança Corporativa (IBGC, 2019)[2], que a define como "O sistema pelo qual as sociedades são dirigidas e monitoradas, envolvendo os relacionamentos entre Acionistas/Cotistas, Conselho de Administração, Diretoria, Auditoria Independente e Conselho Fiscal".

A Comissão de Valores Mobiliários (CVM)[3], por sua vez, conceitua Governança Corporativa como:

> o conjunto de procedimentos que tem por finalidade: otimizar o desempenho de uma companhia; aumentar seu valor; reduzir o custo de capital; aumentar a viabilidade de obtenção de recursos no mercado de capitais como alternativa de capitalização e proteger as partes interessadas contra desvios de ativos por indivíduos que têm poder de influenciar ou tomar decisões em nome da companhia (CVM, 2002).

As companhias abertas com ações negociadas no segmento Novo Mercado da BM&FBovespa assumem compromissos de governança corporativa superiores aos que a legislação brasileira exige. Comprometem-se à prestação de informações que facilitam o acompanhamento e a fiscalização dos atos da administração e dos controladores da companhia e suas regras societárias possibilitam melhor equilíbrio dos direitos dos acionistas, sejam eles controladores ou investidores. Ganha a companhia com o aumento de seu valor de mercado, visto que suas ações estão sempre em evidência na Bolsa de Valores e, com certeza, terá sucesso em novas chamadas de capital.

Há inúmeras definições nos meios acadêmicos, empresariais e financeiros sobre governança corporativa. Mas todas têm em comum que a palavra vem

---

2 O Instituto Brasileiro de Governança Corporativa (IBGC) é uma organização sem fins lucrativos, criada em 1995, com sede em São Paulo e sete capítulos regionais. É a referência brasileira sobre sistemas de Governança Corporativa (www.ibgc.org.br).

3 A Comissão de Valores Mobiliários (CVM) foi criada em 07 de dezembro de 1976 pela Lei nº 6.385/76, com o objetivo de fiscalizar, normatizar, disciplinar e desenvolver o mercado de valores mobiliários no Brasil (www.cvm.org.br).

do verbo governar e que corresponde aos processos, costumes, políticas, leis e instituições que são usados para administrar uma empresa, uma organização ou uma nação.

3.2 Teorias *Shareholders* versus *Stakeholders*

A sistematização do que vem a ser Governança Corporativa tem sua origem mais remota baseada nas teorias dos *Shareholders* (acionistas) e, posteriormente, na teoria dos *Stakeholders* (partes interessadas).

Shareholders

Por *shareholders* entende-se, no contexto dessa teoria, os acionistas enquanto proprietários de parte de uma empresa, instituição ou empreendimento que investiram capital na aquisição, expansão ou modernização destes com objetivo de maximizar o retorno financeiro, mais especificamente os dividendos a serem distribuídos e do seu valor de mercado.

Essa prática ficou conhecida como teoria dos *Shareholders* (primazia do acionista), baseada na cultura anglo-saxã e muito comum até hoje no meio empresarial, acadêmico e financeiro. Sua origem remonta a Adam Smith[4], sustentada por diversos outros pensadores, tais como Milton Friedman[5]. Por ela, a missão da empresa é a maximização do lucro como forma de perenidade e de agradar os seus acionistas. Segundo Friedman: "Há uma e somente uma responsabilidade social nos negócios – usar os recursos e engajar-se em atividades destinadas a aumentar os seus lucros [...]" (FRIEDMAN, 2009, p. 55, tradução livre).

Como se pode observar, essa afirmação equivaleria a um alvará para o chamado 'capitalismo selvagem' tal qual uma arena de 'vale-tudo'. Ressalte-se que, por social, entende-se apenas o social que interessa aos acionistas. Porém, o próprio autor minimiza e delimita os efeitos da sua afirmação ao completar a frase com: "[...] desde que ela permaneça dentro das regras do jogo, o que é dizer, engaje-se com a livre concorrência sem trapaças ou fraudes" (Idem).

---

4 Adam Smith (1723-1790) foi um filósofo e economista britânico, considerado o pai do Liberalismo Econômico. Autor da obra "A Riqueza das Nações".

5 Milton Friedman (1912-2006) foi um economista e escritor norte americano. Ganhador do Prêmio Nobel em Ciências Econômicas em 1976.

De acordo com as citações acima, Friedman defende um respeito às leis e regras do jogo, que, ao longo do tempo, evoluíram para além dos interesses somente dos acionistas.

Do ponto de vista da Governança, deveria haver controle e limitações (tanto em normas externas quanto internas) para os executivos, enquanto decisores e executores no dia a dia das organizações empresariais para que não descumprissem as leis (*compliance*) e não desviassem da necessidade (e um princípio) da lucratividade.

Neste ponto, vale comentar que, por razões óbvias, essa teoria não se encaixa na cultura, na filosofia e na essência do cooperativismo, embora em algumas cooperativas de crédito, saúde e agropecuárias haja obsessão por geração de sobras sem uma justificativa estratégica.

Stakeholders

Em contraposição a essa teoria, ao longo dos anos foi gradualmente ganhando força as reflexões, discussões e teorias sobre a validade, ética e perenidade do modelo anterior.

Um estudo marcante sobre o tema foi o artigo *Managing for Stakeholders* (Gestão para as partes interessadas, em tradução livre) de R. Edward Freeman[6]. Segundo o autor,

> A ideia básica é que as empresas e os executivos que as realmente gerenciam, devem criar valor para clientes, fornecedores, funcionários, comunidades e financiadores (ou acionistas). E que precisamos prestar muita atenção em como essas relações são gerenciadas e de como o valor é criado para essas partes interessadas (FREEMAN).

Na teoria do *Stakeholder*, as decisões não devem se pautar na visão predominante de que no mundo dos negócios há um distanciamento com a ética, ou, como se diz ironicamente (e absurdamente) no meio empresarial, "ética nos negócios é um paradoxo". Pelo contrário, as decisões são pautadas por reflexões éticas acerca de seus efeitos mediatos e imediatos, em curto, médio e longo prazos, para as finanças e imagem da organização, refletindo-se nos

---

6 R. Edward Freeman (1951-) é um filósofo americano e professor de administração de Negócios, particularmente conhecido por seus trabalhos "Teoria do *Stakeholder*" e "Ética nos Negócios".

executivos, acionistas e demais partes interessadas, tanto primárias quanto secundárias.

Com a evolução dos questionamentos sobre os propósitos das corporações, globalização, e padronização não somente de marca, mas também a preocupação de formação de uma imagem institucional sólida e marcante em nível mundial, as preocupações com os *Stakeholders* passaram a fazer parte dos processos decisórios. Esse modelo ficou conhecido como Germânico-Nipônico.

As recomendações dos roteiros e manuais de governança geralmente indicam a importância de atender às principais e legítimas demandas das partes interessadas, efetivamente criando valor inclusive para estas, sendo então essa a teoria predominante para as organizações que pretendem ser modernas. Em última instância, os *Stakeholder* contribuem para a longevidade da organização corporativa. Neste modelo, as empresas têm Responsabilidade Social e isso é valorizado criando, obviamente, mais valor para os acionistas, apesar dos custos de implantação de determinadas práticas, ações ou políticas considerando as partes interessadas.

Nesse ponto, vale antecipar que essa teoria vem justamente de encontro com um dos princípios universais do cooperativismo, o interesse pela comunidade.

3.3 Teorias de Conflito de Agência versus *Stewardship*

As teorias a seguir apresentadas não são alternativas, mas efeitos observados das teorias primárias acima. Elas servem basicamente para delimitar e demonstrar os efeitos sobre a delicada relação entre os sócios/acionistas (proprietários) e os executivos (agentes) e suas consequências para ambos, as respectivas corporações e demais partes interessadas, assim como a estrutura de governança em cada caso.

Conflito de Agência

O conflito de agência decorre da assimetria dos interesses dos administradores e acionistas. Durante a Grande Depressão no mercado norte americano, após o *crash* de 1929, surgiram várias teorias sobre suas causas e consequências para os investidores em ações de companhias. Foi nessa época, em 1933, que surgiu a legislação federal, o *Securities Act (US Corporate Law)*, que versa de forma mais rigorosa sobre lançamento e venda de ações. Nesse conjunto de leis fica evidenciado o princípio da transparência, no qual é um direito do acionista receber informações seguras e relevantes sobre a realidade da corporação.

Nesse mesmo período foi lançado o livro "*The Modern Corporation and Private Property*", (A Corporação Moderna e a Propriedade Privada, em tradução livre), considerado a base da Teoria da Agência (*Agency Theory*). Seus autores, os norte-americanos Adolf Berle (1895-1971) e Gardiner Means (1896-1988), defendiam que havia uma clara separação entre quem tinha a propriedade da empresa (acionistas) e quem tinha o seu controle prático (altos executivos ou *principal-agents*), quebrando o conceito tradicional de "Propriedade Privada". Nessa teoria, os proprietários, na ânsia de obter a maior rentabilidade de suas ações, deixavam-se frequentemente se levar pelas opiniões e direcionamento dos executivos.

Com a abertura de capital de grandes empresas familiares, privatizações e concessões, houve uma pulverização da propriedade das corporações, algumas para centenas, outras para milhares de acionistas. Com efeito, houve uma redução da gestão das empresas por parte dos antigos controladores (geralmente familiares das origens das empresas) para a gestão por agentes contratados (executivos) terceirizados, especializados e, em muitos casos, terceiros não acionistas.

Interesses pessoais dos executivos de alto escalão (*principal-agents*), como, por exemplo, promoções, longevidade no cargo, reconhecimento público e, principalmente, vultosas bonificações que sejam monetárias ou indiretas (benefícios, privilégios e vantagens) ou ainda ações da própria companhia que se valorizam com o seu desempenho, poderiam prevalecer.

Exemplos de desastres financeiros decorrentes deste comportamento foram apresentados no início deste trabalho. Daí a necessidade de modelos de Governança Corporativa detalhados, complexos, muitas vezes impostos por leis e com responsabilizações rigorosas como os que estão em vigor nos países mais desenvolvidos.

Teoria do *Stewardship*

A teoria do *Stewardship*, desenvolvida por Davis, Schoorman e Donaldson, parte de uma nova concepção da importância e do papel das corporações no mundo moderno. Questões ambientais, sociais, identidade de gênero, aversão a quaisquer tipos de discriminação, atuação e identidade global etc., aliadas à repercussão e repulsa aos grandes escândalos recentes no mundo corporativo trouxeram mudanças na maneira de enxergar as corporações. Além do endurecimento das exigências e dos rigores das leis, da ampliação de conceitos de Governança baseados na desconfiança em função da Teoria da Agência, apresentada acima, houve também um movimento natural e saudável de enxergar o lado bom das pessoas, o lado responsável e nobre.

Por essa nova teoria, os indivíduos que conduzem as organizações podem ser (e muitas vezes o são) pessoas com elevado espírito moral, com desprendimento pessoal e que consideram o coletivo acima do individual, a responsabilidade social acima do que simplesmente a "última linha" (lucros ou prejuízos) e que a atuação da empresa (baseada na teoria dos *Stakeholder*) deve trazer o maior ganho de valor não somente financeiro, mas também social.

Essa teoria vem ganhando força de forma surpreendente com a revolução e o impacto que as redes sociais e a comunicação instantânea apresentam às questões econômicas, políticas e sociais.

3.4 Princípios da Governança Corporativa

Os princípios servem como orientadores na hora de elaborar leis e normas ou diante de dúvidas e conflitos no processo de tomada de decisão. Assim, a Governança Corporativa possui os seus princípios básicos e universais, a seguir transcritos e adaptados do IBGC:

- **Transparência:** mais do que a obrigação de informar, é o desejo de disponibilizar para as partes interessadas as informações que sejam de seu interesse e não apenas aquelas impostas por disposições de leis ou regulamentos. Não deve se restringir ao desempenho econômico-financeiro, contemplando também os demais fatores (inclusive intangíveis) que norteiam a ação gerencial e conduzem a criação de valor.

  A adequada transparência resulta em um clima de confiança, tanto internamente quanto nas relações das cooperativas com terceiros. Vale ressaltar que muitos relatórios de gestão de empresas (e mesmo de cooperativas) são mais peças de marketing com vistas à autopromoção dos gestores do que efetivamente um mecanismo honesto e transparente para o sócio ou acionista.

- **Equidade:** caracteriza-se pelo tratamento justo de todos os sócios/acionistas e demais partes interessadas (*stakeholders*). Atitudes ou políticas discriminatórias, sob qualquer pretexto, são totalmente inaceitáveis.
- **Prestação de contas:** os agentes de Governança devem "prestar contas" de sua atuação de forma transparente e equânime, assumindo integralmente as consequências de seus atos e omissões.
- **Responsabilização:** os agentes de Governança devem zelar pela sustentabilidade das corporações (no caso, das cooperativas), visando à sua longevidade e perenidade, incorporando considerações de ordem social e ambiental na definição dos negócios e operações. Neste ponto, vale destacar uma diferença fundamental entre a governança de corporações e de cooperativas, uma vez que a responsabilidade de se obter lucro é desejável e um reflexo esperado e saudável para a missão daquelas, ao contrário destas que não o visam.

4. GOVERNANÇA COOPERATIVA

4.1 Conceito

A Governança Cooperativa é um conceito adaptado da Governança Corporativa, baseado nos seus princípios e acrescido de valores e princípios próprios do Cooperativismo.

Um dos conceitos mais difundidos é o utilizado no livro Governança Cooperativa, da autora Elvira Ventura, publicado pelo Banco Central em 2008, que assim a define:

> Trata-se de um modelo de direção estratégica, fundamentado nos valores e princípios cooperativistas, que estabelece práticas éticas visando garantir a consecução dos objetivos sociais e assegurar a gestão da cooperativa de modo sustentável em consonância com os interesses dos cooperados (VENTURA, 2008).

Pode parecer que, por ser a cooperativa uma associação de pessoas que se unem para usufruir de serviços comuns com mais facilidade e menores custos, não haveria problemas de governança. Cada associado tem direito a um único voto nas assembleias gerais, escolhem livremente e entre eles seus dirigentes e fiscais. Assim, o tradicional conflito de agência parece não ser comum no sistema. Mas é um engano, pois os associados têm interesses e expectativas diferentes. Como as assembleias delegam as decisões sobre administração da sociedade a um grupo eleito, inevitavelmente haverá conflitos e problemas de governança.

Segundo a Organização das Cooperativas do Brasil (OCB) no Manual de Boas Práticas de Governança Cooperativa, publicado em 2016,

> [...] adoção das boas práticas de Governança na cooperativa garante a aplicação da autogestão no Sistema Cooperativista Nacional e tem por finalidades:
>
> Ampliar a transparência da administração da sociedade cooperativa;
>
> Facilitar o desenvolvimento e a competitividade das cooperativas;
>
> Contribuir para a sustentabilidade e perenidade do modelo cooperativista;
>
> **Aprimorar a participação do cooperado no processo decisório**;
>
> Obter melhores resultados econômico-financeiros;
>
> Incentivar a inovação e proporcionar a melhoria da qualidade dos serviços ao quadro social;
>
> **Aplicar a responsabilidade social como integração da cooperativa com a sociedade civil** (OCB, 2016, grifo dos autores).

Como se pode ver, a Governança Cooperativa é muito parecida com a Governança Corporativa, porém com adaptações para as especificidades desse modelo de negócios, incorporando os seus valores e princípios com destaque para a valorização das pessoas, o não objetivo de lucro, a gestão democrática e a responsabilidade social.

Valores cooperativistas

Pode se dizer que os valores vêm antes dos princípios. De maneira simples, pode-se definir valores cooperativistas como aquilo que causa orgulho, admiração, que é apreciado e tido como uma atitude nobre e, ainda, o que é desejável na conduta e atuação em uma cooperativa.

Segundo João Eduardo Irion (1997), "Valores são experiências morais, de caráter permanente que se constituem no arcabouço do pensamento e da conduta dos cooperativistas". Os valores básicos que foram utilizados na confecção dos princípios cooperativistas são: solidariedade; liberdade; democracia; justiça social; equidade (associativa, econômica e social); participação; universalidade e honestidade.

Não é objeto deste trabalho conceituar, detalhar e exemplificar cada um destes valores cooperativistas. Pode-se, entretanto, facilmente perceber que eles se correlacionam com os princípios cooperativistas e servem de base para os princípios da Governança Cooperativa.

Princípios cooperativistas

Assim como os valores, não cabe também neste trabalho conceituar e exemplificar os princípios cooperativistas, mas apenas registrar e comentar sob a ótica da Governança.

- Adesão voluntária e livre: sem uma boa estrutura de Governança, baseada nos seus princípios, a cooperativa pode se tornar suspeita ou desinteressante para o cooperado, comprometendo sua perenidade. O princípio da liberdade de entrar (com condições, claro) e de sair (sem condições) exige que a cooperativa seja sempre atrativa (economicamente e socialmente);
- Gestão democrática: como a Governança Cooperativa já apresenta, por lei, uma necessidade de eleições, para escolha dos representantes e administradores dentre os cooperados, de forma democrática, uma boa estrutura de Governança atrairá os melhores talentos e líderes para a gestão da cooperativa;
- Participação econômica dos membros: a essência do cooperativismo é econômica. O social vem em paralelo. Assim, se não for assegurada atratividade pela cooperativa (assim como a lucratividade no caso da Governança Corporativa) o cooperado simplesmente pode deixar de participar;
- Autonomia e independência: é muito comum uma cooperativa surgir com o apoio de outras entidades ou instituições, mas o interesse do cooperado vem acima dos outros *Stakeholders*. Assim, os mecanismos de Governança Cooperativa devem assegurar a identidade da cooperativa como instituição autônoma que visa à sua independência e sustentabilidade econômica, financeira e institucional;
- Educação, formação e informação: neste ponto, o desafio é justamente fazer com que os cooperados compreendam, ainda que minimamente,

o que vem a ser Governança e a sua importância para a perenidade da cooperativa. Os recursos do Fundo de Assistência Técnica Educacional e Social (Fates) ou Reserva de Assistência Técnica e Educacional e Reserva Legal (Rates), por exemplo, poderiam ser destinados em parte para educação e informação em prol dos cooperados e formação dos conselheiros sobre Governança;

- Intercooperação: neste ponto, pode-se aplicar o princípio da intercooperação com a divulgação das boas práticas de Governança Cooperativa em publicações, missões técnicas, seminários apoiados ou realizados por um conjunto de cooperativas;
- Interesse pela comunidade: tradicionalmente, o cooperativismo apresenta um real interesse pela comunidade, com sensibilidade para conhecer e entender os problemas e demandas sociais nas suas respectivas áreas de atuação. A preocupação com os demais *Stakeholders* já é tradicional, haja vista as diversas ações sociais feitas pelas cooperativas.

4.2 Princípios da Governança Cooperativa

Com base nos valores e princípios do cooperativismo acima apresentados, aliados aos da Governança Corporativa, foram definidos os princípios adicionais da Governança Cooperativa.

Novamente, segundo a OCB (2016) os princípios da Governança Cooperativa são:

- Autogestão: processo pelo qual os próprios cooperados, de forma democrática e por meio de organismos de representatividade e autoridade legítimos, assumem a responsabilidade pela direção da cooperativa e pela prestação de contas da gestão. Os agentes de governança são responsáveis pelas consequências de suas ações e omissões em consonância com o princípio da prestação de contas (*accountability*);
- Senso de justiça: deve pautar o tratamento dado a todos os cooperados com igualdade em suas relações com a cooperativa e nas relações desta com suas demais partes interessadas. Na prática, é o princípio da equidade;

- Transparência: significa facilitar voluntariamente o acesso das partes interessadas às informações que vão além daquelas determinadas por dispositivos legais, visando à criação de um ambiente de relacionamento confiável e seguro. Este princípio ficou repetido em relação ao da Governança Cooperativa. Vale lembrar que a cooperativa tem, por lei, livros à disposição dos cooperados, tais como os livros de matrícula, de atas das assembleias, de atas dos órgãos de Administração, atas do Conselho Fiscal, de presença dos Associados nas Assembleias Gerais, além de outros, fiscais e contábeis, obrigatórios;
- Educação: trata-se de investir no desenvolvimento do quadro social visando a formação de lideranças, para que estas tragam em seus conhecimentos de gestão e administração a essência da identidade cooperativa, base de sucesso e perpetuidade de sua doutrina. Neste sentido, um dos grandes desafios é justamente a educação sobre Governança;
- Sustentabilidade: é a busca por uma gestão ética nas relações internas e externas para geração e manutenção de valor a todas as partes interessadas, visando à perenidade da cooperativa, considerando os aspectos culturais, ambientais, sociais e econômicos. Em termos econômicos, sustentabilidade significa viver da renda proporcionada pelo planeta e não do seu capital, o chamado capital natural. Toda atividade econômica depende desse capital.

4.3 Estrutura obrigatória de Governança Cooperativa

A Lei n° 5.764/71, que define a Política Nacional de Cooperativismo, estabelece as regras básicas de governança para as sociedades cooperativas brasileiras. Em que pese serem sociedades de responsabilidade limitada (raras são as de reponsabilidade ilimitada, também permitidas), todas têm suas regras mínimas de governança independentemente do seu ramo de atuação ou seu porte.

Assim é que, de acordo com o art. 21, V da referida Lei, deverá constar no estatuto social, já na constituição da cooperativa, dentre outras exigências, o modo como a sociedade será administrada (diretoria ou conselho de administração) e fiscalizada, estabelecendo os respectivos órgãos, com definição de suas atribuições, poderes e funcionamento, a representação ativa e passiva da sociedade em juízo ou fora dele, o prazo do mandato, bem como o processo de substituição dos administradores e conselheiros fiscais.

Vários capítulos da norma legal detalham o ordenamento mínimo de cada uma dessas exigências que, no seu conjunto, dão uma ideia da governança prevista, desde 1971, para o cooperativismo brasileiro.

Conselho de Administração

A citada Lei n° 5.764/71 permite aos associados, no ato de constituição de sua cooperativa ou a qualquer tempo via reforma estatutária, optar sobre a forma de administração da sociedade, que pode ser por uma diretoria ou um conselho de administração. Caso optem por diretoria, o estatuto social tem que ser claro quanto ao seu papel como colegiado e dos diretores como gestores.

Quando se fala em diretoria executiva, pressupõe-se que a cooperativa seja optante, estatutariamente, por um conselho de administração. Como o próprio nome indica, diretoria executiva implica subordinação a um órgão superior e deve executar as decisões estratégicas de um conselho de administração. É estranho falar em governança cooperativa (nos conceitos modernos) quando a sociedade optou por ter somente diretoria. Desta forma, os diretores são os executores das estratégias aprovadas por eles mesmos.

Um dos principais desafios em relação à governança em cooperativas é difundir a boa prática de separar a direção estratégica (conselho de administração, responsável pelos rumos da cooperativa), da gestão executiva, focada em colocar a estratégia em prática. Isso permite que os conselheiros atuem como o elo entre a propriedade (cooperados) e a gestão, a fim de orientar e supervisionar a relação da cooperativa com as demais partes interessadas, diminuindo eventuais conflitos de agenda, bem como possibilitando a escolha de profissionais com as competências necessárias para conduzir o dia a dia da instituição.

É preciso reforçar o papel e a importância dos conselheiros de administração nas cooperativas, evitando a situação em que eles delegam atribuições estatutariamente próprias aos gestores executivos, renunciando ao seu papel direcionador e, principalmente, da responsabilidade de deliberação sobre os rumos da cooperativa. Agindo assim, tornam-se meros aprovadores ou sancionadores das estratégias ou políticas desenvolvidas pelos diretores executivos. De acordo com os autores Elvira Ventura e Marden Soares (2008), essa situação geralmente ocorre por incompetência dos conselheiros[7]. Por isso, cresce a importância da qualificação constante dos integrantes dos conselhos (de administração e fiscal) para que possam desempenhar suas atribuições de forma eficaz.

Em qualquer das opções, diretores ou conselheiro de administração são obrigatoriamente associados, eleitos pela Assembleia Geral e seus mandatos não podem ser superiores a quatro anos.

As boas práticas de governança cooperativa reforçam a importância de a cooperativa ser administrada por um conselho, como é praxe nas grandes empresas. Como a Lei nº 5.764/71 estabelece, a cada eleição, uma renovação mínima de um terço dos atuais conselheiros, há maior facilidade de composição de grupos de associados com interesse em participar da administração. Quando as candidaturas ao conselho são de chapas completas, as funções dos candidatos já devem constar na inscrição das chapas e, se eleitos, terão a legitimidade dada pela assembleia geral. Ao serem empossados, passam a ser conselheiros e diretores. Os outros eleitos sem função executiva definida são denominados de vogais. As candidaturas podem ser individuais, devendo o estatuto estabelecer as regras para a realização da votação e proclamação dos eleitos na assembleia.

A legislação do cooperativismo (exceto o de crédito) não estabelece a separação da direção estratégica da gestão executiva. Enquanto o conselho de administração é responsável por estabelecer uma estratégia para o desenvolvimento da cooperativa, compete à diretoria executiva colocá-la em prática no seu dia a dia, ou seja, definir a tática. Essa separação de poderes é uma das bases atuais da boa governança. O conselho, geralmente na figura de seu presidente, fica sendo o elo entre a cooperativa e os seus donos (associados) e faz a representação institucional da cooperativa. É de sua responsabilidade a escolha de diretores profissionais e competentes com perfil adequado para conduzir o dia a dia da cooperativa. Esses diretores executivos são responsáveis por se relacionar com as outras partes interessadas (comunidade, fornecedores, autoridades etc.).

---

7 Ainda de acordo com os autores, esse papel pode ocorrer em situações que se manifeste um exagerado poder dos gestores ou quando há uma excessiva passividade na atuação do Conselho Administrativo e os conselheiros se limitam a suportar as decisões dos executivos, seja por constrangimento ou baixa independência (SOARES e VENTURA, 2008).

O Conselho Fiscal

O Conselho Fiscal é órgão responsável pela fiscalização assídua e minuciosa da administração de uma cooperativa. Na estrutura de uma boa governança cooperativa, o conselho fiscal (se for bem operante) pode ser tão (ou mais) importante quanto o de administração. Seus membros são os 'olhos e ouvidos' dos associados, escolhidos para fiscalizar a transparência da gestão dos recursos financeiros da cooperativa.

Tem como finalidade certificar que as atividades previstas, as funções desempenhadas e operações realizadas pelos administradores e seus auxiliares, como os controles operacionais, registros e demonstrações contábeis e demais atos e fatos administrativos estão em conformidade com o disposto na legislação e no Estatuto Social da cooperativa.

Enquanto nas sociedades por ações o conselho fiscal pode ser permanente ou instalado a pedido dos acionistas, conforme disposições do art. 161 da Lei nº 6.404, de 15 de dezembro de 1976[8], nas sociedades cooperativas é obrigatório, com regras definidas pelo art. 56 da Lei nº 5.764, de 16 de dezembro de 1971[9].

No organograma de qualquer cooperativa, o conselho fiscal aparece como independente, respondendo tão somente à assembleia dos associados. Compete ao estatuto social definir suas competências, observando que o número de conselheiros é fixado em 6 (seis), sendo 3 (três) efetivos e 3 (três) suplentes. Devem ser eleitos em assembleia geral e seus mandatos são de apenas 1 (um) ano, devendo ser renovado, no mínimo, 2/3 (dois terços) de seus membros.

No cooperativismo financeiro, essas amarras foram, em parte, desatadas pela Lei Complementar n° 130, de 17 de abril de 2009, ao permitir, em seu art. 6º, que o prazo de duração do mandato possa ser de até 3 (três) anos,

---

8 "A companhia terá um conselho fiscal e o estatuto disporá sobre seu funcionamento, de modo permanente ou nos exercícios sociais em que for instalado a pedido de acionistas" (BRASIL, 1976).

9 "A administração da sociedade será fiscalizada, assídua e minuciosamente, por um Conselho Fiscal constituído de 3 (três) membros efetivos e 3 (três) suplentes, todos associados eleitos anualmente pela Assembleia Geral, sendo permitida apenas a reeleição de 1/3 (um terço) dos seus componentes" (BRASIL, 1971).

observada em cada eleição a renovação de, pelo menos, 2 (dois) membros, sendo 1 (um) efetivo e 1 (um) suplente.

Seu art. 31 estabelece que compete ao conselho fiscal, entre outras atribuições estabelecidas no estatuto social:

> [...]
>
> I - fiscalizar, por qualquer de seus membros, os atos dos administradores e verificar o cumprimento dos seus deveres legais e estatutários;
>
> II - opinar sobre as propostas dos órgãos de administração, a serem submetidas à assembleia geral, relativas à incorporação, à fusão ou ao desmembramento da cooperativa;
>
> III - analisar as demonstrações contábeis elaboradas periodicamente pela cooperativa;
>
> IV - opinar sobre a regularidade das contas da administração e as demonstrações contábeis do exercício social, elaborando o respectivo parecer, que conterá, se for o caso, os votos dissidentes;
>
> V - convocar os auditores internos e externos, sempre que preciso, para prestar informações necessárias ao desempenho de suas funções;
>
> VI - convocar assembleia geral, por deliberação da maioria de seus membros, sempre que ocorrerem motivos graves ou urgentes (BRASIL, 2009).

O inciso VII, que contém as atribuições mínimas dá, ao mesmo tempo, força aos conselheiros fiscais para exercer suas funções e cria uma obrigação profissional de comunicar, por meio de qualquer um de seus membros, aos órgãos de administração, à assembleia geral e ao Banco Central do Brasil, "os erros materiais, fraudes ou crimes de que tomarem ciência, bem como a negativa da administração em fornecer-lhes informação ou documento" (Idem).

Nas cooperativas de porte médio ou grande, há mais facilidade de formação de chapas com 6 (seis) associados profissionais ou, melhor ainda, de candidatos individuais. Mas, sendo a cooperativa uma sociedade de pessoas, sem exigências legais de formação técnica, experiência prévia e conhecimentos de organização e contabilidade, surge a dificuldade de constituição de candidatos competentes para a fiscalização assídua e minuciosa da administração da cooperativa, como a lei exige. A falta de instrução mínima muitas vezes os torna arredios e constrangidos de participar de treinamentos disponíveis oferecidos pelo Serviço Nacional de Aprendizagem do Cooperativismo (SESCOOP) e a OCB, além das próprias cooperativas centrais, no caso do ramo crédito.

Assembleia Geral dos Associados

No caso das empresas, a assembleia dos donos é o momento de suma importância da sociedade. É via assembleia que os acionistas/cotistas/associados definem os rumos da corporação. Tem poderes para aprovar ou rejeitar os relatórios de gestão dos administradores, destituir ou eleger os conselhos de administração e fiscal, alterar seu estatuto social e, até mesmo, dissolver a sociedade.

Nas cooperativas, as regras sobre os atos assembleares estão contidos na Lei nº 5.764/71[10]. As regras básicas, que tornam a cooperativa diferente das outras sociedades, são a singularidade do voto e a proibição de representação por mandatários. O quórum para instalação, funcionamento e deliberações também é baseado no número de associados e não no capital. A assembleia geral também decide sobre a devolução das sobras ou o rateio das perdas, em razão diretamente proporcional aos associados que tenham usufruído os serviços durante o exercício anterior.

A Lei nº 6.981, de 30 de março de 1982, modificou a Lei nº 5.764/71, estabelecendo a singularidade do voto e a proibição de representação por mandatários, mas ao mesmo tempo permitiu a representação por delegados[11]. O Estatuto Social deve estabelecer o número de delegados e a forma de sua eleição, em números iguais (grupos seccionais) de associados. Assim, uma assembleia geral composta por delegados é mais dinâmica e representativa.

Devem ser realizadas até o fim de março (abril, para o ramo crédito) do ano subsequente ao encerramento do exercício anterior, convocadas com an tecedência mínima de 10 (dez) dias, mediante editais afixados nos locais mais frequentados pelos associados, publicação em jornal e comunicação aos associados por meio de circulares, conforme art. 38, §1º de referida Lei.

---

10 "Art. 38. A Assembleia Geral dos associados é o órgão supremo da sociedade, dentro dos limites legais e estatutários, tendo poderes para decidir os negócios relativos ao objeto da sociedade e tomar as resoluções convenientes ao desenvolvimento e defesa desta, e suas deliberações vinculam a todos, ainda que ausentes ou discordantes" (BRASIL, 1971).

11 Art. 42.
[...]
§2º Quando o número de associados, nas cooperativas singulares exceder a 3.000 (três mil), pode o estatuto estabelecer que os mesmos sejam representados nas Assembleias Gerais por delegados que tenham a qualidade de associados no gozo de seus direitos sociais e não exerçam cargos eletivos na sociedade (BRASIL, 1982).

Apesar de tão importante para os destinos da cooperativa, a participação dos associados nas assembleias gerais (salvo pouquíssima exceção) é fraca. Considerando que bastam 10 (dez) associados na terceira e última convocação, quer a assembleia geral seja ordinária ou extraordinária, um grupo de 7 (sete) associados com direito ao voto ou 7 (sete) delegados pode mudar o destino da cooperativa, pois suas decisões atingem a todos, ainda que ausentes ou discordantes.

Em pesquisa divulgada pelo Banco Central do Brasil (BCB) em 2009 sobre a participação dos associados nas assembleias revela que, quanto maior o porte das cooperativas, menor é ao percentual de presença nas assembleias gerais. Segundo a pesquisa, o percentual de cooperativas cuja assembleia foi realizada em 2007 com menos de 5% dos associados é de 22,6% e entre as de menor porte foi de 41,9%.

Isso talvez caracterize um desinteresse com os destinos da cooperativa cujos associados são os donos e votam em igualdade de condições com quaisquer outros associados. Bem diferente das assembleias em sociedades por ações onde o que fala mais alto é o capital.

4.4 Estrutura facultativa de Governança Cooperativa

Auditoria interna

Um dos mecanismos de controle e tranquilidade para os sócios é a estruturação de uma área de auditoria interna na organização. Afinal, nada melhor do que um *insider* para saber no dia a dia o que está acontecendo, quer seja por análise e rotinas operacionais de controle, quer seja por boatos e comentários informais, frequentes no mundo corporativo.

Com a complexidade das organizações (grandes bancos, multinacionais, órgãos públicos ou empresas de capital misto) torna-se necessária uma área própria de auditoria para verificar se as políticas, rotinas, procedimentos e controles estão sendo bem executados pelos empregados/funcionários.

Porém, um ponto falho nessa estrutura é o fato de o auditor interno (ou a equipe de auditoria) estar subordinada hierarquicamente aos administradores, o que pode comprometer sua autonomia e independência.

Vale ressaltar que, obviamente, esta estrutura não está focada em negócios e, por isso, representa elevados custos de observância. Neste ponto, o cooperativismo possui uma solução bastante interessante que é a possibilidade de se constituir centrais ou federações de cooperativas para centralizar os serviços de retaguarda (*back office*).

No caso de cooperativas de crédito associadas a uma central, há a figura do agente de controles internos, reportando externamente (para a área de controle da central) os fatos ocorridos na cooperativa singular, o que deveria tornar essa função mais efetiva. Porém, mesmo o agente de controles internos está sujeito às pressões hierárquicas.

Auditoria externa (ou independente)

Diante dos conflitos possíveis na auditoria interna, ou mesmo em função dos seus elevados custos fixos, ou ainda da dificuldade de mão de obra especializada em função da complexidade dos processos, uma excelente alternativa para a organização é a contratação de uma auditoria externa. Em alguns casos de cooperativas de crédito e de saúde essa contratação é obrigatória.

A contratação e a realização do trabalho de auditoria são regidas por várias normas técnicas, regidas pela Associação Brasileira de Normas Técnicas (ABNT) e do Conselho Federal de Contabilidade (CFC). No caso do ramo crédito, há também a normatização do Conselho Monetário Nacional com o detalhamento feito pelo Banco Central do Brasil.

Como um dos pilares da governança das cooperativas, os serviços prestados pela auditoria independente não devem ficar restritos simplesmente ao exame das demonstrações contábeis anuais. Sugere-se que os contratos constem cláusulas de participação das auditorias independentes nas reuniões dos conselhos, assembleias, processos de inventário de bens do ativo imobilizado e de estoques, na verificação da segurança dos sistemas de informática, cumprimento das legislações, fiscais, previdenciárias, trabalhistas, consumeristas e de meio ambiente, além da efetividade dos próprios mecanismos internos de *Compliance* e Governança.

Comitê de ética

Nas organizações mais avançadas em termos de Governança, um dos mecanismos de resolução de dúvidas, conflitos, aplicação de multas, advertências, afastamentos ou até mesmo eliminação de sócios (no caso de cooperativas) é o comitê de ética.

Geralmente, este comitê é formado por representantes dos cooperados e que possuem credibilidade, elevado padrão moral e senso de justiça, o que traz segurança e tranquilidade a mais para o cooperado contra eventuais perseguições políticas ou disputas entre grupos de interesses dentro da cooperativa.

Comitê Consultivo

Diante da complexidade de algumas decisões técnicas ou estratégicas, o Conselho de Administração ou a Diretoria pode querer recorrer à opinião de consultores especialistas ou de cooperados com mais experiência para uma boa orientação.

Com a diversidade de atuação em uma cooperativa de crédito, saúde ou agropecuária, por exemplo, as decisões estratégicas ligadas a nichos de mercado, lançamento de produtos, investimentos em publicidade ou em imobilizações podem ser conflitantes entre grupos de interesses legítimos conflitantes.

Assim, a criação de um Comitê Consultivo, formado por cooperados ou não, é também uma ferramenta para melhoria.

Mecanismos de relacionamento com o cooperado

Tradicionalmente, as reclamações sobre a baixa participação dos cooperados em assembleias é constante. Não cabe aqui discorrer sobre suas causas, mas tão somente sugerir alguns mecanismos que colaboram com o princípio da transparência. Os mais frequentes e úteis são:

- Site com informações sobre "quem somos" (dados institucionais), histórico da cooperativa, fatos marcantes, composição dos conselhos, estatuto, demonstrações financeiras e contábeis, pareceres de auditorias, fatos relevantes, canais de atendimento, telefones, meios de contato etc;
- Publicações periódicas basicamente com esses tópicos acima, tanto em meio físico quanto em meio digital;
- Publicação dos fatos relevantes (e que podem ser abertos a toda a comunidade) em jornais, revistas e informativos da circulação local, principalmente os que enfatizam a boa gestão e a boa governança da cooperativa, ao invés de simplesmente divulgar produtos ou serviços;

- Pesquisas de satisfação ou de coleta de opinião sobre temas relevantes para a cooperativa com base nos meios modernos de comunicação: e-mail, redes sociais, aplicativos próprios para *smartphones*, SMS e site;
- Realização de pré-assembleias com grupos seccionais ou territoriais de cooperados, mesmo que a cooperativa não tenha optado pela representação por delegados.

4.5 Particularidades nos ramos saúde e crédito

Os dois ramos cooperativistas mais regulamentados no Brasil são o de saúde e crédito. As cooperativas médicas, que operam Planos Privados de Assistência à Saúde e as odontológicas, que operam exclusivamente Planos Odontológicos são constituídas, como todas as outras de qualquer ramo, conforme o disposto na Lei nº 5.764/71.

Segundo a OCB, é um ramo do cooperativismo genuinamente brasileiro. A primeira cooperativa de profissionais de saúde do Brasil surgiu em 12 de novembro de 1967 com o nome de Unimed (União dos Médicos) a partir da união de um grupo de médicos da cidade de Santos/SP. O ramo saúde está sujeito à regulamentação da Agência Nacional de Saúde Complementar (ANS), criada pela Lei nº 9.961, de 28 de janeiro de 2000. A ANS é uma agência reguladora, vinculada ao Ministério da Saúde, responsável pelo setor de planos de saúde no Brasil.

A citada Lei nº 9.961/2000 definiu as atribuições da ANS e, entre elas, estão a de fixar normas para constituição, organização, funcionamento, transferência de planos para outras operadoras, reajustes de contribuições, processos administrativos e liquidação extrajudicial das operadoras.

Ressalte-se que o ramo crédito, subordinado à normatização do Conselho Monetário Nacional (CMN) e à fiscalização pelo Banco Central do Brasil (Lei nº 4.595/64), também se sujeita às normas do citado art. 21 de referida Lei. De 1965 a 2009, resoluções do CMN divulgadas pelo BCB determinaram outros procedimentos obrigatórios nas práticas do dia a dia do cooperativismo de crédito, possibilitando-lhe acompanhar as dinâmicas do mercado financeiro. Nada, porém, conflitante com a Lei nº 5.764/971.

Em 17 de abril de 2009, cumprindo determinação do art. 192 da Constituição Federal de 1988, foi sancionada a Lei Complementar n° 130, dispondo sobre o Sistema Nacional de Crédito Cooperativo. Entre várias medidas aprovadas, foram determinadas que as competências legais do CMN e do BCB em relação às instituições financeiras aplicam-se às cooperativas de crédito. Desde então, o CMN vem normatizando novos procedimentos de governança cooperativa, seguindo um projeto do Banco Central do Brasil.

A citada Lei Complementar estabeleceu maiores possibilidades de crescimento no mercado financeiro para as cooperativas de crédito com conselho de administração. Uma das alterações importantes foi a permissão para a criação estatutária de diretoria executiva subordinada ao conselho de administração, ocupada por associados ou não associados.

Em 05 de agosto de 2015, o Banco Central do Brasil divulgou a Resolução n° 4.434 do CMN, consolidando todos os normativos referentes à constituição, autorização para funcionamento, atividades, alterações estatutárias e cancelamento de autorização para funcionamento das cooperativas de crédito.

O artigo 26 de referida Resolução determinou que as cooperativas de crédito devem observar a política de governança corporativa aprovada pela assembleia geral, a qual aborde os aspectos de representatividade e participação, direção estratégica, gestão executiva, fiscalização e controle, e que contemple a aplicação dos princípios de segregação de funções na administração, remuneração dos membros dos órgãos estatutários, transparência, equidade, ética, educação cooperativista, responsabilidade corporativa e prestação de contas.

A obrigatoriedade de ser instalado um conselho de administração atingiu as cooperativas de crédito denominadas plenas e clássicas. Nesse caso, a Resolução estabelece as competências mínimas do conselho, entre outras funções estratégicas e que deverão ser aprovadas em assembleia e incluídas no estatuto social:

> [...]
>
> I - fixar a orientação geral dos negócios da cooperativa de crédito;
>
> II - indicar e destituir os diretores e fixar-lhes as atribuições, observadas as disposições contidas no estatuto;
>
> III - fiscalizar a gestão dos diretores;

IV - examinar, a qualquer tempo, os livros e papéis da cooperativa de crédito;

V - solicitar informações sobre contratos celebrados ou em via de celebração, e quaisquer outros atos;

VI - convocar a assembleia geral;

VII - manifestar-se sobre o relatório da administração e as contas da diretoria;

VIII - manifestar-se previamente sobre atos ou contratos, quando o estatuto assim o exigir;

IX- autorizar, se o estatuto não dispuser em contrário, a alienação de bens do ativo não circulante e a constituição de ônus reais; e

X- escolher e destituir os auditores externos (BRASIL, 2009).

5. DEFICIÊNCIAS NA GOVERNANÇA COOPERATIVA

Com todo o exposto acima, era de se esperar que as cooperativas apresentassem níveis elevados ou ao menos satisfatórios de Governança. Mas a realidade é bem diferente. Diversos são os problemas e complexas as soluções com relação ao atual nível de Governança Cooperativa. É claro que em um universo de mais de 6 mil cooperativas atuantes no País, em diversos ramos e atividades econômicas, e em todas as regiões territoriais tem-se bons exemplos para o bem e para o mal.

Existem diversas publicações com viés otimista e construtivista que mostram as "Boas Práticas de Governança" para que sirvam de exemplo ou de um objetivo a se seguir. Palestras, seminários, missões técnicas também procuram divulgar e difundir essas "Boas Práticas".

Porém, pouco é dito sobre o que deu errado. O assunto geralmente é velado, exposto em tons de confissões, casos, achismos ou, pior, matérias jornalísticas improcedentes, sensacionalistas ou tendenciosas.

Na experiência dos autores, após anos de consultoria e instrutoria sobre o tema, pode se relatar as principais deficiências, listadas a seguir:

- Pouca participação dos associados em assembleias e, em muitos casos, assembleias organizadas propositalmente com esse intuito;
- Deficiência na Lei nº 5.764/71, ao estipular que o mandato do Conselheiro Fiscal é de apenas 1 ano e com renovação obrigatória de 2/3. Desde já se

recomenda a adoção do modelo moderno e mais eficiente trazido pela LC n° 130/09 para o ramo crédito com mandatos de até 3 anos e renovação obrigatória de apenas um terço do conselho.

- Baixa qualificação sobre os aspectos financeiros e contábeis por parte dos conselheiros fiscais e a falta de um entendimento dos seus direitos e deveres para com a cooperativa e os cooperados que os elegeram, assim como de sua responsabilização. Essa baixa qualificação é justamente piorada com a renovação acima para as cooperativas dos ramos não-crédito;
- Obscuridade e/ou falta de objetividade nas leis sobre os direitos e deveres dos Conselheiros (principalmente os fiscais), a resolução de conflitos, os direitos dos cooperados;
- O modelo dual de Governança, com a clara separação entre conselho de administração e diretoria ainda é obrigatório para poucas cooperativas, basicamente algumas do ramo crédito.

As cooperativas dos ramos crédito e saúde, justamente por movimentarem expressivos valores, terem milhares de clientes ou associados e ainda pelo efeito "dominó" (consequência do risco sistêmico) são rigidamente supervisionadas por órgãos do governo (BCB e ANS) com poderes para decretar intervenção e liquidação extrajudicial. Além disso, as penalidades administrativas e criminais para os dirigentes desses ramos de cooperativas são bem mais claras e rigorosas do que os dos outros ramos, haja vista as Leis de Intervenção e Liquidação em Instituições Financeiras (Lei n° 6.024/74) ou a Lei dos Crimes contra o Sistema Financeiro, conhecida como Lei do Colarinho Branco (Lei n° 7.492/86).

No caso dos outros ramos há uma lacuna, decorrente da falta de legislação, sobre a quem ficaria incumbido o poder de fiscalizar, supervisionar ou normatizar a governança das cooperativas.

A prerrogativa constitucional da não intervenção governamental[12] no funcionamento das cooperativas trouxe liberdade, mas um enfraquecimento na

---

12 Constituição da República Federativa do Brasil de 1988:
Art. 5° [...]
XVIII - a criação de associações e, na forma da lei, a de cooperativas independem de autorização, sendo vedada a interferência estatal em seu funcionamento

fiscalização, controle e normatização para a maioria dos ramos (exceto crédito e saúde). Ainda em decorrência da CF/88 ficou extinto o Conselho Nacional de Cooperativismo (CNC) que esclarecia e normatizava vários pontos polêmicos sobre a legislação cooperativista.

É importante lembrar que sempre haverá a função do Ministério Público como defensor dos interesses difusos e coletivos, mas na prática, essa atuação não faz parte da práxis do cooperativismo brasileiro

5. CONCLUSÃO

A Governança Cooperativa (ou a sua falta) é tema que vem adquirindo cada vez mais relevância no meio cooperativista, baseada nas teorias e fundamentos que deram origem à Governança Corporativa, tais como: *Shareholders*, *Stakeholders*, Conflito de Agência e *Stewardship*, porém consubstanciada nos valores e princípios cooperativistas.

A Lei nº 5.764/71 já apresenta mecanismos de Governança (Assembleias, Conselho de Administração ou Diretoria e Conselho Fiscal) com exigências de atribuições bem definidas no Estatuto Social. Além disso, há o apoio legal contido no Código Civil Brasileiro de 2002. Com efeito, era de se esperar que as cooperativas de qualquer porte apresentassem níveis adequados e exemplares de governança.

A realidade, entretanto, é bem diferente, com exemplos absurdos e pouco divulgados formalmente de péssimas práticas de governança. As exceções geralmente ficam por conta dos ramos crédito e saúde bem normatizados por leis mais modernas, regulamentados e fiscalizados por órgãos ou instituições rigorosos tais como o Conselho Monetário Nacional, o Banco Central do Brasil e a Agência Nacional de Saúde Suplementar.

Alguns outros ramos possuem apenas regulamentação técnico-operacional para suas atividades (ex. Agência Nacional de Transportes Terrestres (ANTT), Ministério da Agricultura, Pecuária e Abastecimento (MAPA), Ministério do Trabalho e Emprego (MTE)) sem, entretanto, a competência de promover uma regulamentação sobre governança, faltando-lhes base legal para responsabilidades administrativas, fiscalização, intervenção e até mesmo liquidação extrajudicial.

Dentre as soluções, destacam-se aumento das capacitações de conselheiros, diretores e cooperados, exigências de certificações para dirigentes, divulgação de efetivas boas práticas, prêmios de reconhecimento e intercâmbio entre cooperativas.

O que realmente conceberia grande diferença, proporcionando avanço nos ramos menos regulamentados, seria um esforço conjunto da OCB, das entidades de classe que também congregam cooperados, lideranças setoriais, sistemas cooperativistas organizados em segundo e/ou terceiro níveis, e das Frentes Parlamentares do Cooperativismo, no sentido de promover mudanças radicais e práticas na legislação atual, que se encontra muito obsoleta diante dos desafios dos tempos modernos.

REFERÊNCIAS

BATISTA, Eike. *O X da questão*. São Paulo: Nova Cultura, 2011.

BERLE, Adolf. MEANS, Gardiner. *The Modern Corporation and private Property*. Transaction Publishers, 1932.

BRASIL. CONSELHO MONETÁRIO NACIONAL. Resolução nº 4.434, de 05 de agosto de 2015. *Dispõe sobre a constituição, a autorização para funcionamento, o funcionamento, as alterações estatutárias e o cancelamento de autorização para funcionamento das cooperativas de crédito e dá outras providências.* Disponível em: <https://www.bcb.gov.br/pre/normativos/busca/downloadNormativo.asp?arquivo=/Lists/Normativos/Attachments/48507/Res_4434_v1_O.pdf>. Acesso em 03 abr. 2019.

______. *Constituição da República Federativa do Brasil de 1988.* Disponível em: <http://www.planalto.gov.br/ccivil_03/constituicao/constituicao.htm>. Acesso em 03 abr. 2019.

______. Lei Complementar nº 130, de 17 de abril de 2009. *Dispõe sobre o Sistema Nacional de Crédito Cooperativo e revoga dispositivos das Leis nos 4.595 de 31 de dezembro de 1964, e 5.764, de 16 de dezembro de 1971.* Disponível em: <http://www.planalto.gov.br/ccivil_03/leis/lcp/Lcp130.htm>. Acesso em 03 abr. 2019.

______. Lei nº 12.690, de 19 de julho de 2012. *Dispõe sobre a organização e o funcionamento das Cooperativas de Trabalho; institui o Programa Nacional de Fomento às Cooperativas de Trabalho - PRONACOOP; e revoga o parágrafo único do art. 442 da Consolidação das leis do Trabalho.* Disponível em: <http://www.normaslegais.com.br/legislacao/lei-12690-2012.htm>. Acesso em 03 abr. 2019.

______. Lei nº 4.595, de 31 de dezembro de 1964 *Dispõe sobre a Política e as Instituições monetárias, bancárias e creditícias. Cria o Conselho Monetário Nacional e dá outras providências.* Disponível em: <http://www.planalto.gov.br/ccivil_03/leis/l4595.htm>. Acesso em 03 abr. 2019.

______. Lei nº 4595, de 31 de dezembro de 1964. *Dispõe sobre a Política e as Instituições monetárias, bancárias e creditícias. Cria o Conselho Monetário Nacional e dá outras providências.* Disponível em: <http://www.planalto.gov.br/ccivil_03/leis/l4595.htm>. Acesso em 03 abr. 2019.

______. Lei nº 5.764, de 16 de dezembro de 1971. *Define a política nacional de cooperativismo, institui o regime jurídico das sociedades cooperativas e dá outras providências.* Disponível em: <http://www.planalto.gov.br/ccivil_03/leis/l5764.htm>. Acesso em 03 abr. 2019.

______. Lei nº 6.981, de 30 de março de 1982. *Altera a redação do art. 42 da Lei nº 5.764, de 16 de dezembro de 1971.* Disponível em: <http://www.planalto.gov.br/ccivil_03/LEIS/L6981.htm>. Acesso em 03 abr. 2019.

______. Lei nº 6.404, de 15 de dezembro de 1976. *Dispõe sobre as Sociedades por Ações.* Disponível em: <http://www.planalto.gov.br/ccivil_03/leis/l6404consol.htm>. Acesso em 03 abr. 2019.

______. Lei nº 9.656, de 3 de junho de 1998. *Dispõe sobre os planos e seguros privados de assistência à saúde.* Disponível em: <http://www.planalto.gov.br/ccivil_03/leis/l9656.htm>. Acesso em 03 abr. 2019.

______. Lei nº 9.961, de 28 de janeiro de 2000. *Cria a Agência Nacional de Saúde Suplementar – ANS e dá outras providências.* Disponível em: <http://www.planalto.gov.br/ccivil_03/leis/l9961.htm>. Acesso em 03 abr. 2019.

COMISSÃO DE VALORES MOBILIÁRIOS (CVM). *Cartilha de Boas Práticas de Governança Corporativa.* Disponível em: <http://www.cvm.gov.br/port/public/publ/cartilha/cartilha.doc>. Acesso em 03 abr. 2019.

FRIEDMAN, Milton. *The Social Responsibility of Business is to Increase Its Profits. Ethical Theory and Business.* 8Ed. New Jersey: Tom L. Beauchamp, Norman E. Bowie, and Denis G. Arnold, 2009.

INSTITUTO BRASILEIRO DE GOVERNANÇA CORPORATIVA (IBGC). *Melhores práticas de governança corporativa.* 29Ed. São Paulo, 2019.

IRION, João Eduardo. *Cooperativismo e economia social:* a prática do cooperativismo como alternativa para uma economia centrada no trabalho e no homem. São Paulo: Imprenta, 1997.

MACHADO, Gustavo Silveira. *Cooperativas Médicas.* Brasília: Câmara dos Deputados, 2009.

OCB. *Manual de Boas Práticas de Governança Cooperativa.* Brasília: 2016

PEREIRA, Leonardo. Evento sobre Governança organizado pela Comissão de Valores Mobiliários, julho de 2015.

SOARES, Marden Marques; VENTURA, Elvira Cruvinel Ferreira. *Governança Cooperativa: as funções estratégicas e executivas em cooperativas de crédito no Brasil.* Encontro de Pesquisadores Latino-americanos de Cooperativismo. Ribeirão Preto, São Paulo, agosto de 2008.

SORAES, Marden; MELO SOBRINHO, Abelardo. *Microfinanças. O Papel do Banco Central do Brasil e a Importância do Cooperativismo de Crédito.* Brasília: Banco Central do Brasil, 2007.

VENTURA, Elvira Cruvinel Ferreira. *Governança Cooperativa – Diretrizes para boas práticas de Governança em Cooperativas de Crédito.* Brasília: Banco Central do Brasil., 2008.

O *COMPLIANCE* E AS COOPERATIVAS: A MATERIALIZAÇÃO DA RESPONSABILIDADE SOCIAL EMPRESARIAL COMO CONTEÚDO NORMATIVO DO PRINCÍPIO DA FUNÇÃO SOCIAL DA EMPRESA E A SOCIEDADE ENTRE A LEGALIDADE E A RESPONSABILIDADE

CHARLES FERNANDO VIEIRA DA SILVA

Advogado. Especialista em Advocacia Cível pela Fundação Getúlio Vargas (FGV) e em Direito Societário pelo IBMEC. Sócio do Escritório "Câmara, Vieira e Raslan Sociedade de Advogados". Secretário-Geral Adjunto da OAB/MG, gestão 2016/2018. Ex Procurador-Geral do Tribunal de Justiça Desportivo da Federação Mineira de Futebol.

CLÁUDIO VICTOR CARNEIRO DE MENDONÇA

Advogado. Bacharel em Direito pela PUC Minas. Pós-graduado em Filosofia do Direito pela mesma instituição e em Direito Empresarial pelo Centro de Atualização em Direito (CAD).

RESUMO

O presente trabalho possui como recorte analítico a necessidade de implantação do *compliance* nas sociedades cooperativas como forma de proteger a atividade empresarial desenvolvida e fator de materialização e realização da responsabilidade social como conteúdo normativo do princípio da função social da empresa (atividade). Assim, far-se-á o choque entre os diversos conceitos de função social e a necessidade de inserção, em seu conteúdo normativo, da figura da pessoa humana, mormente sob o enfoque da responsabilidade social na construção da vida em sociedade, com especial atenção para a base constitucional do Estado Democrático de Direito, inaugurado em 1988 e ainda em constante construção discursiva.

Palavras-chave: Direito Cooperativo; Direito Empresarial; Direito Constitucional; *Compliance;* Função Social; Responsabilidade Social; Dignidade Humana.

ABSTRACT

The present work has as analytical cut the need to implement compliance in cooperative societies to protect the developed business activity and factor of materialization and realization of social responsibility as normative content of the principle of the social function of the company (activity). Thus, there will be a clash between the various concepts of social function and the need to insert, in its normative content, the figure of the human person, especially under the focus of social responsibility in the construction of life in society, with special attention to the constitutional basis of the Democratic State of Law, inaugurated in 1988 and still in constant discursive construction.

Keywords: Cooperative Law; Business Law; Constitutional Right; Compliance; Social Role; Social Responsibility; Human Dignity.

1. INTRODUÇÃO

O tema do *compliance* e da governança corporativa, por si próprios, são muito recentes, tomando proporções maiores na atenção da comunidade jurídica e empresarial brasileira após os fatos desabonadores ocorridos com grandes empresas brasileiras, em especial a Petrobrás, OAS, Odebrecht e outras sociedades empresárias de grande porte.

Com o desenvolvimento das investigações de fraudes em licitações e o mau trato com a verba pública, descobriu-se que até mesmo um absurdo setor de propina foi desenvolvido internamente para garantir o sucesso na participação em licitações[1], conforme matéria publicada pelo jornal Folha de São Paulo, em março de 2016.

Recentemente, podemos ainda destacar os desastres ambientais ocorridos em Mariana e Brumadinho/MG, os quais devastaram não só o ambiente ecologicamente percebido, mas também ceifaram vidas humanas.

Essa preocupação de se estar conforme as normas, visando um agir empreendedor ético, é, hoje, tema central de grandes corporações, sejam elas empresárias ou não.

---

1 Disponível em <https://www1.folha.uol.com.br/poder/2016/03/1752707-odebrecht-tinha-departamento-de-propina-no-pais-diz-lava-jato.shtml>. Acesso em 1° ago. 2018.

É o caso das Cooperativas que, apesar de não se classificarem como sociedades empresárias, podem exercer qualquer atividade comercial visando a atingir seu objeto social – que não é o lucro, apesar de não lhe ser vedado auferi-lo.

Assim, dentro dessas possibilidades variadas de atividades econômicas, incluem-se setores de extrema importância para a sociedade, como é o caso das cooperativas de crédito, para as quais há diretrizes específicas editadas pelo Banco Central do Brasil, por meio da Resolução nº 4.595, de 30 de agosto de 2017.

A seguir, far-se-á uma breve exposição do tema, visando a demonstração da importância do desenvolvimento do *compliance*, principalmente nas cooperativas, além de se expor a relevância de um agir não só conforme as regras, mas também de acordo com princípios norteadores da construção de uma sociedade mais justa, sustentável e menos desigual.

Em especial, será abordada a importância do *compliance* sob o prisma da responsabilidade social como conteúdo normativo da função social da empresa, princípio e direito fundamental decorrente diretamente do direito à propriedade previsto na Constituição da República de 1988.

2. DOS PRESSUPOSTOS CONSTITUCIONAIS DO TEMA: O DIREITO À PROPRIEDADE, SUA FUNÇÃO SOCIAL E A GARANTIA DA VIDA DIGNA

Como se sabe, nossa ordem constitucional foi fundada em 1988, sob a égide do Estado Democrático de Direito, como uma tentativa de ruptura às ordens estatais totalitárias, seja qual for a ideologia ou forma econômica adotada.

Esses anseios decorreram da experiência ditatorial recente do país, governado sob o Regime Militar entre 1964 e 1985, sendo considerado por muitos como um regime eminentemente de extrema direita.

Contudo, o fracasso político e econômico das experiências da extrema esquerda havidas no mundo até então, principalmente na década de 1980, motivaram o desenvolvimento de uma democracia participativa e protetiva das minorias e das diferenças no Brasil. Mais do que isso, a Constituição de 1988 visou ao reconhecimento, proteção e materialização de diversos direitos sociais apreendidos e construídos por mais de cinquenta anos de luta intensa por sua população.

Nas palavras do eminente professor constitucionalista, Paulo Bonavides, em seu Curso de Direito Constitucional:

> A Constituição de 1988 é basicamente em muitas de suas dimensões essenciais uma Constituição do Estado Social. Portanto, os problemas constitucionais referentes a relações de poderes e exercício de direitos subjetivos têm que ser examinados e resolvidos à luz dos conceitos derivados daquela modalidade de ordenamento. Uma coisa é a Constituição do Estado liberal, outra a Constituição do Estado social. A primeira é uma Constituição anti-governo e anti-Estado; a segunda, uma Constituição de valores refratários ao individualismo no Direito e ao absolutismo no Poder. (BONAVIDES, 2010, p. 371).

Importante destacar aqui que a Constituição de 1988 não reinaugura o Estado Social, mormente aquele paternalista de meados de 1930 - marcado, aqui no Brasil, no período histórico denominado Estado Novo. É, sim, como já dito alhures, uma Constituição que visa à construção e materialização do Estado Democrático de Direito, com a proteção de minorias, calcado na dignidade da pessoa humana, assim como na proteção da liberdade e da igualdade dos indivíduos.

Nesse sentido, nossa Carta Magna traz um título inteiro de direitos fundamentais, separando-os em direitos e deveres individuais e coletivos e direitos sociais, respectivamente no art. 5º e no art. 6º do texto constitucional.

Cumpre ainda destacar que às garantias individuais foi conferida especial proteção, revestindo-as de imutabilidade na ordem constitucional. Sobre este tema, destaca Bonavides:

> [...] uma novidade da maior importância trouxe, de último, a nova Constituição: os direitos e garantias individuais recebem ali uma proteção suprema, vedando-se ao poder constituinte derivado a introdução de emenda que tenda a suprimi-los. (BONAVIDES, 2010, p. 577).

De qualquer forma, é importante deixar claro que todos os direitos e garantias que estão previstos em nossa carta constitucional servem a um único propósito: garantir a vida humana digna. Tanto assim o é que não há nos setenta e oito incisos do artigo 5° da Constituição da República qualquer menção a um "direito à vida" ou à "vida digna", conquanto todas aquelas garantias individuais servem exatamente para garantir a vida na plenitude de sua dignidade.

O mesmo raciocínio deve ser aplicado na íntegra da Carta Constitucional, mormente quando se verifica que a dignidade da pessoa humana é um dos fundamentos eleitos para o estabelecimento do Estado Democrático de Direito, a teor do que prevê o seu artigo 1°.

Nesse ponto, dentro do recorte analítico adotado para este trabalho, cumpre rememorar que a nossa Constituição garante o direito à propriedade privada, elencado à categoria de direito fundamental, seja a propriedade dos meios de produção, seja do bem individual, conforme garante o inciso XII da Carta Magna.

Contudo, de igual importância é a imposição de se cumprir o dever social da propriedade, determinado no inciso seguinte àquele, e alcançado por meio do cumprimento dos deveres constitucionais e legais desses decorrentes (e como direito fundamental de alcance coletivo), conforme transcreve-se: "[...] XXII - é garantido o direito de propriedade; XXIII - a propriedade atenderá a sua função social" (BRASIL, 1988).

Sob tal aspecto, compreendem-se aqui as sociedades (empresárias, simples, contratuais e institucionais) como propriedade da pessoa humana, eis que consideradas como pessoa por mera ficção legal – por isso mesmo, pessoa jurídica – composta por bens e contratos que exprimem conteúdo econômico próprio, servindo a alguns propósitos.

Nesse espeque, nota-se que a nossa Constituição optou por presumir que a propriedade privada - inclusive dos meios de produção, isto é, da empresa, do estabelecimento e da sociedade – é garantia para a vida humana digna, desde que atendida sua função social.

Portanto, sendo a sociedade forma de propriedade, fica impossível dissociá-la da função social a qual alude o acima citado inciso XII do art. 5° da CR/88.

Mais ainda: são, tanto a propriedade quanto a sua função social, normas constitucionais, cuja observação é hoje obrigatória, estando plenamente superado o seu caráter unicamente diretivo e programático, tal como Pontes de Miranda[2] e outros grandes juristas do passado já defenderam.

Expostos os aspectos constitucionais basilares que definem as sociedades como propriedade, integrante das garantias individuais da vida digna, passar-se-á a expor tal relação diretamente com as cooperativas.

---

2 Vide MIRANDA, Pontes de. *Comentários à Constituição de 1967, com a Emenda nº* 1, de 1969. Tomo 1. São Paulo: Revista dos Tribunais, 1969, p. 126-127

3. DAS COOPERATIVAS

Como se sabe, é o art. 3º da Lei Federal nº 5.764/71 (Lei do Cooperativismo) que assim define o contrato de sociedade de cooperativa: "[...] Art. 3º Celebram contrato de sociedade cooperativa as pessoas que reciprocamente se obrigam a contribuir com bens ou serviços para o exercício de uma atividade econômica, de proveito comum, sem objetivo de lucro" (BRASIL, 1971).

Do breve conceito legal apresentado, é de destaque evidente que as sociedades cooperativas não são empresariais, isto é, não visam ao lucro como escopo social.

Todavia, impinge ressaltar que às sociedades cooperativas não há limitação de atividade comercial como meio de aferir seu fim social, remanescendo, contudo, a obrigação do uso da expressão "cooperativa" em sua denominação, a teor do que prevê o art. 5º da já citada Lei, a qual é transcrita a seguir: "[...] Art. 5º As sociedades cooperativas poderão adotar por objeto qualquer gênero de serviço, operação ou atividade, assegurando-se-lhes o direito exclusivo e exigindo-se-lhes a obrigação do uso da expressão "cooperativa" em sua denominação" (Idem, 1971).

Vê-se, portanto, que, apesar da possibilidade quase ilimitada de exploração de atividades econômicas, seu tratamento é diferenciado por um critério eminentemente legal, por força do art. 982 do Código Civil, ainda que tal critério se subjaza a uma construção histórico-laborativa.

Vejamos o dispositivo legal acima citado:

> [...]
>
> Art. 982. Salvo as exceções expressas, considera-se empresária a sociedade que tem por objeto o exercício de atividade própria de empresário sujeito a registro (art. 967); e, simples, as demais.
>
> Parágrafo único. Independentemente de seu objeto, considera-se empresária a sociedade por ações; e, simples, a cooperativa (Idem, 2002).

De qualquer forma, haurem-se pelo menos sete princípios que instituem o contrato social de cooperativas, quais sejam: (i) autonomia da vontade; (ii) gestão democrática dos integrantes; (iii) participação econômica dos membros; (iv) independência; (v) formação e educação; (vi) união de esforços entre cooperativas e (vii) interesse na comunidade.

Nesse aspecto, tem-se que a função da cooperativa está muito mais atrelada a uma atividade que tem como foco os seus cooperados do que um empreendedor egoísta que somente espera multiplicar o capital inicialmente investido. Dito de outra forma, dentro do recorte analítico específico dos cooperados, as cooperativas possuem uma função social muito mais evidente do que as sociedades empresárias.

O Banco Central do Brasil já definiu, por exemplo, o que são cooperativas de crédito. No conceito, fica claro que a atividade possui como foco os próprios associados e não a vantagem econômica do empreender egoísta, conforme pode-se observar na transcrição a seguir, retirada do artigo "O que é Cooperativa de Crédito?", publicada por aquela instituição:

> Cooperativa de crédito é uma instituição financeira formada pela associação de pessoas para prestar serviços financeiros exclusivamente aos seus associados. Os cooperados são ao mesmo tempo donos e usuários da cooperativa, participando de sua gestão e usufruindo de seus produtos e serviços. Nas cooperativas de crédito, os associados encontram os principais serviços disponíveis nos bancos, como conta corrente, aplicações financeiras, cartão de crédito, empréstimos e financiamentos. Os associados têm poder igual de voto independentemente da sua cota de participação no capital social da cooperativa. O cooperativismo não visa lucros, os direitos e deveres de todos são iguais e a adesão é livre e voluntária.

Ora, nessa perspectiva e como adiantado acima, já se percebe que as quotas sociais dos cooperativados também são sua propriedade e, portanto, devem, necessariamente, atender ao princípio da função social.

Inclusive, é de se notar que atualmente não beiram dúvidas sobre o conteúdo econômico das quotas do associado de cooperativa, podendo ser penhoradas, haja vista que (i) não há impenhorabilidade legalmente prevista, tanto na legislação processual, quanto na jurisprudência material; (ii) o óbice de transferência a terceiro previsto pelo art. 1.094, IV, do Código Civil e pelo art. 4º, IV, da Lei nº 5.764/71 é superado pela dissolução parcial da sociedade em relação ao sócio; à possibilidade da cooperativa, como interessada, remir a dívida ou o bem, ou oferecer aos demais associados o direito de preferência em adquiri-las.

Essa é a remansosa jurisprudência do Superior Tribunal de Justiça, conforme ementa colhida e transcrita abaixo:

> PROCESSUAL CIVIL E DIREITO SOCIETÁRIO. RECURSO ESPECIAL. PENHORA DE COTAS DE SOCIEDADE COOPERATIVA EM FAVOR DE TERCEIRO ESTRANHO AO QUADRO SOCIETÁRIO. POSSIBILIDADE.
>
> 1. A penhora de cotas sociais, em geral, não é vedada por lei, ex vi da exegese dos arts. 591, 649, I, 655, X, e 685-A, §4º, do CPC.
>
> Precedentes.
>
> 2. É possível a penhora de cotas pertencentes a sócio de cooperativa, por dívida particular deste, pois responde o devedor, para o cumprimento de suas obrigações, com todos seus bens presentes e futuros (art. 591, CPC).
>
> 3. O óbice de transferência a terceiros imposto pelo art. 1.094, inc. IV, do CC/02 e pelo art. 4º, inc. IV, da Lei nº 5.764/71 não impede a penhora pretendida, devendo os efeitos desta serem aplicados em consonância com os princípios societários e características próprias da cooperativa.
>
> 4. Dada a restrição de ingresso do credor como sócio e em respeito à *afecctio societatis,* deve-se facultar à sociedade cooperativa, na qualidade de terceira interessada, remir a execução (art. 651, CPC), remir o bem (art. 685-A, §2º, CPC) ou concedê-la e aos demais sócios a preferência na aquisição das cotas (art. 685-A, §4º, CPC), a tanto por tanto, assegurando-se ao credor, não ocorrendo solução satisfatória, o direito de requerer a dissolução parcial da sociedade, com a exclusão do sócio e consequente liquidação da respectiva cota.
>
> 5. Em respeito ao art. 1.094, inc. I e II, do CC/02, deve-se avaliar eventual dispensa de integralização de capital, a fim de garantir a liquidez da penhora e, ainda, a persistência do número mínimo de sócios na hipótese de exclusão do sócio-devedor, em quantitativo suficiente à composição da administração da sociedade.
>
> 6. Recurso improvido.
>
> (SUPERIOR TRIBUNAL DE JUSTIÇA. Recurso Especial nº 1278715/PR. Rel. Ministra Nancy Andrighi. Julg. 11 jun. 2013. DJe 18 jun. 2013).

Feito esse breve recorte conceito, urge a necessidade de se desvendar qual é o conteúdo normativo da função social, principalmente ao se conjugar o cooperativismo, seus princípios institutivos e o *compliance.*

A seguir, propor-se-á, de forma fundamentada, qual deve ser o conteúdo normativo do princípio da função social, tanto para as cooperativas, quanto para todos os tipos societários. Vejamos.

4. DO PRINCÍPIO DA FUNÇÃO SOCIAL DA EMPRESA E SEU CONTEÚDO NORMATIVO

Antes de adentrarmos especificamente nos conceitos de função social da empresa (ressalvando aqui o rigor técnico quanto à distinção entre empresa, [sociedade] empresária e estabelecimento), necessário se faz uma breve exposição quanto aos princípios e sua dimensão jurídica em nosso sistema normativo.

Asseverando a importância dos princípios no direito hodierno, Celso Antônio Bandeira de Mello, em seu Curso de Direito Administrativo, conceitua princípio como sendo o (BRASIL, 2017):

> Mandamento nuclear de um sistema, verdadeiro alicerce dele, disposição fundamental que se irradia sobre diferentes normas compondo-lhes o espírito e servindo de critério para sua exata compreensão e inteligência, exatamente por definir a lógica e a racionalidade do sistema normativo, no que lhe confere a tônica e lhe dá sentido harmônico (BANDEIRA DE MELLO, 1998, p. 450-451).

Por sua vez, José Afonso da Silva diz serem os princípios "ordenações que se irradiam e imantam os sistemas de normas, são (como observam Gomes Canotilho e Vital Moreira) 'núcleos de condensações' nos quais confluem valores e bens constitucionais" (SILVA, 1996 p. 94).

Neste mesmo diapasão, vários outros autores já buscaram definir com suas palavras o que são princípios e, *data vênia*, olvidaram de sua característica mais fundamental: sua normatividade. Princípios são normas e, por isso mesmo, estão inseridos no âmbito deontológico, tal como exaustivamente desenvolvido por Dworkin em sua principal obra, "O Império do Direito"[3].

Ainda que hoje respeitáveis vozes asseverem serem os princípios formas de valores (isto é, valores inseridos no âmbito deontológico[4]), são conceitos que não se confundem, posto que pertencentes a categorias completamente distintas, conforme doutrina Jürgen Habermas:

---

3 Vide DWORKIN, Ronald. 2003. *Levando os direitos a sério.* São Paulo: Martins Fontes, 2003, p.45-47.

4 Para mais, vide ALEXY, Robert. *Teoria da argumentação jurídica: a teoria do discurso racional como teoria da fundamentação jurídica.* Trad. Zilda Hutchinson Shild Silva. São Paulo: Landy, 2005.

> [...] normas e valores distinguem-se, em primeiro lugar, através de suas respectivas referências ao agir obrigatório ou teleológico; em segundo lugar, através da codificação binária ou gradual de sua pretensão de validade; em terceiro lugar, através de sua obrigatoriedade absoluta ou relativa e, em quarto lugar, através dos critérios aos quais o conjunto de sistemas de normas ou de valores deve satisfazer. Por se distinguirem segundo essas qualidades lógicas, eles não podem ser aplicados da mesma maneira (HABERMAS, 2003 p. 317).

Assim, conclui-se que princípios e regras se complementam na estrutura jurídica, isto é, comunicam-se.

Enfim, importa neste trabalho trazer à tona, ainda, o fato de que ambos também pertencem a categorias normativas distintas, com implicações próprias, como a não exclusão dos princípios em caso de colisão mútua, não se encaixando no critério bivalente válido-inválido, o qual se aplica às regras.

Como quer que seja, fato é que por princípios tem-se a noção de enunciados normativos amplos e genéricos, construídos histórica e casuisticamente mediante processos discursivos e interpretativos – o que ocorre, exatamente, com o princípio da função social.

Sendo um princípio, a função social é elevada à categoria normativa cujo conteúdo amplo e genérico depende de apreensão discursiva racional e fundamentada sob os mesmos pressupostos sobre os quais se assentam a ordem constitucional democrática atual.

Apesar dessa noção um tanto quanto básica para se pensar o direito, isto é, sob o prisma constitucional, várias foram as tentativas de desvincular a função social da empresa do pressuposto constitucional da redação das desigualdades econômico-sociais.

A bem da verdade, o que se buscou foi exatamente o contrário: fundamentar a manutenção da desigualdade econômico-social mediante uma conceituação da função social como um critério de mero atendimento ao ordenamento jurídico – o que, admitamos, já é obrigatório e decorrente de outros princípios que não a função social.

É o caso de Haroldo Malheiros Duclerc Verçosa, que assim afirmou em texto publicado em 2011 no sítio virtual jurídico Migalhas:

> É o próprio risco do negócio o fator que legitima a apropriação dos lucros na atividade empresarial e por simplesmente exercê-la dentro de um campo

> lícito o empresário já preenche de forma primária uma função social, seja por meio da própria empresa, seja pela utilização dos contratos que celebra para a realização dos seus objetivos econômicos.
>
> Assim sendo, **ao concluir um contrato empresarial** (tanto faz se nominado ou inominado, estes segundo permitido pela liberdade das convenções) **o empresário exerce a função social que dele se deve esperar, até porque ele gera empregos em cascata, peça fundamental na economia de um país emergente. Não haveria, pois, que se falar em algum acréscimo superveniente à qualificação da atividade empresarial ou dos contratos realizados dentro do seu âmbito** (VERÇOSA, 2011. Grifo dos autores).

Essa posição desconectada do sistema jurídico, vazia, mesmo, de conceito normativo, atende, em grande medida, interesse político e econômico que não se coaduna com as bases democráticas adotadas por nossa Constituição.

No entanto, não se trata de uma posição isolada. Juristas famosos e respeitados assumem que o mero cumprimento da lei traduz de forma satisfatória a abrangência normativo-principiológica da função social, fundamentando em suas consequências básicas, como contratação de mão de obra, tributação etc.

Dentre esses juristas importa-nos aqui Fábio Ulhôa Coelho, renomado e amplamente citado por doutrinadores diversos e cujo entendimento já serviu de base para a construção jurisprudencial sobre o tema. Vejamos seu conceito:

> Cumpre sua função social a empresa que gera empregos, tributos e riqueza, contribui para o desenvolvimento econômico, social e cultural da comunidade em que atua, de sua região ou do país, adota práticas empresariais sustentáveis visando à proteção do meio ambiente e ao respeito aos direitos dos consumidores. Se sua atuação é consentânea com estes objetivos, e se desenvolve com estrita obediência às leis a que se encontra sujeita, a empresa está cumprindo sua função social; isto é, os bens de produção reunidos pelo empresário na organização do estabelecimento empresarial estão tendo o emprego determinado pela Constituição Federal (COELHO, 2012 p. 87).

É verdade que foi incluído no rol de práticas que atenderiam a função social a sustentabilidade do meio ambiente e o desenvolvimento econômico, social e cultural da comunidade. Inclusive, o próprio autor defende que:

> A equiparação, em importância, da livre-iniciativa e dos valores normalmente desconsiderados pelo empresário egoísta (a defesa do consumidor, a proteção do meio ambiente, a função social da propriedade etc.) apenas afasta a possibilidade de edição de leis, complementares ou ordinárias, disciplinadoras da atividade econômica, desatentas a esses valores (Idem, p. 277).

No entanto, essas práticas não podem estar atreladas ao mero cumprimento do dever legal ao gerar empregos, tributos e riqueza, como faz crer o conceito inicial do autor. Outros autores também acompanham este superficial entendimento, confundindo função social com legalidade, e "demonstrando" o alcance da função social mediante a atividade organizada para a produção elaborada e destinada ao mercado, mediante o instrumento contratual de constituição empresarial; e mediante a própria exploração dos bens de produção.

Todavia, basta verificarmos o estado de permanente crise em que a sociedade brasileira se encontra atualmente para perceber que é necessário mais do que isso para caracterizar o conteúdo normativo da função social, distinguindo-o do princípio da legalidade e das consequências do agir empresarial em conformidade com a estrutura legal.

É preciso entender que o desenvolvimento da sociedade e do país se dá por sua população, que abrange os diversos setores que a compõe, tais como o Estado, as sociedades empresárias, os empregados etc., e é exatamente sobre a sua população que pesa o dever de responder pelo desenvolvimento econômico, social, cultural e, principalmente, humano da sociedade.

Trata-se, em última análise, da assunção da responsabilidade social como conteúdo normativo do princípio da função social.

5. DA RESPONSABILIDADE SOCIAL

Como já preparado nas linhas antecedentes, chega-se a um dos pontos centrais propostos para o presente trabalho, a saber, o de afirmação da responsabilidade social como conteúdo normativo próprio da função social empresarial.

É de suma importância reafirmar que a necessidade de definir novas bases cognitivo-normativas para o princípio da função social da empresa tem como principal preocupação a distinção efetiva entre ele e as consequências materiais do atendimento à lei. Dito por outras palavras, torna-se imperiosa a distinção entre o princípio da função social e o princípio da legalidade.

Não é admissível que se ainda se confunda o efeito do cumprimento normativo com a função social, isto é, não se alcança a função social pelo mero cumprimento legal ou de regramento específico.

Note-se, por oportuno, que não se está preocupado aqui com uma hipótese de eventual abuso de direito, em que, mesmo se cumprindo a lei, estar-se-ia a cometer algum ato ilícito (como seria o caso de poluição e destruição do meio ambiente natural).

O que se pretende é trazer para a própria sociedade e ao particular a responsabilidade de construção social (em sentido amplo) de seu país e respectivo ambiente, tendo como foco principal as pessoas.

Há de se alterar aqui a base plena de atuação do empreendedor egoísta, restrito ao cumprimento do comando legal, objetivo e específico, para a consciência de sua responsabilidade enquanto agente social ativo e de suma importância, posto que seu papel, em grande medida, é de oportunizar o trabalho, meio esse dignificador e civilizatório.

Somente por isso já se nota a importância de se impor como norte a dignidade humana nas relações internas de trabalho, mormente pela eleição de um código de ética e conduta, comprometimento na preservação do meio ambiente natural, limpeza do meio ambiente urbano, enfim, pela busca incessante de uma sociedade mais justa e com desigualdades socioeconômicas em patamares mínimos.

E os ganhos para a sociedade não podem ser outros senão a diminuição da violência, aumento da autoestima da sociedade (hoje atormentada pelo infame "complexo de vira-latas") e unificação por objetivos comuns – ou, se se preferir, o estabelecimento da alteridade pós-moderna, isto é, na visibilidade e importância do outro.

De toda forma, a função social da empresa deve ser compreendida como uma norma, conquanto um princípio, distinta do princípio da legalidade e afeita à posição e importância da atividade empresária dentro da sociedade, com papel e objetivo voltados para a responsabilidade social.

Não se pretende, unicamente, deferir essa responsabilidade para o empreendedor; é evidente que as demais "parcelas" da população também o possuem, como o Estado (para quem é inerente a responsabilidade social em razão de seu objetivo de existência, o bem-estar social) e os trabalhadores.

Mas, é notória a importância, dentro de uma sociedade capitalista, do papel dos detentores do capital, isto é, daqueles que empreendem o capital em busca do lucro. Sua atuação, sem dúvidas, visa à multiplicação do capital empreendido. Todavia, essa multiplicação não vem exclusivamente da atuação do dinheiro ali posto, parado.

Há de se rememorar, em comparativo, do orgulho norte-americano de construção da sociedade pelo esforço empreendedor, de trabalhadores que empregam e por trabalhadores empregados, tida por muitos como exemplo, apesar de seus flagrantes problemas estruturais.

O que se espera aqui deixar claro é que a ação humana é a principal força-motriz para a produção e, nesse sentido, o capital humano é o principal ativo empresarial hoje.

Destarte, o que se deve ter por função social, enquanto norma, é o atendimento das bases da responsabilidade social, visando à garantia da vida digna da pessoa humana, desde o tratamento que privilegie e não fira a autoestima até a tomada de ações para diminuição das diferenças econômico-sociais, tanto no ambiente empresarial, quanto nas relações institucionais decorrentes da atividade.

6. DA IMPORTÂNCIA DE IMPLANTAÇÃO DO *COMPLIANCE* NAS COOPERATIVAS

Não são novas as ações repressivas e preventivas que visam à defesa da economia e da concorrência.

No Brasil, inclusive, há regramento específico que busca o esvaziamento dessas práticas nocivas por meio da Lei n° 12.529/2011, conhecida como Lei de Defesa da Concorrência (LDC).

O enquadramento nas práticas vedadas pela LDC, por exemplo, possui duras penas, podendo ocasionar a geração processos nas esferas cível, administrativa e inclusive criminal, contra as pessoas físicas envolvidas, por força da Lei n° 8.137/1990.

Nesse contexto, se não pelo dever moral de cumprimento das normas éticas e legais, então pela saúde econômica da atividade comercial/empresarial é imperioso o estabelecimento de um conjunto de práticas que visam ao cumprimento das regras e o atendimento aos princípios norteadores da atividade econômica e do agir ético-social.

Aliás, é exatamente sobre isto que se trata o *compliance*: cumprimento, conformidade, observância, estar de acordo com [as normas].

E não só pela ética e pelo dever legal reputa-se necessário o cumprimento da norma. É de suma importância analisar o risco do descumprimento da legislação face aos custos da sanção e da prevenção – dentro daquela velha história que "prevenir é melhor que remediar".

É caso, por exemplo, da responsabilidade social, tema alavancado no capítulo antecedente, em voga após os desastres ambientais de Mariana/MG e de Brumadinho/MG, causados pela Samarco Mineração S.A.[5] e pela Vale S.A.[6].

Nota-se a importância da responsabilidade social como diretriz a ser ensinada e replicada desde a educação infantil, conquanto as altas multas e responsabilização criminal, civil e administrativa pelos desastres não serviram para impedir a destruição do meio ambiente.

Desse modo, dentro de um "agir de acordo" já se percebe a importância de erigir uma base de *compliance* interna, evitando condutas dolosas de seus agentes e administradores, ou mesmo condutas culposas, oriundas de imprudência e imperícia dos gestores e representantes legais dos agentes econômicos.

O Conselho Administrativo de Defesa Econômica (CADE), que zela pela livre concorrência no Brasil, em seu Guia de Programas de *Compliance*, define-o como:

> Compliance é um conjunto de medidas internas que permite prevenir ou minimizar os riscos de violação às leis decorrentes de atividade praticada por um agente econômico e de qualquer um de seus sócios ou colaboradores. Por meio dos programas de compliance, os agentes reforçam seu compromisso com os valores e objetivos ali explicitados, primordialmente com o cumprimento da legislação. Esse objetivo é bastante ambicioso e por isso mesmo ele requer não apenas a elaboração de uma série de procedimentos, mas também (e principalmente) uma mudança na cultura corporativa. O programa de compliance terá resultados positivos quando conseguir incutir nos colaboradores a importância em fazer a coisa certa (CADE, 2016, p. 9)

Logo se nota uma preocupação com valores positivos e o alcance de objetivos para a realização da coisa certa, do agir ético e em conformidade com a lei.

---

5 Vide <http://g1.globo.com/minas-gerais/desastre-ambiental-em-mariana/>.

6 Vide <https://g1.globo.com/mg/minas-gerais/cidade/brumadinho/>

Para o caso das Cooperativas de Crédito, há uma preocupação muitas vezes maior conquanto sua atividade interfere de forma direta na economia de todo um país (política monetária, inflacionária e cambial), podendo, também, a depender do tamanho e da expressão econômica da instituição financeira, interferir na economia de outros países.

É por isso que o Banco Central do Brasil expediu a Resolução nº 4.595, de 28 de agosto de 2017, a qual dispõe sobre a política de conformidade (*compliance*) das instituições financeiras e demais instituições autorizadas a funcionar pelo Banco Central do Brasil.

Em seu art. 5º, são expostos os requisitos mínimos que devem conter no programa de conformidade, os quais são transcritos abaixo:

> [...]
>
> Art. 5º A política de conformidade deve definir, no mínimo:
>
> I - o objetivo e o escopo da função de conformidade;
>
> II - a divisão clara das responsabilidades das pessoas envolvidas na função de conformidade, de modo a evitar possíveis conflitos de interesses, principalmente com as áreas de negócios da instituição;
>
> III - a alocação de pessoal em quantidade suficiente, adequadamente treinado e com experiência necessária para o exercício das atividades relacionadas à função de conformidade;
>
> IV - a posição, na estrutura organizacional da instituição, da unidade específica responsável pela função de conformidade, quando constituída;
>
> V - as medidas necessárias para garantir independência e adequada autoridade aos responsáveis por atividades relacionadas à função de conformidade na instituição;
>
> VI - a alocação de recursos suficientes para o desempenho das atividades relacionadas à função de conformidade;
>
> VII - o livre acesso dos responsáveis por atividades relacionadas à função de conformidade às informações necessárias para o exercício de suas atribuições;
>
> VIII - os canais de comunicação com a diretoria, com o conselho de administração e com o comitê de auditoria, quando constituído, necessários para o relato dos resultados decorrentes das atividades relacionadas à função de conformidade, de possíveis irregularidades ou falhas identificadas; e
>
> IX - os procedimentos para a coordenação das atividades relativas à função de conformidade com funções de gerenciamento de risco e com a auditoria interna (BRASIL, 2017).

Como quer que seja, a função da política de conformidade é incutir não só uma responsabilidade econômica e financeira sobre as infrações legais que podem ser cometidas no exercício da atividade econômica, mas, também, uma responsabilidade social no tocante a evitar práticas voltadas para a corrupção, descumprimentos de normas trabalhistas, evasão fiscal, poluição ambiental e o descumprimento de outras regras e princípios caros para a construção do país.

Em cooperativas, como seu objetivo primordial não é a aferição de lucro, fica evidente a necessidade de um setor específico para se analisar se o escopo contratual da cooperativa está sendo cumprido, se não há um desvirtuamento da atividade por meio de desvios de valores ou o estabelecimento de regras internas que explicitem o abuso de direito.

Além de se promover a construção de bases sociais sólidas, interna e externamente das cooperativas, é importante notar que com rotinas de diagnóstico de descumprimentos legais, o que virá a seguir é a proteção da sociedade cooperativa através da transparência, do controle, da comunicação e, principalmente, da legalidade.

7. CONCLUSÃO

Depreende-se de todo o visto até aqui que a sociedade cooperativa, apesar de ser considerada empresária, por disposição legal expressa do art. 982 do Código Civil, sujeitam-se a diversos princípios diametralmente afeitos àquelas que visam ao lucro, devendo, por isso mesmo, serem submetidas a meios de controle da atividade.

Um desses meios de controle é o estabelecimento de uma política de conformidade (ou *compliance*) interna, de modo a incutir no plano de negócios um agir comprometido com a lei. Esse agir visa não só ao afastamento de práticas ligadas à corrupção, mas, também, de cumprimento de normas trabalhistas, ambientais, tributárias, demonstrando a importância do conceito próprio de responsabilidade social no exercício empresarial hodierno.

Nesse sentido, o princípio da função social deve estar dissociado do princípio da legalidade, posto que pelo cumprimento do dever legal não se pode reputar atingido ou cumprido outro princípio, de forma pura e apartada. A importância da função social traz, em si própria, a necessidade de assunção da responsabilidade de todos os agentes, públicos ou privados, na construção da sociedade.

Razão pela qual vê-se como urgente a alteração do conceito da função social da empresa como um *status* a ser alcançado pelo cumprimento do dever legal, para a assunção da responsabilidade social, pelo empresariado, para a construção de uma sociedade mais justa, menos desigual e, principalmente, mais feliz – isso tudo – como seu conteúdo normativo principiológico.

Assim, vê-se aqui o *compliance* nas cooperativas como grande possibilitador da realização da responsabilidade social como conteúdo normativo do princípio da função social da propriedade.

Este trabalho não tem como intenção o encerramento da questão e sim de, ao contrário, fomentar o debate e trazer à tona a necessidade de rediscussão de uma sociedade mais justa e igualitária, distribuindo a responsabilidade por todos os setores da sociedade, inclusive o empresarial, estando atualmente em evidência as cooperativas como grande possibilidade de força motriz para a mudança social, inclusive como solução para a crise permanente pela qual o Brasil tem passado.

REFERÊNCIAS BIBLIOGRÁFICAS

ALEXY, Robert. *Teoria da argumentação jurídica: a teoria do discurso racional como teoria da fundamentação jurídica.* Trad. Zilda Hutchinson Shild Silva. São Paulo: Landy, 2005.

BANCO CENTRAL DO BRASIL. *O que é Cooperativa de Crédito?* Disponível em: <https://www.bcb.gov.br/pre/composicao/coopcred.asp>. Acesso em 1° ago. 2018.

_____. Resolução n° 4.595, de 28 agosto de 2017. *Dispõe sobre a política de conformidade(compliance) das instituições financeiras e demais instituições autorizadas a funcionar pelo Banco Central do Brasil.* Disponível em: <https://www.bcb.gov.br/pre/normativos/busca/downloadNormativo.asp?arquivo=/Lists/Normativos/Attachments/50427/Res_4595_v1_O.pdf>. Acesso em 1° ago. 2018.

BANDEIRA DE MELLO, Celso Antônio. *Curso de Direito Administrativo.* São Paulo: Malheiros, 1998.

BONAVIDES, Paulo. *Curso Direito Constitucional.* São Paulo: Malheiros, 2010.

BRASIL. *Constituição da República Federativa do Brasil de 1988*. Disponível em <http://www.planalto.gov.br/ccivil_03/constituicao/constituicaocompilado.htm>. Acesso em 1° ago. 2018.

______. Lei n° 10.406, de 10 de janeiro de 2002. *Institui o Código Civil*. Disponível em: <http://www.planalto.gov.br/ccivil_03/leis/2002/l10406.htm>. Acesso em 1° ago. 2018.

______. Lei nº 5.764, de 16 de dezembro de 1971. *Define a Política Nacional de Cooperativismo, institui o regime jurídico das sociedades cooperativas, e dá outras providências*. Disponível em: <http://www.planalto.gov.br/ccivil_03/leis/L5764.htm>. Acesso em 1° ago. 2018.

COELHO, Fábio Ulhoa. *Curso De Direito Comercial*. V1: Direito de Empresa. São Paulo: Saraiva, 2012.

CONSELHO ADMINISTRATIVO DE DEFESA ECONÔMICA (CADE). *Guia programas de compliance: orientações sobre estruturação e benefícios da adoção dos programas de compliance concorrencial*. Brasília: Gabinete da Presidência do CADE, 2016.

DWORKIN, Ronald. *Levando os direitos a sério*. São Paulo: Martins Fontes, 2003.

HABERMAS, Jürgen. *Direito e democracia: entre a facticidade e validade*. Trad. Flávio Beno Siebeneichler. Rio de Janeiro: Tempo Brasileiro, 2003.

MIRANDA, Pontes de. *Comentários à Constituição de 1967, com a Emenda Nº 1, de 1969*. Tomo 1. São Paulo: Revista dos Tribunais, 1969.

SILVA, José Afonso da. *Curso de Direito Constitucional positivo*. 12Ed. São Paulo: Malheiros, 1996.

SUPERIOR TRIBUNAL DE JUSTIÇA. Recurso Especial n° 1278715/PR. Rel. Ministra Nancy Andrighi. Julg. 11 jun. 2013. DJe 18 jun. 2013. Disponível em: <http://www.stj.jus.br/SCON/jurisprudencia/toc.jsp?livre=%28%22NANCY+ANDRIGHI%22%29.MIN.&processo=1278715&tipo_visualizacao=RESUMO&b=ACOR&thesaurus=JURIDICO&p=true>. Acesso em 1° ago. 2018.

VERÇOSA, Haroldo Malheiros Duclerc. *A função social dos contratos empresariais e o Judiciário*. Disponível em: <http://www.migalhas.com.br/dePeso/16,-MI145625,61044-A+funcao+social+dos+contratos+empresariais+e+o+Judiciario>. Acesso em 1° ago.2018.

O CONSELHO FISCAL DAS COOPERATIVAS DE CRÉDITO À LUZ DA GOVERNANÇA COOPERATIVA

DAVIDSON HENRIQUE EULINO SILVA SANTOS

Graduado pela Faculdade de Direito da PUC MINAS; pós-graduado em Direito Empresarial e em Direito Ambiental; advogado, consultor jurídico e palestrante; CEO do Escritório Eulino e Figueiredo Advogados Associados; facilitador em cursos e treinamentos específicos às cooperativas de crédito; professor na pós-graduação da Faculdade UNA no MBA em Gestão Empreendedora de Cooperativas de Crédito; professor na pós-graduação do Instituto Máximo/Instituto Passo 1 no MBA em Gestão de Cooperativas; membro da Comissão de Direito Cooperativista da OAB/MG; membro da Câmara Setorial do Cooperativismo da Câmara Mineira de Arbitragem Empresarial (CAMINAS). Autor de artigos publicados em revistas jurídicas. Prêmios recebidos: referência nacional no segmento Advocacia e Justiça nos anos de 2017 e 2018 promovido pela Agência Nacional de Cultura, Empreendedorismo e Comunicação (ANCEC); destaque acadêmico na graduação e 2º lugar no concurso de artigos jurídicos da PUC-MG, com o título: O Consumidor frente às Cooperativas de Crédito.

RESUMO

O presente artigo tem como objetivo proporcionar uma reflexão acerca da função do conselho fiscal das cooperativas diante das diretrizes da governança corporativa e do novo comportamento adotado pelas autoridades de regulação e fiscalização do Sistema Financeiro Nacional junto aos agentes de governança.

Apresentam-se, inicialmente, breves aspectos históricos do cooperativismo de crédito sob o prisma da governança, bem como demonstrando o crescimento do sistema cooperativista de crédito e a busca de maior controle, supervisão e fiscalização por parte das autoridades monetárias

Discorre sobre as diretrizes e princípios da governança corporativa, atrelando-os aos valores e princípios cooperativistas, até chegarmos na adaptação do instituto à governança cooperativa, oportunidade em que se apresenta a necessária mudança de comportamento dos conselheiros fiscais, seja pela evolução normativa e o sistema robusto de normas à que as cooperativas de crédito se encontram submetidas, seja pela deficiência técnica dos próprios conselheiros. E, por fim, reforma a necessária capacitação e compreensão de toda estrutura cooperativista e seu papel como ente consultivo e orientador aos demais agentes de governança.

Palavras-chave: cooperativa de crédito; atividade funcional; conselho fiscal; responsabilidade; governança corporativa.

ABSTRACT

This article aims to provide a reflection about the role of the fiscal council of cooperatives in the face of corporate governance guidelines and the new behavior adopted by the regulatory and supervisory authorities of the National Financial System with the governance agents.

First, there are brief historical aspects of credit cooperativism under the prism of governance, as well as demonstrating the growth of the cooperative system of credit and the search for greater control, supervision and supervision by the monetary authorities.

It discusses the guidelines and principles of corporate governance, linking them to cooperative values and principles, until we come to the adaptation of the institute to cooperative governance, an opportunity that presents the necessary behavior change of the fiscal councilors, be it by the normative evolution and the system of the rules to which credit cooperatives are subject, or due to the technical deficiency of the members themselves. Finally, it reforms the necessary training and understanding of all cooperative structures and their role as an advisory and advisory body for other agents of governance.

Keywords: credit cooperative; functional activity; supervisory board; responsibility; corporate governance.

1. BREVES ASPECTOS HISTÓRICOS

A Lei nº 5.764, de 16 de dezembro de 1971, chamada Lei Cooperativa, prevê que a administração da Cooperativa será fiscalizada, assídua e minuciosamente, por um Conselho Fiscal constituído de 3 (três) membros efetivos e 3 (três) suplentes, todos associados eleitos anualmente pela assembleia geral, sendo permitida apenas a reeleição de 1/3 (um terço) dos seus componentes. Antes da edição de referida Lei, o Conselho Monetário Nacional, por meio da Resolução nº 11/1965, disciplinou que as infrações aos dispositivos da legislação vigente, bem como a prática de atos contrários aos princípios cooperativistas, poderiam acarretar o cancelamento dos registros ou autorizações de funcionamento de cooperativas de crédito, sujeitando-as, ainda, e aos seus diretores, membros de conselhos administrativos, consultivos, fiscais e semelhantes e gerentes, às penalidades da Lei nº 4.595, de 31 de dezembro de 1961, assegurando a necessária observância às normas em proteção à economia popular.

No cenário do cooperativismo de crédito, após a Resolução nº 11/65 do Conselho Monetário Nacional (CMN), diversos outros normativos foram editados pelo próprio órgão e também pelo Banco Central do Brasil, visando a construção de um marco regulatório, face o crescimento e fortalecimento do setor.

Apesar de não ser o propósito deste estudo, mas para conhecimento, diretrizes e até mesmo campo de pesquisa, cita-se que, dentre outras coisas, a Resolução CMN nº 15/1966 vedou às cooperativas de crédito o acolhimento de depósitos que não fossem à vista, limitado aos associados; a Resolução CMN nº 27/1966 determinou a distribuição das sobras existentes aos associados, semestralmente; a Resolução CMN nº 99/1968 autorizou o funcionamento das cooperativas de crédito rural; a Resolução CMN nº 1.914/1992 possibilitou a admissão de pessoas jurídicas que tivessem por objeto as mesmas atividades econômicas das pessoas naturais ou correlatas, ou, ainda, daquelas sem fins lucrativos.

Identificado o cooperativismo de crédito como instrumento impulsionador da economia no desenvolvimento local sustentável, mediante formação de poupança, geração de empregos e distribuição de renda, o agente regulador não parou de editar normas e diretrizes para maior controle, supervisão e fiscalização aos atos praticados pelas cooperativas, quando em 29 de novembro de 1999, por meio da Resolução CMN nº 2.608, atribuiu às cooperativas centrais de crédito a atividade de supervisão, monitorando as questões operacionais, de auditoria e capacitação dos agentes de governança das cooperativas singulares filiadas.

E assim se deu a edição de normas pós-normas, sempre numa via de mão dupla, na medida em que o Conselho Monetário Nacional possibilitava a constituição de cooperativas de livre admissão, que representou um avanço normativo e mercadológico, em razão da ampliação do público passível de associar-se à cooperativa, ampliava-se, lado outro, o papel da supervisão da cooperativa central e exigia o aumento de profissionalismo das pessoas da alta administração (conforme Resolução CMN nº 3.106/2003).

No mesmo sentido, ao ampliar a capacidade de prestação de serviços pelas cooperativas permitiu-se a contratação de correspondente no país (Resolução CMN nº 3.156/2003, atualmente revogada pela Resolução CMN nº 3.954/2011) e a realização de maior catálogo de serviços aos associados e não associados, porém em contrapartida inseriu-se o limite de exposição por associado e reforçou a função das cooperativas centrais quanto à auditoria e supervisão (Resolução CMN nº 3.321/2005).

À medida em que as cooperativas de crédito foram ocupando os espaços físicos deixados pelo sistema bancário tradicional, bem como ampliando seu campo de atuação para as capitais, o Conselho Monetário Nacional continuou e continua editando normas, em busca, na visão de órgão regulador, do aperfeiçoamento de regras e normas de conduta, fazendo exigência acerca de capital e patrimônio e dos critérios para área de atuação, sem afetar a sobreposição de área e a concorrência entre as próprias cooperativas, além de critérios, forma e modo de composição da estrutura de governança das cooperativas, especialmente acerca dos órgãos de administração (Resoluções CMN nº 3.442/2007 e 3.859/2010).

Dentre tantas normas editadas e sucessivas atualizações com o escopo de consolidar normas relativas à constituição e ao funcionamento de cooperativas de crédito, encontra-se em vigência a Lei nº 5.764/1971, a Lei Complementar nº 130/2009 e a Resolução CMN nº 4.434/2017. Além destas, há diversas normas esparsas, via Resoluções e Circulares, do Conselho Monetário Nacional e Banco Central do Brasil, respectivamente, que serão objeto de manifestação no decorrer deste estudo, limitada ao objeto central do artigo – em exigir uma mudança de comportamento por parte dos conselheiros fiscais frente às boas e exigíveis práticas de governança corporativa.

Certo é que o avanço no marco legal e regulamentar em conjunto com a crescente participação das cooperativas de crédito no Sistema Financeiro Nacional exige maior profissionalismo e capacitação de seus agentes.

Citado no Manual do Cooperativismo de Crédito: Boas práticas no Brasil e no mundo (2016), o doutor em Ciências Sociais pela Pontifícia Universidade Gregoriana de Roma, José Odelso Schneider afirma que:

> A educação e a capacitação são indispensáveis em qualquer instituição, mas nas cooperativas elas são uma questão de sobrevivência. Sem essas atividades, as cooperativas são desvirtuadas ou até absorvidas pelo sistema socioeconômico e pelo processo social dominante que é a concorrência e o conflito (SCHNEIDER, 2016, p.30).

2. GOVERNANÇA CORPORATIVA NAS COOPERATIVAS DE CRÉDITO

O Instituto Brasileiro de Governança Corporativa (IBGC), por meio de seu Código das Melhores Práticas de Governança Corporativa, define governança corporativa como sendo o sistema pelo qual:

> as empresas e demais organizações são dirigidas, monitoradas e incentivadas, envolvendo os relacionamentos entre sócios, conselho de administração, diretoria, órgãos de fiscalização e controle e demais partes interessadas. As boas práticas de governança corporativa convertem princípios básicos em recomendações objetivas, alinhando interesses com a finalidade de preservar e otimizar o valor econômico de longo prazo da organização, facilitando seu acesso a recursos e contribuindo para a qualidade da gestão da organização, sua longevidade e o bem comum (INSTITUTO BRASILEIRO DE GOVERNANÇA CORPORATIVA, 2018, p .20).

No Brasil, adotam-se quatro princípios de governança, a saber: transparência, prestação de contas, equidade e responsabilidade corporativa.

Entende-se como sendo o princípio da transparência a disponibilização para o público interno e externo de informações, que não apenas as exigíveis por leis e normativos, mas, também, de conteúdo não financeiro propriamente dito, que compreenda, por exemplo, a forma e modo da estrutura de governança, as principais políticas e regimentos, bem como as estratégias de mercado, tudo o que possa proporcionar um relacionamento confiável e seguro entre os envolvidos.

No cenário do cooperativismo de crédito, pode-se dizer que não basta a apresentação em assembleia acerca do estado econômico-financeiro da cooperativa, bem como dos assuntos listados como matéria das assembleias gerais ordinária e extraordinária (previstos nos artigos 44 e 45 da Lei nº 5.764/71 e artigo 8º da Lei Complementar nº 130/2009), precisa-se não só aprovar, algumas em assembleia, mas dar publicidade e expor os meios de controle e cumprimento das políticas existentes, tais como de governança corporativa (art. 26 da Resolução CMN nº 4.434, de 5 de agosto de 2015), de conformidade (Resolução CMN nº 4.595 de 28 de agosto de 2017), de responsabilidade socioambiental (Resolução CMN nº 4.327, de 25 de abril de 2014), de sucessão de administradores (Resolução CMN nº 4.538, de 24 de novembro de 2016), de fornecimento de talonário de cheques (Resolução CMN nº 3.972, de 28 de abril de 2011), dentre tantas outras políticas, como também de regimentos e normativos internos, dos quais citamos, como exemplo, regimento eleitoral de delegados e dos membros dos órgãos estatutários, de utilização do Fundo de Assistência Técnica, Educacional e Social (FATES), de bolsa de estudos, código de ética, regimento interno dos órgãos estatutários, entre outros.

A divulgação da informação acerca da existência de comitês - de prevenção à lavagem de dinheiro, de produtos, projetos executivos, auditoria, por exemplo –, da sujeição às auditorias cooperativa ou interna, conforme o caso, auditoria externa independente, vinculada à um sistema forte e sólido, seja ele o Sistema de Cooperativas de Crédito do Brasil (SICOOB), Sistema de Crédito Cooperativo (SICRED), Sistema das Cooperativas de Crédito Rural com Interação Solidária (CRESOL), ou qualquer outro que comprove sua qualidade e competência, além de sua associação ao Fundo Garantidor do Cooperativismo (FGCoop), fortalece a imagem da cooperativa, demonstrando seriedade, compromisso e responsabilidade no trato do negócio do associado.

Não por menos, a informação acerca dos programas sociais e de educação cooperativista, consideradas ferramentas de inclusão social, demonstra o respeito que a cooperativa possui no cenário social, assistencial e educacional, proporcionando não só a melhoria nas condições de vida dos associados e não associados, pois beneficiam toda a comunidade local, mas também a construção de reputação, consolidação da marca com ações de sustentabilidade ao bem-estar coletivo e, ainda, em longo prazo, a formação de futuros líderes comprometidos com a causa cooperativista.

Sobre a educação cooperativista, o objetivo não se limita em educar financeiramente o associado, mas também conscientizá-lo a respeito da sua relação para com a cooperativa, seus direitos e deveres, pois certo é que na medida em que se instrui e municia o associado de informações, este, por outro lado, reforça seu engajamento na cultura cooperativista e no senso de pertencimento, agregando novos valores, atraindo novos associados e, consequentemente, aumentando seu nível de exigência, controle e fiscalização para com os atos de gestão.

Não só a educação cooperativista nas escolas e aos associados torna-se presente e importante, como também a educação cooperativista para formação de gestores e líderes cooperativistas deve ser constante.

A menção sobre a educação cooperativista torna-se essencial e indispensável neste princípio da transparência, pois a divulgação da educação cooperativa para a sociedade, associada à educação continuada dos membros de governança corporativa, além de demonstrar cumprimento à política de sucessão de administradores[1], fortalece o relacionamento entre o quadro de associados, numa relação de contraprestação à confiança depositada aos membros eleitos, em busca da constante melhoria de performance e capacitação.

Quando Ênio Meinen discorre sobre os valores do cooperativismo de forma direta e sem rodeios, expressa que transparência diz "respeito à clareza, àquilo que efetivamente e, sem ambiguidade, sem segredo. No meio cooperativo, todos têm de ter conhecimento preciso sobre a vida da entidade: suas regras, sua gestão, seus números" (MEINEN, 2014, p. 29).

O princípio da equidade caracteriza-se pelo tratamento isonômico a todos os sócios e acionistas das instituições, sendo que nas cooperativas de crédito refere-se aos associados e suas partes relacionadas, devendo a cooperativa ser imparcial, evitando benefícios particulares.

---

1 Como veremos adiante, a Resolução nº 4.538, de 24 de novembro de 2016, do Conselho Monetário Nacional, que instituiu a política de sucessão de administradores, não se aplica aos membros do Conselho Fiscal.

Nesse sentido, o artigo 37 da Lei nº 5.764/71, assegura a igualdade de direito entre os associados. O tratamento igualitário também está consagrado no *caput* do art. 5º da Constituição Federal de 1988.

O princípio da igualdade pressupõe que as pessoas colocadas em situações diferentes sejam tratadas de forma desigual. Nesse sentido assevera Nelson Nery Junior (1999, p.42) que "dar tratamento isonômico às partes significa tratar igualmente os iguais e desigualmente os desiguais, na exata medida de suas desigualdades".

O artigo 37 da Lei nº 5.764/71 também proíbe remunerar a quem agencie novos associados, cobrar prêmios ou ágio pela entrada de novos associados, ainda a título de compensação das reservas e, por fim, estabelecer restrições de qualquer espécie ao livre exercício dos direitos sociais.

Quanto a esta última vedação, importante registrar que a Procuradoria do Banco Central do Brasil, através do parecer 2004/00235/DEJUR/PRBAN, em caso específico envolvendo o Sicoob Central CECRESP, entendeu que não se pode restringir o direito de voto, mesmo que o associado se associe após a publicação do edital de convocação ou esteja inadimplente com suas obrigações sociais.

No caso em concreto, o Sicoob Central CECRESP instituiu em seu estatuto social que o direito ao voto ficaria vedado caso a filiada, cooperativa singular, fosse admitida no quadro social após o edital de convocação da respectiva assembleia ou não tivesse cumprido com suas obrigações sociais em até 3 (três) dias antes da respectiva assembleia, fato que aplicou a literalidade do artigo 37 da Lei n° 5.764/71, acima mencionado.

Não podemos deixar de mencionar que, nos termos do artigo 7º da Lei Complementar n° 130/2009, é vedado distribuir qualquer espécie de benefício às quotas-parte do capital, excetuando-se remuneração anual limitada ao valor da taxa referencial do Sistema Especial de Liquidação e de Custódia (Selic) para títulos federais, ratificando o tratamento isonômico entre os associados, independente das quotas-partes de capital social integralizado.

A Lei Complementar acima mencionada, em seu §3° do artigo 2º, dispõe, em respeito à isonomia a perpetuar, que:

a concessão de créditos e garantias a integrantes de órgãos estatutários, assim como a pessoas físicas ou jurídicas que com eles mantenham relações de parentesco ou negócio, deve observar procedimentos de aprovação e controle idênticos aos dispensados às demais operações de crédito" (BRASIL, 2009).

Certo é que o §4° deste mesmo artigo 2º traz uma exceção, qual seja a possibilidade de a assembleia geral estabelecer critérios mais rigorosos aos aplicáveis aos demais associados, considerando ocuparem postos e função de trabalho na alta administração, devendo, se assim for, ser submetido à critérios mais rigorosos e de cautela aos gestores.

O princípio da equidade se correlaciona ao princípio cooperativista da gestão democrática; auto-gestão, uma vez que, independentemente da quantidade de quotas-partes do capital social, cada associado terá direito à um voto.

O doutor em Administração Helnon de Oliveira Crúzio leciona em um de seus manuais:

> As cooperativas são organizações democráticas, controladas pelos seus membros, que participam ativamente na formulação das suas políticas e na tomada de decisões. Os homens e as mulheres eleitos como representantes, são responsáveis para com os sócios. Nas cooperativas singulares, os sócios têm igualdade na votação (um sócio = um voto); as cooperativas de outros graus são também organizadas de maneira democrática (CRÚZIO, 2009, p. 79).

Não só se correlaciona ao princípio da auto-gestão, como também a equidade é um dos valores do cooperativismo, oportunidade em que, citando Ênio Meinen (2014, p. 28-29), temos, por conclusão, o fato de que o princípio da equidade "se manifesta, fundamentalmente, pela garantia da igualdade de direitos, pelo julgamento justo e pela imparcialidade, tanto em aspectos econômicos como sociais".

Não só os Administradores, porém todos os agentes de governança devem prestar contas de sua atuação de modo claro, objetivo e compreensível, assumindo integralmente as consequências de seus atos e omissões, a fim de atender o princípio da prestação de contas, do qual, por consequência lógica, enseja a responsabilização pelas decisões tomadas.

Anualmente, em assembleia geral ordinária, a cooperativa realiza a prestação de contas dos órgãos de administração acompanhada de parecer do conselho fiscal, compreendendo o relatório da gestão, balanço, parecer de auditoria externa e demonstrativo das sobras apuradas ou das perdas decorrentes da insuficiência das contribuições para cobertura das despesas da sociedade.

Mas engana-se quem pensa que aprovadas as contas estará eximida eventual responsabilidade. Pelo contrário, além da ordem jurídica reprimir a conduta daquela que contraria o § 2º do artigo 44 da Lei nº 5.764/71, expressamente dispõe que a aprovação do relatório, balanço e contas dos órgãos de administração nas cooperativas de crédito não desonera seus componentes de responsabilidade, tendo em vista casos de erro, dolo, fraude ou simulação, bem como a infração da lei ou do estatuto.

Nas palavras de Karl Larenz (1958, p.38), "a responsabilidade é a sombra da obrigação".

A responsabilização pelos atos praticados ou omitidos vem ganhando espaço cada vez mais no cenário do cooperativismo de crédito, em sintonia de todo o arcabouço de ideias acima lançadas, desde o tópico "breves aspectos históricos", pois retrata na realidade a evolução e o ganho de mercado crescente das cooperativas de crédito, o que, por outro lado, faz com que os órgãos de supervisão, fiscalização e os próprios associados exijam maior "dever ser" dos membros dos órgãos estatutários. Ou seja, é preciso competência para ocupar o lugar que se encontra, pois conforme Terezinha Azerêdo Rios (2011, p.20), "ser competente é saber fazer bem o dever".

Por fim, dentre os princípios da governança corporativa adotados pela doutrina brasileira, temos a responsabilidade corporativa, pois para haver o desenvolvimento econômico é necessário andar de mãos dadas com os aspectos sociais, ambientais e culturais.

De forma indireta, aludido princípio se correlaciona ao 7º princípio cooperativista – interesse pela comunidade em que encontra inserida – pois as cooperativas trabalham, isoladamente ou em parcerias, buscando o desenvolvimento sustentável de suas comunidades de forma concreta, através de políticas aprovadas pelos membros.

Enquanto no princípio da transparência recomendamos a divulgação das ações sociais e de educação cooperativista, o princípio da responsabilidade corporativa se traduz na efetiva execução dos planos e projetos que visam não só intensificar o relacionamento dos cooperados com a cooperativa e a correlação do cooperativismo com o desenvolvimento sustentável, mas também, ações socioambientais, visando contribuir com a gestão de recursos naturais na prevenção e no gerenciamento de riscos de impactos internos e externos e na busca de oportunidades de melhoria do meio ambiente, promover o apoio ao esporte e à saúde, acesso à cultura, realização do Dia de Cooperar - Dia C[2], entre tantas outras atividades que visam o bem-estar coletivo da coletividade.

Da fala de Saulo Chielle, por oportunidade de palestra realizada no Centro Universitário La Salle (UNILASALLE) em Canoas/RS[3], sustentabilidade não se limita ao meio ambiente, sendo este um dos pilares para o atingimento do desenvolvimento social, o que em conjunto com a economia e sociedade formam o tripé da sustentabilidade ou, como chamam as organizações europeias, *Triple Bottom Line*, conhecido também como os 3Ps da sustentabilidade (*People, Planet, Profit*, ou, em português, PPL - Pessoas, Planeta, Lucro). Estas três dimensões precisam interagir de maneira que compreenda os fenômenos em sua totalidade, fato que com a multiplicação do capitalismo consciente através da economia compartilhada, agregado ao senso de sociedade, externalizar-se-á o princípio da participação, pelo qual agimos em conjunto como uma necessidade de vida.

Alexandre Di Miceli da Silveira, em sua obra Governança Corporativa no Brasil e no Mundo (2015, p. 4-5) descreve que em uma análise consolidada entre códigos nacionais e internacionais pode-se afirmar que há, no mínimo, 10 (dez) princípios globais de governança aplicáveis às organizações, transcrita na íntegra a seguir:

---

2 Dia Cooperar (Dia C) foi desenvolvido pelo Sistema do Sindicato e Organização das Cooperativas do Estado de Minas Gerais (Ocemg) em 2009, com o propósito integrar das ações voluntárias de cooperativas, cooperados, colaboradores e familiares, em um grande movimento de solidariedade cooperativista, visando o bem ao próximo e o estímulo à solidariedade e à intercooperação. Disponível em http://minasgerais.coop.br/diac/o-dia-c-2018.

3 Disponível em <https://www.youtube.com/watch?v=tBr6GvbeJvo>. Acesso em 15 dez. 2018.

	Princípio global	Diz respeito a:
1	Transparência e integridade das informações prestadas	Divulgação aberta, honesta e tempestiva das informações materiais financeiras e não financeiras aos públicos interno e externo. Entre os aspectos não financeiros, destacam-se os relativos ao modelo de governança, estrutura acionária, principais políticas e diretrizes, perspectivas estratégicas, sistemas de incentivos, avaliação de desempenho, impactos socioambientais etc.
2	Prestação de contas voluntária e responsabilização pelas decisões tomadas	Vontade dos administradores de apresentar os resultados de sua gestão e os elementos que fundamentaram as principais decisões tomadas, bem como de assumir a responsabilidade pelas ações e omissões ocorridas durante seus mandatos.
3	Avaliação de desempenho, remuneração justa e meritocracia	Necessidade de avaliar regular e formalmente o desempenho de todos os administradores e órgãos de governança, atribuindo remuneração em montante adequado, vinculada a desempenho e levando em consideração os riscos incorridos e a visão de longo prazo do negócio. Além de impactar a remuneração, a avaliação de desempenho deve resultar em recompensas e sanções justas, de modo a fomentar um ambiente meritocrático.
4	Contrapesos independentes no processo decisório	Implantação de um modelo de segurança que incentive visões diferentes na tomada das decisões, de modo a evitar excessiva concentração de poder e mitigar potenciais análises parciais ou vieses cognitivos. Deve haver regras para mitigar situações envolvendo conflitos de interesses e mecanismos eficientes para a resolução de disputas.
5	Sustentabilidade e visão de longo prazo na condução do negócio	Adoção de um horizonte de longo prazo como prioridade nas decisões, o que implica assegurar relações saudáveis com as partes interessadas (stakeholders) e iniciativas concretas a fim de melhorar a situação das comunidades nas quais a organização está inserida. Temas como sucessão de lideranças, mitigação de potenciais passivos futuros e impactos socioambientais inserem-se nesse princípio.

	Princípio global	Diz respeito a:
6	Respeito às formalidades, controles e supervisão independentes	Conscientização de que a informalidade é um inimigo da boa governança e de que controle e supervisão independentes são elementos essenciais. É necessário desenhar os processos e estabelecer as regras a serem cumpridas antes, durante e depois das reuniões dos órgãos de governança. Entre os controles contidos neste princípio, destacam-se os relacionados à gestão formal dos riscos do negócio, o *compliance* e as auditorias. Essas áreas e seus responsáveis devem contar com toda a independência e os recursos humanos, financeiros e tecnológicos necessários.
7	Tom e comportamento ético das lideranças	Necessidade de que os membros da cúpula organizacional, notadamente conselheiros e diretores, comportem-se com integridade e apliquem elevados padrões éticos e de conduta em suas decisões, liderando pelo exemplo. É preciso promover incessantemente os valores da organização por meio de ações de aculturamento e atitudes concretas, como a priorização da ética na seleção dos administradores.
8	Cooperação entre colaboradores e promoção do interesse coletivo da organização	É necessária a conscientização de que o interesse da empresa deve prevalecer em todas as situações, mesmo quando houver conflito com os interesses pessoais dos indivíduos ou dos acionistas que os elegeram.
9	Equidade e promoção da participação efetiva de todos os acionistas	Observância da igualdade de direitos de todos os acionistas e facilitação do exercício efetivo desses direitos. A empresa precisa estabelecer uma boa comunicação com seus acionistas de maneira proativa, incentivando e facilitando ao máximo sua participação nas assembleias. O tratamento com os acionistas deve ser imparcial, evitando benefícios particulares decorrentes de informações privilegiadas.
10	Diversidade interna, tratamento justo dos stakeholders e ausência de políticas discriminatórias	Criação de políticas concretas para ampliar a diversidade (de gênero, etnia, formações acadêmicas, idade, cultural etc.) de pensamento nos órgãos de governança, bem como para evitar preconceitos e punir quaisquer atitudes discriminatórias para com seus *stakeholders*. É preciso definir e monitorar parâmetros concretos em relação a esses temas.

Apesar da doutrina de Alexandre Di Miceli disciplinar a visão macro dos princípios de governança nas corporações, é fácil a percepção da aplicação dos mesmos dez princípios, de forma adaptada é claro, às cooperativas de crédito, pois visam ampliar a transparência da administração da cooperativa, aprimorar o seu desenvolvimento e processo decisório, contribuir para o crescimento contínuo com sustentabilidade e geração de valor de forma duradora do cooperativismo e, não por fim, aplicar a responsabilidade socioambiental como integração da cooperativa com a sociedade local.

Certo que não há um modelo de conduta a ser executado para atingir o melhor das melhores práticas de governança, tendo em vista a diversidade de cada cooperativa, devendo, lado outro, absorver o sentido de cada princípio aqui mencionado, e, por conseguinte, aplicá-lo, efetivamente, no campo da ação. Essa aplicação, alinhada à competência e compromisso de seus gestores, certamente gerará frutos de uma estrutura de governança eficiente e também um melhor exercício dos direitos de propriedade, que no cenário do cooperativismo pode-se dizer direito dos associados.

Mesmo que não seja o objeto central deste estudo, não podíamos deixar de trazer, em linhas gerais, os aspectos da governança corporativa no cenário do cooperativismo de crédito, até mesmo para que possamos apresentar aos membros dos órgãos estatutários a sua real necessidade de executar, na prática, os princípios da governança, aprimorando-se continuamente, a fim de reduzir sistematicamente os riscos.

E, desde já, o assunto nos remete a refletir sobre a necessidade de que saber fazer bem o papel de um dos agentes da governança – desde associados até conselheiros de administração – exigirá competência, sob pena de ensejar uma quebra de equilíbrio na capacidade de decisão e no acúmulo de poder por parte de alguns, debilitando o papel de monitoramento dos demais pares.

Parafraseando o filósofo Antônio Gramsci "a bondade desarmada, incauta, inexperiente e sem sagacidade nem sequer é bondade, é ingenuidade estulta e apenas provoca desastres".

2.1. Governança Cooperativa

Perceptível que a adoção das práticas de governança corporativa é algo presente no cooperativismo de crédito, sendo uma realidade institucional. É certo, lado outro, que deve ser aperfeiçoada, por meio da prática do dia a dia, não se limitando à exposição de relatórios de gestão físicos e impressos; as partes interessadas querem visualizar não apenas os resultados, mas cientificarem da forma e modo que se alcançaram os resultados, observando os preceitos legais, éticos e morais.

Pois, como já dito, o fato de qualificar o relacionamento com seu associado, proporcionando maior transparência entre os órgãos de governança, profissionalizando a administração, gestão e eficácia de seus controles, proporciona, como consequência, vida longa e perene às cooperativas.

No entanto, o fato de, no cooperativismo de crédito, com a exceção da diretoria executiva, os demais órgãos serem compostos, exclusivamente por associados por expressa previsão legal, estabelece uma maior possibilidade de relação de conflitos de interesse, pois teremos diversas figuras de associado: cliente, aplicador, tomador de crédito, fornecedor, administrador e fiscal, devendo cada um ter plena ciência acerca de sua conduta conforme sua posição na estrutura organizacional, de forma independente à pessoa física do "puro" associado, pois este, no instinto natural, busca obter benefícios cada vez melhores para si na condição de "dono do negócio" - proprietário da cooperativa – benefícios estes que às vezes não são atrativos à outro grupo de associados.

Situação típica, por exemplo, é o fato de a administração optar em melhorar as taxas de retorno para aplicadores, oportunidade em que poderá "penalizar" outro grupo de associados, aumentando as taxas dos captadores, a fim de equalizar receita e despesas.

Assim, no cenário do cooperativismo de crédito a governança cooperativa está sujeita à permanente reflexão sobre a forma e seu *modus operandi*, pois não só os princípios basilares da governança corporativa, como também os próprios princípios[4] e valores[5] cooperativistas devem primar, a fim de preservar sua natureza jurídica.

E, neste sentido, o Sistema da Organização das Cooperativas do Brasil (OCB) caracterizou a governança cooperativa como sendo

> um modelo de direção estratégica, fundamentado nos valores e princípios cooperativistas, que estabelece práticas éticas visando garantir a consecução dos objetivos sociais e assegurar a gestão da cooperativa de modo sustentável em consonância com os interesses dos cooperados" (OCB, 2015, p.13).

Diante do cenário de sustentabilidade e desenvolvimento social em que o cooperativismo se encontra inserido, o Conselho Monetário Nacional, através do artigo 17 da Resolução nº 3.859/2010, definiu que as cooperativas de crédito devem aprovar, em assembleia geral, a política de governança corporativa, abordando questões relativas à representatividade e participação, direção estratégica, gestão executiva, fiscalização e controle, que contemple a aplicação dos princípios de segregação de funções na administração, remuneração dos membros dos órgãos estatutários, transparência, equidade, ética, educação cooperativista, responsabilidade corporativa e prestação de contas.

Referida norma disciplinou, entre outras tantas questões relativas à constituição e funcionamento das cooperativas de crédito, o que segue:

> Art. 18. As cooperativas singulares de livre admissão, de empresários, de pequenos empresários, microempresários e microempreendedores e as constituídas ao amparo do inciso I do §3º do art. 12 devem adotar estrutura administrativa integrada por conselho de administração e por diretoria executiva a ele subordinada, cujos membros sejam eleitos pelo referido conselho entre pessoas físicas associadas ou não associadas, nos termos do art. 5º da Lei Complementar nº 130, de 2009, admitida a acumulação de cargos entre os dois órgãos para, no máximo, um dos membros do conselho, e vedada a acumulação das presidências.

---

4 Princípios Cooperativos: Adesão voluntária e livre; Gestão democrática e livre; Participação econômica dos membros; Autonomia e independência; Educação, formação e informação; Intercooperação e Interesse pela comunidade.

5 Valores Cooperativos: Solidariedade; Liberdade; Democracia; Equidade; Igualdade; Responsabilidade; Honestidade; Transparência e Responsabilidade socioambiental.

> §1º As cooperativas referidas no *caput* deste artigo, em funcionamento ou cujo pedido de autorização ou de transformação nas referidas modalidades tenha sido protocolizado até a data de publicação desta resolução, devem adotar a estrutura e observar as condições nele indicadas, a partir da primeira eleição de administradores realizada de 2012 em diante, ou antes, a critério da assembleia. Resolução nº 3859, de 27 de maio de 2010.
>
> §2º. O Banco Central do Brasil poderá determinar, para conjuntos definidos de cooperativas de crédito, a adoção da estrutura administrativa referida no *caput* deste artigo, bem como a segregação completa entre conselho e diretoria executiva, levando em conta fatores de natureza prudencial que demandem a adoção de práticas de governança diferenciadas, decorrentes de características institucionais e operacionais das cooperativas envolvidas, tais como o exercício de funções estratégicas de gestão e controle de sistemas cooperativos, porte econômico-financeiro, complexidade operacional, extensão territorial, tamanho e dispersão social do respectivo quadro de associados (CMN, 2010).

A proposta de uma nova estrutura de governança às cooperativas de crédito, de segregar as atividades de ordem estratégica no interesse dos associados com as de ordem executiva, decorreu da publicação da Lei Complementar nº 130/2009, que em seu artigo 5º dispôs que "as cooperativas de crédito com conselho de administração podem criar diretoria executiva a ele subordinada, na qualidade de órgão estatutário composto por pessoas físicas associadas ou não, indicadas por aquele conselho", oportunidade em que a faculdade atribuída pela Lei foi regulamentada como obrigatória para determinados tipos de classificação das cooperativas.

Não só atender as diretrizes de boas práticas de governança, a regulamentação do Conselho Monetário Nacional proporcionou sanear um dos vícios mais recorrentes na administração das cooperativas de crédito, que se externaliza na concentração de poder em um específico administrador que acumule maior conhecimento sobre o negócio e controle sobre as decisões e, até mesmo, risco de perpetuação no poder.

E, com este mesmo propósito de aperfeiçoar a gestão das cooperativas de crédito, a Resolução CMN nº 4.434/2015, que revogou a Resolução CMN nº 3.859/2010, manteve a mesma diretriz de exigir uma política de governança corporativa, adequando, por certo, ao novo cenário cooperativista, impondo à cooperativa de crédito clássica que detiver média dos ativos totais, nos três últimos exercícios sociais, igual ou superior a R$ 50 milhões e à cooperativa de crédito plena adoção de estrutura administrativa dual integrada por conselho de administração e por diretoria executiva a ele subordinada, vedando, ainda, o acúmulo de cargos nos respectivos órgãos (artigos 26 e 27 da Resolução CMN nº 4.434/2015).

Sendo este o modelo do sistema de governança desejado e exigido pelo órgão regulador, este deixou expressamente consignado na Resolução CMN nº 4.434/2015 que o Banco Central do Brasil pode determinar, para outros tipos cooperativas de crédito, tais como cooperativas que ainda não atingiram a média dos R$ 50 milhões e cooperativas de crédito de capital e empréstimo (artigo 15, III, da Resolução CMN nº 4.434/2015) a adoção da estrutura administrativa dual, ficando isso sob o critério de conveniência e oportunidade do Banco Central do Brasil.

Assim, em síntese, nas cooperativas de crédito que adotam estrutura administrativa exigida pela resolução acima mencionada, compete ao conselho de administração estabelecer o direcionamento estratégico e à diretoria executiva a implementação.

Não podemos deixar de mencionar que a Lei Complementar nº 130/2009 não só inovou em segregar as atividades estratégicas do executivo, mas, também, ao disciplinar que os membros da diretoria executiva não mais seriam eleitos pelos associados por meio da assembleia, e sim pelo próprio conselho de administração, impondo à este órgão a responsabilidade da escolha dos membros do órgão executivo e de seus atos, oportunidade em que o sistema cooperativista de crédito deu início a chamada "diretoria executiva profissional", com mais profissionalismo, mediante competência, habilidade pessoal e de gestão e, não por fim, dedicação exclusiva à cooperativa.

Além dos órgãos de conselho de administração e de diretoria executiva, a assembleia geral e o conselho fiscal compõem a estrutura verticalizada da governança cooperativa, conforme se observa pela ilustração a seguir:

Figura 1: Estrutura básica de governança cooperativa. Fonte: Manual de boas práticas de governança cooperativa do Sistema OCB; 2015, p.17.

Pela ilustração acima, conclui-se que os agentes da estrutura básica de Governança Cooperativa são justamente os órgãos sociais da cooperativa (capítulo X da Lei nº 5.764/71), quais sejam: assembleia, órgãos de administração e de fiscalização, sendo que estes, mediante suas regras e áreas organizacionais vinculadas, devem proporcionar um efetivo sistema de pesos e contrapesos.

No entanto, a governança, por si só, não é um mero modelo instrumental a preservar a vida longa da cooperativa, cumprindo com seus ideais. Como mencionado no tópico anterior, é necessário colocar em ação e tirar do planejamento os princípios da governança corporativa, oportunidade em que esbarramos na limitação técnica como sendo o principal problema a ser mitigado, sendo impossível uma única pessoa deter conhecimentos para todas as decisões de todas as áreas, qualquer que seja sua função institucional na estrutura da cooperativa.

A ausência de formação específica e capacitação adequada, em outros tempos, era utilizada inclusive como fundamento para afastar a responsabilização dos agentes de governança, sendo que, conforme as palavras de Mário Kruel Guimarães,

> como criticar ou condenar os associados de uma cooperativa ou seus diretores, conselheiros e funcionários, pela prática de atos falhos, se nunca lhes foram ensinados os princípios do Cooperativismo, sua doutrina e sua profunda filosofia humanística? Não conhecendo nada disso, como pretender que eles ajam diferentemente das outras pessoas que aprenderam, desde a infância, que o lucro capitalista é a mola propulsora de qualquer empreendimento ou serviço? (GUIMARÃES, *In* PINHO & PALHARES, 2010, p. 136).

Neste sentido, visando o aperfeiçoamento contínuo, o Conselho Monetário Nacional passou a atribuir, entre outras condições para o exercício de cargos em órgãos estatutários, a existência de capacidade técnica compatível com as atribuições dos cargos de conselheiro de administração e de diretor em cooperativas de crédito, conforme for o caso do eleito, comprovada com base na formação acadêmica, experiência profissional ou em outros quesitos julgados relevantes, por intermédio de documentos e de declaração firmada pela própria cooperativa, submetidos à avaliação do Banco Central do Brasil (Resolução CMN nº 4.122/2012, Regulamento Anexo II, art. 5º, *caput* e §1º).

Da mesma forma, a Resolução CMN nº 4.538/2016 determinou que as cooperativas de crédito implementem e mantenham política de sucessão de administradores, aplicável aos cargos da alta administração, de forma a assegurar que os ocupantes destes cargos tenham as competências necessárias para o desempenho de suas funções.

Conforme diretrizes básicas exigidas pelo Conselho Monetário Nacional, a política de sucessão de administradores deve abranger processos de recrutamento, promoção, eleição e retenção de administradores, formalizados com base em regras que disciplinem a identificação, avaliação, treinamento e seleção dos candidatos aos cargos da alta administração, considerando, no mínimo, os seguintes aspectos:

I. condições para o exercício do cargo exigidas pela legislação e pela regulamentação em vigor;

II. capacidade técnica;

III. capacidade gerencial;

IV. habilidades interpessoais;

V. conhecimento da legislação e da regulamentação relativas à responsabilização de qualquer natureza por sua atuação; e

VI. experiência.

Porém, tanto a exigência de capacidade técnica (Resolução CMN nº 4.122/2012) quanto os aspectos mínimos da política de sucessão (Resolução CMN nº 4.538/2016) se destinam, única e exclusivamente, aos órgãos de administração: conselho de administração e diretoria executiva, ficando excluído desta exigência, ao menos no campo normativo, a capacidade técnica dos membros do conselho fiscal, o que se torna indispensável para o exercício de sua função, que não se limita à análise de balanços e demonstrações contábeis, mas, também, fiscalizar os atos dos administradores e verificar o cumprimento de seus deveres legais e estatutários.

Luís Oliveira Rios, em sua obra "Cooperativas Brasileiras - Manual de Sobrevivência & Crescimento Sustentável" (1998, p. 51) explanou ser "impressionante o número de cooperativas cujo Conselho Fiscal é inoperante!", fato este que exige mudança de comportamento sob pena dos mesmos, assumindo uma condição de inércia e omissos acerca do dever-legal, atraírem para si a responsabilidade dos atos e fatos irregulares praticados pela alta administração.

Além da responsabilidade civil e penal, das quais a minoria dos conselheiros fiscais tem ciência, a Lei nº 13.506, de 13 de novembro de 2017, que dispõe sobre o processo administrativo sancionador do Banco Central do Brasil (responsabilidade administrativa), expressamente previu que constitui infração punível deixar de fiscalizar os atos dos órgãos de administração, quando obrigado a isso, como é o caso do conselho fiscal (artigos 2º e 3º, XV da referida Lei), fato que afasta qualquer pretensão de arguição de ausência de desconhecimento da norma e seu papel institucional.

Chamamos atenção para o disposto no artigo 3º da Lei de Introdução às normas do Direito Brasileiro (Decreto-Lei nº 4.657, de 4 de setembro de 1942), que de forma objetiva prescreve que "ninguém se escusa de cumprir a lei, alegando que não a conhece".

Certo que o comportamento inadequado de conselheiros fiscais, em sua maioria, não decorre de má-fé, e sim pela falta de preparação e conhecimento sobre suas reais atribuições legais, o que se torna contínuo em renovações pós renovações de membros do conselho fiscal, permanecendo sempre a mesma estrutura e o mesmo procedimento de trabalho até então adotado, em um ciclo de comportamento vicioso.

E, assim, o continuísmo faz com que, nas palavras de Walter Lippmann, "quando todos pensam igual, ninguém pensa muito", e, por conseguinte, a autonomia e independência dos conselheiros fica prejudicada, comprometendo as deliberações que, na maioria das vezes, além de representar um distanciamento entre o que vem fazendo e o que deveriam fazer, não possui essência de colegiado, mas sim um acompanhamento das opiniões iniciais propostas pelo membro mais bem informado e instruído para o assunto em questão.

"Você não pode comandar uma companhia pelo medo, porque a forma de eliminar o medo é evitar críticas. E a forma de evitar críticas é não fazer coisa alguma" (Steve Ross).

3. DA NECESSÁRIA MUDANÇA DE COMPORTAMENTO DO CONSELHO FISCAL À LUZ DA GOVERNANÇA COOPERATIVA

Conforme explicado anteriormente, a Lei nº 5.764/1971 atribui ao conselho fiscal a condição de órgão estatutário de fiscalização, sendo composto por 3 (três) membros efetivos e 3 (três) membros suplentes, todos associados da cooperativa e eleitos pela assembleia geral.

O prazo de mandato dos membros do conselho fiscal é de até 3 (três) anos, se estendendo até a posse dos seus substitutos (artigo 6º da Lei Complementar nº 130/2009 e Resolução CMN nº 4.122/2012, Regulamento Anexo II, artigos 10 e 10-A, com redação dada pela Resolução CMN nº 4.308/2014), observada a renovação de, ao menos, 2 (dois) membros a cada eleição, sendo 1 (um) efetivo e 1 (um) suplente.

Não podemos deixar de mencionar que, apesar de o dispositivo legal prever a renovação de, no mínimo, 2 (dois) membros do conselho fiscal, sendo 1 (um) suplente e 1 (um) efetivo, na prática, o Banco Central do Brasil (BCB), autarquia federal que possui competência privativa[6] para homologação dos eleitos aos órgãos estatutários em instituições financeiras, como é o caso das cooperativas de crédito, interpreta o dispositivo legal observando, ainda, que a eleição como efetivo de um membro suplente não é considerada renovação, para efeito do dispositivo legal.

Diante de sua atividade de fiscalização dos atos da administração, o conselho fiscal é tido, em regra, como instrumento de implementação de uma política ativa de boas práticas de governança cooperativa, através dos princípios da transparência, equidade e prestação de contas.

Como mencionado no tópico anterior, o conselho fiscal não deve limitar sua atuação aos aspectos contábeis, devendo realizar exame da gestão dos administradores em conformidade ao disposto no estatuto social e ordenamento jurídico.

No entanto, ao analisar a atuação do conselho fiscal na prática, o diagnóstico não é favorável, uma vez que, seja pelo fato de reunirem-se em média uma única vez no mês, não acompanhando o dia a dia da cooperativa, seja pela carência técnica e educacional de seus membros, o ato de fiscalizar apresenta-se mitigado, quando deveria ser ampliado.

Constatam-se na maioria das atas de reunião do conselho fiscal os mesmos itens em deliberação, tais como leitura e aprovação da ata da reunião anterior; verificação do balancete do mês; análise e considerações acerca da carteira de crédito e da inadimplência, numa visão macro; monitoramento dos maiores depositantes e devedores e análise das transações e operações com partes relacionadas e grupos econômicos.

---

6 Art. 10. Compete privativamente ao Banco Central da República do Brasil:
[...]
XI - Estabelecer condições para a posse e para o exercício de quaisquer cargos de administração de instituições financeiras privadas, assim como para o exercício de quaisquer funções em órgãos consultivos, fiscais e semelhantes, segundo normas que forem expedidas pelo Conselho Monetário Nacional;
[...]
Art. 33. As instituições financeiras privadas deverão comunicar ao Banco Central da República do Brasil os atos relativos à eleição de diretores e membros de órgão consultivos, fiscais e semelhantes, no prazo de 15 dias de sua ocorrência, de acordo com o estabelecido no art. 10, inciso X, desta lei" (Lei nº 4.595, de 31 de dezembro de 1964)

Isso impede com que o conselho fiscal, através desta padronização de atividade, reduza a probabilidade de surpresas negativas decorrentes de ações e omissões por parte dos administradores e colaboradores, bem como impede maximizar a transparência para o público interno e externo em relação a questões financeiras e impactos não financeiros.

Tanto isso é verdade que não raras ocasiões não há qualquer apontamento por parte do conselho fiscal acerca de atos e fatos tidos como irregulares, que subsidiaram instauração, por exemplo, de processo administrativo sancionador do Banco Central do Brasil, repercutindo em condenação dos conselheiros fiscais que deixaram de realizar assídua e minuciosa fiscalização nos atos da administração, como se percebe pelos julgados:

> RECURSO DE OFÍCIO – Cooperativa de Crédito – Empréstimo – Realização de operações em desacordo com as normas de boa gestão e segurança operacional – Inscrição e eleição para os conselhos de administração e fiscal de pessoas impedidas (não integrantes do quadro de associados da entidade) – Falta de fiscalização dos atos dos diretores – Ausência de suficientes elementos comprobatórios da participação dos recorridos nos ilícitos em tela – Recurso de ofício improvido – Arquivamento do processo quanto à matéria objeto de subida compulsória" (Conselho de Recursos do Sistema Financeiro Nacional (CRSFN), 312ª Sessão, recurso **n**° 12574; Processo BCB 0401263193).
>
> RECURSO(S) VOLUNTÁRIO(S) – Cooperativa de crédito – Não adoção de procedimentos efetivos para cobrança das operações realizadas – Realização de operações de crédito em desacordo com o princípio da seletividade – Manutenção de escrituração contábil em desacordo com a regulamentação vigente – Elaboração de demonstrações financeiras e contábeis que não refletiam com fidedignidade e clareza a real situação econômico-financeira da cooperativa – Descumprimento dos deveres legais e estatutários do Conselho Fiscal de exercer assídua e minuciosa fiscalização sobre a administração da cooperativa – Irregularidades, inclusive de natureza grave, caracterizadas – Apelo a que se nega provimento (CRSFN, 380ª Sessão, Recurso 13408; Processo BCB 0901447742).

Frisa-se que nos limitamos a mencionar sob a responsabilidade administrativa, a título de exemplo, sendo que aos conselheiros fiscais, ainda, é imputada, conforme o caso, a responsabilidade civil[7] e criminal, pois nos termos do artigo 53 da Lei nº 5.764/71, os membros do conselho fiscal equiparam-se aos administradores das sociedades anônimas para efeito de responsabilidade criminal.

Assim, faz-se necessária a realização de um conjunto de atividades de controle que visam proporcionar conformidade com as leis e regulamentos internos e externos à cooperativa e, ainda, transparência com seus *stakeholders*, assegurando direitos plenos a todo o quadro de associados, de forma equitativa.

Isso tudo se deve ao grande número de normatização expedida por parte das autoridades monetárias, Conselho Monetário Nacional e Banco Central do Brasil, aplicáveis às cooperativas de crédito, que vem exigindo e impondo, cada vez mais, uma consolidação de um sistema cooperativo único, vinculado e padronizado, para não dizer "bancarizado", nos mesmos níveis de exigência quanto à controles e supervisão às demais instituições financeiras bancárias,

---

7 Lei nº 10.406, de 10 de janeiro de 2002 – Código Civil:
[...]
Art. 186. Aquele que, por ação ou omissão voluntária, negligência ou imprudência, violar direito e causar dano a outrem, ainda que exclusivamente moral, comete ato ilícito.
Art. 187. Também comete ato ilícito o titular de um direito que, ao exercê-lo, excede manifestamente os limites impostos pelo seu fim econômico ou social, pela boa-fé ou pelos bons costumes.
[...]
Art. 389. Não cumprida a obrigação, responde o devedor por perdas e danos, mais juros e atualização monetária segundo índices oficiais regularmente estabelecidos, e honorários de advogado.
[...]
Art. 927. Aquele que, por ato ilícito (arts. 186 e 187), causar dano a outrem, fica obrigado a repará-lo.
Parágrafo único. Haverá obrigação de reparar o dano, independentemente de culpa, nos casos especificados em lei, ou quando a atividade normalmente desenvolvida pelo autor do dano implicar, por sua natureza, risco para os direitos de outrem.
Lei 6.024/74, de 13 de março de 1974:
[...]
Art. 39. Os administradores e membros do Conselho Fiscal de instituições financeiras responderão, a qualquer tempo, salvo prescrição extintiva, pelos que tiverem praticado ou omissões em que houverem incorrido.
Art. 40. Os administradores de instituições financeiras respondem solidariamente pelas obrigações por elas assumidas durante sua gestão, até que se cumpram.
Parágrafo único. A responsabilidade solidária se circunscreverá ao montante e dos prejuízos causados.

indo na contramão do Plano de Ação Para Uma Década Cooperativa[8], elaborado pela Aliança Cooperativa Internacional:

> É importante para as próprias cooperativas resistirem a qualquer tendência para imitar as empresas privadas nas práticas operacionais, de gestão e governança que não reflitam a especificidade cooperativa. Muitas vezes é a opção mais fácil quando se opera com infraestrutura desenhada para a empresa privada, mas a menos que as cooperativas resistam e combatam pelo apropriado reconhecimento e tratamento correm o risco de, pelo comportamento isomórfico, perder a sua especificidade e vantagens comerciais.

Assim, para atingir ao fim esperado, atendendo aos preceitos de fiscalização e controle do Conselho Monetário Nacional, e contribuir com a boa prática de governança cooperativa, os membros do conselho fiscal necessitam, imediatamente, mudar a forma de agir, incluindo outras atividades correlatas às suas atribuições de fiscalização, oportunidade em que sugerimos:

- acompanhar a estrutura de capital, compreender e opinar sobre as decisões estratégicas do conselho de administração acerca das proposituras a respeito do capital social;
- acompanhar a política de pessoal, o número e as razões de eventuais reclamatórias trabalhistas;
- acompanhar contingências passivas, examinando as razões de provisionamentos, riscos ambientais, trabalhistas e tributários, diretos ou indiretos, fiscalizações e autuações;
- acompanhar eventuais autuações, penalidades e as medidas implantadas para sanear eventual ato;
- acompanhar e fiscalizar o cumprimento da política de crédito da cooperativa, visando aferir se foram observados os princípios da seletividade, garantia, liquidez e diversificação de riscos nas operações de crédito;
- acompanhar e fiscalizar o cumprimento das políticas institucionais;

---

8 Relatório redigido sob a direção do Grupo de Trabalho da Aliança Cooperativa Internacional por Cliff Mills e Will Davies, *Centre for Mutual and Employee-owned Business, University of Oxford*, p. 26. Disponível em <https://www.ica.coop/sites/default/files/publication-files/blueprint-for-a-co-operative-decade-portuguese-1267863829.blueprint-for-a-co-operative-decade-portuguese>.

- aferir se as deliberações da alta administração estão compatíveis com os níveis de apetite por riscos constantes na Declaração de Apetite por Riscos (RAS) da cooperativa;
- apurar a existência de conflito de interesses nas deliberações da alta administração da cooperativa;
- solicitar da área jurídica relatório dos processos em que a cooperativa for ré, para conhecimento e adoção de medidas, considerando a probabilidade de perda;
- solicitar da área jurídica repasse das análises e apontamentos jurídicos que possam acarretar riscos à cooperativa quanto aos contratos firmados e outorga de procurações à colaboradores;
- convocar e debater com auditoria cooperativa e/ou auditoria interna possíveis impactos;
- examinar e manifestar sobre o processo de compras e aquisição de produtos e serviços e os procedimentos acerca do mapeamento de preços com fornecedores;
- Convocar membros do conselho de administração, diretoria e gerentes para apurar eventual situação de risco à cooperativa;
- Manter relacionamento com demais órgãos de governança, com foco na boa convivência, em especial com a diretoria responsável pelo gerenciamento de risco (Resoluções CMN nº 4.557/2017 e 4.606/2017) e suas áreas correlatas (controles internos, auditoria e *compliance*); e
- Solicitar à diretoria cópia de correspondências do Banco Central do Brasil e da respectiva cooperativa central que a cooperativa se encontra filiada, a fim de apurar eventual irregularidade em atos de gestão.

Abordar estas novas atividades se torna necessário e exigirá, lado outro, maior competência dos conselheiros fiscais, diante de sua atuação crítica e construtiva nos campos financeiro, legal e de negócios, aliada à capacidade de relacionar-se, não como órgão punitivo, mas sim como um órgão colaborativo que, em conjunto com demais agentes de governança, visam mitigar o risco da cooperativa.

Notável que hodiernamente um único dia para realização da reunião do conselho fiscal se apresenta insuficiente, quiçá após a implementação de novas atividades, devendo o conselho fiscal adequar-se à realidade, enviando documentação e informações antecipadamente à cada um dos conselheiros para conhecimento e estudo de casos, a fim de que possam, em eventual necessidade, convocar membros do conselho de administração, diretoria ou corpo de colaboradores para esclarecimentos.

Pode-se afirmar que o cenário exige dos conselheiros fiscais capacidade técnica e educacional para o exercício da função, aliada à educação continuada para desenvolvimento de conhecimentos específicos do negócio cooperativa, bem como uma visão empreendedora, que não sufoque a ação do conselho de administração e diretoria executiva.

Compreensível, ainda, que se os itens de pauta de reunião, nos dias de hoje, já se apresentam estrangulados pelo tempo, necessário se faz a realização de reuniões em mais de um dia ou quantos forem necessários, a fim de pôr em prática as boas maneiras de governança, e não adotar a estrutura física da governança aposta em estatuto social com mero senso de publicidade e marketing, com fim único de agregar valor à cooperativa.

Infelizmente, a fim de que o próprio conselho fiscal contribua para a sustentabilidade da cooperativa, é necessário quebrar o paradigma de que

> a presença (adicional) do conselho fiscal no cooperativismo financeiro justifica-se mas pelo simbolismo (aparência) do que pelo seu funcionamento real, dado que – salvo exceções muito pontuais – tem sido muito pouco efetivo nas suas funções, quadro se acentua com o aumento da complexidade operacional e de gestão (MEINEN, 2016, p. 278).

Diante desse cenário, é preciso tomar medidas que proporcionem ao conselho fiscal a eficiência que dele se espera, uma vez que sendo dotado de autonomia e independência, possui todos os meios para exercer seu papel funcional, sem qualquer ingerência, devendo os próprios conselheiros fiscais ter ciência e a consciência da necessidade de mudança de comportamento.

O conselheiro fiscal com a capacidade e qualidade tem a humildade de descortinar novas oportunidades de aprendizado e, por conseguinte, torna-se capaz de traçar objetivos de evolução, pois a humildade de saber ouvir, da vontade de aprender, de sempre querer saber mais, admitindo que nunca se sabe tudo, faz atingir um nível de governança mais condizente aos princípios e valores cooperativistas.

A própria Aliança Cooperativa Internacional, através do manual de Notas de Orientação para Princípios Cooperativos reconhece que as cooperativas enfrentam na atualidade o desafio de estar em conformidade com diversos normativos impostos aos demais tipos societários, em especial às instituições financeiras bancárias, sem levar em consideração a natureza e essência das cooperativas, e no caso em questão, de crédito.

> *Apesar de estos cambios mundiales de carácter general, los fundamentos de la empresa cooperativa permanecen inalterados. La esencia genérica de lo que hace que una empresa cooperativa sea cooperativa es tan fuerte y relevante para la calidad económica, social y medioambiental de la sociedad humana actual como lo era cuando los fundadores cooperativos la utilizaron por primera vez en los siglos XIX y XX. Nuestros valores son inmutables, pero la aplicación de los principios cooperativos necesita una reevaluación constante que acompañe los cambios y retos económicos, sociales, culturales, medioambientales y políticos (ACI, 2015, p. 2).*

Torna-se essencial o conhecimento do filósofo Confúcio (551-459 a.C.): "O verdadeiro conhecimento é saber a extensão de sua própria ignorância" – isso se justifica na medida em que "*todas las cooperativas tienen como um gran reto por delante, encontrar el equilibrio entre una buena gestión empresarial sin perder la doctrina cooperativa*" (BOZA, 2012, p. 39).

4. CONSIDERAÇÕES FINAIS

Do estudo apresentado, conclui-se que os conselheiros fiscais devem agir de forma competente e consciente, a partir de valores e princípios cooperativistas diante da realidade, contribuindo para o progresso e o bem-estar social, cooperando efetivamente com a administração, em conduta prática e educativa, minimizando riscos e restrições possíveis nas rotinas de gestão da cooperativa.

A verdade é que, diante do arcabouço normativo à que a cooperativa de crédito se encontra sujeita, não basta ocupar o cargo de conselheiro fiscal, é necessário ser e estar conselheiro fiscal, a fim de preservar não só sua reputação moral e ética diante da responsabilidade legal, mas, também, cumprir sua função à luz dos princípios da governança cooperativa, norteando o comportamento dos demais agentes de governança, o que proporcionará a certeza de boas práticas de governança cooperativa.

"Olhar de lince" é o que deve ter o conselho fiscal, com a atribuição de acompanhar, orientar e fiscalizar técnica, assídua e minuciosamente, os atos de administração e as operações da cooperativa, emitindo pareceres, conclusões e recomendações.

O que não pode é ficarmos na expectativa de mudança do cenário amanhã – a mudança de comportamento é agora; esta é a esperança, a qual, nas palavras de Clarice Lispector "a esperança não é para o amanhã. A esperança é este instante. Precisa-se dar outro nome a certo tipo de esperança porque esta palavra significa sobretudo espera. E a esperança é já".

Isso se constata pela exigência normativa atribuída, por exemplo, ao conselho de administração, por meio das Resoluções CMN nºs 4.434/2015 e 4.606/2017, em que contempla não só o campo estratégico e do acompanhamento das políticas institucionais, mas, também, incorpora "atividades de controle, via monitoramento da gestão e geração de relatórios de qualidade para os públicos externos" (DA SILVEIRA, 2015, p. 149), o que nos faz repensar sobre a real necessidade do conselho fiscal na estrutura das cooperativas de crédito.

Já surge doutrina, como a do professor Ênio Meinen (2016, p. 277), em que se propõe a revis***ão da norma, a fim de tornar ao menos facultativa a presença do conselho fiscal na estrutura organizacional das cooperativas de crédito, justamente pela "(ausência de)*** protagonismo do conselho fiscal".

"Estradas antigas não levam a novos destinos" (The Boston Consulting Group).

REFERÊNCIAS BIBLIOGRÁFICAS

ALIANÇA COOPERATIVA INTERNACIONAL. *Notas de orientación para los principios cooperativos.* 2015. Disponível em: <https://www.aciamericas.coop/IMG/pdf/guidance_notes_es.pdf>. Acesso em 14/12/2018.

BANCO CENTRAL DO BRASIL. Resolução do Conselho Monetário Nacional nº 11, de 20 de dezembro de 1965. *Cooperativas de credito ou com seção de credito - normas para o funcionamento.* Disponível em: <https://www.bcb.gov.br/acessoinformacao/legado?url=https:%2F%2Fwww.bcb.gov.br%2Fpre%2Fnormativos%2Fbusca%2Fnormativo.asp%3Ftipo%3DResolu%25C3%25A7%25C3%25A3o%26data%3D1965%26numero%3D11>. Acesso em 14 dez. 2018.

__________. Resolução do Conselho Monetário Nacional nº 15, de 28 de janeiro de 1966. *Redução da taxa de juros dos depósitos bancários para obter redução de despesas operacionais dos bancos e custo do dinheiro para o tomador.* Disponível em: <https://www.bcb.gov.br/acessoinformacao/legado?url=https:%2F%2Fwww.bcb.gov.br%2Fpre%2Fnormativos%2Fbusca%2Fnormativo.asp%3Ftipo%3DResolu%25C3%25A7%25C3%25A3o%26data%3D1966%26numero%3D15>. Acesso em 14 dez. 2018.

__________. Resolução do Conselho Monetário Nacional nº 27, de 30 de junho de 1966. *Cooperativas de credito e mistas, com seção de credito - permissão para receber depósitos de associados [...].* Disponível em: <https://www.bcb.gov.br/acessoinformacao/legado?url=https%3A%2F%2Fwww%2Ebcb%2Egov%2Ebr%2Fpre%2Fnormativos%2Fbusca%2Fnormativo%2Easp%3Ftipo%3DResolu%25C3%25A7%25C3%25A3o%26data%3D1966%26numero%3D27>. Acesso em 14 dez. 2018.

__________. Resolução do Conselho Monetário Nacional nº 1.914, de 11 de março de 1992. *Divulga regulamento que disciplina a constituição e o funcionamento das cooperativas de crédito.* Disponível em: <https://www.bcb.gov.br/acessoinformacao/legado?url=https:%2F%2Fwww.bcb.gov.br%2Fpre%2Fnormativos%2Fbusca%2Fnormativo.asp%3Ftipo%3DResolu%25C3%25A7%25C3%25A3o%26data%3D1992%26numero%3D1914>. Acesso em 14 dez. 2018.

__________. Resolução do Conselho Monetário Nacional nº 2.608, de 27 de maio de 1999. *Aprova o Regulamento que disciplina a constituição e o funcionamento de cooperativas de crédito.* Disponível em: <https://www.bcb.gov.br/acessoinformacao/legado?url=https:%2F%2Fwww.bcb.gov.br%2Fpre%2Fnormativos%2Fbusca%2Fnormativo.asp%3Ftipo%3DResolu%25C3%25A7%25C3%25A3o%26data%3D1999%26numero%3D2608>. Acesso em 14 dez. 2018.

__________. Resolução do Conselho Monetário Nacional nº 3.106, de 25 de junho de 2003. *Dispõe sobre os requisitos e procedimentos para a constituição, a autorização para funcionamento e alterações estatutárias, bem como para o cancelamento da autorização para funcionamento de cooperativas de crédito.* Disponível em: <https://www.bcb.gov.br/pre/normativos/busca/downloadNormativo.asp?arquivo=/Lists/Normativos/Attachments/46578/Res_3106_v1_O.pdf>. Acesso em 14 dez. 2018.

__________. Resolução do Conselho Monetário Nacional nº 3.156, de 17 de dezembro de 2003. *Altera a Resolução 3.110, de 2003, que dispõe sobre a contratação de correspondentes no País.* Disponível em: <https://www.bcb.gov.br/pre/normativos/busca/downloadNormativo.asp?arquivo=/Lists/Normativos/Attachments/46490/Res_3156_v2_L.pdf>. Acesso em 14 dez. 2018.

__________. Resolução do Conselho Monetário Nacional nº 3.321, de 3 de outubro de 2015. *Dispõe sobre a constituição, a autorização para funcionamento, alterações estatutárias e o cancelamento de autorização de cooperativa de crédito sobre a realização de auditoria externa em cooperativa singular de crédito.* .Disponível em: <https://www.bcb.gov.br/pre/normativos/busca/downloadNormativo.asp?arquivo=/Lists/Normativos/Attachments/48353/Res_3321_v2_L.pdf>. Acesso em 14 dez. 2018.

__________. Resolução do Conselho Monetário Nacional nº 3.442, de 28 de fevereiro de 2007. *Dispõe sobre a constituição e o funcionamento de cooperativas de crédito.* Disponível em: <https://www.bcb.gov.br/acessoinformacao/legado?url=https:%2F%2Fwww.bcb.gov.br%2Fpre%2Fnormativos%2Fbusca%2Fnormativo.asp%3Ftipo%3DRes%26ano%3D2007%26numero%3D3442>. Acesso em 14 dez. 2018.

__________. Resolução do Conselho Monetário Nacional nº 3.859, de 27 de maio de 2010. *Altera e consolida as normas relativas à constituição e ao funcionamento de cooperativas de crédito.* Disponível em: <https://www.bcb.gov.

br/acessoinformacao/legado?url=https:%2F%2Fwww.bcb.gov.br%2Fpre%2Fnormativos%2Fbusca%2Fnormativo.asp%3Ftipo%3Dres%26ano%3D2010%26numero%3D3859>. Acesso em 14 dez. 2018.

__________. Resolução do Conselho Monetário Nacional nº 3.954, de 20 de fevereiro de 2011. *Altera e consolida as normas que dispõem sobre a contratação de correspondentes no País.* Disponível em: <https://www.bcb.gov.br/acessoinformacao/legado?url=https:%2F%2Fwww.bcb.gov.br%2Fpre%2Fnormativos%2Fbusca%2Fnormativo.asp%3Ftipo%3Dres%26ano%3D2011%26numero%3D3954>. Acesso em 14 dez. 2018.

__________. Resolução do Conselho Monetário Nacional nº 3.972, de 28 de abril de 2011. *Dispõe sobre cheques, devolução e oposição ao seu pagamento.* Disponível em: <https://www.bcb.gov.br/acessoinformacao/legado?url=https:%2F%2Fwww.bcb.gov.br%2Fpre%2Fnormativos%2Fbusca%2Fnormativo.asp%3Ftipo%3Dres%26ano%3D2011%26numero%3D3972>. Acesso em 14 dez. 2018.

__________. Resolução do Conselho Monetário Nacional nº 4.122, de 2 de fevereiro de 2012. *Estabelece requisitos e procedimentos para constituição, autorização para funcionamento, cancelamento de autorização, alterações de controle, reorganizações societárias e condições para o exercício de cargos em órgãos estatutários ou contratuais das instituições que especifica.* Disponível em: <https://www.bcb.gov.br/acessoinformacao/legado?url=https:%2F%2Fwww.bcb.gov.br%2Fpre%2Fnormativos%2Fbusca%2Fnormativo.asp%3Ftipo%3Dres%26ano%3D2012%26numero%3D4122>. Acesso em 14 dez. 2018.

__________. Resolução do Conselho Monetário Nacional nº 4.324, de 24 de abril de 2014. *Altera a Resolução nº 4.297, de 30 de dezembro de 2013, que define os encargos financeiros e o bônus de adimplência das operações realizadas com recursos dos Fundos Constitucionais de Financiamento de que trata o art. 1º da Lei nº 10.177, de 12 de janeiro de 2001.* Disponível em: <https://www.bcb.gov.br/acessoinformacao/legado?url=https:%2F%2Fwww.bcb.gov.br%2Fpre%2Fnormativos%2Fbusca%2Fnormativo.asp%3Ftipo%3DRes%26ano%3D2014%26numero%3D4324>. Acesso em 14 dez. 2018.

__________. Resolução do Conselho Monetário Nacional nº 4.434, de 5 de agosto de 2015. *Dispõe sobre a constituição, a autorização para funcionamento, o funcionamento, as alterações estatutárias e o cancelamento de autorização para funcionamento das cooperativas de crédito e dá outras providências.* Disponível em: <https://www.bcb.gov.br/acessoinformacao/legado?url=https:%2F%2Fwww.bcb.gov.br%2Fpre%2Fnormativos%2Fbusca%2Fnormativo.asp%3Ftipo%3Dres%26ano%3D2015%26numero%3D4434>. Acesso em 14 dez. 2018.

__________. Resolução do Conselho Monetário Nacional nº 4.538, de 24 de novembro de 2016. *Dispõe sobre a política de sucessão de administradores das instituições financeiras e demais instituições autorizadas a funcionar pelo Banco Central do Brasil.* Disponível em: <https://www.bcb.gov.br/acessoinformacao/legado?url=https:%2F%2Fwww.bcb.gov.br%2Fpre%2Fnormativos%2Fbusca%2Fnormativo.asp%3Ftipo%3DResolu%25C3%25A7%25C3%25A3o%26data%3D2016%26numero%3D4538>. Acesso em 14 dez. 2018.

__________. Resolução do Conselho Monetário Nacional n° 4.557, de 23 de fevereiro de 2017. *Dispõe sobre a estrutura de gerenciamento de riscos e a estrutura de gerenciamento de capital.* Disponível em: <https://www.bcb.gov.br/acessoinformacao/legado?url=https:%2F%2Fwww.bcb.gov.br%2Fpre%2Fnormativos%2Fbusca%2Fnormativo.asp%3Fnumero%3D4557%26tipo%3DResolu%25C3%25A7%25C3%25A3o%26data%3D23%2F2%2F2017>. Acesso em 14 dez. 2018.

__________. Resolução do Conselho Monetário Nacional nº 4.595, de 28 de agosto de 2017. *Dispõe sobre a política de conformidade (compliance) das instituições financeiras e demais instituições autorizadas a funcionar pelo Banco do Brasil.* Disponível em: <https://www.bcb.gov.br/pre/normativos/busca/downloadNormativo.asp?arquivo=/Lists/Normativos/Attachments/50427/Res_4595_v1_O.pdf>. Acesso em 14 dez. 2018.

__________. Resolução do Conselho Monetário Nacional n° 4.607, de 19 de outubro de 2017. *Altera a Resolução nº 2.844, de 29 de junho de 2001, para excluir dos limites de exposição por cliente as operações de crédito, de arrendamento mercantil e os créditos decorrentes de operações com derivativos perante a União e a parcela das operações de crédito por ela garantida.* Disponível em: <https://www.bcb.gov.br/acessoinformacao/legado?url=https:%2F%2Fwww.bcb.gov.br%2Fpre%2Fnormativos%2Fbusca%2Fnormativo.asp%3Ftipo%3DReso-

lu%25C3%25A7%25C3%25A3o%26data%3D2017%26numero%3D4607>. Acesso em 14 dez. 2018.

BOZA. Roxana Sánchez. *Las empresas cooperativas ayudan a construir um mundomejor: el caso centroamericano. Boletín de La Asociación Internacional de Derecho Cooperativo - Las cooperativas construyen un mundo mejor.* N.46, 2012. Disponível em: <http://baidc.revistas.deusto.es/>.

BRASIL. Constituição da República Federativa do Brasil, de 5 de outubro de 1988. Disponível em: <http://www.planalto.gov.br/ccivil_03/constituicao/constituicaocompilado.htm>. Acesso em 14 dez. 2018.

_________. Decreto-Lei nº 4.657, de 4 de setembro de 1942. *Lei de Introdução às normas do Direito Brasileiro.* Disponível em: <http://www.planalto.gov.br/ccivil_03/decreto-lei/Del4657.htm>. Acesso em 14 dez. 2018.

_________. Lei nº 4.595, de 31 de dezembro de 1964. *Dispõe sobre a Política e as Instituições Monetárias, Bancárias e Creditícias, Cria o Conselho Monetário Nacional e dá outras providências.* Disponível em: <http://www.planalto.gov.br/ccivil_03/LEIS/L4595.htm>. Acesso em 14 dez. 2018.

_________. Lei nº 5.764, de 16 de dezembro de 1971. *Define a Política Nacional de Cooperativismo, institui o regime jurídico das sociedades cooperativas, e dá outras providências.* Disponível em: <http://www.planalto.gov.br/ccivil_03/LEIS/L5764.htm>. Acesso em 14 dez. 2018.

_________. Lei n° 6.024, de 13 de março de 1974. *Dispõe sobre a intervenção e a liquidação extrajudicial de instituições financeiras.* Disponível em: <http://www.planalto.gov.br/ccivil_03/LEIS/L6024.htm>. Acesso em 14 dez. 2018.

_________. Lei nº 10.406, de 10 de janeiro de 2002. *Institui o Código Civil.* Disponível em: < http://www.planalto.gov.br/ccivil_03/LEIS/2002/L10406.htm>. Acesso em 14 dez. 2018.

Lei n° 13.506, de 13 de novembro de 2017. *Dispõe sobre o processo administrativo sancionador na esfera de atuação do Banco Central do Brasil [...] e dá outras providências.* Disponível em: <http://www.planalto.gov.br/ccivil_03/_Ato2015-2018/2017/Lei/L13506.htm>. Acesso em 14 dez. 2018.

__________. Lei Complementar nº 130, de 17 de abril de 2009. *Dispõe sobre o Sistema Nacional de Crédito Cooperativo e revoga dispositivos das Leis nºs* 4.595, de 31 de dezembro de 1964, e 5.764, de 16 de dezembro de 1971. Disponível em <http://www.planalto.gov.br/ccivil_03/leis/lcp/Lcp130.htm>. Acesso em 14 dez. 2018.

CONSELHO DE RECURSOS DO SISTEMA FINANCEIRO NACIONAL (CRSFN). 312ª Sessão de julgamento, realizada em 14 de abril de 2010. Recurso **nº** 12.574. Processo BCB 0401263193.

CRÚZIO. *Helnon de Oliveira. Governança Corporativa financeira nas cooperativas de crédito.* Rio de Janeiro: FGV Editora, 2009.

DA SILVEIRA, Alexandre Di Miceli. *Governança Corporativa no Brasil e no Mundo.* 2ed. Rio de Janeiro: Elsevier, 2015.

INSTITUTO BRASILEIRO DE GOVERNANÇA CORPORATIVA (IBGC). *Código das Melhores Práticas de Governança Corporativa.* 5ed. 2015.

MEINEN, Ênio e PORT, Márcio. *Cooperativismo Financeiro Percurso Histórico, Perspectivas e Desafios.* Porto Alegre: Editora Confebrás, 2014.

MILLS, Cliff. DAVIES, Will. *Plano de Ação Para Uma Década Cooperativa.* Centre for Mutual and Employee-owned Business, University of Oxford. Disponível em: <https://www.ica.coop/sites/default/files/publication-files/blueprint-for-a-co-operative-decade-portuguese-1267863829.blueprint-for-a-co-operative-decade-portuguese>. Acesso em 14 dez. 2018

NERY JUNIOR, Nélson. *Princípios do processo civil à luz da Constituição federal.* São Paulo: Revista dos Tribunais, 1999.

OCB, Sistema. *Manual de Boas Práticas de governança Cooperativa.* Disponível em: <https://www.ocb.org.br/publicacao/16/manual-de-governanca-cooperativa>. Acesso em 12 dez. 2018.

PINHO, Diva Benevides (Org); PALHARES, Valdecir Manuel Affonso (Org). *O Cooperativismo de Crédito no Brasil do século XX ao século XXI. Artigo: O Atual Modelo de Cooperativismo de Crédito Brasileiro – A Utopia e a Realidade.* Brasília: Confebras, 2010.

RIOS, Luís Oliveira. *Cooperativas Brasileiras – Manual de Sobrevivência & Crescimento Sustentável.* São Paulo: STS, 1998.

RIOS, Terezinha Azerêdo. Ética e Competência. 20ed. São Paulo: Cortez Editora, 2011.

SOUZA, Leonardo Rafael de. *Cooperativas de Crédito: regulação do CMN e os valores cooperativos.* Curitiba: Juruá, 2017.

A LEI DE RECUPERAÇÃO JUDICIAL E SUA RELAÇÃO COM AS COOPERATIVAS DE CRÉDITO

DENIS ROSA ABREU

Advogado e Economista. Pós graduação 'Master of Laws' (LL.M) em Direito Corporativo pelo Ibmec/MG. Membro da Comissão de Direito Cooperativo e do terceiro setor da 46ª Subseção da OAB/MG, em Sete Lagoas. Autor do artigo "Cooperativa de Crédito", publicado na Revista Eletrônica Dom Total - Escola de Direito Dom Helder, em 21 de novembro de 2018; disponível em: <http://domtotal.com/noticia/1311078/2018/11/cooperativas-de-credito>. Membro do quadro de especialistas da Câmara Setorial de Cooperativismo da Câmara Mineira de Mediação e Arbitragem Empresarial (CAMINAS). Supervisor Jurídico na Cooperativa de Crédito de Sete Lagoas (SICOOB Credisete).

RESUMO

Diante da forte expansão das linhas de crédito das cooperativas financeiras nos últimos anos e da elevação do número de associados do tipo pessoa jurídica, uma nova situação tem se tornado constante no dia-a-dia dessas instituições financeiras: as recuperações judiciais ajuizadas pelos novos associados, pessoas jurídicas, têm sido um desafio para que as cooperativas de crédito possam obter sobras no fim do exercício, permitindo a distribuição de resultados positivos com os demais associados. Sendo assim, o presente artigo tem por objetivo trazer uma luz sobre essa situação, que até o presente momento não tem sido discutida, buscando apontar tópicos que possam servir de referência para a discussão do tema.

Palavras Chave: Cooperativismo; Lei da Recuperação Judicial; Princípios Constitucionais; Crédito; Resultado.

ABSTRACT

In view of the strong expansion of the credit lines of the financial cooperatives in recent years and the increase in the number of members of the legal entity type, a new situation has become constant in the day-to-day of these financial institutions: judicial recoveries filed by new members

, legal entities, have been a challenge so that credit unions can obtain leftovers at the end of the year, allowing the distribution of positive results with the other associates. Thus, the present article has the objective of shedding light on this situation, which until the present moment has not been discussed, aiming at pointing out topics that may serve as a reference for the discussion of the theme.

Keywords: Cooperativism; Law of Judicial Recovery; Constitutional principles; Credit; Result.

1. INTRODUÇÃO

O presente artigo visa estudar a Lei de Recuperação Judicial e sua relação com as cooperativas de crédito, com o objetivo de fazer uma análise sobre as características das cooperativas e quais as consequências que a recuperação judicial pode trazer para a dinâmica dessas instituições financeiras.

As cooperativas de crédito são entendidas como instituições financeiras, e por essa razão são protegidas por princípios constitucionais, leis esparsas e regulações dos órgãos de administração e controle do sistema financeiro nacional. Essa proteção se dá pelo fato de as cooperativas serem instrumentos de obtenção de renda nas sociedades, principalmente em momentos de crise econômica e financeira, fato este que deve motivar *status* de maior proteção nos casos de recuperação judicial de empresas que são associadas à essas instituições.

O presente artigo tem a intenção de apresentar as características das cooperativas de crédito e quais as consequências sofridas em caso de recuperação judicial proposta por seus associados, visando não apenas resguardar o seu bom funcionamento, porém de todos aqueles que estão ligados a ela, sendo, portanto, não defendido apenas o interesse da cooperativa, mas de toda uma cadeia de pessoas.

Diante deste contexto, o presente artigo tem a intenção de analisar os princípios legais do cooperativismo, a lei de recuperação judicial, bem como a diferença entre bancos e cooperativas e os instrumentos legais que visam trazer garantias à comunidade inserida nestas instituições. Outro ponto relevante é o fato de o associado ser sócio/dono da cooperativa; esta condição não garante que o mesmo possa usar contra a cooperativa as prerrogativas da Lei de Recuperação Judicial e Falência (Lei nº 11.101/05).

2. DESENVOLVIMENTO

2.1. PRINCÍPIOS LEGAIS DO COOPERATIVISMO

No presente tópico pretende-se abordar o conceito de cooperativismo com o objetivo de compreender a sua importância na sociedade atual, destacando a origem histórica e princípios fundamentais, inclusive aqueles protegidos na Constituição da República. A importância de abordar estes conceitos repercutem no problema relacionado ao entendimento dos motivos pelos quais em caso de recuperação judicial de empresas, as cooperativas devem ter tratamento diferenciado em relação às outras instituições financeiras.

O conceito de cooperativismo remonta ao século XIX, na Inglaterra, quando os tecelões buscavam uma alternativa à crise econômica e aos desempregos ocorridos durante a Revolução Industrial. A partir deste contexto, vários foram os momentos que levaram as pessoas a não deixar de se associar em cooperativas, com o objetivo de assegurar meios de sobrevivência em face da automação, inclusive na atualidade.

Neste sentido, ao associar as pessoas buscam se organizar em torno de uma economia local ou regional, a fim de criar condições financeiras e de serviços que possibilitam a competição no mercado, porém com a característica de que essa instituição esteja em seu controle e direção, não retirando das comunidades o poder de decisão, como ocorre em grandes conglomerados financeiros, onde quem toma as decisões não está presente.

O cooperativismo de crédito pode ser compreendido como uma associação de pessoas com o objetivo de construir soluções econômicas, obter linhas de crédito e de outros produtos e serviços fornecidos por instituições financeiras.

Segundo Pinheiro, as cooperativas de crédito são instituições financeiras constituídas sob a forma de sociedade cooperativa, tendo por objeto a prestação de serviços financeiros aos associados, bem como realizações de serviços bancários, além de outras operações específicas e atribuições estabelecidas na legislação em vigor.

De acordo com Sheila Dantas Geriz (2017), os princípios legais que regem o cooperativismo são: adesão voluntária e livre; gestão democrática pelos cooperados; participação econômica dos cooperados; autonomia e independência; educação, formação e informação e a cooperação entre cooperativas.

A autora ressalta, ainda, que o princípio da adesão livre e voluntária consiste na possibilidade de qualquer pessoa ingressar em uma cooperativa, desde que atenda aos requisitos previstos no estatuto da entidade, nos termos do art. 4º, I, da Lei nº 5.764/71, e do art. 5º, XX da Constituição Federal. O princípio da gestão democrática, autogestão ou controle democrático dispõe que as cooperativas devem ser administradas pelos seus cooperados através da assembleia geral. Corroborando com este princípio, a norma da autonomia e independência administrativa propõe que a cooperativa não pode vincular-se de forma subordinada a nenhuma entidade ou pessoa estranha ao seu quadro de cooperados.

Outros importantes princípios são os da educação cooperativista, que busca conscientizar e formar seus associados a respeito do pensamento cooperativo, e o incentivo às iniciativas de associação de indivíduos. Para realização desta, a Lei nº 5.764/71, em seu artigo 28, inciso II, determina às cooperativas a obrigatoriedade da constituição de um Fundo de Assistência Técnica, Educacional e Social (FATES). Por sua vez, o princípio da intercooperação propõe a união e a cooperação não apenas entre os membros de uma cooperativa, mas também pelas cooperativas entre si, através de estruturas locais, regionais, nacionais e até internacionais (GERIZ, 2017).

A partir da análise dos princípios acima explicitados, percebe-se que a Constituição Federal da República buscou conciliar e proteger, estimular e apoiar o cooperativismo.

Sendo assim, a presente abordagem permite concluir que o cooperativismo, por ser uma união de pessoas trabalhando com vistas ao objetivo comum, em prol da comunidade e sem o objetivo de lucro, possui tratamento diferenciado no ordenamento jurídico, evidenciando que em caso de falência ou pedido de recuperação judicial de um dos seus associados, as cooperativas deverão ter um tratamento especial na lei de Recuperação Judicial, em decorrência dos princípios expostos, e outros que serão apresentados no decorrer do presente artigo.

2.2. RECUPERAÇÃO JUDICIAL

A recuperação judicial pode ser entendida como medida jurídica utilizada para ajudar determinada empresa a evitar a falência. Tal instituto foi regulamentado pela Lei n° 11.101/05, que "regula a recuperação judicial, a extrajudicial e a falência do empresário e da sociedade empresária".

O artigo 47 dessa Lei dispõe que:

> A recuperação judicial tem por objetivo viabilizar a superação da situação de crise econômico-financeira do devedor, a fim de permitir a manutenção da fonte produtora, do emprego dos trabalhadores e dos interesses dos credores, promovendo, assim, a preservação da empresa, sua função social e o estímulo à atividade econômica (BRASIL, 2005).

A recuperação judicial, neste sentido, visa criar uma solução financeira e contábil que possa trazer um equilíbrio econômico financeiro em uma situação de crise na empresa. Entretanto, para a aplicação de tal instrumento, o artigo 48 da lei supracitada apresentou os requisitos específicos para que o empresário ou a sociedade empresária pudessem requerer a recuperação judicial, ou seja, o devedor que, no momento do pedido, exerça regularmente suas atividades há mais de 2 (dois) anos, não poderá ter sido declarado falido e, se tiver sido, suas responsabilidades tem que ter sido extintas, por sentença transitada em julgado.

Além disso, o requerente não poderá ter obtido concessão de recuperação judicial há menos de 5 (cinco) anos e não pode ter sido condenado por qualquer dos crimes previstos nesta Lei como administrador ou sócio controlador.

Analisadas as considerações iniciais, a solicitação da recuperação judicial pode ser instituída de duas formas, adiante elencadas. A primeira delas é por meio de um pedido ao juiz, através de qualquer um dos legitimados, nos termos do artigo 51, I e II da aludida Lei, que deverá conter a exposição das causas concretas da situação patrimonial, as razões da crise econômico-financeira e as demonstrações contábeis relativas aos 3 (três) últimos exercícios sociais, levantadas especialmente para instruir o pedido, além do balanço patrimonial.

O processo de recuperação judicial ainda pode ser impetrado dentro de um pedido de falência, no prazo de contestação, nos termos do art. 95.

Sendo assim, uma vez requerida, o juiz deverá se pronunciar, deferindo ou não o processamento da recuperação. A partir do deferimento do plano, este terá que ser apresentado no prazo de 60 dias, a contar da decisão que deferir o processamento da recuperação judicial. Este plano deverá ser aprovado pela assembleia de credores, nos termos do artigo 55 da referida

Lei; entretanto, uma vez aprovado, não poderá ser rejeitado pelo juiz, que o homologará, nos termos do artigo 58, e deverá ser executado sob fiscalização do comitê ou administrador judicial.

2.3. DIFERENÇA ENTRE OS BANCOS E AS COOPERATIVAS

Neste item, analisaremos a diferença entre os bancos e as cooperativas de crédito, como forma de demonstrar suas características básicas e a diferenciação de tratamento no caso de recuperação judicial.

> Para tanto, entende-se por cooperativas de crédito uma instituição financeira formada por uma associação autônoma de pessoas unidas voluntariamente, com forma e natureza jurídica próprias, de natureza civil, sem fins lucrativos, constituída para prestar serviços a seus associados. (MEINEN, 2016)

As cooperativas de crédito devem adotar em sua denominação social, obrigatoriamente, a expressão "cooperativa", vedada a utilização da palavra "banco", bem como adequar sua área de ação às possibilidades de reunião, controle, operações e prestações de serviços.

Como referência, a Resolução do Conselho Monetário Nacional (CMN) n° 3.859, de 27 de maio de 2010, altera e consolida as normas relativas à constituição e ao funcionamento de cooperativas de crédito.

De acordo com o Banco Central do Brasil, as instituições financeiras, diferentemente das cooperativas, têm por objetivo:

> principal proporcionar o suprimento oportuno e adequado dos recursos necessários para financiar, em curto e médio prazos, o comércio, a indústria, as empresas prestadoras de serviços, as pessoas físicas e terceiros em geral. A captação de depósitos à vista, livremente movimentáveis, é atividade típica do banco comercial (BANCO CENTRAL DO BRASIL, 1994).

O autor Ênio Meinen (2016) doutrina que o balanço de grandes corporações financeiras leva em conta os resultados de todas as suas agências espalhadas pelo país, e não especificamente de cada região ou localidade onde estão inseridos. Desta forma, é possível verificar que o risco gerado por uma ação de recuperação judicial de um cliente de uma dessas instituições financeiras, por maior que seja seu valor, não é capaz de impactar diretamente o balanço de um banco.

Waldirio Bulgarelli (2000), ao abordar o fato, menciona, por exemplo, a concentração de instituições estatais e empresas capitalistas a inibir o ingresso de cooperativas no mercado, sugerindo que estas somente poderiam reservar os setores e as localidades em que o capital especulativo não tivesse interesse. Com isso, subestima-se o papel extraordinário representado pelas cooperativas na humanização da economia e no aperfeiçoamento moral do homem.

A diferenciação entre as cooperativas e os bancos pode ser percebida na gestão que cada uma delas adota em momentos de fragilidade. A título de exemplo, os bancos comerciais que mantém agências em grandes centros e em cidades de grande porte, quando ocorre de uma de suas agências localizadas em uma pequena cidade apresentar um resultado negativo, é possível que essa agência seja fechada, prejudicando a toda uma comunidade dependente exclusivamente dela, fazendo com aguardem o socorro de outra localidade. Em contrapartida, em relação às cooperativas, como foi dito anteriormente, isso não ocorre: todo o ganho de uma cooperativa é visto não apenas através de seu balanço contábil, mas através dos resultados que essa agência traz para a comunidade. Desta forma, ainda financeiramente inviável a permanência de uma agência em determinado local, não é o resultado financeiro que irá ditar isso.

2.4. EVOLUÇÃO DA LEGISLAÇÃO SOBRE REGULAMENTAÇÃO DE COOPERATIVAS

É possível observar que o tema cooperativista sempre esteve presente no cotidiano do legislador pátrio, tanto que desde a criação do Conselho Monetário Nacional já se tratava do funcionamento e regulação das cooperativas de crédito, na forma da Lei n° 4.595 de 31 de dezembro de 1964, em seu artigo 18, §1°.

No início da década de 1970, uma legislação própria foi publicada para tratar do tema: a Lei n° 5.764, de 16 de dezembro de 1971 define a política nacional de cooperativismo e institui o regime jurídico das sociedades cooperativas, tratando de atividade decorrente das iniciativas ligadas ao sistema cooperativo, originárias de setor público ou privado, isoladas ou coordenadas entre si, desde que reconhecido seu interesse público.

No Código Civil (Lei n° 10.406, de 10 de janeiro de 2002), é possível observar nos artigos 1.093 à 1.096 que o legislador nacional quis trazer conceitos e definições que pudessem contribuir para que as sociedades cooperativas pudessem gozar de uma segurança jurídica, conforme transcritos a seguir:

> [...]
>
> Art. 1.093. A sociedade cooperativa reger-se-á pelo disposto no presente Capítulo, ressalvada a legislação especial.
>
> Art. 1.094. São características da sociedade cooperativa:
>
> I - variabilidade, ou dispensa do capital social;
>
> II - concurso de sócios em número mínimo necessário a compor a administração da sociedade, sem limitação de número máximo;
>
> III - limitação do valor da soma de quotas do capital social que cada sócio poderá tomar;
>
> IV - intransferibilidade das quotas do capital a terceiros estranhos à sociedade, ainda que por herança;
>
> V - *quórum*, para a assembleia geral funcionar e deliberar, fundado no número de sócios presentes à reunião, e não no capital social representado;
>
> VI - direito de cada sócio a um só voto nas deliberações, tenha ou não capital a sociedade, e qualquer que seja o valor de sua participação;
>
> VII - distribuição dos resultados, proporcionalmente ao valor das operações efetuadas pelo sócio com a sociedade, podendo ser atribuído juro fixo ao capital realizado;
>
> VIII - indivisibilidade do fundo de reserva entre os sócios, ainda que em caso de dissolução da sociedade.
>
> Art. 1.095. Na sociedade cooperativa, a responsabilidade dos sócios pode ser limitada ou ilimitada.
>
> §1º É limitada a responsabilidade na cooperativa em que o sócio responde somente pelo valor de suas quotas e pelo prejuízo verificado nas operações sociais, guardada a proporção de sua participação nas mesmas operações.
>
> §2º É ilimitada a responsabilidade na cooperativa em que o sócio responde solidária e ilimitadamente pelas obrigações sociais.
>
> Art. 1.096. No que a lei for omissa, aplicam-se as disposições referentes à sociedade simples, resguardadas as características estabelecidas no art. 1.094 (BRASIL, 2002).

Caminhando para os dias atuais, no ano de 2009 foi promulgada uma nova norma, a Lei Complementar nº 130, de 17 de abril de 2009, que trata do tema de forma mais concreta, provendo orientações claras para que o funcionamento e gestão de instituições cooperativas adotem critérios mais profissionais e objetivos.

Em 2015, através da Resolução nº 4.434, de 5 de agosto, o Conselho Monetário Nacional tratou do tema cooperativista dispondo sobre a constituição, a autorização para funcionamento, as alterações estatutárias e o cancelamento de autorização para funcionamento das cooperativas de crédito.

No artigo 26 dessa resolução verifica-se que as cooperativas de crédito devem observar a política de governança corporativa aprovada pela assembleia geral, abordando os aspectos de representatividade e participação, direção estratégica, gestão executiva, fiscalização e controle que contemple a aplicação dos princípios de segregação de funções na administração, remuneração dos membros dos órgãos estatutários, transparência, equidade, ética, educação cooperativista, responsabilidade corporativa e prestação de contas.

Após esse breve relato, é possível verificar que o tema cooperativista e suas consequências na sociedade sempre foram objeto de preocupação do trabalho legislativo de nossos governantes. Tal atitude é reflexo da relevância que o tema tem para a nossa sociedade.

2.5. DA FORMAÇÃO DO CAPITAL SOCIAL À CONSTITUIÇÃO DE UMA COOPERATIVA

A formação das cooperativas ocorre pela integralização das quotas por seus associados, nos termos do artigo 24, §1º da Lei nº 5.764/71, o qual define que o capital social será subdividido em quotas-partes.

De acordo com Hellmann (2015), o cooperado, ao integralizar as quotas-partes, torna-se vinculado à cooperativa e passa a desempenhar uma dupla condição, ou seja, a de dono, confirmando sua adesão com a integralização de capital, comprometendo-se assim, social e economicamente; e como usuário, utilizando os serviços prestados pela sociedade.

Ainda de acordo com a autora, o sócio cooperativista é "[...] célula do organismo que interage com seus semelhantes, a fim de se auxiliarem mutuamente no trajeto até a consagração de seus benefícios próprios".

Desta forma, a integralização das quotas na cooperativa obriga o associado a contribuir material e imaterialmente com a instituição, e em contrapartida receber o poder e o dever de decidir sobre os atos desta, assumindo a responsabilidade de deixar a vida individual para agir em uma comunidade, sendo estes uns dos princípios do cooperativismo.

Partindo deste pressuposto, outras obrigações lhe serão imputadas, como a de deliberar e decidir, expressas na assembleia geral da instituição, nos termos do art. 47 da Lei nº 5.764/71, que, por sua vez, dispõe que a sociedade será administrada por uma diretoria ou conselho de administração, composto exclusivamente de associados eleitos pela assembleia geral, com mandato nunca superior a 4 (quatro) anos, sendo obrigatória a renovação de, no mínimo, 1/3 (um terço) do conselho de administração.

Hellmann (2015) destaca que a responsabilidade cooperativista consiste em manter o seu próprio bem e o dos demais sócios da sociedade em segurança, depositando seus recursos em aplicações, visto que os sócios se responsabilizarão por prejuízos em relação a terceiros, conforme estabelecido no estatuto social que regulamentará cada caso, podendo esta responsabilidade ser limitada ou ilimitada.

Desta forma, percebe-se que a responsabilidade do cooperado na manutenção da cooperativa é de suma importância, pois ele pode responder com o seu patrimônio pessoal por eventuais prejuízos ou fraudes que venham a ocorrer na instituição.

Em caso de prejuízos causados por fraudes, após o rateio das perdas, a cooperativa ou os cooperados, individualmente, podem acionar o administrador para ressarcir os prejuízos aos que as fraudes deram causa.

2.6. DO INADIMPLEMENTO DO COOPERADO E DA RECUPERAÇÃO JUDICIAL

Ainda que a palavra inadimplência apresente uma única acepção, qual seja: "falta de cumprimento de uma obrigação", de acordo com o dicionário Houaiss (2001), a tarefa de obter uma definição operacional de inadimplência, ou *default*, para fins de avaliação de risco de crédito não é trivial.

A empresa ou pessoa física inadimplente, que não consegue honrar os compromissos tais como dívidas relacionadas à duplicatas, cédulas de crédito e outros títulos, verifica na recuperação judicial a alternativa de suspender, reduzir e parcelar tais cobranças, a fim de dar continuidade em sua atividade empresarial, bem como buscar a suspensão dos apontamentos nos órgãos de proteção ao crédito, bastando, para tanto, cumprir os procedimentos e requisitos constantes da Lei.

Em paralelo a essa norma legislativa, a Lei nº 5.764/71 definiu nos artigos 11, 12, 13 e 21, II as regras de responsabilidade do associado, que devem ser definidas no estatuto da cooperativa, indicando os direitos e deveres dos associados, natureza de suas responsabilidades e as condições de admissão, demissão, eliminação e exclusão e as normas para sua representação nas assembleias gerais.

Sendo assim, no caso de decretação da falência ou em processo de recuperação judicial, o associado inadimplente está diante de uma dicotomia, devendo não apenas buscar solução para a sua particularidade, mas pensar em todo o contexto no qual está envolvido.

Dessa forma, a lei deve tratar de forma diferente o crédito que teve origem junto à cooperativa, pois a satisfação dos demais credores desse associado não deve ter maior relevância do que a cooperativa de crédito, resguardando os interesses dos demais associados.

Conclui-se, portanto, que, por serem as sociedades cooperativas parte do patrimônio pessoal dos seus associados, na forma de uma sociedade simples, de natureza civil, com características peculiares e com finalidade econômica desprovida de lucro, não devem estar sujeitas ao mesmo tratamento dos demais credores.

Em caso de inadimplemento, a Lei n° 11.101/2005, em seu artigo 1°, aplica a recuperação extrajudicial e a falência do empresário e da sociedade empresária.

No caso de crédito oriundo da cooperativa, deve ser aplicada outra sistemática, tendo em vista que o associado/sócio não é apenas uma pessoa física ou uma sociedade empresária; a partir do momento do cumprimento dos requisitos de admissibilidade e incorporação ao quadro social da cooperativa, ele passa a ter direitos e obrigações de proprietário desta.

Desta forma, as cooperativas devem receber uma tratativa diferente por parte da lei de recuperação e falência, tendo em vista que o tempo de um processo de recuperação judicial pode causar prejuízos insanáveis na cooperativa, que, em determinados casos, não podem ser revertidos, gerando assim o desequilíbrio para os demais associados e para uma região inteira.

Os princípios constitucionais que buscam incentivar e preservar as cooperativas devem se estender à legislação falimentar, proporcionando, desta forma, que uma ação de recuperação não seja ponto de partida para o mau funcionamento de uma cooperativa.

Deve-se estar atento ao cerne do cooperativismo, protegido pelo constituinte originário ao proporcionar que toda a sociedade tenha acesso aos benefícios de tais entidades. Dessa maneira é importante resguardar as cooperativas de crédito e, por conseguinte, seus associados de situações que possam trazer o desequilíbrio para suas finanças e o resultado de seus exercícios.

Dessa forma, deve ocorrer que a Lei de Recuperação e Falências, ao tratar de forma diferenciada os créditos oriundos de cooperativa de crédito, respeitem os princípios constitucionais que trazem benefícios às cooperativas e as diferenciem de outras instituições financeiras.

Por isto, é relevante e importante o tratamento diferente dessas duas classes de instituições financeiras: de um lado o sistema convencional de crédito e do outro as cooperativas financeiras. Essa diferenciação se deve ao fato de que enquanto as cooperativas visam proporcionar que seus associados tenham uma melhor prestação de serviço e ocorra uma circulação de recursos financeiros na comunidade onde ela está inserida, os bancos comerciais tem o interesse em maximizar o lucro de seus acionistas e não tem a preocupação de gerar riqueza nas localidades onde estão inseridos, sendo que os lucros obtidos em determinada localidade são direcionados para os grandes centros financeiros.

Em contrapartida, no caso da cooperativa, quando um associado ou empresa opta por ingressar com uma ação de recuperação judicial, todo o balanço patrimonial da cooperativa é afetado, gerando um mal funcionamento local, tendo em vista a regionalidade da instituição e por estas estarem diretamente ligadas aos problemas e situações de cada localidade, diferente dos bancos.

Ademais, é importante destacar que quando um associado vai até um ponto de atendimento de uma cooperativa de crédito e adquire um empréstimo através de uma das linhas de crédito disponíveis, ele não está apenas buscando desenvolver seu negócio com o crédito aportado pela cooperativa; esse associado está desenvolvendo toda uma comunidade e por consequente gerando riqueza, distribuição de renda e buscando minimizar a desigualdade social, corroborando com outro princípio constitucional.

É preciso reafirmar que o associado não é um simples consumidor de crédito; ele é dono da cooperativa, e como tal deve zelar pelo bom funcionamento e desenvolvimento dessa instituição, que é sua por princípio e por determinação legal.

O crédito, quando liberado para um associado, deve receber a distinção legal adequada, pois esse recurso não visa apenas gerar renda e enriquecer uma determinada pessoa, mas tem por obrigação fomentar o desenvolvimento de todos aqueles que são associados a uma instituição cooperativa. Sendo assim, o recurso que é inserido para a recuperação judicial não é apenas da empresa ou de um empresário, mas é recurso de toda uma coletividade de pessoas, merecendo um tratamento diferenciado dos demais créditos aqui arrolados para serem tratados pela recuperação judicial.

3. CONCLUSÃO

O presente estudo sobre a Lei de Recuperação Judicial e sua relação com as cooperativas de crédito procurou estabelecer uma relação entre a cooperativa e as instituições financeiras, com o objetivo de explicar o tratamento aplicado em referida Lei.

Tal fato é de suma importância na área do direito, tendo em vista o crescimento das cooperativas de crédito em todo o ordenamento jurídico.

A Constituição Federal deu tratamento diferenciado para as cooperativas, visando os princípios de adesão voluntária e livre, gestão democrática pelos cooperados, participação econômica, autonomia e independência, educação, formação e informação, o da cooperação entre cooperativas; adesão livre e espontânea; autogestão ou controle democrático; autonomia e independência administrativa; participação dos sócios nas contribuições e nos resultados da entidade; a educação cooperativista; intercooperação ou cooperação entre cooperativas e a preocupação com a comunidade.

Sendo assim, verifica-se a diferença entre as instituições financeiras e as cooperativas, visto que a primeira tem por objetivo o lucro; já a segunda desempenha um papel social na comunidade, e uma vez decretada falência, tende a afetar toda a sociedade do entorno.

Logo se percebe a importância de haver uma diferenciação ao se aplicar Lei de Recuperação Judicial no âmbito das cooperativas, visto que essas duas instituições financeiras são bem distintas. Enquanto as cooperativas visam proporcionar aos associados uma melhor prestação de serviço e que ocorra a circulação de recursos financeiros na comunidade onde ela está inserida, os bancos comerciais tem o interesse em maximizar o lucro de seus acionistas, sem a preocupação de gerar riqueza nas localidades onde estão inseridos, visto que os recursos financeiros dessa região são direcionados para outras localidades.

Diante desses fatos apresentados e da narrativa traçada, visando reconhecer que existem princípios constitucionais que devem ser observados, é pacífico afirmar que deve ocorrer uma alteração na atual legislação que trata do assunto da recuperação e falência judicial, visando resguardar as cooperativas de crédito e possibilitando que seus princípios continuem a existir na atual sociedade. Sem que nenhuma medida seja tomada, corremos o risco de ver todos os esforços e trabalhos, até então empreendidos por pessoas que abraçaram o desejo cooperativista, se desmoronar diante dos nossos olhos.

REFERÊNCIAS BILIOGRÁFICAS

BANCO CENTRAL DO BRASIL. Considerações sobre instituições financeiras. Disponível em: <https://www.bcb.gov.br/acessoinformacao/legado?url=https:%2F%2Fwww.bcb.gov.br%2Fpre%2Fcomposicao%2Fbc.asp>. Acesso em 2 jan. 2019.

______. Resolução do Conselho Monetário Nacional n° 4.434, de 5 de agosto de 2015. *Dispõe sobre a constituição, a autorização para funcionamento, o funcionamento, as alterações estatutárias e o cancelamento de autorização para funcionamento das cooperativas de crédito e dá outras providências.* Disponível em: <https://www.bcb.gov.br/acessoinformacao/legado?url=https:%2F%2Fwww.bcb.gov.br%2Fpre%2Fnormativos%2Fbusca%2Fnormativo.asp%3Ftipo%3Dres%26ano%3D2015%26numero%3D4434>. Acesso em 2 jan. 2019.

BRASIL. Lei nº 11.101, de 9 de fevereiro de 2005. *Regula a recuperação judicial, a extrajudicial e a falência do empresário e da sociedade empresária.* Disponível em: <http://www.planalto.gov.br/ccivil_03/_Ato2004-2006/2005/Lei/L11101.htm>. Acesso em 02 jan. 2019.

______. Lei nº 10.406, de 20 de janeiro de 2002. *Institui o Código Civil.* Disponível em: <http://www.planalto.gov.br/ccivil_03/LEIS/2002/L10406.htm>. Acesso em 2 jan. 2019.

______. Lei nº 5.764, de 16 de dezembro de 1971. *Define a Política Nacional de Cooperativismo, institui o regime jurídico das sociedades cooperativas, e dá outras providências.* Disponível em: <http://www.planalto.gov.br/ccivil_03/LEIS/L5764.htm>. Acesso em 2 jan. 2019.

BULGARELLI, Waldírio. *As sociedades cooperativas e sua disciplina jurídica.* 2ed. Rio de Janeiro: Renovar, 2000.

GERIZ, Sheila Dantas. *As cooperativas de crédito no arcabouço institucional do sistema financeiro.* Disponível em: <http://periodicos.ufpb.br/index.php/primafacie/article/view/4458>. Acesso em 10 ago. 2017.

HELLMANN, Glaucia. *A responsabilidade dos sócios nas cooperativas de crédito em caso de prejuízos e em relação a terceiros.* 2015. Disponível em: <http://www.conteudojuridico.com.br/artigo,a-responsabilidade-dos-socios-nas-cooperativas-de-credito-em-caso-de-prejuizos-e-em-relacao-a-terceiros,54439.html>. Acesso em 10 ago. 2017.

HOUAISS, Antônio. *Dicionário Houaiss da Língua Portuguesa.* Rio de Janeiro: Objetiva, 2001.

MEINEN, Ênio, *Cooperativismo financeiro: virtudes e oportunidades. Ensaio sobre a perenidade do empreendimento cooperativo.* Brasília: Confebrás, 2016.

COOPERATIVISMO FINANCEIRO: ENTRE VIRTUDES, DESAFIOS E OPORTUNIDADES

ÊNIO MEINEN

Advogado, pós-graduado em direito da empresa e da economia pela Fundação Getúlio Vargas, advocacia empresarial em ambiente globalizado pela Unisinos/RS e gestão estratégica de pessoas pela Universidade Federal do Rio Grande do Sul; professor convidado de várias universidades do país para cursos de pós-graduação; autor/coautor de artigos e livros sobre cooperativismo financeiro – área na qual milita há 35 anos –, entre eles a obra "Cooperativismo financeiro: virtudes e oportunidades. Ensaios sobre a perenidade do empreendimento cooperativo", trabalho mais recente, também versionado no idioma inglês sob o título Financial cooperativism: virtues and opportunities. Essays on the endurance of cooperative entreprise (obras editadas pela Confebras, em 2016 e 2018, respectivamente). Foi vice-presidente de políticas corporativas do Sicredi e juiz do Tribunal Administrativo de Recursos Fiscais do RS (TARF). Atualmente é diretor de operações do Banco Cooperativo do Brasil (Bancoob).

RESUMO

O cooperativismo financeiro tem forte presença nos cinco continentes e no sistema bancário internacional, sendo representado com seis posições entre as cinquenta maiores instituições financeiras globais. Mas é no Brasil que mais se desenvolveu ultimamente, com o impulso da livre admissão e plenitude de portfólio comercial – tanto para pessoas físicas como para o pequeno negócio –, apresentando expansão média de expressivos 20% ao ano.

Ainda que no consolidado nacional a presença não tenha alcançado a proporção e os impactos que o movimento assume nos mercados mais tradicionais (Europa e América do Norte, sobretudo), regional e localmente já existem casos de acentuado protagonismo e influência relevante do segmento cooperativo.

Dados de setembro de 2018 (Censo de cooperados do Banco Central do Brasil) indicam que na região sul do Brasil 16% da população busca nas cooperativas o fornecimento dos produtos e serviços financeiros, sendo 24% no estado de Santa Catarina e 17% no Rio Grande do Sul.

Segundo levantamento do Fundo Garantidor do Cooperativismo de Crédito (FGCoop – set/2018), as cooperativas detêm a liderança na concessão de crédito em oito estados, distribuídos entre as cinco regiões do país. Em Rondônia (norte do país), por exemplo, são responsáveis por mais de 45% dos empréstimos sem consignação para pessoas físicas e por 60% das operações com recebíveis para pessoas jurídicas, participações essas que no Mato Grosso (região centro-oeste) são de 35% e 40%, respectivamente. No crédito rural, as cooperativas atendem a mais de 20% da demanda dos produtores pessoas físicas no Paraná e no Rio Grande do Sul. Por fim, resultado da percepção de confiança dos investidores, merece destaque a atuação das cooperativas na gestão de depósitos, que em Santa Catarina e no Mato Grosso alcança cerca de 25% do volume total.

A sua singularidade societária, notadamente pela dupla condição de cliente-dono de seus usuários, e sua proposta operacional, que não contempla o lucro, sem dúvida são elementos-chave nessa acelerada progressão. Some-se a isso o fato da, hoje, relação pouca amistosa entre bancos e clientes (vide resultado de estudo global da Deloitte, divulgado na revista Exame/SP, jan/2018, pp. 18 e 19), cujo quadro facilita a presença de soluções alternativas, mais econômicas e empáticas na perspectiva dos consumidores. Adicionalmente, o engajamento comunitário, sob a égide do sétimo princípio universal do movimento, faz das cooperativas uma opção cada vez mais recorrente – e desejada – na prestação de serviços financeiros.

Mas a obra está ainda inconclusa, ou melhor, recém-iniciada, requerendo propagação vertical homogênea, de modo a reproduzir-se em todo o país o projeto virtuoso já consagrado em algumas comunidades e regiões.

A ampliação da escala, tanto associativa quanto operacional, e a otimização/racionalização de estruturas são condições indispensáveis para a presença mais significativa do cooperativismo financeiro no país. Para isso, são necessários investimentos em tecnologia, inovação, capacitação e atração de novos talentos, comunicação, estratégias comerciais, entre outras áreas, além de maior efetividade nas ações de intercooperação, tanto entre ramos diferentes (oportunidade operacional) quanto intrarramos (oportunidade de redução de custos).

A notícia boa para a sociedade – indivíduos e empreendedores – é que um ativismo maior e mais uniforme por aqui depende das próprias forças do setor cooperativista, visto que todas as variáveis para a expansão estão no seu campo de domínio e influência.

Palavras-chave: Cooperativismo. Cooperativismo financeiro. Boa sociedade. Protagonismo. Empreendedorismo. Evolução. Intercooperação. Oportunidades. Desafios.

ABSTRACT

Financial cooperativism has a strong presence in the five continents and in the international banking system, being represented with six positions among the fifty largest global financial institutions. But in Brazil it has developed more lately, with the impulse of free admission and full commercial portfolio - both for individuals and for small businesses - with an average expansion of expressive 20% per year.

Although in the national consolidated the presence has not reached the proportion and the impacts that the movement assumes in the most traditional markets (Europe and North America, mainly), regional and locally already there are cases of marked prominence and relevant influence of the cooperative segment.

Data from September 2018 indicate that in the southern region of Brazil 16% of the population seeks cooperative supply of financial products and services, 24% in the state of Santa Catarina and 17% in Rio Grande do Sul.

According to a survey of the Credit Cooperativism Guarantee Fund (FGCoop - Sep/2018), the cooperatives have the lead in credit granting in eight states, distributed among the five regions of the country. In northern *Rondônia*, for example, they account for more than 45% of non-physical loans and 60% of transactions with corporate receivables, which in Mato Grosso (central of 35% and 40%, respectively. In rural credit, cooperatives serve more than 20% of the demand of individual producers in *Paraná* and *Rio Grande do Sul*. Finally, as a result of the perception of investor confidence, cooperatives in *Santa Catarina* and in *Mato Grosso* reaches about 25% of the total volume.

Its societal uniqueness, notably due to the double client-owner status of its users and its operational proposal, which does not include profit, are undoubtedly key elements in this accelerated progression. Add to this the fact that today there is a very unfriendly relationship between banks and clients (see the Deloitte global study result, published in the magazine Exame/SP, Jan /2018, pages 18 and 19), whose framework facilitates the presence of alternative, more economic and empathic solutions from the perspective of consumers. In addition, community engagement, under the aegis of the seventh universal principle of the movement, makes cooperatives an increasingly recurrent - and desired - option in the provision of financial services.

But the work is still unfinished, or rather just begun, requiring homogeneous vertical propagation, in order to reproduce throughout the country, the virtuous project already consecrated in some communities and regions.

The expansion of the scale, both associative and operational, and the optimization/rationalization of structures are indispensable conditions for the most significant presence of financial cooperativism in the country. To do so, we need investments in technology, innovation, training and attraction of new talents, communication, commercial strategies, among other areas, as well as greater effectiveness in inter-cooperation actions, both among different branches (operational opportunity) and intra-branches (opportunity to reduce costs).

The good news for society - individuals and entrepreneurs - is that greater and more uniform activism here depends on the cooperative sector's own strengths, since all the variables for expansion are in its domain field and influence.

Keywords: Cooperativism. Financial cooperativism. Good society. Prominence. Entrepreneurship. Evolution. Inter-cooperation. Opportunities. Challenges.

1. INTRODUÇÃO: A HORA E A VEZ DO COOPERATIVISMO FINANCEIRO

> O movimento cooperativo constitui uma inovação essencial para uma boa e nova sociedade. É, portanto, uma iniciativa sempre atual para esse propósito, uma vez que, embora reconheça a livre iniciativa, não tem o lucro como objetivo [...] Cooperativismo é sinônimo de boa sociedade (SHILLER, Robert James. Discurso por ocasião do Prêmio Nobel de Economia de 2013. Segunda Cúpula Mundial do Cooperativismo. Quebec, 7 out. de 2014).

Estamos experimentando (ou "experienciando") uma nova e revolucionária era nas relações entre tomadores e provedores de produtos e serviços, em que as condições são ditadas não mais pela oferta, e sim pela demanda.

Andam cada vez mais em evidência as soluções que, sensíveis à intervenção do usuário, combinam qualidade, preço justo e conteúdo socioambiental. Se a isso tudo puder ser associado algum propósito – algo que, ultrapassando a mera relação comercial, cause impacto para mais pessoas –, tanto melhor.

Nesse contexto, o cooperativismo habilita-se com força total para merecer a preferência do neoexigente consumidor.

Com efeito, no empreendedorismo cooperativo não há oponentes. Todos jogam no mesmo time. O dono é também o cliente; o anfitrião, ao mesmo tempo, o convidado. É um convívio sem intermediários. Logo, além da garantia da qualidade e adequabilidade das soluções, não se estabelece o habitual conflito entre o querer cobrar mais e o desejar pagar menos. O preço será aquele suficiente para dar sustentabilidade e longevidade ao empreendimento comum.

Some-se a isso o ativismo da cooperativa no processo de desenvolvimento socioeconômico local, engajamento natural pelo fato de os donos residirem e empreenderem nas respectivas comunidades. Sendo do mesmo lugar, os cooperados direcionam a sociedade cooperativa para o bem comum, melhorando a qualidade de vida do maior número possível de pessoas. Eis o propósito, a causa, em perfeita sintonia com o 7º princípio cooperativista, definido globalmente como "interesse pela comunidade".

Especificamente no caso do cooperativismo financeiro, os predicados que o qualificam para os dias atuais passam pela sua decisiva contribuição nos programas de inclusão e educação financeiras; pelo reinvestimento local da poupança, gerando emprego, renda, consumo, novas riquezas, receitas tributárias e desenvolvimento social nas comunidades; pela prática de preços justos na oferta de produtos e serviços financeiros; e por seu protagonismo (como agente concorrencial à altura) no aperfeiçoamento das práticas bancárias como um todo.

Estima-se que as cooperativas sejam os únicos agentes de prestação de serviços financeiros em 10% dos municípios brasileiros (desconsiderando-se a presença precária dos bancos, em algumas dessas praças, por meio de postos de atendimento avançados), assumindo a responsabilidade exclusiva pela inclusão bancária e pelo fomento do pequeno negócio em aproximadamente seiscentas remotas comunidades do país.

Quando se trata de comparar preços de soluções bancárias, as cooperativas – dada a sua condição de entidades sem fins lucrativos – aparecem, com larga vantagem, como a opção mais econômica para os usuários. Para se ter uma ideia, no conjunto do sistema financeiro cooperativo, apenas no ano de 2018, os cooperados tiveram uma economia – ou agregação de renda – na ordem de R$ 20 bilhões, pelo fato de terem escolhido a cooperativa como a sua instituição financeira. A diferença decorre de menores taxas de juros, tarifas reduzidas ou mesmo inexistentes, melhor remuneração dos investimentos e retorno do resultado do exercício proporcionalmente ao volume de negócios de cada cooperado ("cliente").

Por se tratarem de empreendimentos autogeridos e com vocação para promover a justiça financeira, tais organizações conseguem oferecer aos proprietários-usuários um conjunto completo de produtos e serviços com margens diferenciadas, que vão de múltiplas opções de investimento às mais variadas linhas de crédito; de cartões à adquirência bancária; de consórcios a seguros. Em sintonia com a revolução tecnológica em curso – mas sem descuidar do relacionamento pessoal sempre que o cooperado assim o preferir –, asseguram, ainda, aos seus beneficiários todas as facilidades digitais que os clientes acessam nos grandes bancos nacionais, mesmo operando com um orçamento bem mais modesto.

Esses são alguns exemplos do virtuosismo cooperativista, cujo movimento, também por sua reputação – vez que alicerçado em valores e princípios universais –, é o antecedente legítimo e sustentável do que se conhece, atualmente, como economia compartilhada, colaborativa ou, ainda, de rede, reunindo todos os méritos dessa nova abordagem.

E como já ocorre em vários outros países dos cinco diferentes continentes, as cooperativas constituem, hoje, uma alternativa real no segmento bancário nacional, cuja indústria apresenta forte concentração e opera com elevadas margens.

2. COOPERATIVISMO FINANCEIRO: MELHOR OU DIFERENTE?

> Uma cooperativa de crédito não é um negócio financeiro ordinário, buscando enriquecer seus membros às expensas do público em geral. Nem é uma empresa de empréstimos, buscando fazer lucro às expensas dos infortunados. A cooperativa de crédito não é nada desse tipo; é a expressão no campo da economia de um ideal social elevado (DESJARDINS, Alfhonse. *In:* ROBY, Yves, 2001).

Temos sido bastante enfáticos na defesa do cooperativismo financeiro em face das soluções convencionais do mercado bancário. A narrativa é generosa, quase que de forma absoluta, na atribuição de virtudes ao modelo cooperativista, ao passo que não economiza defeitos em relação à concorrência.

A pergunta que se impõe é: o fato de o cooperativismo financeiro apresentar-se como empreendimento singular no mundo organizacional e ser especialmente meritoso quanto ao seu propósito e aos resultados coletivos de sua atuação, automaticamente lhe assegura superioridade comparativa?

Examinemos um e outro modelos, tanto no plano teórico como na prática, e, então, elejamos a resposta.

Do lado do cooperativismo, como aspectos distintivos, temos o fato de o "cliente" ser também o dono, o que conduz a um maior ativismo do usuário na gestão da cooperativa, inclusive na escolha de lideranças e no acompanhamento da administração.

O atendimento, por decorrência da relação proprietária, também é diferenciado, mais dedicado e atencioso. Da mesma forma e pela mesma razão, as soluções operacionais hão de ser mais flexíveis e assertivas, respeitando as características do demandador – a *suitability* (adequação dos produtos e serviços ao perfil do tomador) passa a ser uma prática natural nesse modelo de negócio. Por fim, a dupla condição torna sem sentido o lucro (a lei, aliás, assim o reconhece), o que sugere que a cooperativa, em suas operações, pratique margens de contribuição inferiores às de mercado.

Mas, existe uma contrapartida relevante para todos esses benefícios: o cooperado, a exemplo de outros empreendedores, tem de aportar capital e responde – até o limite de suas quotas-partes em face de terceiros, e ilimitadamente pelos prejuízos – no caso de insucesso da cooperativa.

Já olhando para o banco, o cliente com ele não tem qualquer vínculo societário, não se requerendo aporte de capital e nem exigindo responsabilidade na hipótese de insolvência da instituição, tanto por dívidas desta com terceiros quanto por prejuízos da empresa.

O fato de ser proprietário impõe ao cooperado o dever particular de vigilância, cumprindo que acompanhe o desempenho da sua cooperativa e eleja representantes íntegros e capazes. O interesse pelo futuro da organização exige que ele se informe (com os representantes formais da cooperativa) e que tenha protagonismo na gestão da entidade, participando, por exemplo, dos encontros de comitês/núcleos, das pré-assembleias e das assembleias finais (conforme o regime de representação), bem como avaliando permanentemente os gestores. Além disso, deve fidelidade operacional à sua empresa cooperativa, evitando produtos e serviços dos concorrentes. Ou seja, o associado tem de honrar a sua condição, sobretudo com o olhar e a atitude de dono (exercício efetivo da *affectio societatis*).

Nem sempre, todavia, a prática condiz com a teoria. Há casos em que cooperados adotam um comportamento passivo e operacionalmente infiel, típico de qualquer cliente de banco, o que reivindica atitude da administração da cooperativa. O quadro requer especial atenção, recomendando que os dirigentes saiam da zona de conforto e desenvolvam a percepção (e inequívoca convicção) de pertencimento, impedindo que o ambiente cooperativo se converta em lugar comum.

O não objetivo do lucro na cooperativa é outro fator de distinção relevante, pois dispensa a prática de margens de contribuição elevadas, típicas da relação mercantil que marca o contato do banco com o cliente. É bem verdade que, ocasional e pontualmente, para determinado item do seu portfólio, a cooperativa pode vir a praticar preços menos atrativos que os concorrentes, sem que isso, no entanto, implique desvantagem comparativa no conjunto do relacionamento.

Nas cooperativas, ainda, o resultado econômico pertence ao próprio usuário, de acordo com a sua intensidade operacional. Não há, pois, transferência de renda para terceiros.

Nos bancos, por sua vez, o ganho econômico beneficia exclusivamente o acionista, que não tem qualquer relação com o cliente. Na verdade, os interesses de acionistas e clientes são rigorosamente opostos (enquanto na cooperativa os propósitos entre donos e usuários são de todo convergentes). Na atividade bancária, o capital é alocado para produzir retorno máximo para o investidor, assegurado pela maior precificação possível sobre o tomador dos serviços. Na cooperativa, por sua vez, o capital tem finalidade meramente instrumental, sendo empregado para facilitar a utilização recíproca de produtos e serviços pelos cooperados.

Em síntese, a atividade cooperativa, como negócio social que é, produz riqueza (valor) para a coletividade, enquanto a atividade bancária, destinada a apurar lucro e remunerar acionistas, transfere riqueza para um grupo restrito de investidores.

É claro que, havendo prejuízo na cooperativa, o mesmo cooperado, outrora bonificado/beneficiado, assume o ônus da cobertura, responsabilidade esta que não se verifica em relação ao cliente bancário.

Na cooperativa o empregado é também cooperado da entidade. Essa conjunção, não presente em um banco, gera engajamento diferenciado da força de trabalho, impactando o nível de entusiasmo e o grau de resiliência do funcionário-dono, com reflexos altamente positivos no relacionamento com os demais membros da entidade.

A assunção da identidade cooperativa implica sujeição a valores e princípios de aplicação universal, exclusivos do movimento. Como empresas de caráter local/regional, as cooperativas têm interesse de levar o máximo de benefícios possível à comunidade (onde residem e empreendem os seus cooperados), alcançando até mesmo os não sócios. Nesse particular, as evidências ficam por conta da inclusão/cidadania financeira (no Brasil, pelo menos 10% dos municípios – todos eles remotos –, são atendidos exclusivamente por cooperativas); do desenvolvimento socioeconômico do território, particularmente pela retenção e pelo reinvestimento da poupança na origem; e, por fim, das ações tipicamente sociais, destacadamente na forma de alocação de recursos para melhorar a vida da população menos favorecida e destinados à sustentabilidade ambiental, além da atuação direta, por meio dos dirigentes e executivos, em praticamente todos os eventos com fins humanitários nas respectivas comunidades.

A combinação da ausência do lucro, das baixas margens de contribuição, do respeito ao usuário e do engajamento comunitário torna as cooperativas merecedoras de prerrogativas tributárias, com assento constitucional, não extensivas aos bancos pelo fato de não reunirem nenhum dos citados predicativos. Pelos mesmos méritos, aliás, a Constituição Federal, de forma imperativa, determina que haja estímulo e apoio à atividade cooperativa.

O reconhecimento/prestígio institucional, em contrapartida, impõe às cooperativas o permanente compromisso com o bem, com o fazer efetivamente diferente, o agir conforme a orientação doutrinária. Por conseguinte, exige-se que o movimento esteja atento a certas condutas não coincidentes com esse 'dever ser'. Casos como a discriminação seletiva de membros por razões de ordem econômica, a pouca colaboração entre as próprias cooperativas e outras práticas que mais lembram a atuação bancária convencional em nada contribuem para afirmar a simpatia em torno da causa e, por consequência, sustentar as prerrogativas que lhe são conferidas.

Cabe ressaltar, contudo, até como alerta aos propagadores do reducionismo de conveniência (bastante ativos na seara tributária e no campo concorrencial), que a mera semelhança de portfólio operacional (produtos e serviços financeiros) não é suficiente para confundir cooperativas com bancos. Existem, reforce-se, substanciais diferenças conceituais, estruturais e de postura entre uma e outra iniciativas, identificadas, notadamente, nas perspectivas associativista e mutualista, cujos pilares societários são exclusividade do modelo cooperativo.

Por isso, o cooperativismo financeiro precisa também qualificar a sua comunicação com a sociedade e o público de interesse mais imediato, deixando clara a sua singularidade virtuosa. Tendo conteúdo e significado abundantes, o movimento deve, preferencialmente, utilizar o conceito de *storytelling*, narrando histórias que retratem benefícios concretos da cooperação, mostrando o propósito na prática. Assim, ao tornar visíveis os efeitos reais de sua presença, fortalecerá vínculos e fará conexões emocionais.

Ultimamente, contudo, parcela significativa de entidades cooperativas vem empregando muito mais a linguagem dos bancos – dando ênfase, por exemplo, a grandes números contábeis –, em vez de jogar luz sobre os feitos ligados ao desenvolvimento econômico e à inclusão social. Parece, até mesmo, que há preconceito em relação ao tipo societário, justamente quando a população clama por modelos de empresas que tenham o DNA cooperativo!

No campo da apresentação visual, as cooperativas, com louváveis e honrosas exceções, seguem também reproduzindo o padrão de mercado em suas instalações físicas de atendimento. Embora a diferença de tratamento dos usuários, externamente – impressão que se estende para a ambientação interna – as cooperativas confundem-se com bancos, pois não se percebe distinção de suas unidades presenciais em relação às agências bancárias. Há, portanto, uma oportunidade-necessidade de desenvolvimento de espaços verdadeiramente cooperativos, com personalidade própria, mais humanizados, preferencialmente abertos à interação com a comunidade e que transmitam sensação de pertencimento aos cooperados.

Por derradeiro, em termos de unidade intrassegmento, enquanto os grandes bancos intensificam ações de colaboração entre si, fortalecendo-se institucional e economicamente, há de se reconhecer que as cooperativas têm grande dificuldade de avançar nesse fundamento. Com efeito, além da baixa cooperação entre os agrupamentos cooperativos – tem-se até a impressão de que as bandeiras mais competem do que intercooperam –, persiste, internamente, e nem sempre por motivações impessoais, a infidelidade de cooperativas em relação aos pactos sistêmicos. São recorrentes os casos de relacionamento comercial com empresas não selecionadas pelo sistema associado para fornecer serviços e operações, bem como a criação/manutenção de estruturas regionais e locais para soluções corporativas pré-existentes, identificando-se, inclusive, situações de concorrência entre as iniciativas. E o pior: começam a surgir ações de disputa de mercado entre cooperativas coirmãs vinculadas a uma mesma bandeira!

Essa fragmentação, combinada com a dissipação (irresponsável) de recursos, até mesmo como um antiexemplo cooperativo, fragiliza o movimento em múltiplos aspectos, prejudicando sobremaneira os cooperados.

Falando em racionalidade de estruturas, otimização de investimentos e atenção aos usuários de serviços financeiros, as cooperativas precisam também lançar um olhar atento para as *fintech*. Com uma proposta inovadora e ênfase no relacionamento digital, os novos atores já são referência em agilidade, comodidade e até mesmo precificação para itens básicos do portfólio bancário. Essa combinação vem atraindo uma verdadeira multidão de consumidores, jovens em especial, a tal ponto de uma das instituições precursoras do modelo, em poucos anos, reunir mais clientes do que o já centenário cooperativismo conquistou até aqui em número de cooperados.

É claro que as cooperativas podem perfeitamente – e devem – melhorar a sua eficácia operacional, incorporando métodos vitoriosos adotados pelos agentes heterodoxos, como já vêm fazendo em alguma medida. Concomitantemente, têm de fortalecer e dar visibilidade aos seus diferenciais competitivos genuínos e exclusivos, baseados em valores e princípios universais e também no seu modelo societário, já evidenciado anteriormente (usuário/dono – daí a ausência de lucro; usuário/gestor; usuário/destinatário do resultado econômico; empregado/dono; vínculo comunitário; compromisso com a cidadania financeira e portfólio operacional completo e economicamente atrativo no seu todo), cujos predicativos são incompatíveis com as *fintechs* e com qualquer outra iniciativa empresarial, por mais disruptiva que seja.

Enfim, embora os atributos doutrinários/potenciais – sob a ótica dos usuários e da sociedade – permitam a elevação do cooperativismo financeiro diante de outros modelos organizacionais, não parece sensato proclamar a sua ampla superioridade.

Dito isso, tudo é uma questão de ponto de vista, associada ao interesse envolvido, cabendo a cada qual escolher o melhor ângulo. Como adverte Ralph W. Emerson (2011), "não alcançamos nenhum conhecimento exato por falta de perspectiva".

Portanto, a ênfase para o "diferente" (cooperativo), e não para a desqualificação (do não cooperativo), talvez seja o mais adequado. Daí calhar a lição de Steve Jobs (fundador da mega diferente Apple): "Não temos que olhar a concorrência e dizer que vamos fazer melhor... Temos que olhar a concorrência e dizer que vamos fazer diferente" (JOBS, 2009).

Logo, agir como cooperativa é o que basta, lembrando que a soberba, também manifestada internamente, seja na autoapreciação e, não raro, na depreciação de entidades ou sistemas coirmãos, não qualifica o conteúdo e nem fortalece o argumento.

3. O GRANDE SALTO E AS OPORTUNIDADES DA LIVRE ADMISSÃO DE ASSOCIADOS

> Se o Governo nos pede trabalho e poupança, como única solução para os problemas nacionais, vamos trabalhar mais e poupar, porém administrando nós mesmos essas poupanças e transformando o lucro financeiro hoje pago aos bancos em economia de custos para o que produzimos (GUIMARÃES, 1979, p. 84).

Em 25 de junho de 2003, por meio da Resolução nº 3.106, do Conselho Monetário Nacional (CMN), mediante proposta do Banco Central do Brasil (BC), o cooperativismo financeiro conquistava o direito de estender os seus benefícios societários e operacionais a toda a sociedade, independente de vínculo profissional ou econômico das pessoas físicas e jurídicas interessadas em integrar o movimento.

Do lado dos usuários de serviços financeiros – público em geral –, a liberdade de acesso a outro fornecedor, com características singulares, especialmente o de compartilhar a propriedade do empreendimento, revelou-se igualmente um importante triunfo.

O uso da prerrogativa pelas cooperativas permite que mitiguem os riscos inerentes à concentração em segmentos específicos, propiciando mais flexibilidade para contornar intervalos de adversidade a atingirem esta ou aquela atividade econômica ou categoria profissional. O contato com novos públicos, por outro lado, traz mais complexidade à gestão, exigindo maior qualificação profissional.

Da mesma forma, a diversificação e a amplitude associativas, além da extensão do atendimento nos médios e grandes centros urbanos, viabilizou, economicamente, o ingresso das cooperativas em pequenas e remotas comunidades pelo interior do país, muitas delas até então desprovidas de produtos e serviços bancários. Aliás, em cerca de seiscentas localidades brasileiras os serviços bancários – crédito, entre eles – chegam à população, graças, unicamente, às cooperativas. Pode-se dizer que sem as cooperativas centenas de milhares de trabalhadores e empreendedores teriam de deslocar-se a outras praças, com os custos e inconvenientes próprios do deslocamento, sem falar da evasão de riquezas e empobrecimento de suas comunidades.

O aumento na escala de usuários, com as suas múltiplas origens e diferentes necessidades, igualmente estimulou e tornou possível a oferta de produtos e serviços além da captação e do crédito, facultando aos cooperados a migração integral para a cooperativa e livrando-os de um segundo relacionamento bancário, sempre oneroso e operacionalmente inconveniente.

Para se ter ideia do (acelerado) crescimento nessa década e meia de livre admissão, o cooperativismo financeiro saltou de 1,9 milhão para 9,8 milhões de membros (dados de dezembro de 2003 e dezembro de 2017, respectivamente), dos quais 1,3 milhão são pessoas jurídicas. Fazendo um recorte somente das cooperativas de livre admissão em 31/12/2017, constata-se que, apesar de somarem apenas ⅓ das entidades, elas detêm mais de 70% das agências, representam 74% dos cooperados e concentram 75% dos depósitos, das operações de crédito e dos ativos do cooperativismo.

Acentuando o seu resultado econômico em decorrência da elevação do número de cooperados e do volume de negócios, as cooperativas conseguem também ampliar os benefícios sociais nas comunidades onde estão estabelecidas. Com efeito, afora a destinação compulsória de uma parte do excedente contábil para essa finalidade, as entidades investem recursos significativos em projetos educacionais – com ênfase à orientação financeira e desenvolvimento de valores nos ensinos fundamental e médio –, tais como custeio de construção e de manutenção de escolas; projetos assistenciais voltados para crianças, idosos e pessoas socialmente desamparadas; projetos esportivos, beneficiando notadamente jovens carentes; projetos culturais; projetos socioambientais, entre muitos outros (algumas dessas ações podem ser identificadas nos seguintes endereços eletrônicos: Sistema de Cooperativas de Crédito do Brasil (Sicoob): <http://www.institutosicoob.org.br>, Sistema de Crédito Cooperativo (Sicredi): <www.sicredi.com.br/html/conheca-o-sicredi/sustentabilidade>, Unicred:<https://www.unicred.com.br/valeeuropeu/frame.php?class=PaginaDinamica&method=Visualizar&cd_pagina_dinamica=4830&caption[]=Informativos++&caption[]=Pol%EDtica+Socioambiental>,Sistema das Cooperativas de Crédito Rural com Interação Solidária (Cresol): <www.cresol.com.br/site/conteudo.php?id=19>, Sistema Cecred:<www.cecred.coop.br/conheca-nos/transparencia#responsabilidade-socioambiental> eUniprime:<www.uniprimebr.com.br/arquivos/relatorio-de-gestao-2017.pdf>.

A maior presença das cooperativas, com preços e atendimento diferenciados, também vem produzindo efeitos concorrenciais sadios, especialmente nas praças com maior protagonismo cooperativo, conforme Relatório de Economia Bancária do Banco Central de 2017.

A propósito de custos de produtos e serviços, considerando que não visam ao lucro – pois o seu cliente é também o seu dono –, as cooperativas, na medida em que ampliam a sua escala associativa e operacional (em 31/12/2017 detinham, por exemplo, 10% do mercado de crédito das micro e pequenas empresas e 16% das operações sem consignação com pessoas físicas), conseguem praticar tarifas e taxas de juros mais em conta que o sistema bancário convencional. Em muitos casos, nem mesmo há cobrança de pacotes de tarifas, e em algumas linhas de crédito a taxa de juros chega a ser 50% inferior à praticada pelos demais agentes financeiros, conforme dados levantados pelo Banco Central, no Relatório de Economia Bancária de 2017. Essa precificação diferenciada, em um único ano (2017), gerou um ganho econômico agregado para os cooperados na ordem de R$ 20 bilhões, valor que permaneceu em suas comunidades irrigando a economia local.

Em síntese, a atuação societária e operacional irrestrita permite que as cooperativas cumpram com maior efetividade os seus quatro grandes objetivos, quais sejam: promoção da inclusão e educação financeiras; desenvolvimento econômico, pela retenção e reinvestimento da poupança nas próprias comunidades; atendimento integral das demandas financeiras dos cooperados, com preços justos e mediante um atendimento qualificado (adequado para quem é dono da instituição) e motivação para o reposicionamento do mercado bancário como um todo na busca de maior convergência com as expectativas dos seus clientes.

Os resultados já alcançados, portanto, demonstram o acerto da abertura normativa, que se tornou um marco no processo de emancipação das cooperativas.

4. O BRASIL NA ROTA DO INTERCÂMBIO COOPERATIVO

"O que lembro, tenho..." (Rosa, 1956).

Todos os anos, e já há algum tempo, dezenas de cooperativistas brasileiros e outros atores envolvidos com o movimento deslocam-se para fora do país em visitas a entidades cooperativas estrangeiras e participações em eventos de capacitação e congressos internacionais do setor, notadamente na Europa e na América do Norte.

É inegável que essas incursões têm permitido a assimilação de um conjunto de boas práticas de gestão, inovação em diferentes campos da atividade cooperativa e inspiração para a edificação, aqui, de um marco regulatório incentivador, especialmente para o cooperativismo financeiro. É dizer que aprendemos com a longa e exitosa tradição dos sistemas coirmãos de outras nações, por influência deles evoluímos e a eles devemos gratidão.

Fruto desse aprendizado e bônus de uma já respeitável experiência doméstica, hoje é possível identificar por aqui inúmeros casos de sucesso protagonizados por instituições financeiras cooperativas ou relacionados ao seu ambiente de atuação, dignos de reconhecimento global e, portanto, credores de prestígio.

O país ostenta o mais abrangente e sofisticado modelo normativo dedicado ao cooperativismo financeiro em todo o mundo, impulsionado sobretudo pela atuação do Banco Central do Brasil. Além disso, o Governo vê nas cooperativas – e as estimula efetivamente nessa direção – instrumento fundamental para a inclusão e educação financeiras, o desenvolvimento socioeconômico e a ampliação da competitividade no mercado bancário, fortemente concentrado entre nós.

Quando se olha para a essência cooperativista, guiada pelos seus alicerces doutrinários, a lealdade aos princípios universais tem pouca ou nenhuma equivalência mundo afora. Sobressaímos, com efeito, pelo acesso universal da população às nossas cooperativas, sem qualquer preferência ou discriminação, inclusive de ordem econômica (1º princípio); pelos modelos de gestão participativa, que conduzem ao efetivo envolvimento dos cooperados na vida da cooperativa (2º princípio); pelo partilhamento de parcela significativa do excedente na proporção da fidelidade operacional dos cooperados, promovendo a justa e vantajosa precificação (3º princípio); pela ampla liberdade de autodeterminação administrativa e operacional, amparada em generosa outorga normativa (4º princípio); pelos bem formulados programas de educação e formação cooperativistas, aplicados ao público interno e irradiados em escolas e universidades por todo o país, suportados inclusive por fundos específicos assegurados em lei, tais como o Serviço Nacional de Aprendizagem do Cooperativismo (Sescoop) e o Fundo de Assistência Técnica, Educacional e Social (Fates) (5º princípio); pela exitosa experiência de integração vertical ou intrassistêmica e pelos exemplos pontuais de plena integração operacional entre cooperativas financeiras e entidades coirmãs de outros ramos, reconhecendo-se que a aproximação horizontal, no todo, é ainda bastante incipiente (6º princípio); pela real atuação a bem das comunidades, representada por um sem-número de projetos de alto impacto econômico e social (alguns deles transformacionais) e pelo engajamento pessoal dos dirigentes e colaboradores em uma infinidade de ações comunitárias, afora a contribuição para a inclusão financeira em centenas de localidades desassistidas pelo sistema bancário convencional (7º princípio).

Acrescente-se a tudo isso o fato de apresentarmos uma expansão recente, e recorrente, que não encontra qualquer semelhança além de nossas fronteiras;

de ostentarmos uma tecnologia que, por sua atualidade e robustez, é referência no mercado financeiro, capaz de suportar inúmeras vezes o volume de negócios atual, e, ainda, de mostrarmos rara resiliência nos diferentes intervalos de adversidade econômica.

Temos, portanto, uma pluralidade de atrativos dentro de nosso próprio território, com a vantagem de os *cases* já terem sido testados por aqui (mostrarem-se aderentes ao nosso ecossistema), e o intercâmbio requerer investimentos bem menos dispendiosos. Ou seja, já merecemos um olhar para dentro, no mínimo para homenagear a (nossa) "gente que faz"!

Aliás, ainda que tenhamos um déficit comparativo de escala e precisemos, logo mais, recorrer às lições alienígenas de como lidar com taxas de juros verdadeiramente baixas, estamos também preparados para mostrar ao mundo as nossas virtudes, e com isso, se não inverter o fluxo de visitações e imersões, pelo menos equilibrá-lo.

Fica a dica!

5.1 INTERCOOPERAÇÃO: SOLUÇÃO INTERNA PARA IMPULSIONAR O PROTAGONISMO COOPERATIVISTA

> Retenham bem essa máxima: quando a cooperativa for apenas mais um negócio, será um mau negócio, porque nesse plano será sempre derrotada pelas empresas capitalistas (Charles Gide, *apud* Portal Paraná Cooperativo).

A doutrina condutora do movimento cooperativo ao redor do mundo, como é de amplo domínio, assenta-se em sete princípios, universalmente consagrados e largamente difundidos.

Entre eles – 6º da lista – está o da intercooperação, inicialmente ungido como tal em 1966, durante o Congresso de Viena da Aliança Cooperativa Internacional (ACI), então assim versado: "Ativa cooperação entre as cooperativas em âmbito local, nacional e internacional". Já o texto vigente foi definido em 1995, durante o Congresso da ACI em Manchester, com o seguinte teor: *"As cooperativas servem de forma mais eficaz aos seus membros e dão mais força ao movimento cooperativo, trabalhando em conjunto, através das estruturas locais, regionais, nacionais e internacionais"*.

Em tradução direta e simples, esse postulado indica que as cooperativas hão de cooperar entre si. E devem assim agir tanto para habilitarem-se ao uso da identidade 'cooperativa' como para dar exemplo à sociedade. Afinal, com que legitimidade uma cooperativa poderia conclamar alguém a fazer parte de seus quadros se ela própria não praticasse a cooperação? Nessa hipótese, estar-se-ia diante da máxima "faça o que eu digo, mas não faça o que eu faço".

A intercooperação pode ser horizontal ou vertical. No primeiro caso, também conhecida como territorial, ocorre quando há relacionamento entre entidades de ramos diferentes (por exemplo, cooperativas agropecuárias tomando serviços de cooperativas financeiras) ou de um mesmo ramo (tal como ocorre entre cooperativas financeiras, usualmente de sistemas diversos, ou cooperativas da área da saúde compartilhando infraestrutura local ou prestando serviços aos cooperados ou clientes de entidades coirmãs). Já a intercooperação ou integração vertical pode envolver cooperativas de um só segmento, quando reunidas em torno de estruturas regionais e/ou nacionais, nesse caso também designada cooperação intrassistêmica (exemplo: sistemas cooperativos financeiros de dois ou três níveis), ou cooperativas de diferentes ramos, igualmente ligadas por arranjos regionais, nacionais e internacionais (assim como a Organização das Cooperativas do Brasil (OCB)/Sescoop e ACI).

Há, ainda, um terceiro modelo de intercooperação, classificado como cooperação "intersistêmica", que envolve grupos de cooperativas em formato sistêmico ou de empresas corporativas desses arranjos coletivos, compartilhando portfólio, atividades, projetos e ações com outros grupos ou sistemas cooperativos do mesmo segmento (ex. parcerias comerciais de bancos cooperativos com cooperativas financeiras de outros sistemas).

As motivações para essa mútua ou múltipla colaboração, em parte já mencionadas na própria formulação do princípio (servir de forma mais eficaz o cooperado e elevar o ecossistema cooperativo), têm a ver com:

1. fortalecimento individual das cooperativas como empreendimentos locais/comunitários, cujo quadro social, muitas vezes, é comum (ex. cooperativas agropecuárias ou cooperativas da área da saúde e cooperativas financeiras). Essa aproximação também dá efetividade ao 7º princípio, porquanto gera um conjunto de benefícios à comunidade,

impulsionando a criação de novos empregos, a expansão da renda e as ações de cidadania;

2. ganho de escala pela ampliação do volume de negócios, que permite reduzir preços e/ou aumentar a remuneração dos produtos e serviços fornecidos aos/pelos cooperados;
3. redução de gastos com custeio e investimentos pelo compartilhamento local (inter ou intrarramos) de estruturas e de dispêndios com programas sociais, publicidade, eventos comuns, entre outros, e redução de preços em decorrência do maior poder de negociação (compras em comum, por exemplo);
4. economia de escopo (administrativo-operacional), ganho de escala, qualidade das soluções, acesso a novas tecnologias/novos negócios e expansão de mercados pela verticalização de atividades em âmbito regional ou nacional, inclusive entre sistemas cooperativos diferentes;
5. o fato de empresas convencionais acentuarem a cooperação entre si, para tornarem-se mais competitivas (e lucrativas). É o caso, por exemplo, dos gigantes da indústria bancária, que se uniram para estruturar birô de crédito comum, compartilhar Sistemas de Caixas Eletrônicos (ATMs) e criar várias empresas/soluções conjuntas na área de meios eletrônicos de pagamento.

Essa é a teoria. Mas como andamos na prática? E por quê?

No que se refere à integração vertical, o cooperativismo financeiro está na dianteira, sendo referência para os demais ramos cooperativistas do país, além de já assumir certo protagonismo na cena internacional. Todavia, há um conjunto de oportunidades para o aperfeiçoamento e a consolidação do modelo, sobretudo pela racionalização de estruturas, soluções/serviços/atividades e componentes organizacionais recorrentes/sobrepostos, em grande medida improdutivos/ociosos, entre cooperativas singulares, centrais, confederações e bancos cooperativos. Paralelamente, há que se cogitar novas aglutinações, tanto em sede de cooperativas singulares como ao nível de centrais, reduzindo o número de entidades hoje existentes. Outro potencial pouco explorado é o da intercooperação entre os diversos sistemas cooperativos (cooperação intersistêmica), que hoje, exceto quanto ao compartilhamento (por força regulamentar) do Fundo Garantidor do Cooperativismo de Crédito (FGCoop) e de ações institucionais no âmbito da Organização das Cooperativas Brasileiras (OCB), limita-se às parcerias entre os bancos cooperativos e cooperativas financeiras de outros sistemas.

Fora do ramo crédito, a colaboração intrassegmentos, no geral, é ainda muito tímida. Há, entretanto, destaques isolados, como algumas iniciativas de cooperativas agropecuárias, que se vêm unindo em estruturas comuns regionais para ganho de escala, qualificação de soluções, ampliação de portfólio e conquista de novos mercados (ex. Aurora/SC e Unium/PR), bem como de cooperativas da área da saúde, com o objetivo de facilitar a utilização recíproca de serviços (ex. Unimed e Uniodonto).

Abro, aqui, um parêntese para uma rápida, porém relevante, alusão à solidariedade como um dos compromissos da intercooperação intrassistêmica e intersistêmica. Com efeito, é dever indeclinável de todos impedir que cooperados venham a ter prejuízo em razão do insucesso de alguma cooperativa. Nessa hipótese, havendo indicativos concretos de descontinuidade, a incorporação ou a reorganização, com apoio financeiro se necessário, deverão ser as alternativas a considerar. É uma questão, também, de preservação do bom nome do movimento, e não apenas de proteção de uma determinada marca, uma vez que o problema que afeta a um atinge a todos. O foco, portanto, não devem ser os administradores da entidade, o empreendimento em si ou mesmo o sistema associado, mas as pessoas que acreditaram na proposta da cooperação. Neste particular, parece remanescer dúvida sobre o papel de cada ator e o grau de responsabilidade do conjunto. A expectativa, portanto, é de que, sem demora, esse tema seja suficientemente debatido e bem compreendido, tendo, no caso do cooperativismo financeiro, o FGCoop e as instâncias corporativas intrassistêmicas como fóruns ideais.

No que diz respeito à prática da intercooperação horizontal inter-ramos, a escassez é bem maior, embora igualmente haja alguns bons exemplos de aproximação, sobretudo de cooperativas agropecuárias e do segmento da saúde com cooperativas financeiras (no último caso a colaboração é, inclusive, recíproca). Com esse preocupante desalinhamento filosófico, as cooperativas renunciam a oportunidades claras de multiplicação dos seus negócios entre si, limitando o protagonismo cooperativo nos respectivos mercados e no contexto socioeconômico nacional. E mais: contribuem para a evasão de riquezas nas comunidades em que atuam, prejudicando os interesses dos próprios cooperados e da população local como um todo, o que, por sinal, atenta contra o 7º princípio cooperativista.

O grande intervalo entre o ideal e o real, aliás, não é exclusividade do Brasil. Em muitos países lideranças cooperativistas e estudiosos da cooperação buscam entender o quadro e propor encaminhamentos para a questão. É o caso, por exemplo, dos Estados Unidos, onde, recentemente, representantes do instituto Filene e da Cuna (Associação Nacional das Cooperativas Financeiras) publicaram amplos relatórios sobre o tema, tendo como alvo o relacionamento entre as cooperativas financeiras e entidades coirmãs de outros ramos.

Em síntese, lá e cá, temos sido muito contundentes na defesa do princípio, mas bem menos efetivos na sua observância. Pode-se dizer que no discurso, estamos bem; na ação, nem tanto!

Entre os ofensores da baixa intercooperação territorial sobressaem:

1. inexistência de pauta institucionalizada para esse propósito em âmbito nacional ou mesmo regional;
2. escasso diálogo entre os líderes das cooperativas e, em alguns casos, o excesso de atores envolvidos;
3. falta de definição clara dos objetivos e dos meios para o seu alcance;
4. pouca confiança entre os dirigentes;
5. portfólio e as condições comerciais, lembrando que o relacionamento operacional entre as cooperativas, no seu conjunto, deve ser economicamente atrativo;
6. rivalidade regional (visão mais de competição do que de cooperação, envolvendo até mesmo preconceito em alguns casos);
7. comparabilidade adversa (desqualificação da entidade coirmã e/ou de seus representantes);
8. baixa dominância sobre os efeitos (positivos da intercooperação e negativos do isolamento);

9. individualismo (cada qual pensando apenas em "sua" entidade, ou mesmo em si próprio, inclusive com vantagens pessoais em relacionamentos fora do universo cooperativo, enquanto os interesses do cooperado ficam em segundo plano);
10. fatores político-ideológicos;
11. acomodação e o descompromisso de lideranças em relação às próprias entidades e ao movimento cooperativo;
12. ego e vaidade, ora de dirigentes, ora de executivos.

É importante que se diga, a esta altura das reflexões, que este assunto é recorrente em fóruns cooperativos por todo o país (e também fora do Brasil). As impressões aqui lançadas, em grande medida, são um apanhado do que publicamente se vem falando a respeito. Consolidar as críticas e ampliar o espectro de sua repercussão, portanto, atendem a anseios generalizados do movimento, notadamente como estímulo para a busca de soluções.

Mas e o que poderia ser feito, concretamente, para a modificação desse quadro?

O avanço no processo de intercooperação, aqui como em qualquer lugar do mundo, pressupõe, de um lado, atitudes firmes das lideranças, e, de outro, movimentos simples e de fácil implementação, tais como:

1. definição de uma agenda permanente para o tema pelos representantes dos ramos, sob a mediação do sistema OCB, tanto em âmbito nacional como no plano regional, podendo criar-se comitê intersetorial para esse propósito;
2. instituição, por ramo, de mecanismo de acompanhamento da agenda;
3. ações conjuntas em projetos econômicos, sociais, ambientais e educacionais; comunicação/marketing; palestras e seminários; eventos de capacitação; compras em comum; infraestrutura; logística etc.
4. fomento à mútua filiação de cooperados e empregados. Na Finlândia, por exemplo, o número de cooperados equivale a 1,5 vez os habitantes do país, justamente porque há filiação simultânea em cooperativas de diferentes ramos;

5. incentivo – até mesmo como condição do negócio – para que os fornecedores e demais parceiros do universo cooperativo elejam as cooperativas de crédito como seus agentes financeiros;
6. utilização da solução cooperativa pelas entidades coirmãs (serviços financeiros, planos de saúde, trabalho, transporte, supermercado/itens alimentares etc.). A propósito – e a título de exemplo –, dispondo as cooperativas financeiras de todas as soluções bancárias, e as oferecendo em condições de preço mais benéficas, o que justifica as demais cooperativas, seus cooperados, empregados e fornecedores/parceiros buscarem os produtos e serviços equivalentes de um banco qualquer?
7. estudos pelo Sistema OCB demonstrando os benefícios e as oportunidades da intercooperação horizontal e vertical, com ampla difusão de *cases* de sucesso (melhores práticas) e realização de encontros específicos sobre o tema;
8. por fim, dada a relevância do assunto e para dar tratamento às proposições e aos encaminhamentos sobre a matéria, alocação de componentes organizacionais nas estruturas regionais e nacional do sistema OCB, com dedicação exclusiva.

Em território brasileiro, no momento em que a sociedade, sob os efeitos de uma crise ética e econômica sem precedentes, clama por mudanças; aspira a algo novo, diferente, reivindicando justiça socioeconômica..., o cooperativismo – solução do bem, por definição – encontra, como jamais encontrou, um ambiente amplamente favorável para alargar a sua presença. Para isso, reitere-se, o movimento precisa estar unido e fortalecido!

Há que se acentuar, portanto, a aplicação – lembrando que a ausência da prática equivale ao desprezo da teoria – dos ideais cooperativos, não deixando que se perpetuem cenários destoantes dos fundamentos e dos propósitos da causa. Do contrário, voltando à advertência de Charles Gide, declinando dos seus diferenciais e, por conseguinte, das suas principais virtudes, fatalmente chegará o dia – para algumas entidades este dia já chegou – em que "cooperativas" não passarão de empresas tradicionais.

Nessa condição, ao renunciarem ao movimento, fragilizam-se como empreendimentos socioeconômicos e perdem a legitimidade de ostentar a identidade mutualista. Enfim, da mesma forma como a árvore não fica em pé sem as suas raízes, a cooperativa não se sustenta sem os seus valores e princípios.

6. CONCLUSÃO: O QUE DESAFIA, ESSENCIALMENTE, O SETOR COOPERATIVO FINANCEIRO POR AQUI?

A era do romantismo das cooperativas já passou. Agora é a hora de unirmos profissionalismo, compromisso e intercooperação em parcerias que trazem resultados efetivos para os associados (RODRIGUES, ex-presidente da Aliança Cooperativa Internacional, 2013).

É inegável que as cooperativas financeiras, tanto pela perspectiva societária como operacional, atuam sob um marco regulatório bastante generoso, possivelmente um dos mais incentivadores do mundo. Além disso, mantêm um relacionamento fluído e de alto nível com as autoridades governamentais. Os seus colaboradores são também coproprietários do empreendimento (*worker members*, na designação norte-americana), o que lhes serve de estímulo adicional para bem servir à causa.

Simultaneamente, o convívio dos bancos com os seus clientes não é nada amistoso, ao passo que o cooperativismo financeiro ostenta uma grande empatia com o seu público e a população em geral, pois carrega em seu DNA um propósito do bem, que é a promoção da justiça financeira. Os veículos de comunicação, por conta disso, vêm-se aproximando muito do setor e repercutindo seus diferenciais, notadamente no campo da precificação e do atendimento.

Por fim, as cooperativas detêm uma vantagem comparativa crucial com as demais soluções do mercado: seus usuários ("clientes") são também os donos e, como tal, destinatários dos resultados econômicos – daí a razão principal de não visarem ao lucro e, em decorrência, praticarem margens de contribuição expressivamente aquém dos padrões bancários.

Em síntese, tudo e todos a favor da causa cooperativa. O que se reserva, então, para o setor cooperativo financeiro doravante?

Entre os desafios – que também implicam grandes oportunidades –, dada a necessidade inadiável de melhorar a sua eficiência e as suas condições de competitividade (e assim manter economicamente atrativo o seu portfólio operacional), o segmento – a depender unicamente de si:

haverá de partir para uma consolidação estrutural, reduzindo o número de entidades – especialmente no primeiro e segundo graus –, eliminando atividades e componentes organizacionais redundantes em todos os níveis (cooperação intrassistêmica) e intensificando a colaboração entre as diferentes bandeiras (cooperação intersistêmica);

deverá dar continuidade ao processo de aprimoramento da governança, tanto estratégica como executiva, inclusive assegurando maior participação de jovens e mulheres na administração superior;

precisará avultar e qualificar os investimentos em tecnologia, até mesmo para acompanhar a revolução em curso no mundo digital;

necessitará qualificar a sua comunicação com a sociedade, prestigiando os diferenciais cooperativos e abandonando o lugar comum da linguagem bancária;

terá de escalar o quadro social, dedicando especial atenção aos ingressantes no mercado bancário, e intensificar o relacionamento operacional com os cooperados, incluindo-se as entidades cooperativas dos demais ramos.

Esses movimentos são imperativos de longevidade do setor e o habilitarão a um maior protagonismo no seu mercado, em linha com a sua vocação transformacional, destacadamente nos campos da cidadania financeira, do desenvolvimento socioeconômico local, da oferta de produtos e serviços compatíveis com a demanda dos usuários e da redução de tarifas e *spreads* bancários.

Ao trabalho!

REFERÊNCIAS

BANCO CENTRAL DO BRASIL. Relatório de Economia Bancária de 2017.

EMERSON, Ralph Waldo. *Natureza.* 11. Ed. São Paulo: Dracena, 2011.

GIDE, Charles *Le commerce véridique et social.* Disponível em <paranacooperativo.coop.br/ppc/index.php/sistema-ocepar/2011-12-05-11-29-42/interpretação-da-legislacao-cooperativista/107452-cooperativismo-os-classicos>. Acesso em 15 dez. 2018.

GUIMARÃES, Mário Kruel. *Como desenvolver o cooperativismo de crédito. In* Agricultura e Cooperativismo, n° 42, out. 1979.

JOBS, Steve. *Discurso por ocasião de lançamento de produto Apple.* Washington, 2009.

MEINEN, Ênio. *Cooperativismo financeiro: virtudes e oportunidades. Ensaios sobre a perenidade do empreendimento cooperativo.* Brasília: Editora CONFEBRAS, 2016.

ROBY, Yves. *As caixas populares Alfhonse Desjardins 1900-1920.* Tradução Carlos Potiara Castro. Brasília: Editora CONFEBRÁS, 2001.

RODRIGUES, Roberto. *Discurso por ocasião Conferência Internacional da Aliança Cooperativa Internacional-Américas.* São Paulo, out. 2013.

ROSA, João Guimarães. *Grande Sertão: Veredas.* São Paulo: Nova Aguilar. 1994.

SHILLER, Robert James. *Segunda Cúpula Mundial do Cooperativismo.* Quebec, 07 out. de 2014.

O PRINCÍPIO DA ADESÃO VOLUNTÁRIA NAS COOPERATIVAS – CONHECENDO OS PARÂMETROS INDICADOS PELO PODER JUDICIÁRIO

FERNANDA FERREIRA SCIAVICCO GARCIA GUIMARÃES

Pós-graduada em Direito Processual Civil e Direito do Trabalho. MBA em Gestão Estratégica de Pessoas. Pós-Graduada em MBA Executivo em Gestão de Saúde Suplementar. Advogada.

RESUMO

O presente artigo apresenta um estudo a respeito do princípio da adesão voluntária e livre nas cooperativas, indicando seu histórico, características e aplicabilidade com um aprofundamento específico acerca de como o Poder Judiciário vêm interpretando a limitação permitida pela Lei nº5.764/71 no que se refere à impossibilidade técnica de prestação de serviços no momento de admissão aos quadros da cooperativa.

Palavras-chave: Princípio da Adesão Voluntária e Livre; Cooperativa; Limites; Impossibilidade técnica prestação de serviços; Estatuto Social.

ABSTRACT

The present article presents a study about the principle of voluntary and free membership in cooperatives, indicating their history, characteristics and applicability with a specific deepening about how the Judiciary has been interpreting the limitation allowed by Law 5764/71 with regard to the impossibility service provision at the time of admission to the staff of the cooperative.

Keywords: Principle of Voluntary and free membership; Cooperative; Limits; Technical impossibility to provide services; Statute Social.

1. NOTAS INICIAIS

O presente artigo tem como propósito discorrer sobre o princípio da adesão voluntária e livre nas cooperativas, indicando suas características e avaliando, com base em decisões judiciais, como vem sendo a interpretação e aplicabilidade do Poder Judiciário acerca do tema.

A intenção se deu em virtude da existência de precedentes judiciais, tanto positivos como negativos, em relação ao princípio o que denota uma necessidade de cautela, por parte das cooperativas, na aplicabilidade do mesmo.

O cooperativismo constituiu-se tendo como linhas orientadoras a constituição norteada em sete princípios. Estes têm grande importância para a interpretação e a constituição da doutrina cooperativista, pois, por meio deles, é "capaz de se conter em si todas as formas de atividades cooperativistas" (BULGARELLI, 2000, p. 21). São eles: adesão voluntária e livre; gestão democrática e livre; participação econômica dos cooperados; autonomia e independência; educação, formação e informação; intercooperação e interesse pela comunidade[1].

O presente estudo versará justamente sobre o primeiro princípio, que é da adesão voluntária e livre.

Este princípio é uma expressão do direito à liberdade de associação. Este direito de livre associação, ou seja, aderir ou não aderir a outros para satisfazer objetivos comuns, é um dos direitos fundamentais na Declaração Universal dos Direitos Humanos das Nações Unidas e no Pacto Internacional das Nações Unidas de 1966 sobre os Direitos Civis e Políticos.

O caráter voluntário da participação em cooperativas é um traço organizativo indispensável à sua viabilidade e sustentabilidade no mercado. No entanto, resta imprescindível analisarmos, criticamente, a limitação imposta pela própria Lei n° 5.764/71, que define a política nacional de cooperativismo, em relação a este princípio, que se tratada exceção quanto à impossibilidade técnica de prestação de serviços.

No presente artigo vamos demonstrar como o Poder Judiciário tem interpretado e julgado as demandas judiciais existentes que contestam

---

1 Vide Portal Paraná Cooperativo. Disponível em: <http://www.paranacooperativo.coop.br/ppc/index.php/sistema-ocepar/2011-12-05-11-29-42/2011-12-05-11-44-19>.

principalmente essa limitação da impossibilidade técnica, demonstrando, por consequência, quais as cautelas e precauções as cooperativas devem ter na aplicabilidade desse princípio.

2. O COOPERATIVISMO E O PRINCÍPIO DA ADESÃO VOLUNTÁRIA E LIVRE

Etimologicamente, cooperar (do verbo latino "*cooperari*", de com e "*operari*", que tem sentido de operar juntamente com alguém) significa a ação conjunta para uma finalidade comum.

O cooperativismo tem como finalidade a união de pessoas e o compartilhamento de resultados, não objetivando lucro.

O artigo 4º da Lei nº 5.764/71 faz referência ao princípio da adesão voluntária e livre:

> Art. 4º. As cooperativas são sociedades de pessoas, com forma e natureza jurídica próprias, de natureza civil, não sujeitas a falência, constituídas para prestar serviços aos associados, distinguindo-se das demais sociedades pelas seguintes características:

I - adesão voluntária, com número ilimitado de associados, salvo impossibilidade técnica de prestação de serviços; [...] (BRASIL, 1971)

Já o artigo 29 da referida Lei disciplina que:

> Art. 29. O ingresso nas cooperativas é livre a todos que desejarem utilizar os serviços prestados pela sociedade, desde que adiram aos propósitos sociais e preencham as condições estabelecidas no estatuto, ressalvado o disposto no artigo 4º, item I, desta Lei (Idem).

Deste modo, para o exercício dos serviços propostos pela cooperativa deve-se considerar como ilimitado o número de associados que podem juntar-se ao quadro associativo, não se podendo vedar o ingresso nos quadros da sociedade cooperativa àqueles que preencham as condições estatutárias.

Ressalte-se que não poderá haver nenhum tipo de discriminação ou restrição para associação de um membro em razão do sexo, raça, política, religião ou condição social, visto que qualquer pessoa que seja capaz, possua aptidão técnica e esteja disposta a seguir os princípios e contribuir para o crescimento e desenvolvimento da cooperativa poderá integrá-la

Segundo Wilson Polônio (2004), o princípio da adesão voluntária e livre distingue as cooperativas dos demais tipos societários, sendo que nestes os sócios podem vedar o ingresso de novos associados.

Todavia, não podem existir restrições arbitrárias e discriminatórias à livre entrada de novo membro na cooperativa, devendo a regra limitativa da impossibilidade técnica de prestação de serviços ser interpretada segundo a natureza da sociedade cooperativa.

Em síntese, o que a lei veda é a limitação imotivada da admissão de novos associados, inclusive sob a forma de fixação estatutária do número máximo de inclusões, autorizando, por outro lado, a restrição do acesso como medida essencial para resguardar a viabilidade técnico-econômica da cooperativa, possibilitando a promoção dos interesses econômicos e sociais dos próprios cooperados.

2.1. DA POSSIBILIDADE DE INSTITUIÇÃO DE CRITÉRIOS PARA ADMISSÃO DE NOVOS SÓCIOS NAS COOPERATIVAS

Fato incontroverso é que as cooperativas podem, em seus estatutos sociais, estabelecer critérios para admissão de novos sócios, desde que os mesmos sejam compatíveis com a legislação cooperativista, coerentes com a missão econômica, política e social da associação, sempre visando atender e preservar o princípio da adesão livre e voluntária.

Sobre o tema, confira-se a doutrina de Leda Maria Messias da Silva:

> Evidentemente que a livre adesão não enseja um princípio absoluto, pois é impensável que em todas as cooperativas possa ser associada toda e qualquer pessoa, eis que a associação ajustada pressupõe uma harmonia de interesses para com o objetivo e às necessidades de seu funcionamento. Podem, portanto, ser estipuladas características próprias para a associação, sem quebra do princípio da livre adesão, como acontece nas cooperativas agrícolas, de habitação, de serviços e de consumo.
>
> [...]
>
> A livre adesão não pode ser entendida no sentido de que todas as cooperativas sejam obrigadas a aceitar todas as solicitações de adesão. Os candidatos a cooperados não têm um direito subjetivo à admissão, nem as cooperativas estão jungidas a um dever jurídico de aceitarem todas as candidaturas. O que esse princípio traceja é a proscrição de 'restrições artificiais', para que se admitam 'restrições não artificiais', resultando que, toda e qualquer

> restrição à entrada de novos associados deva resultar da própria natureza da cooperativa, e não de um juízo arbitrário de rejeição de candidaturas, este sim discriminatório e violador do princípio maior da isonomia.
>
> [...]
>
> Obviamente, também não podemos nos esquecer de que, em tratando-se de 'impedimentos de ordem técnica', temos que vislumbrar a possibilidade de continuidade dos fins econômicos da cooperativa, de tal forma que o número excessivo de sócios possa inviabilizar o seu andamento, ou seja, como muito bem lembra Marcelo Mauad: 'o número de sócios não pode ser tal que acarrete a impossibilidade técnica de prestação de serviços. Isso significa que a cooperativa somente admitirá novos parceiros quando lhe for economicamente interessante.
>
> [...]
>
> Na realidade, os critérios para admissão de novos sócios devem estar claramente expostos nos estatutos e devem ser compatíveis 'com os objetivos de produção, comercialização ou prestação de serviços almejados e decididos pelo grupo, e também coerentes com a missão econômica, política e social da associação'. Portanto, tudo deve estar bem transparente nos estatutos da sociedade cooperativa, a fim de que esta realmente atenda ao Princípio em comento (SILVA, 2004, p. 135-141).

Dessa forma, constata-se que a doutrina aponta que os critérios de restrição ao acesso de novos associados estabelecidos estatutariamente devem também servir para garantir a viabilidade técnico-financeira da sociedade, não podendo ultrapassar essa finalidade, sob pena de colidirem com a lei e se macularem pela nulidade.

Sobre o impacto do princípio das portas abertas nas cooperativas e a atuação desta no mercado, importante citar também os ensinamentos de Berenice Sofal Delgado:

> Normalmente, uma cooperativa que apresenta grande desenvolvimento e crescimento econômico tem aumento do número de cooperados no seu quadro, bem como da área geográfica de sua atuação. No entanto, conforme alguns estudos empíricos, feitos pelo professor Sigismundo Bialoskorski, esse aumento do número de associados pode prejudicar a participação social dos cooperados, o que certamente envolverá custos para a cooperativa, pois esta precisará desembolsar mais para incentivar os cooperados a participar, bem como o cooperado também terá custos mais altos para participar, seja pelo deslocamento, seja pelos custos de oportunidade.

> Ademais, com o acréscimo de membros, há também uma diminuição do poder de cada cooperado, pois há uma divisão maior nos direitos de decisões das assembleias, ou seja, como na cooperativa o voto se dá por cooperado e não pelo capital, esse voto não terá o mesmo valor relativo.
>
> Como exemplo dado por Bialoskorski: "Uma cooperativa com 20 associados, o voto relativo de cada um deles apresenta 1/20 de poder de decisão, podendo haver uma maior expressão nas assembleias gerais, mas em uma cooperativa com 1000 associados, cada voto representa 1/1000 do poder de decisão e uma probabilidade de menor expressão e, uma assembleia geral (DELGADO, 2010, p. 129-150).

E na mesma linha, Renato Becho:

> A democracia econômica na cooperação é estrutural, antes de ser meramente administrativa. A cooperação permite que pessoas que estavam alheias ao mercado, ou que só dele participam como meros coadjuvantes, sem poder influir nos rumos sociais, passem a ser verdadeiros atores, partícipes e influenciadores das decisões. Ora, quanto maior a participação dos cooperados na realização do objeto social da cooperativa, maior será seu desenvolvimento econômico, que terá, como consequência, a necessidade de aumentar o controle e os benefícios para que o cooperado participe seja na produção de bens e serviços, seja nos processos decisórios (BECHO, 2003, p. 133).

Certo é que, independentemente do parâmetro escolhido pela cooperativa, é essencial que esta referência esteja plenamente regulamentada pelo estatuto social, porque é justamente essa formalização que dará respaldo e segurança evitando questionamentos, sejam eles administrativos ou judiciais.

Tendo como premissa a possibilidade de instituição desses critérios, vejamos agora como o Poder Judiciário tem se posicionado nessas situações.

3. A VISÃO DO PODER JUDICIÁRIO SOBRE O PRINCÍPIO DA ADESÃO VOLUNTÁRIA E LIVRE

Para subsidiar o presente trabalho desenvolveu-se uma ampla pesquisa, visando levantar os precedentes existentes que discutem o princípio da adesão voluntária e livre e a validação, ou não, dos critérios adotados pelas cooperativas em seus estatutos sociais com a finalidade de regulamentar esse direito.

3.1 DECISÕES FAVORÁVEIS ÀS COOPERATIVAS

Inicialmente, vamos nos ater a uma análise das decisões proferidas de maneira favorável às cooperativas, ou seja, que reconheceram a procedência dos critérios instituídos, validando assim as limitações de novas admissões.

Identificou-se, nesse grupo de decisões, que a metodologia adotada de forma mais segura é a realização de seleção de provas e títulos para os candidatos, haja vista que essa ferramenta consegue apurar a aptidão técnica para admissão na cooperativa, ao encontro do que disciplina a Lei n° 5.764/71. A realização da seleção de provas e títulos visa garantir também uma qualidade almejada dentro da cooperativa, de acordo com o interesse de todos os associados.

Vejamos algumas jurisprudências nesse sentido:

> EMENTA: APELAÇÃO CÍVEL. AÇÃO DE OBRIGAÇÃO DE FAZER. INGRESSO NOS QUADROS DA UNIMED - BH. NECESSIDADE DE APROVAÇÃO PRÉVIA EM CONCURSO DE PROVAS E TÍTULOS. REQUISITOS PREVISTOS NO ESTATUTO DA ASSOCIAÇÃO NÃO PREENCHIDOS. IMPROCEDÊNCIA. SENTENÇA MANTIDA. 1) Não há ilegalidade na previsão estatutária da cooperativa de trabalhos médicos que prevê que o candidato a cooperado deve se submeter a concurso de provas e títulos para ingresso em seus quadros. 2) Não tendo a parte autora comprovado o preenchimento dos requisitos legais e estatutários para ingressar nos quadros da cooperativa de trabalhos médicos, deve ser mantida a sentença que julgou improcedentes os pedidos da inicial (TJMG. Apelação Cível n° 1.0024.11.292781-9/002, Rel.: Des. Marcos Lincoln, 11ª Câmara Cível, julg. 25 jan. 2017, publ. 31 jan. 2017.
>
> EMENTA: DIREITO CIVIL. DIREITO PROCESSUAL CIVIL. AGRAVO DE INSTRUMENTO. AÇÃO COMINATÓRIA COM PEDIDO DE TUTELA DE URGÊNCIA. COOPERATIVA DE TRABALHO MÉDICO (UNIMED). PRETENSÃO DE INGRESSO NOS QUADROS DE MÉDICOS COOPERADOS. RECUSA. EXIGÊNCIA DE SELEÇÃO PÚBLICA. PRECISÃO ESTATUTÁRIA. LEGITIMIDADE. CRITÉRIO DE AVALIAÇÃO DA CAPACIDADE TÉCNICA DO CANDIDATO A INGRESSO NA COOPERATIVA. MEIO IDÔNEO. PREVISÃO LEGAL. INCISO I DO ART. 4º E §1º DO ART. 29 DA LEI N. 5.764/71. ARBITRARIEDADE/DISCRIMINAÇÃO. NÃO OCORRÊNCIA. PRINCÍPIO DA LIVRE ADESÃO. OFENSA NÃO VERIFICADA. PRECEDENTES. DECISÃO AGRAVADA MANTIDA. 1. As regras para o processo de admissão dos cooperados não configuram limitação ilegal ao ingresso "livre" e "voluntário" de novos associados aos quadros da Cooperativa, constituindo-se em uma forma de aferir a capacidade técnica

> daqueles que prestarão os serviços médicos a ela vinculados, o que é perfeitamente legítimo, e não se enquadra, por isso, em restrição de mercado por concorrência desleal. 2. "[...] 2. A cooperativa de trabalho, como a de médicos, coloca à disposição do mercado a força de trabalho, cujo produto da venda - após a dedução de despesas - é distribuído, por equidade, aos associados, ou seja, cada um receberá proporcionalmente ao trabalho efetuado (número de consultas, complexidade do tratamento, entre outros parâmetros). 3. O ingresso nas cooperativas é livre a todos que desejarem utilizar os serviços prestados pela sociedade, desde que adiram aos propósitos sociais e preencham as condições estabelecidas no estatuto, sendo, em regra, ilimitado o número de associados, salvo impossibilidade técnica de prestação de serviços (arts. 4º, I, e 29 da Lei nº 5.764/1971). Incidência do princípio da livre adesão voluntária. [...] 6. Recurso especial não provido" (STJ, 3ª Turma, REsp. n. 1479561/SP, Rel.: Min. Ricardo Villas Bôas Cueva, j. em 18/11/2014, DJe 28/11/2014). 3. Recurso de agravo de instrumento conhecido e não provido (TJPR. Agravo de Instrumento n° 0015451-20.2018.8.16.0000 (Acórdão), 12ª Câmara Cível. Rel. Mário Luiz Ramidoff. Publ. 26 nov. 2018).

Deve-se ressaltar ainda a existência de um Incidente de Resolução de Demanda Repetitiva (IRDR) sobre o assunto, instaurado perante o Tribunal de Justiça do Ceará. No caso, a questão controvertida que foi objeto de análise pelo Poder Judiciário versou sobre a possibilidade e a legalidade de a cooperativa médica instituir processo seletivo para o fim de ingresso de novos médicos cooperados em seu quadro ou se, ao contrário, essa exigência afrontaria o "princípio da porta-aberta" ou "livre adesão", consubstanciado no art. 4º, I, da Lei n° 5.764/71.

Em julgamento, adotou-se a seguinte tese:

> Não é abusiva, tampouco discriminatória e arbitrária, a exigência de seleção pública prevista no Estatuto Social de Cooperativa que opera plano de saúde, tendo em vista que não incumbe ao Poder Judiciário, pelo viés da impossibilidade técnica, intervir no funcionamento das cooperativas, sob pena de ferir os princípios Constitucionais da autonomia deliberativa, da não intervenção estatal, da livre associação, além de preservar a isonomia, insculpidos no artigo 5º, caput, inciso XVIII da Constituição Federal, e está em consonância com o disposto no art. 4º, inciso I c/c art. 29, da Lei 5764/71 (TJCE, Incidente de Resolução de Demandas Repetitivas / Ingresso e Exclusão dos Sócios na Sociedade. Processo n° 8515565-07.2016.8.06.0000. Rel. Francisco Bezerra Cavalcante, Publ. 29 nov. 2017).

Um dos fundamentos apresentados no voto foi no sentido de que não incumbe ao Poder Judiciário intervir no funcionamento das cooperativas, sob pena de ferir os princípios constitucionais da autonomia deliberativa, da não intervenção estatal e da livre associação, insculpidos no artigo 5º, XVIII, da Constituição Federal.

Outro ponto abordado foi de que essa limitação prevista no estatuto social da cooperativa visa a preservação da viabilidade econômico-financeira em função da proporcional elevação dos custos operacionais e despesas administrativas decorrentes, bem como, automaticamente, a possibilidade técnica da prestação do serviço.

Além disso, o julgado trouxe uma reflexão no sentido de que uma das consequências da falta de participação é o maior poder exercido pelos gestores, e, com isso, modificações das características intrínsecas das cooperativas e diminuição da transparência da gestão dos administradores. Desta forma, vale compartilhar posicionamento doutrinário do estudioso Renato Becho, que consigna:

> Dessa maneira, percebe-se bem às claras que a interpretação do princípio das portas abertas deve ser feita de forma cuidadosa, pois, além dos critérios de capacidade técnica e de inviabilidade técnico-econômica, deve-se levar em consideração que o aumento do número de cooperados gera a diminuição de sua participação, aumentado o poder dos gestores e, consequentemente, diminuindo a transparência dos órgãos administradores (BECHO, 2003, p. 133).

No voto transcrito anteriormente, o ilustre relator concluiu que o concurso público é sinal de preservação da equidade e da igualdade.

Na mesma linha das decisões jurisprudenciais identifica-se também doutrina disciplinando sobre a legitimidade do critério de seleção pública de provas e títulos, valendo transcrever Miguel Kfouri Neto[2]:

> Os Planos de Saúde têm grave compromisso com a qualidade do serviço que colocam à disposição de seus associados. E, indubitavelmente, a melhor forma de fazê-los jamais descurar desse controle é a responsabilização solidária em caso de danos infligidos aos pacientes pelos médicos e hospitais credenciados.

---

2 NETO, Miguel Kfouri. Culpa Médica e Ônus da Prova. 1ª ed. São Paulo: Editora Revista dos Tribunais, 2002, p. 380.

> Dessa forma, as Cooperativas Médicas, como fornecedoras de serviços de assistência suplementar à saúde que firmam contratos de adesão com os clientes, respondem de forma objetiva pelo risco de eleição, seleção, ou mero credenciamento dos profissionais que oferecem, bem como pelas suas instituições hospitalares.
>
> Logo, a exigência de seleção pública de provas e títulos para ingresso na cooperativa é justamente uma das garantias de qualidade com que estas cooperativas devem se preocupar antes de operar no mercado, visando a garantir uma qualidade almejada dentro da cooperativa, de acordo com o interesse de todos os associados.
>
> [...]
>
> Temerário seria permitir que todos que bem entendessem adentrassem uma determinada Cooperativa Médica sem cumprir os requisitos objetivos especificados no estatuto, que deve sempre prezar por uma equipe de profissionais qualificados. Essa forma indiscriminada de entrada de cooperados traria uma insegurança para os clientes da mesma e prejuízos para os demais membros (NETO, 2002, p. 380).

Além da realização da seleção de provas e títulos, outros critérios também se mostraram presentes na amostra levantada, podendo-se citar o estabelecimento de uma proporcionalidade entre o número de clientes e o número de cooperados, de modo que, a abertura de novas vagas para admissão na cooperativa, fica vinculado a um aumento de carteira. Vejamos:

> EMENTA: APELAÇÃO CÍVEL – LIMITE IMPOSTO EM ESTATUTO PARA A ADMISSÃO DE NOVOS COOPERADOS – LICITUDE – DIREITO DE ASSOCIAÇÃO – Quando o estatuto de uma cooperativa médica estabelece uma proporção entre clientes e médicos cooperados está visando preservar a viabilidade econômico-financeira da cooperativa e, automaticamente, a possibilidade técnica da prestação de serviço, exatamente uma das exceções que a própria lei federal impõe para limitar o número de associados a uma cooperativa (TJMG. Apelação Cível n° 1.0024.02.700807-7/001. 12ª Câmara Cível. Rel. José Octavio de Brito Capanema. Publ. 29 jul. 2006).

Além desses, foi identificado também precedente no sentido de que sejam avaliados critérios econômicos financeiros no momento de definição acerca da abertura ou não de novas vagas. Veja posicionamento exarado:

> EMENTA: COOPERATIVA DE TRABALHO MÉDICO (UNIMED/UBERABA) – INGRESSO DE NOVOS MÉDICOS COOPERADOS – LIMITAÇÃO – IMPOSSIBILIDADE TÉCNICA – LEI Nº 5764/71 – DISPOSIÇÕES ESTATUTÁRIAS – ANÁLISE DE CRITÉRIOS

> ECONOMICO-FINANCEIROS - POSSIBILIDADE - RECURSO DESPROVIDO. Nos termos dos arts. 4º, I e 29, ambos da Lei nº 5764/71, as cooperativas regem-se pela adesão livre e voluntária, com número ilimitado de associados, salvo impossibilidade técnica de prestação de serviços. Tal impossibilidade técnica engloba a inviabilidade operacional decorrente do número excessivo de profissionais em determinada área de atuação, preservando-se a viabilidade econômico-financeira da entidade. Está claro que o aumento indiscriminado do número de médicos cooperados causa impactos no funcionamento da sociedade, em função da proporcional elevação dos custos operacionais e despesas administrativas decorrentes (TJMG. Apelação Cível nº 1.0701.08.226161-4/003. 17ª Câmara Cível. Rel. Lucas Pereira, Publ. 1º set. 2009).

No próximo tópico restará evidenciado que, nos casos em que esses limites estatutários não estão previstos de forma clara e objetiva, ou existem, mas em dissonância à legislação cooperativista, esta fica com este processo mais vulnerável e o entendimento do Poder Judiciário, por vezes, tem sido de reconhecer a procedência do pleito de admissão do cooperado.

3.2. DECISÕES DESFAVORÁVEIS ÀS COOPERATIVAS

Em que pese, numericamente, essas decisões serem ligeiramente de menor cômputo, acredita-se ser importante também o seu estudo e compartilhamento, de modo que as cooperativas consigam identificar e melhorar seus processos internos, visando à adoção de práticas reconhecidas pelo Poder Judiciário.

Dos julgados que deram ganho de causa aos cooperados que tentavam sua admissão, constata-se o entendimento de alguns magistrados no sentido de que "a impossibilidade técnica prevista em lei como ressalva à adesão voluntária e ilimitada guarda estreita relação com a capacitação do médico interessado e não com a quantidade de profissionais de mesma especialidade que já integram o quadro social" (TJSP. Publ. 13 set. 2018).

Assim, a negativa baseada unicamente no argumento de excesso de profissionais no quadro da cooperativa não foi um critério validado pelo Poder Judiciário em algumas decisões analisadas, podendo-se exemplificar:

> EMENTA - AÇÃO DE OBRIGAÇÃO DE FAZER COM PEDIDO DE TUTELA ANTECIPADA. PLEITO DE ADMISSÃO DE MÉDICO NOS QUADROS DA COOPERATIVA UNIMED - GRANDE FLORIANÓPOLIS. RECUSA ADMINISTRATIVA. ALEGAÇÃO DE

SUFICIÊNCIA NUMÉRICA DE COOPERADOS ATUANTES NA REGIÃO QUE NÃO JUSTIFICA A NEGATIVA. IMPOSSIBILIDADE TÉCNICA DE PRESTAÇÃO DE SERVIÇOS NÃO CARACTERIZADA. MERA INCONVENIÊNCIA AOS JÁ ASSOCIADOS. INEXISTÊNCIA DE PREJUÍZO. PRINCÍPIO DA LIVRE ADESÃO. INTELIGÊNCIA DOS ARTS. 4º, §1º, E 29, AMBOS DA LEI Nº 5.764/71. DECISÃO REFORMADA. RECURSO PROVIDO (TJSC. Agravo de Instrumento. Processo nº 014.092153-2. 3ª Terceira Câmara de Direito Civil. Rel. Maria do Rocio Luz Santa Ritta. Publ. 18 abr. 2015).

EMENTA - APELAÇÃO CÍVEL – Plano de saúde – Pretensão da autora de ingressar nos quadros da Unimed na qualidade de médica cooperada especializada nas áreas de ginecologia e obstetrícia – Recusa da cooperativa fundada na alegação de excesso de profissionais, conforme previsto no art. 4º, inciso I, da Lei nº 5764/71 – Descabimento – Impossibilidade técnica que guarda estrita relação apenas com a capacitação do profissional interessado – Fato que, todavia, não constitui objeto de controvérsia – Prevalência do princípio da liberdade de ingresso – Admissão que deve ser aceita, após cumpridas as exigências administrativas – Sentença de procedência mantida – Recurso desprovido (TJSP, Apelação Cível nº 1006538-25.2017.8.26.0344. 6ª Câmara de Direito Privado. Rel. José Roberto Furquim Cabella. Publ. 13 set. 2018).

EMENTA – APELAÇÃO CÍVEL – APLICAÇÃO DA LEI 5764/71 QUE REGULAMENTA O INGRESSO DE ASSOCIADOS A COOPERATIVA. Hipótese em que o profissional da área médica pleiteou ingresso em cooperativa da área e não foi atendido, sob a alegação de que havia excesso de especialistas em sua área e que era inconveniente aumentar o número deles, o que acarretaria diminuição do lucro dos demais associados. Hipótese não prevista na lei como restrição ao ingresso de associado, pois o princípio adotado é o da livre adesão, que restringe a admissão apenas em hipóteses expressas, entre elas não se encontrando a conveniência por motivo econômico que, além do mais, não se confunde com a exceção legalmente criada de impossibilidade técnica de prestação de serviço. Sentença que se mantém (TJRJ, Apelação Cível nº 0003108-38.2000.8.19.0000 (2000.001.09372). 1ª Câmara Cível. Rel. Maria Augusta Vaz M. de Figueiredo. Publ. 09 fev. 2001).

Outro argumento citado nos casos em que foi reconhecido ganho de causa ao cooperado é quando o requisito limitativo estabelecido pela cooperativa para admissão é genérico e não objetivo sendo a recusa entendida como reserva de mercado, conforme julgado abaixo:

EMENTA - COOPERATIVA MÉDICA Admissão Livre ingresso Princípio das portas abertas - Imprescindibilidade tão somente de prova da capacidade técnica do profissional (Lei nº 5.764/71, art. 4º, I) - Capacidade

> técnica do profissional sequer questionada - Inadmissibilidade de reserva de mercado a profissionais que se credenciaram na área de atuação da cooperativa médica Improcedência, ainda, do argumento de que excesso de profissionais inviabiliza o exercício cooperativo, pois configuraria reserva de mercado, violando o princípio constitucional da livre concorrência profissional Sentença mantida Recurso improvido. Dispositivo: negaram provimento ao recurso (TJSP, Apelação Cível n° 1006783-44.2017.8.26.0309, 2ª Câmara Reservada de Direito Empresarial. Rel. Ricardo Negrão. Publ. 29 jan. 2018).

Ainda que de forma minoritária, existe também posicionamento que entende ser vedada a limitação estatutária pela cooperativa, sendo suficiente a comprovação, pelo profissional, de que possui habilitação técnica para o exercício da função, veja-se:

> COOPERATIVA. TRABALHO MÉDICO. SISTEMA DO LIVRE ACESSO. PRINCÍPIO DA PORTA ABERTA. Pretensão da autora ao ingresso na cooperativa médica. A impossibilidade técnica prevista na Lei nº 5764/71 tem relação com a capacitação do profissional, do que não cuida o caso dos autos. Ré que exigiu a realização de prova objetiva e curso de cooperativismo. Abusividade. Forma encontrada pela cooperativa para limitar o ingresso de novos cooperados. Cooperativa que deve admitir o ingresso da autora, comprovada nos autos a habilitação técnica da profissional. Sentença de improcedência do pedido reformada. RECURSO PROVIDO (TJSP, Apelação Cível n° 1038752-85.2014.8.26.0114. 2ª Câmara Reservada. Rel. Alexandre Marcondes. Publ. 31 ago. 2018).

4. CONCLUSÃO

Em conformidade com o trabalho desenvolvido, é reconhecidamente essencial que todas as cooperativas tenham atenção e cautela no momento de fixar os critérios aptos à admissão dos seus profissionais cooperados, possibilitando que os parâmetros adotados estejam em consonância com a legislação aplicável, bem como notoriamente reconhecidos pelo Poder Judiciário.

De todo o exposto, entende-se como apropriado afirmar que o princípio das portas abertas não pode ser aplicado com absoluto rigor, devendo-se harmonizar a liberdade de aderir com a possibilidade técnico-econômica da cooperativa.

Nesse sentido, coaduno com o entendimento exarado pelo ilustre Relator Francisco Bezerra Cavalcante no julgamento do IRDR sobre o tema, ao respaldar-se que:

> Na realidade, os critérios para admissão de novos sócios devem estar claramente expostos nos estatutos e devem ser compatíveis com os objetivos de produção, comercialização ou prestação de serviços almejados e decididos pelo grupo, e também coerentes com a missão econômica, política e social da associação. Portanto, tudo deve estar transparente nos estatutos da sociedade cooperativa, a fim de que esta realmente atenda ao princípio em debate (TJCE, Incidente de Resolução de Demandas Repetitivas / Ingresso e Exclusão dos Sócios na Sociedade. Processo n° 8515565-07.2016.8.06.0000. Seção de Direito Privado. Rel. Francisco Bezerra Cavalcante. Publ. 29 nov. 2017).

Deve-se ponderar ainda que, principalmente nos casos em que a cooperativa for fornecedora de serviço, como na demanda que estava sob análise no caso do IRDR, esta será responsável perante o consumidor pelos defeitos em sua prestação, que incluem, por exemplo, erros em procedimentos médicos, bem como submetendo-se a normas regulatórias que são fiscalizadas pela Agência Nacional de Saúde Suplementar (ANS).

Este é o entendimento pacífico por parte do Superior Tribunal de Justiça, podendo-se citar trecho do voto do ilustre ministro Raul Araújo, que assim entendeu:

> A operadora do plano de saúde, na condição de fornecedora de serviço, responde perante o consumidor pelos defeitos em sua prestação, seja quando os fornece por meio de hospital próprio e médicos contratados ou por meio de médicos e hospitais credenciados, nos termos dos arts. 2º, 3º, 14 e 34 do Código de Defesa do Consumidor, art. 1.521, III, do Código Civil de 1916 e art. 932, III, do Código Civil de 2002 (REsp 866371/RS. Recurso Especial 2006/0063448-5. Quarta Turma. Publ. 20 ago. 2012).

Assim, nos parece dissonante o Poder Judiciário estabelecer que a cooperativa não poderá escolher seus cooperados objetivamente por meio de seleção pública e isonômica, a fim de trazer à cooperativa os profissionais mais bem preparados, haja vista impor a responsabilidade, perante os usuários, pelas práticas ilícitas cometidas pelos mesmos.

Destarte, quando as cooperativas instituem em seus documentos estatutários critérios claros, objetivos e em conformidade com a legislação vigente, os mesmos devem ser respeitados e reconhecidos por todas as partes, inclusive pelo Poder Judiciário, gerando segurança jurídica a todos os envolvidos.

Dessa forma, devem as cooperativas fazer uma revisão dos seus estatutos sociais para avaliar se os critérios instituídos se enquadram ou não nos parâmetros e referências já julgados pelo Poder Judiciário, possibilitando a construção de um cenário com menor risco de questionamentos, devendo a regra limitativa da impossibilidade técnica de prestação de serviços ser interpretada segundo a natureza da sociedade cooperativa.

Resumidamente, por fim, podemos indicar que, para o Poder Judiciário, o critério mais adequado para a seleção de novas admissões é a realização da seleção de provas e títulos e, por outro lado, o menos adequado é a limitação para novas adesões baseada apenas na quantidade suficiente de associados na cooperativa.

REFERÊNCIAS BIBLIOGRÁFICAS

BECHO, Renato Lopes. *Elementos do Direito Cooperativo*. São Paulo: Dialética, 2003.

BRASIL. *Constituição da República Federativa do Brasil de 1988*. Disponível em: <http://www.planalto.gov.br/ccivil_03/Constituicao/Constituicao.htm>. Acesso em 28 set. 2018.

______. Lei nº 5.764, de 16 de dezembro de 1971. *Define a Política Nacional de Cooperativismo, institui o regime jurídico das sociedades cooperativas, e dá outras providências*. Disponível em: <http://www.planalto.gov.br/ccivil_03/LEIS/L5764.htm>. Acesso em 26 dez. 2018.

______. SUPREMO TRIBUNAL DE JUSTIÇA. REsp 866371/RS. *Recurso Especial 2006/0063448-5*. Quarta Turma. Publ. 20 ago. 2012.

BULGARELLI, Waldirio. *As Sociedades Cooperativas e a sua disciplina jurídica*. São Paulo: Renovar, 2000.

DELGADO, Berenice Sofal *As Cooperativas Médicas e o Princípio das Portas Abertas: Limitação sob a análise econômica do direito*. Disponível em: <http://

www9.unaerp.br/revistas/index.php/paradigma/article/viewFile/72/87>. Acesso em 26 dez. 2018.

NETO, Miguel Kfouri. *Culpa Médica e Ônus da Prova.* 1.ed. São Paulo: Editora Revista dos Tribunais, 2002.

POLÔNIO, Wilson Alves. *Manual das Sociedades Cooperativas.* 3.ed. São Paulo: Atlas, 2001.

PORTAL PARANÁ COOPERATIVO. *Princípios básicos do cooperativismo.* Disponível em: <http://www.paranacooperativo.coop.br/ppc/index.php/sistema--ocepar/2011-12-05-11-29-42/2011-12-05-11-44-19>. Acesso em 18 set. 2018.

SILVA, Leda Maria Messias da. *Princípios do Cooperativismo.* v.2. Maringá: Revista Nobel Iuris, 2004.

TRIBUNAL DE JUSTIÇA DO ESTADO DE MINAS GERAIS. *Apelação Cível n° 1.0024.02.700807-7/001.* 12ª Câmara Cível. Rel. José Octavio de Brito Capanema. Publ. 29 jul. 2006.

______. *Apelação Cível n° 1.0024.11.292781-9/002.* Rel. Des. Marcos Lincoln. 11ª Câmara Cível. Julg. 27 jan. 2017. Publ. 31 jan. 2017.

______. *Apelação Cível n° 1.0701.08.226161-4/003.* 17ª Câmara Cível. Rel. Lucas Pereira, Publ. 1° set. 2009.

TRIBUNAL DE JUSTIÇA DO ESTADO DE SANTA CATATINA. *Agravo de Instrumento. Processo n° 014.092153-2.* 3ª Terceira Câmara de Direito Civil. Rel. Maria do Rocio Luz Santa Ritta. Publ. 18 abr. 2015.

TRIBUNAL DE JUSTIÇA DO ESTADO DE SÃO PAULO. *Apelação Cível n. 1006783-44.2017.8.26.0309.* 2ª Câmara Reservada de Direito Empresarial. Rel. Ricardo Negrão. Publ. 29 jan. 2018

______. *Apelação Cível n° 1006538-25.2017.8.26.0344.* 6ª Câmara de Direito Privado. Rel. José Roberto Furquim Cabella. Publ. 13 set. 2018.

______. *Apelação Cível n° 1006538-25.2017.8.26.0344.* 6ª Câmara de Direito Privado. Rel. José Roberto Furquim Cabella. Publ. 13 set. 2018.

______. *Apelação Cìvel n° 1038752-85.2014.8.26.0114.* 2ª Câmara Reservada. Rel. Alexandre Marcondes. Publ. 31 ago. 2018.

TRIBUNAL DE JUSTIÇA DO ESTADO DO CEARÁ, *Incidente de Resolução de Demandas Repetitivas / Ingresso e Exclusão dos Sócios na Sociedade. Processo n° 8515565-07.2016.8.06.0000.* Rel. Francisco Bezerra Cavalcante, Publ. 29 nov. 2017

TRIBUNAL DE JUSTIÇA DO ESTADO DO PARANÁ. *Agravo de Instrumento n° 0015451-20.2018.8.16.0000* (Acórdão), 12ª Câmara Cível. Rel. Mário Luiz Ramidoff. Publ. 26 nov. 2018

TRIBUNAL DE JUSTIÇA DO ESTADO DO RIO DE JANEIRO. *Apelação Cível n° 0003108-38.2000.8.19.0000 (2000.001.09372).* 1ª Câmara Cível. Rel. Maria Augusta Vaz M. de Figueiredo. Publ. 09 fev. 2001.

IMPACTOS DA REFORMA TRABALHISTA NAS SOCIEDADES COOPERATIVAS

GIOVANNI CÂMARA DE MORAIS

Membro da Comissão de Direito Cooperativista e Conselheiro Efetivo da OAB/MG, triênio 2016/2018; Pós-graduado em Advocacia Cível pela Fundação Getúlio Vargas; Advogado sócio do escritório "Câmara, Vieira & Raslan Sociedade de Advogados".

RESUMO

O presente estudo aborda os impactos promovidos pela chamada reforma trabalhista nas relações de trabalho tratadas pelas sociedades cooperativas. Serão analisados os efeitos das respectivas alterações após mais de 1 (um) ano de vigência da reforma, bem como os diversos precedentes dos pretórios brasileiros acerca das questões mais polêmicas contidas na reforma em debate.

Palavras-chave: Reforma Trabalhista; Lei n° 13.467/2017; Impactos; Sociedade Cooperativa.

ABSTRACT

The present study deals with the impacts promoted by the so-called labor reform in the labor relations treated by the cooperative societies. The effects of the respective changes will be analyzed after more than one (1) year of the reform, as well as the various precedents of the Brazilian pretories about the most controversial issues contained in the reform under debate.

Keywords: Labor Reform; Law no. 13467 / 2017; Impacts Cooperative Society.

1. INTRODUÇÃO

O presente artigo tem como objetivo traçar breves linhas acerca dos impactos promovidos pela Lei n° 13.467/2017, a qual altera a Consolidação das Leis do Trabalho (CLT), assim como seus reflexos nas sociedades cooperativas.

A antiga e rígida CLT, editada em 1943 pelo Presidente Getúlio Vargas, na época do chamado Estado Novo, necessitava de alterações legislativas, pois depois de mais de 74 anos de vigência, parte do seu texto não mais coadunava com a realidade das relações de trabalho praticadas no Brasil.

O Decreto-Lei nº 5.542, de 1º de maio de 1943, que aprovou a Consolidação das Leis do Trabalho sofreu forte inspiração na *Carta del Lavoro*, do governo de Benito Mussolini na Itália. Naquela oportunidade, a CLT foi considerada um código de vanguarda, pois promoveu a ebulição dos movimentos sindicais dos operários na cidade de São Paulo, inspirados pelos imigrantes anarquistas vindos da Itália, somando-se ao fato do Brasil ser, à época, um país predominantemente agrário. Além disso, a consolidação foi visionária ao antecipar a urbanização do país.

No entanto, a realidade das relações trabalhistas no mundo moderno necessitava da edição de uma reforma mais ampla, sobretudo para diminuir o excessivo número de processos judiciais que tramitam na chamada Justiça "especializada", bem como para dar uma maior segurança jurídica na relação juslaboral, possibilitando certa flexibilização do contrato de trabalho.

Diante desse cenário em que a Lei nº 13.467/2017 veio a ser sancionada pelo Presidente Michel Temer, alterando mais de 100 (cem) artigos da CLT, impactando em mais de 200 (duzentos) dispositivos legais. Sobreleva registrar que, antes da chamada "reforma trabalhista", uma mudança significativa adveio no que tange à regulamentação da terceirização, com a edição das Leis nºs 13.429/2017 e 13.467/2017.

Todas essas mudanças na legislação refletiram nas relações trabalhistas como um todo, sendo certo que os impactos para as cooperativas, por terem um regramento próprio (conforme previsto na Lei nº 5.764/71), foram bem menores, conforme será demonstrado no presente estudo.

2. A REGULAMENTAÇÃO DA TERCEIRIZAÇÃO

Como salientado acima, a reforma trabalhista adveio antes da Lei nº 13.467/2017, com a edição da Lei nº 13.429/2017, que teve como objetivo regularizar a terceirização dos serviços, inserindo relevantes alterações na Lei nº 6.019/1974, a primeira a tratar sobre o tema de trabalho temporário.

O art. 10 da Lei nº 13.429/2017[1] estabeleceu que "qualquer que seja o ramo da empresa tomadora de serviços, não existe vínculo de emprego entre ela e os trabalhadores contratados pelas empresas de trabalho temporário", deixando claro a licitude da terceirização dos trabalhos chamados temporários.

Em seguida, e mais recentemente, o Supremo Tribunal Federal (STF) julgou a Arguição Direta de Preceito Fundamental nº 324 juntamente com o Recurso Extraordinário nº 958.252, com repercussão geral reconhecida, concluindo que é lícita a terceirização em todas as etapas do processo produtivo, seja meio ou fim.

No mencionado julgamento, fixou-se a tese de repercussão geral da seguinte forma: "É licita a terceirização ou qualquer outra forma de divisão do trabalho entre pessoas jurídicas distintas, independentemente do objeto social das empresas envolvidas, mantida a responsabilidade subsidiária da empresa contratante" (STF, Rel. Min. Roberto Barroso. Julg. 30 ago. 2018; Publ. 06 set. 2018).

No entendimento do eminente ministro Celso de Mello, os eventuais abusos cometidos na terceirização devem ser reprimidos pontualmente,

> [...] sendo inadmissível a criação de obstáculos genéricos a partir da interpretação inadequada da legislação constitucional e infraconstitucional em vigor, que resulte na obrigatoriedade de empresas estabelecidas assumirem a responsabilidade por todas as atividades que façam parte de sua estrutura empresarial (Idem).

O ilustre ministro Celso de Mello apontou ainda que o movimento na Justiça Trabalhista, sobretudo com a proliferação de demandas coletivas para discutir a legalidade da terceirização, implica em redução das condições de competitividade das empresas, conforme transcrito a seguir:

> O custo da estruturação de sua atividade empresarial aumenta e, por consequência, o preço praticado no mercado de consumo também é majorado, disso resultando prejuízo para sociedade como um todo, inclusive do ponto de vista da qualidade dos produtos e serviços disponibilizados (Idem).

O decano citou, ainda, dados estatísticos que comprovam o aumento de vagas no mercado formal em decorrência da expansão da terceirização em

---

1 [...] Art. 10. Qualquer que seja o ramo da empresa tomadora de serviços, não existe vínculo de emprego entre ela e os trabalhadores contratados pelas empresas de trabalho temporário (BRASIL, 2017).

empresas dos mais diversos segmentos econômicos. Em suas palavras, "O impedimento absoluto da terceirização trará prejuízos ao trabalhador, pois certamente implicará a redução dos postos de trabalho formal criados em decorrência da ampliação da terceirização nos últimos anos", destacou[2].

Da mesma forma, a então Presidente do STF, a eminente ministra Cármen Lúcia, argumentou que a terceirização não é a causa da precarização do trabalho nem viola por si só a sua dignidade, apresentando o seguinte posicionamento: "Se isso acontecer, há o Poder Judiciário para impedir os abusos. Se não permitir a terceirização garantisse por si só o pleno emprego, não teríamos o quadro brasileiro que temos nos últimos anos, com esse número de desempregados", disse.

Para a ministra Cármen Lúcia, a garantia dos postos de trabalho não está em jogo, mas sim uma nova forma de pensar em como resolver a situação de ter mais postos de trabalho com maior especialização, garantindo a igualdade entre aqueles que prestam o serviço sendo contratados diretamente e os contratados de forma terceirizada. Pondera: "Com a proibição da terceirização, as empresas poderiam deixar de criar postos de trabalho", afirmou.

A par dessa decisão, com repercussão geral reconhecida, o judiciário trabalhista teve que alterar de forma substancial o seu posicionamento quanto à ilicitude da terceirização, pois restou preservado pelo STF a liberdade de contratação, os princípios da legalidade, da livre iniciativa e da valorização do trabalho.

No Recurso Extraordinário n° 958.252, em tela, a excelsa Corte reconheceu a repercussão geral da questão referente à ilicitude da terceirização de serviços para a consecução da atividade fim da empresa, nos termos preconizados na Súmula nº 331 do Tribunal Superior do Trabalho. A partir de 30 de agosto de 2018, data da decisão de referido RE, em razão da natureza vinculante das decisões proferidas pelo excelso STF, deve ser reconhecida a licitude das terceirizações em qualquer atividade empresarial, de modo que a empresa tomadora apenas poderá ser responsabilizada subsidiariamente.

---

2 Vide: <http://www.stf.jus.br/portal/cms/verNoticiaDetalhe.asp?idConteudo=388429>.

Essas decisões repercutiram rapidamente nas sociedades cooperativas. Em um julgamento no final do ano de 2018, o Tribunal Superior do Trabalho, com base na repercussão geral das decisões tomadas na ADPF nº 324, juntamente com a decisão proferida no Recurso Extraordinário nº 958.252, deu provimento a um Recurso de Revista de uma cooperativa de trabalho de profissionais da área de saúde, para declarar lícita a terceirização ali celebrada e afastar o vínculo empregatício que havia sido reconhecido pelo Tribunal Regional do Trabalho da 2ª Região.

Eis a ementa do mencionado julgado:

> AGRAVO DE INSTRUMENTO (ANÁLISE CONJUNTA). COOPERATIVA. VÍNCULO DE EMPREGO. TOMADOR DOS SERVIÇOS. PROVIMENTO. Ante a possível violação do artigo 442, parágrafo único, da CLT, o destrancamento do recurso de revista é medida que se impõe. Agravo de instrumento a que se dá provimento. RECURSO DE REVISTA. COOPERATIVA. VÍNCULO DE EMPREGO. TOMADOR DOS SERVIÇOS. PROVIMENTO. Cinge-se a controvérsia em verificar a possibilidade do reconhecimento de vínculo de emprego entre trabalhador cooperado e empresa tomadora de serviços. Como é cediço, as cooperativas se caracterizam como associação de pessoas, de natureza civil, constituídas, em regra, para prestar serviços aos seus associados, os quais aderem voluntariamente a esse tipo de associação. Tal definição se extrai do artigo 4º da Lei nº 5.764/71, diploma que regula o cooperativismo no Brasil. Segundo o artigo 5º da referida lei, essa modalidade de sociedade poderá adotar como objeto qualquer tipo de serviço, operação ou atividade, donde se conclui inexistir empecilho legal para a constituição das chamadas "cooperativas de trabalho" ou "cooperativas de mão de obra", nas quais um grupo de pessoas de determinada categoria profissional se unem para prestar serviços a terceiros, em troca de uma contraprestação pecuniária. Para essa forma de labor, a lei afasta, expressamente, o vínculo de emprego entre o sócio cooperado e o tomador de serviços, dada a natureza civil da relação jurídica. Tal vedação encontra-se prevista no parágrafo único do artigo 442 da CLT, que foi introduzido pela Lei nº 8.949/1994. Diante de tal previsão legal, esta Corte Superior vinha entendendo que somente na hipótese de fraude, com a demonstração de que a cooperativa foi criada para finalidade diversa ou desvirtuada de seus objetivos, em explícita burla à legislação trabalhista, é que se poderia reconhecer o vínculo de emprego entre o trabalhador intermediado pela cooperativa e o tomador dos serviços. Este Tribunal Superior, inclusive, tem larga jurisprudência sobre a matéria, na qual se afasta o óbice da impossibilidade do reconhecimento do vínculo de emprego previsto no artigo 442, parágrafo único, da CLT, aplicando-se para a circunstância o artigo 9º do mesmo diploma, o qual tem como nulos os atos praticados com o objetivo de desvirtuar, impedir ou

fraudar a aplicação da legislação trabalhista. **A questão, contudo, foi submetida à apreciação do Supremo Tribunal Federal na ADPF 324 e no RE 958.252, em repercussão geral, os quais foram julgados conjuntamente em 30.8.2018, ocasião em que foi fixada a seguinte tese jurídica: "É lícita a terceirização ou qualquer outra forma de divisão do trabalho entre pessoas jurídicas distintas, independentemente do objeto social das empresas envolvidas, mantida a responsabilidade subsidiária da empresa contratante."** Desse modo, a partir dessa data, em razão da natureza vinculante das decisões proferidas pelo excelso Supremo Tribunal Federal nos aludidos feitos, deve ser reconhecida a licitude das terceirizações em qualquer atividade empresarial, de modo que a empresa tomadora apenas poderá ser responsabilizada subsidiariamente. No presente caso, o Tribunal Regional reconheceu a ilicitude da terceirização de serviços por meio de cooperativa, por entender que a reclamante fora contratada para exercer "atividade de 'auxiliar de enfermagem' consiste em atividade necessária ao estabelecimento da primeira reclamada, que se dedica à prestação de serviços médicos domiciliares". Nesse contexto, em razão dos fundamentos acima consignados, entendo que o egrégio Tribunal Regional, ao manter o reconhecimento de vínculo de emprego diretamente com o tomador dos serviços, acabou por dissentir do entendimento do E. Supremo Tribunal Federal, bem como do disposto no artigo 442, parágrafo único, da CLT. Recurso de revista de que se conhece e a que se dá provimento. RECURSO DE REVISTA INTERPOSTO PELA RECLAMANTE 1. REGIME 12X36. HORA NOTURNA REDUZIDA. HORAS EXTRAORDINÁRIAS. PROVIMENTO. Segundo o entendimento desta Corte Superior, no regime de jornada 12x36, estabelecido por norma coletiva, a inobservância da hora noturna reduzida, mesmo não descaracterizando o mencionado sistema, enseja o pagamento das horas extraordinárias decorrentes da aplicação da hora ficta. Isso porque a redução da hora noturna visa a preservar a saúde do empregado em decorrência do desgaste sofrido ante o labor em período normalmente destinado ao descanso, de modo que, o fato de o trabalho ser prestado em jornada de 12x36 não faz desaparecer tal motivação. Dessa forma, ainda que o labor tenha sido prestado em regime de revezamento de 12x36, são devidas ao empregado as horas extraordinárias em decorrência do horário noturno reduzido. Nesse sentido, precedentes de Turmas e da SBDI-1. Na hipótese, o egrégio Tribunal Regional entendeu que a adoção da jornada 12x36, porquanto mais vantajosa à empregada, não ensejava a aplicação da redução da hora noturna, prevista no artigo 73, §2º, da CLT, afastando, com isso, a pretensão do pagamento de horas extraordinárias decorrentes. Tal decisão, por certo, viola o disposto no artigo 73, §1º, da CLT. Recurso de revista de que se conhece e a que se dá provimento" (RR - 205000-62.2009.5.02.0434. 4ª Turma. Rel. Min. Guilherme Augusto Caputo Bastos. Julg 14 nov. 2018; Publ. 23 nov. 2018, grifo do autor).

Nesse contexto, tanto pelas disposições constantes dos artigos 4º e 5º da Lei nº 5.764/1971[3] ou pela Lei nº 13.429/2017, pela reforma trabalhista promovida pela Lei nº 13.467/2017, ou o art. 170 da Constituição Federal combinado com a decisão proferida em repercussão geral pelo STF na ADPF nº 324, juntamente com o Recurso Extraordinário nº 958.252, estão as cooperativas autorizadas a celebrar contratos de terceirização, sendo lícitos os mencionados pactos, assegurando, contudo, a responsabilidade subsidiária da tomadora dos serviços.

3. UM ANO DA REFORMA TRABALHISTA

Em novembro de 2018 a Lei nº 13.467/2017 completou 1 (um) ano de vigência, e o maior impacto observado até então foi a significante e necessária diminuição do número de novos processos trabalhistas.

Segundo a Coordenadoria de Estatística do Tribunal Superior do Trabalho (TST), entre janeiro e setembro de 2017, as Varas do Trabalho receberam 2.013.241 reclamações trabalhistas; no mesmo período de 2018, esse número

---

3 Art. 4º As cooperativas são sociedades de pessoas, com forma e natureza jurídica próprias, de natureza civil, não sujeitas a falência, constituídas para prestar serviços aos associados, distinguindo-se das demais sociedades pelas seguintes características:
I - adesão voluntária, com número ilimitado de associados, salvo impossibilidade técnica de prestação de serviços;
II - variabilidade do capital social representado por quotas-partes;
III - limitação do número de quotas-partes do capital para cada associado, facultado, porém, o estabelecimento de critérios de proporcionalidade, se assim for mais adequado para o cumprimento dos objetivos sociais;
IV - incessibilidade das quotas-partes do capital a terceiros, estranhos à sociedade;
V - singularidade de voto, podendo as cooperativas centrais, federações e confederações de cooperativas, com exceção das que exerçam atividade de crédito, optar pelo critério da proporcionalidade;
VI - quórum para o funcionamento e deliberação da Assembleia Geral baseado no número de associados e não no capital; [...]
VII - retorno das sobras líquidas do exercício, proporcionalmente às operações realizadas pelo associado, salvo deliberação em contrário da Assembleia Geral;
VIII - indivisibilidade dos fundos de Reserva e de Assistência Técnica Educacional e Social;
IX - neutralidade política e indiscriminação religiosa, racial e social;
X - prestação de assistência aos associados, e, quando previsto nos estatutos, aos empregados da cooperativa;
XI - área de admissão de associados limitada às possibilidades de reunião, controle, operações e prestação de serviços.
Art. 5º As sociedades cooperativas poderão adotar por objeto qualquer gênero de serviço, operação ou atividade, assegurando-se-lhes o direito exclusivo e exigindo-se-lhes a obrigação do uso da expressão "cooperativa" em sua denominação.
Parágrafo único. É vedado às cooperativas o uso da expressão "Banco" (BRASIL, 1971).

caiu para 1.287.208 reivindicações[4]. Portanto, em percentual, no mencionado interregno houve uma redução de aproximadamente 37% (trinta e sete por cento) de novos casos na Justiça Especializada.

Com a alteração significativa promovida pela reforma de algumas normas processuais, visando dar ao jurisdicionado a segurança jurídica indispensável para possibilitar estabilidade das relações processuais, em junho de 2018, o pleno do Tribunal Superior do Trabalho, em sessão extraordinária, editou a Instrução Normativa n° 41, que dispõe sobre as normas da CLT, com as alterações da Lei nº 13.467/2017 e sua aplicação ao processo do trabalho.

Naquela oportunidade, dentre relevantes conclusões, necessário pontuar a eficácia imediata da Lei n° 13.467/2017, sem atingir, no entanto, situações pretéritas iniciadas ou consolidadas sob a égide da lei revogada.

Noutro giro, interpretando importante mudança que veio a culminar na diminuição do número de demandas, salientou o pleno que, na Justiça do Trabalho, a condenação em honorários advocatícios sucumbenciais, prevista no art. 791-A e parágrafos da CLT, será aplicável às ações propostas após 11 de novembro de 2017 (conforme disposto na Lei nº 13.467/2017). Nas ações propostas anteriormente, subsistem as diretrizes do art. 14 da Lei nº 5.584/1970 e das Súmulas nºs 219 e 329 do TST.

O receio de condenação nos ônus sucumbenciais colocou praticamente fim à enxurrada de pedidos contidos nas exordiais trabalhistas, onde alguns empregados elencavam pleitos de "a" a "z" no intuito de concorrer à uma verdadeira loteria jurídica. Atualmente, o que se vê das iniciais é uma quantidade menor de pedidos vestibulares, com mais coesão e probabilidade de êxito.

No plano do direito material, que diz respeito à aplicação da reforma trabalhista desde o início de vigência da Lei n° 13.467/2017 às situações concretas, estão sendo elas discutidas caso a caso no julgamento em primeiro e segundo graus e, em seguida, na apreciação dos recursos sobre os temas que chegarem ao TST. As novidades no direito material introduzidas pela reforma na CLT dizem respeito a férias, tempo à disposição do empregador, teletrabalho, reparação por dano extrapatrimonial, trabalho intermitente, extinção do contrato por acordo entre empregado e empregador, dentre outras.

---

4 Disponível em: <http://www.tst.jus.br/noticias/-/asset_publisher/89Dk/content/id/24724445>.

A respeito destas, está havendo uma construção jurisprudencial a partir do julgamento de casos concretos. Somente após várias decisões do TST sobre a mesma matéria, a Comissão de Jurisprudência e Precedentes Normativos apresenta estudo com o fim de propor a edição, revisão ou cancelamento de súmula, precedente normativo ou orientação jurisprudencial.

Lado outro, no mesmo período, algumas alterações impingidas pela Lei n° 13.467/2017 foram objeto de grande número de questionamentos perante o STF em ações diretas de inconstitucionalidade. Tais demandas foram promovidas tanto pela Procuradoria-Geral da República (PGR) quanto por entidades representativas de empregados, empregadores e setores diversos da economia.

Um dos pontos mais discutidos diz respeito à contribuição sindical. O fim da obrigatoriedade da contribuição foi questionado em uma série de ações. Em junho, o STF declarou a constitucionalidade do dispositivo com o entendimento de não admitir a imposição da cobrança quando a Constituição determina que ninguém é obrigado a se filiar ou a se manter filiado a uma entidade sindical.

O Supremo também deve concluir julgamento sobre a constitucionalidade de artigo que impõe à parte vencida, mesmo que beneficiária da justiça gratuita, o pagamento dos honorários advocatícios e periciais. Para a Procuradoria-Geral, a medida impõe restrições inconstitucionais à garantia de gratuidade judiciária aos que comprovam insuficiência de recursos e viola as garantias constitucionais de amplo acesso à jurisdição e de assistência judiciária integral aos necessitados. Referido julgamento se encontra suspenso em razão de pedido de vista.

Também são objeto de ações no STF artigos da Lei n° 13.467/2017 referentes ao trabalho intermitente, atualização dos depósitos recursais, fixação de valores de indenização por dano moral e realização de atividades insalubres por gestantes e lactantes.

No âmbito das cooperativas, como já salientado, os efeitos da chamada 'reforma trabalhista' foram menores, porém, se destaca a reafirmação do não vínculo empregatício a profissionais autônomos; prescrição intercorrente dos processos trabalhistas; diferenciação dos valores de depósitos recursais para entidades sem fins lucrativos; teletrabalho e/ou trabalho remoto e a possibilidade de livre negociação com os profissionais que ganham o dobro do teto do INSS (Instituto Nacional do Seguro Social).

Entretanto, remanescem as disposições do art. 9º da CLT, onde serão declarados nulos de pleno direito os atos praticados com o objetivo de desvirtuar, impedir ou fraudar a aplicação dos preceitos contidos na referida Lei. Assim, se a contratação de uma cooperativa for feita com o intuito de burlar a legislação trabalhista, mascarando a existência de relação de emprego, continua a possibilidade de declará-la nula pela disposição legal em referência.

É bom lembrar que a Lei nº 13.467/2017 vai tratar, de forma pontual, das relações de trabalho entre cooperativas, na qualidade de empregadoras, e seus respectivos empregados, haja vista que entre os cooperados a regulação se dá pela Lei nº 5.764/1971 e outras legislações pertinentes ao modelo de negócio cooperativo.

Na relação com os empregados, iremos destacar algumas alterações importantes que estão impactando diretamente as sociedades cooperativas. Comecemos pela configuração do grupo econômico, que por sua vez, sofreu alterações pelas disposições da Lei n° 13.467/2017, estabelecendo a necessidade de haver a demonstração do interesse integrado, a efetiva comunhão de interesses e atuação conjunta das empresas dele integrantes para a configuração do grupo (art. 2º, §3º, da CLT).

Comentando tal dispositivo, a autora Vólia Bomfim Cassar é enfática em dizer que "O §3º do art. 2º da CLT restringiu a solidariedade apenas para os grupos por coordenação que possuírem interesse integrado, comunhão de interesses e atuação conjunta das empresas, requisitos que devem estar presentes ao mesmo tempo" (CASSAR, 2017, p. 5).

Sem esses 3 (três) requisitos devidamente demonstrados, uma ou mais cooperativas, por exemplo, não poderão ser consideradas grupo econômico para fins de responderem, de forma conjunta e solidária, pelas obrigações trabalhistas contraídas por qualquer uma delas.

Outra mudança significativa e que vem sendo efetivamente aplicada pelos Pretórios depois do início da vigência da Lei n° 13.467/2017 diz respeito ao não cômputo na jornada de trabalho das horas em que o empregado não esteja aguardando ou executando ordens, como é o caso das horas *in itinere* e de percurso (§2º, do art. 58 da CLT), da troca de uniforme quando não houver a obrigatoriedade de realizar a troca na empresa, dentre outros momentos listados de forma exemplificativa no §2º, do art. 4º do texto celetizado.

Lado outro, com a inserção do art. 10-A na CLT, ficou expressamente consignado que o sócio retirante ficará responsável, de forma subsidiária à sociedade, pelos débitos e obrigações trabalhistas da empresa, apenas em relação ao período em que figurou como sócio e somente em ações judiciais ajuizadas até 2 (dois) anos contados da sua retirada da empresa. Aqui entendemos que tal disposição também se aplica aos cooperados retirantes da sociedade cooperativa.

A nova Lei regulamentou ainda a jornada especial de 12 horas de trabalho por 36 horas ininterruptas de descanso para qualquer atividade da cooperativa ou do seu empregado. Essa jornada de trabalho (12hx36h) deve ser negociada em acordo individual escrito entre a cooperativa e seu empregado, acordo coletivo ou convenção coletiva de trabalho. Os intervalos para repouso e alimentação devem ser cumpridos ou indenizados.

Sendo o destaque da reforma trabalhista, o princípio do negociado *x* legislado refletiu diretamente nas relações laborais, elencando o art. 611-A[5] da CLT uma série de hipóteses onde a convenção coletiva e o acordo coletivo de

---

5 [...] Art. 611-A. A convenção coletiva e o acordo coletivo de trabalho têm prevalência sobre a lei quando, entre outros, dispuserem sobre:
I - pacto quanto à jornada de trabalho, observados os limites constitucionais;
II - banco de horas anual;
III - intervalo intrajornada, respeitado o limite mínimo de trinta minutos para jornadas superiores a seis horas;
IV - adesão ao Programa Seguro-Emprego (PSE), de que trata a Lei no 13.189, de 19 de novembro de 2015;
V - plano de cargos, salários e funções compatíveis com a condição pessoal do empregado, bem como identificação dos cargos que se enquadram como funções de confiança;
VI - regulamento empresarial;
VII - representante dos trabalhadores no local de trabalho;
VIII - teletrabalho, regime de sobreaviso, e trabalho intermitente;
IX - remuneração por produtividade, incluídas as gorjetas percebidas pelo empregado, e remuneração por desempenho individual;
X - modalidade de registro de jornada de trabalho;
XI - troca do dia de feriado;
XII - enquadramento do grau de insalubridade;
XIII - prorrogação de jornada em ambientes insalubres, sem licença prévia das autoridades competentes do Ministério do Trabalho;
XIV - prêmios de incentivo em bens ou serviços, eventualmente concedidos em programas de incentivo;
XV - participação nos lucros ou resultados da empresa.
§ 1º No exame da convenção coletiva ou do acordo coletivo de trabalho, a Justiça do Trabalho observará o disposto no § 3º do art. 8º desta Consolidação.
§ 2º A inexistência de expressa indicação de contrapartidas recíprocas em convenção coletiva ou acordo coletivo de trabalho não ensejará sua nulidade por não caracterizar um vício do negócio jurídico.

trabalho têm prevalência sobre a lei, citando, dentre outros, quando dispuserem sobre pacto quanto à jornada de trabalho, observados os limites constitucionais, banco de horas anual, intervalo intrajornada, respeitado o limite mínimo de trinta minutos para jornada superior a seis horas, prorrogação de jornada em ambientes insalubres sem licença prévia das autoridades competentes do Ministério do Trabalho, etc.

Essa flexibilização foi muito bem comentada pela autora Vólia Bomfim Cassar na obra já citada, onde ela descreve o seguinte:

> O *caput* do art. 611-A da CLT autoriza a ampla flexibilização, aumentando o leque de possibilidades de direito previstos em lei que podem ser reduzidos ou suprimidos. A norma não teve o objetivo de ampliar direitos, pois isto sempre foi possível.
>
> O texto afirma que a enumeração destes direitos nos incisos do artigo é meramente exemplificativa. A prevalência do negociado sobre o legislado enfraquece o princípio da indisponibilidade dos direitos legais trabalhistas, assim como derruba o princípio da prevalência da norma mais favorável. Torna os direitos trabalhistas menos públicos e mais privados, transformando a maioria dos direitos contidos na CLT, que não se encontram na Constituição, em direitos disponíveis" (Ob. citada, p. 318).

Ocorre que, se de um lado o legislador desejou flexibilizar a relação trabalhista com a prevalência do negociado sobre o legislado, por outro preocupou também a reforma em limitar a autonomia da vontade coletiva, ao inserir no art. 611-B da CLT as hipóteses taxativas de ilicitude da negociação contida na convenção coletiva ou acordo coletivo de trabalho ao tratar de matérias inegociáveis.

A proibição ali estampada visa à proteção dos direitos indisponíveis, cujos interesses são públicos por constituírem determinado patamar civilizatório mínimo que a sociedade democrática não permite ver reduzido em qualquer segmento, sob pena de violação à dignidade da pessoa humana e à valorização ao trabalho.

---

§ 3º Se for pactuada cláusula que reduza o salário ou a jornada, a convenção coletiva ou o acordo coletivo de trabalho deverão prever a proteção dos empregados contra dispensa imotivada durante o prazo de vigência do instrumento coletivo.
§ 4º Na hipótese de procedência de ação anulatória de cláusula de convenção coletiva ou de acordo coletivo de trabalho, quando houver a cláusula compensatória, esta deverá ser igualmente anulada, sem repetição do indébito.
§ 5º Os sindicatos subscritores de convenção coletiva ou de acordo coletivo de trabalho deverão participar, como litisconsortes necessários, em ação individual ou coletiva, que tenha como objeto a anulação de cláusulas desses instrumentos (BRASIL, 1943).

A reforma trabalhista cuidou ainda de uma série de alterações nas relações profissionais, tais como a possibilidade de fracionamento das férias em três períodos, a rescisão do contrato de trabalho por mútuo consentimento, quitação plena e irrevogável quando dos planos de demissão voluntária ou incentivada, quitação anual de obrigações trabalhistas, vedação da ultratividade da norma coletiva, contrato intermitente, teletrabalho, etc.

Certo é que as inovações do plano do direito material afetaram todos os contratos de trabalho em vigor, inclusive das cooperativas para com seus empregados, fazendo com que as negociações coletivas exijam uma consultoria ainda mais apurada, para fazer constar nos acordos ou convenções coletivas matérias cuja litigiosidade era frequente no Judiciário. Com uma redação apropriada, cria uma maior segurança jurídica para as partes envolvidas na relação laboral.

A resistência da sociedade em geral com o advento da reforma trabalhista foi diminuindo ao longo deste interregno, pois se viu que as mudanças trazidas por ela, embora significativas, não trouxeram qualquer impacto nos direitos sociais assegurados pelo art. 7º da Carta Magna.

Como se viu no presente trabalho, o efeito maior observado neste mais de 1 (um) ano da reforma trabalhista, foi a significativa redução do número de novas ações na Justiça do Trabalho, que, consequentemente, culminou na diminuição do resíduo de processos sem julgamento. Observou no plano processual a edição da Instrução Normativa (IN) nº 41 pelo pleno do TST, que visou dar segurança jurídica nas ações em tramitação.

Já quanto às várias mudanças no plano do direito material, o Judiciário vem decidindo-as caso a caso, tendo a reforma ainda sofrido uma série de questionamentos acerca da inconstitucionalidade de algumas normas, incumbindo ao STF a palavra final a esse respeito.

O cooperativista brasileiro, como participante deste novo cenário trabalhista, vem sendo impactado diretamente pela reforma, mas assim como o desejo do legislador, o que se está vivenciando é um ambiente cada vez mais seguro do ponto de vista jurídico, de entendimento nas relações de trabalho entre cooperativas e seus empregados. A soma desses fatores resultará em mais crescimento para o cooperativismo e, consequentemente, para o todo o Brasil.

4. CONCLUSÃO

A reforma trabalhista iniciada com a regulação da terceirização e posteriormente com o advento da Lei nº 13.467/2017 trouxe para as relações laborais um novo cenário jurídico, prevalecendo o negociado acerca do legislado.

Uma maior segurança nas relações jurídicas do contrato de trabalho, somado ao crescimento econômico do país, gera diminuição gradativa do número de desempregados no Brasil. No cooperativismo, a situação não é diferente!

Ainda que tenha se presenciado uma série de questionamentos acerca da inconstitucionalidade de algumas normas contidas na reforma, ao que parece, o STF validará grande parte destas mudanças, sem interferir de forma significativa na legislação editada.

Embora todas as mudanças sejam passíveis de resistência, a sociedade e o cooperativismo em geral já estão se adaptando rapidamente à reforma trabalhista, e o resultando positivo ao longo dos anos será de grande valia para o nosso país.

Dessa maneira, conclui-se que a reforma trabalhista iniciada pela regulação da terceirização e concluída pela edição da Lei nº 13.467/2017, vem construindo uma maior segurança jurídica nas relações laborais, impactando na diminuição das novas ações, permitindo, com isso, novos investimentos e a diminuição gradativa do número de desempregados, refletindo, da mesma forma, no setor cooperativo brasileiro.

REFERÊNCIAS

BRASIL. **Decreto-Lei n.º 5.452, de 1º de maio de 1943**. *Aprova a Consolidação das Leis do Trabalho.* Disponível em: <http://www.planalto.gov.br/ccivil_03/decreto-lei/del5452.htm>. Acesso em 15 abr. 2019.

______. Lei nº 5.764, de 16 de dezembro de 1971. *Define a Política Nacional de Cooperativismo, institui o regime jurídico das sociedades cooperativas, e dá outras providências.* Disponível em: <http://www.planalto.gov.br/ccivil_03/leis/l5764.htm>. Acesso em 15 abr. 2019.

______. Lei nº 13.429, de 31 de março de 2017. *Altera dispositivos da Lei n o 6.019, de 3 de janeiro de 1974, que dispõe sobre o trabalho temporário nas empresas urbanas e dá outras providências; e dispõe sobre as relações de trabalho na empresa de prestação de serviços a terceiros.* Disponível em: <http://www.planalto.gov.br/ccivil_03/_ato2015-2018/2017/lei/L13429.htm>. Acesso em 15 abr. 2019.

CASSAR, Vólia Bomfim (Coord). *CLT comparada e atualizada: com a reforma trabalhista.* Rio de Janeiro: Forense; São Paulo: Método, 2017.

SUPREMO TRIBUNAL FEDERAL. *Arguição de Descumprimento de Preceito Fundamental nº 324.* Relator Ministro Roberto Barroso. Julg. 30 ago. 2018; Publ. 06 set. 2018. Disponível em: <https://portal.stf.jus.br/processos/detalhe.asp?incidente=4620584>. Acesso em 15 abr. 2019.

______. *STF decide que é lícita a terceirização em todas as atividades empresariais.* Disponível em: <http://www.stf.jus.br/portal/cms/verNoticiaDetalhe.asp?idConteudo=388429>. Acesso em 05 abr. 2019.

TRIBUNAL SUPERIOR DO TRABALHO. Coordenadoria de Estatística. *Primeiro ano da reforma trabalhista: efeitos.* Disponível em: <http://www.tst.jus.br/noticias/-/asset_publisher/89Dk/content/id/24724445>.

______. Recurso de Revista nº 205000-62.2009.5.02.0434. Relator Ministro Guilherme Augusto Caputo Bastos. 4ª Turma. Julg.: 14 nov. 2018; Publ. DEJT 23 nov. 2018.

SOLUÇÃO DE CONTROVÉRSIAS NO COOPERATIVISMO – CONCILIAÇÃO, MEDIAÇÃO E ARBITRAGEM

HUDSON LÍDIO DE NAVARRO

Advogado, Engenheiro, Professor Universitário; Membro Titular do Escritório Hudson Navarro Advocacia (HUNA), atuando na área de Direito de Empresa há 30 anos; Fundador e Diretor Presidente da Câmara Mineira de Mediação e Arbitragem Empresarial (CAMINAS); Especialista em Métodos de Resolução Privada de Controvérsias; Árbitro e Mediador, com atuação em arbitragens nacionais e internacionais; Mediador de controvérsias empresariais, societárias e interpessoais; Conselheiro de administração independente, afiliado ao Instituto Brasileiro de Governança Corporativa (IBGC), com atuação efetiva em conselhos de instituições e empresas; Vice-Presidente da Associação Comercial e Empresarial de Minas (ACMINAS).

E-mail: hnavarro@caminas.com.br

RODRIGO COELHO DE LIMA

Advogado. Proprietário do escritório Rodrigo Coelho Advocacia. Especialista em Direito de Empresa pela PUC Minas. Fundador e 1º presidente da Comissão de Direito Cooperativista da OAB/MG. Conselheiro Seccional e membro julgador da Primeira Câmara da OAB/MG, gestão 2016/2018. Palestrante e parecerista sobre o Direito Cooperativo. Coautor do livro "Sustentabilidade e Cooperativismo: uma ação conjunta para o século XXI", publicado em Belo Horizonte pela Editora Vorto, 2017. Coordenador e coautor do livro "Direito Cooperativo - avanços, desafios e perspectivas", publicado em Belo Horizonte pela Editora Del Rey, 2018. Autor de vários artigos sobre o Direito Cooperativo. Professor Universitário de MBA em Gestão de Cooperativas de Crédito. Coordenador e membro do quadro de especialistas da Câmara Setorial de Cooperativismo da Câmara Mineira de Mediação e Arbitragem Empresarial (CAMINAS). Ex-Assessor Jurídico da Cooperativa Central dos Produtores Rurais de Minas Gerais (CCPR/ITAMBÉ). Ex-Gerente Jurídico do Grupo Casa do Rádio.

E-mail: rodrigocoelhoadvocacia@hotmail.com

RESUMO

O objetivo do presente artigo é expor a importância da aplicação dos Métodos Extrajudiciais de Solução de Controvérsias (MESCs) nos litígios das sociedades cooperativas, bem como que referida aplicação é perfeitamente legal e viável. Demonstrar-se-á, outrossim, os vários benefícios na adoção da mediação, conciliação e/ou arbitragem como solução célere, eficaz e definitiva de controvérsias que seriam decididas pela Justiça Estatal, o que traria várias consequências indesejáveis às cooperativas e seus cooperados.

Palavras-chave: Cooperativismo. Mediação, Conciliação e/ou Arbitragem.

ABSTRACT

The objective of this article is to demonstrate the importance of the application of the Extrajudicial Methods of Dispute Settlement (MESC) in the litigation of cooperative societies, as well as that said application is perfectly legal and viable. It will also demonstrate the various benefits of adopting mediation, conciliation and / or arbitration as a swift, effective and definitive solution to disputes that would be decided by the State Courts, which would have several undesirable consequences for cooperatives and their members.

Keywords: Cooperativism. Mediation, Conciliation and / or Arbitration.

1. INTRODUÇÃO

Num país desigual como o Brasil é impossível garantir um modelo de viabilidade para as cooperativas, empresas de pequeno porte e as microempresas que não passe pela reorganização da forma como seus empresários têm acesso à justiça, seja esta alcançada por um sistema judiciário mais ágil ou por qualquer forma que propicie a satisfação dos interesses e a continuidade dos negócios.

A ideia de uma cooperativa bem sucedida sempre tem em seu núcleo o negócio *versus* a oportunidade, e é justamente dentro desse núcleo que se identifica a necessidade de utilização de métodos extrajudiciais para a solução de controvérsias (ou litígios) enfrentados pelas cooperativas, pequenos e microempresários no seu dia a dia operacional. Torna-se, portanto, a adesão das sociedades cooperativas e empresariais ao justo movimento universal de acesso à justiça.

A necessidade de manejar controvérsias é vital para as cooperativas e empresários. Quer seja quando planeja o seu negócio ou quando enfrenta problemas decorrentes da insatisfação de cooperados, clientela, fornecedores, colaboradores e concorrentes. Em todas as atividades do desenvolvimento gerencial o empreendedor necessita cotidianamente negociar, mediar e conciliar, razão pela qual a administração de controvérsias é indispensável para a sustentação do negócio. A magia da convivência, os fatores que influenciam os relacionamentos, as mudanças necessárias que se deve enfrentar, as percepções de si e do outro e a segurança em saber utilizar técnicas de comunicação e negociação em equipe não podem ser excluídas do mundo empresarial, seja ele de que tamanho for.

É próprio da natureza humana o desejo de se aproximar dos seus semelhantes, convivendo com seus iguais, estabelecendo relações duradouras, permanentes, pacíficas e de pleno entendimento. Com o tempo e a convivência, naturalmente são introduzidos outros elementos nos inter-relacionamentos: animosidade, competição, contenciosidade etc., dando ensejo à percepções pessoais diferentes, que acabam por deflagrar as controvérsias.

Contudo, essas diferenças e insatisfações têm diferentes origens, que caracterizarão a necessidade de tratamento diferenciado, não somente em relação à forma apropriada de comunicação para encaminhar a dissidência, mas também em relação à necessidade de uma análise sistêmica a respeito do método mais adequado para lidar com a controvérsia, cujas origens podem estar tanto nos valores (aí entendidos os culturais e morais) quanto nas estruturas, relações, informações e interesses. Destaca-se que as controvérsias originadas pela dissidência em relação a valores e estruturas são consideradas conflitos de difícil negociação.

Assim, em síntese, pode-se concluir que desde os primórdios da civilização, três são as formas mais comuns de solucionar os conflitos de interesse:

– Entendimento direto entre os interessados (ou negociação direta);

– Solução estatal (ou jurisdição); e

– Alternativas amigáveis ou pacíficas.

Ademais, segundo Schnitman, (1999) "O contexto da cultura contemporânea favoreceu a formação de novas práticas, de novas disciplinas científicas e de novas perspectivas sobre as ciências, criando, dessa forma, meios culturais e tecnológicos adequados ao desenvolvimento de metodologias inovadoras de resolução de controvérsias".

Dentre as alternativas amigáveis, vários são os métodos utilizados para a resolução pacífica das diferenças. Os de uso mais comum no Brasil são a negociação profissional, mediação, ouvidoria (*ombudsman*), conciliação e, contemporaneamente, a arbitragem. Por serem métodos que, por sua natureza, transcorrem à margem do juízo estatal, são conhecidos e considerados como métodos extrajudiciais.

2. AS CONTROVÉRSIAS NO CONTEXTO DAS RELAÇÕES DO COOPERATIVISMO

A adoção dos Métodos Extrajudiciais de Solução de Controvérsias[1] (MESCs), particularmente a Conciliação, Mediação e Arbitragem nas relações de Cooperativismo, vem ao encontro da própria essência do princípio Cooperativista, traduzida como "o esforço conjunto de pessoas em torno de um objetivo e do bem comum". Assim, como o Cooperativismo dispensa a intermediação mercantil, é saudável que dispense também, por coerência doutrinária, a necessidade da intervenção do juízo estatal na solução das controvérsias que, eventualmente, decorram de suas relações cotidianas, sejam estas entre os associados e a cooperativa que os congrega ou entre esta e terceiros, sendo "*in casu*" a Mediação, a Conciliação e a Arbitragem, nesta ordem, os instrumentos adequados e recomendados para a solução efetiva destas controvérsias, a exemplo de sua aplicação nas diversas relações de natureza consumerista, tais como relações de crédito e consumo, saúde, educação, mercado imobiliário, mercado segurador, dentre outros.

---

1 MESC's – aqui adotou-se a terminologia MESC's – Métodos Extrajudiciais de Solução de Controvérsias, como sendo aqueles que se estabelecem e transcorrem calcados na estrita autonomia de vontade das partes, à margem da intervenção do juízo estatal. Outras correntes adotam a terminologia MASC's – Métodos Alternativos de Solução de Controvérsias, dentro do mesmo princípio. Recentemente, correntes ditas mais modernas têm defendido a terminologia Meios Adequados.

3. O INSTITUTO DA MEDIAÇÃO – CONCEITO

A mediação se constitui em recurso eficaz na solução de controvérsias originadas de situações que envolvem diversos tipos de interesses e tem como principal característica propiciar oportunidades para a tomada de decisões pelas partes em conflito, utilizando técnicas que auxiliam a comunicação no tratamento das diferenças de forma construtiva e interativa. Trata-se de processo confidencial e voluntário, em que a responsabilidade pela construção das decisões cabe às partes envolvidas.

3.1. Embasamento Técnico/Aplicabilidade

As técnicas utilizadas em uma mediação são oriundas das áreas da comunicação e negociação e têm como objetivo auxiliar as partes a exercitarem seu apoderamento (apropriação de seus conhecimentos, ações e soluções), reconhecimento (inclusão do ponto de vista, ações e soluções do outro), o respeito pelo outro, sua consciência social, seu movimento e motivação em direção ao futuro, definição de temas, deliberação e a tomada de decisões, criando ambientes propícios à colaboração recíproca, com o objetivo de evitar a quebra da relação entre as partes.

As técnicas acima mencionadas podem ser aplicadas em todo e qualquer contexto de convivência capaz de produzir conflitos: em questões comerciais, cooperativas, empresas e em conflitos familiares.

3.2. Do acordo construído

O fechamento do acordo ocorre quando se estabelece a solução e são formalizados as responsabilidades e os direitos das partes, seguindo-se da etapa de redação da solução e do acordo final. Tal acordo deve ser redigido em linguagem formal e clara, ser positivo, equilibrado, realista e exequível. Os termos do acordo podem ser revistos por advogados e/ou especialistas, dependendo da especificidade de cada caso. Na maioria dos casos os acordos são homologados pelo Judiciário ou registrados em cartório. Portanto, devem obedecer aos termos legais compatíveis, sendo indispensável que as partes tenham plena compreensão do conteúdo do acordo, de como viabilizá-lo e de suas consequências. Recomenda-se a elaboração de um plano detalhado de implementação do acordo, acompanhado de prazo para seu cumprimento e de quais recursos serão utilizados caso o mesmo não o cumpra.

Um bom acordo deve incluir os seguintes elementos:

Quem? – Qualificação individualizada das partes signatárias do acordo.

O quê? – Descrição detalhada do objeto do acordo.

Como? – Descrição da operacionalização das decisões tomadas na mediação.

Quando? – Início de execução das decisões tomadas na mediação, ou seja, quando as responsabilidades começam a ser executadas.

Onde? – Indicação precisa do local onde serão cumpridas as responsabilidades.

Quanto? – Se houver valores financeiros, descrevê-los.

3.3. Quanto ao mediador

O mediador pode ser qualquer profissional de escolha e confiança das partes, especialista ou não na matéria em divergência, o qual poderá atuar sozinho ou em co-mediação. Recomenda-se a utilização da co-mediação sempre que o mediador não for especializado.

O profissional treinado em mediar deve, necessariamente, ter qualificações em técnicas comunicacionais, pois é justamente por meio da utilização dessas técnicas que atuará. Sua atuação poderá focar a transformação da relação das partes, fazendo com que elas cheguem, por si, a um acordo.

3.4. Quanto ao método

Para as controvérsias cooperativistas, comerciais e empresariais que envolvem questões pontuais e relações que não vão perdurar no tempo, recomenda-se o modelo tradicional de Mediação, voltado para o acordo. Para aquelas questões que envolvem relações continuadas, é recomendado um modelo misto que inclui aspectos do modelo tradicional e do modelo transformador. Nesses casos, o objetivo é o acordo, que pode, inclusive, conter itens, por exemplo, sobre as relações comerciais futuras. Mas pode ser também uma transformação positiva na relação posterior das partes, que têm como meta manter as relações comerciais/empresariais para dar continuidade aos seus negócios.

3.5. Contexto brasileiro

A mediação é instituto regulado por Lei própria, Lei nº 13.140/2015, e sua adoção vem sendo estimulada inclusive no âmbito do judiciário brasileiro, como política pública desenvolvida pelo Conselho Nacional de Justiça (CNJ), objetivando a redução da judicialização e a pacificação das relações da sociedade.

4. O INSTITUTO DA CONCILIAÇÃO – CONCEITO

Quando se trabalha na esfera dos procedimentos extrajudiciais, a conciliação identifica-se com as técnicas da mediação com foco no acordo (Escola de Harvard) e trabalha com o esforço do terceiro conciliador (ou conciliadores, se mais de um) na condução de entendimento que ponha fim ao conflito entre as partes. Sua principal característica é de que, caso as partes não cheguem a um entendimento, o Conciliador propõe uma solução que, a seu critério, é a mais adequada para aquela contenda. Contudo, as partes não estão obrigadas a aceitar a proposta do Conciliador. Portanto, traduz-se em um processo voluntário e pacífico que cria um ambiente propício para as partes se concentrarem na procura por soluções criativas.

4.1. Embasamento técnico/aplicabilidade

As técnicas utilizadas na Conciliação são semelhantes às utilizadas na mediação e têm como principal objetivo proporcionar às partes uma solução satisfatória para o seu problema. Dentro da ótica do Conciliador, a proposta a ser oferecida às partes deve lhe parecer a melhor alternativa para a resolução daquela controvérsia, mais justa e equitativa, e que melhor satisfaça os interesses das partes.

Dentre os principais benefícios desse recurso destacam-se a rapidez e efetividade de seus resultados, a redução do desgaste emocional, do custo financeiro e a garantia de privacidade e sigilo. Sua aplicabilidade abrange todo e qualquer contexto de convivência capaz de produzir controvérsias, sendo utilizada, assim como a Mediação, como técnica em impasses políticos e étnicos, nacionais ou internacionais, questões trabalhistas e comerciais, locais ou dos mercados comuns, cooperativas, empresas e conflitos familiares.

4.2. Quanto ao Conciliador

Tanto os conciliadores quanto as partes devem ter a preocupação comum com o resultado. Todos desejosos de efetivamente solucionar a divergência imbuídos de boa-fé, ou seja, procurando agir legitimamente, de acordo com a lei e os princípios éticos, buscando promover uma conciliação pacífica e almejada, que não deixe ressentimentos e não marque vencido e vencedor, que não interrompa relacionamentos e contratos que, na maior parte das vezes, são dissidências, episódios efêmeros – que poderiam levar a resultados prejudiciais e indesejados pelos próprios conflitantes.

É nítida a distinção entre tal compreensão e a que norteia os meios contenciosos de se fazer justiça, em que os juízes estatais – plagiando as palavras do saudoso mestre, Desembargador Cláudio Vianna de Lima – "são formados, e deformados pela contenciosidade e com ela conformados, com todas as suas consequências, a começar pela maior onerosidade, ou dificuldade e demora na decisão". Nesse contexto, as próprias partes são contaminadas e levadas a criar obstáculos, questões preliminares a resolver, alicerçadas em argumentos que dificultam a solução do conflito, que acirram os ânimos e agravam a exposição, a discussão e a solução das divergências.

Acrescente-se que se trata de uma obrigação de esforço – obrigação de tentar – e não obrigação de resultado, de conseguir a conciliação. Nem por isso o conciliador é dispensado de um esforço sério e útil, não podendo ter uma iniciativa meramente formal.

5. A CONCILIAÇÃO E A MEDIAÇÃO NAS RELAÇÕES COMERCIAIS

A utilização da Conciliação e da Mediação como método para resolução de conflitos vem crescendo substancialmente no mundo cooperativista e empresarial, apresentando-se como poderoso mecanismo para a obtenção de acordos.

Graças à sua flexibilidade, tanto a conciliação quanto a mediação, com suas peculiaridades e especificidades, se adequam a todos os tipos de divergências comerciais e de relações cooperativistas de qualquer complexibilidade, possibilitando que os dirigentes, cooperados e funcionários das cooperativas controlem a resolução de suas controvérsias.

Além das vantagens acima citadas, para as cooperativas e cooperados soma-se:

- Possibilidade de redução do passivo judicial, que incorre no automático aumento da atividade da cooperativa;
- Economia advinda da relação custo *versus* oportunidade do bem ou serviço em disputa;
- Aumento do índice de cumprimento dos acordos realizados;
- Reduzido desgaste na relação entre as partes;
- Aumento do protagonismo e da responsabilidade das partes.

Tanto a Conciliação quanto a Mediação consideram o aspecto relacional da controvérsia, as consequências que podem surgir para a manutenção da relação e a forma como estas serão resolvidas. Este foco tem sido um norteador eficaz para preservar as relações, retirando-se do campo da confrontação e da competição, rendendo importantes frutos para as relações comerciais, pois permite que as partes, após o término do procedimento, continuem tendo relações produtivas entre elas.

Diversos são os campos de atuação na área comercial: dissolução de empresas ou sociedades; retirada de sócios; casos relacionados com fraudes ou o não cumprimento de contratos; relações entre franqueadores e franqueados, dentre outros.

6. O INSTITUTO DA ARBITRAGEM – BASE LEGAL – CONCEITO

O instituto da Arbitragem foi reinstituído no nosso ordenamento jurídico em 1996, tendo sua base legal regulada por Lei própria, a Lei n° 9.307/96, conhecida como Lei Brasileira de Arbitragem, com as modificações instituídas complementarmente pela Lei n° 13.129/2015.

Conceitualmente,

> A Arbitragem é uma técnica que visa solucionar uma questão, sendo de interesse as relações entre duas ou mais pessoas, por uma ou várias outras pessoas – o árbitro ou os árbitros – as quais têm seus poderes oriundos de uma convenção privada e decidem com base nela, sem serem investidos nessa missão pelo Estado (DAVID, 1996).

A Arbitragem tem como principal característica ser um instituto do Direito e ter como fundamento maior a autonomia da vontade. Essa autonomia da vontade das partes se espelha no procedimento em todos os seus desdobramentos, que vão desde a possibilidade de nomeação do(s) árbitro(s) pelas partes, ao(s) qual(is) caberá(ão) decidir a controvérsia com força de sentença judicial (o cumprimento da decisão é de cunho obrigatório nos termos da Lei), até a escolha das regras que servirão de base ao procedimento e ao exame da matéria. A critério das partes, a arbitragem poderá ser de direito ou equidade, ter como base os princípios gerais de direito e/ou as regras internacionais de comércio. Também poderão as partes indicar o lugar onde se desenvolverão os trabalhos arbitrais.

A arbitragem, assim como os demais procedimentos extrajudiciais alternativos à opção pelo judiciário, é fundada no consenso que se estabelece por oportunidade da contratação entre as partes, mediante a inserção, no contrato, no ato da contratação ou no estatuto social da cooperativa, da cláusula compromissória, ou que, eventualmente, poderá ser estabelecida também como alternativa negociada por oportunidade de surgimento do litígio durante o curso da relação contratual, por meio de um acordo entre as partes para resolução por essa via.

6.1. Requisito da arbitrabilidade

Podemos solucionar pela Arbitragem qualquer questão que verse sobre direitos patrimoniais disponíveis, nos termos da Lei nº 9.307/96, a qual enuncia em seu artigo 1º: "As pessoas capazes de contratar poderão valer-se da arbitragem para dirimir litígios relativos a direitos patrimoniais disponíveis" (BRASIL, 1996).

Tem-se que como requisito objetivo, a lei vincula os interesses em disputa a direitos patrimoniais disponíveis. São patrimoniais os direitos que se referem a bens susceptíveis de avaliação econômica ou monetária; são disponíveis os direitos relativos a bens apropriáveis ou alienáveis, ou seja, os que são possíveis de comércio ou transação. O Código de Processo Civil faz menção a eles como "direitos sobre os quais a lei admita transação", sendo este o requisito de arbitrabilidade.

Assim, reconhecida a arbitrabilidade, os requisitos para uso da arbitragem ou pressupostos para seu emprego, classificam-se em:

- Requisito subjetivo: a capacidade de contratar.
- Requisitos objetivos: a existência de um conflito de interesses; a vinculação desse conflito a um direito patrimonial disponível.

6.2. Formalidade

Destaca-se que a arbitragem, em relação aos demais métodos de solucionar litígios fora do âmbito do Poder Judiciário, diferencia-se na sua caracterização como instrumento do Direito. Assim, como o Direito não é informal, a informalidade da arbitragem é relativa e se caracteriza como diferencial apenas em relação à formalidade excessiva do procedimento estatal.

6.3. Princípios

Não há Direito sem princípios. As simples regras jurídicas não teriam valia alguma se não estivessem amparadas por sólidos preceitos. Destacam-se, a seguir, alguns dos importantes princípios jurídicos presentes na arbitragem.

O princípio da Autonomia da Vontade é a mola propulsora da arbitragem em todos os seus ângulos. Desde a faculdade das partes disporem quanto a essa via opcional de solução de litígios até o *modus* de como será desenvolvido o procedimento arbitral, com a faculdade de fixação do prazo para o árbitro proferir a sentença arbitral.

Outro princípio, o da Boa-Fé, é decorrente do princípio da autonomia da vontade. Considerada a liberdade de contratar e, considerada a obrigação contratual assumida de resolver a controvérsia surgida por arbitragem, não podem as partes, após escolherem e pactuarem pela via arbitral, deixar de honrar o compromisso assumido. Se as partes assinam um contrato onde elegeram a arbitragem como meio de solucionar litígios, não há que se admitir a hipótese de que a declaração da parte estava eivada de má fé e sua intenção não era cumprir o estipulado espontaneamente.

Princípio de suma importância, o da Autonomia da Cláusula Compromissória, estabelece que a cláusula compromissória é independente das demais cláusulas pactuadas. A cláusula arbitral ou compromissória é o acordo que as partes incluem no contrato ou em documento firmado, à parte, obrigando-se a submeter ao juízo arbitral os litígios advindos daquela contratação. É cláusula autônoma em relação ao contrato a que está inserta, de tal forma que a nulidade desse não implica, necessariamente, na nulidade daquela. Assim, pactuada a cláusula arbitral, continuando a existir a relação jurídica entre as partes, a cláusula permanece válida e eficaz, sendo aplicada à solução das controvérsias decorrentes da relação, alcançando inclusive, a eventual discussão sobre a validade do próprio contrato.

O objetivo do princípio da autonomia da cláusula compromissória visa salvaguardá-la, tornando-a superveniente ao próprio contrato que a instituiu.

6.4. Contrato de Adesão

Determina a Lei, ainda, que a cláusula compromissória só tenha eficácia em contratos de adesão, se o aderente tomar a iniciativa de instituir a arbitragem ou concordar, expressamente, com ela, em redação destacada e visada pelas partes no contrato ou em documento específico aderente ao contrato.

6.5. Convenção de Arbitragem

A convenção de arbitragem é o acordo através do qual as partes conferem aos árbitros o poder de resolver o litígio. Esta pode se manifestar de duas formas diferentes: a cláusula compromissória ou o compromisso arbitral. A cláusula arbitral é celebrada antes do surgimento da controvérsia.

O compromisso arbitral, por sua vez, é instituído após o surgimento do litígio. O art. 4º da Lei de Arbitragem enuncia que "A cláusula compromissória é a convenção através da qual as partes, em um contrato, **comprometem-se a submeter** à arbitragem os litígios que possam vir a surgir, relativamente a tal contrato" (BRASIL, 1996, grifo dos autores).

E o art. 9º complementa: "O compromisso arbitral é a convenção através da qual as partes **submetem** um litígio à arbitragem, de uma ou mais pessoas, podendo ser judicial ou extrajudicial" (Idem, grifo dos autores).

Há que destacar funções distintas na cláusula compromissória, previstas nos referidos artigos da Lei, tais como:

1) Consenso antecipado, vinculando as partes à solução por arbitragem de divergência contratual, eventual e/ou futura (art. 4º);

2) Função facultativa, de escolha antecipada das regras, também, para a eventual e futura arbitragem (art. 5º).

E no compromisso arbitral, as múltiplas funções, também previstas nos artigos da Lei de Arbitragem:

1) Solene ato inaugural do procedimento da arbitragem (art. 19);

2) Vínculo formal entre as partes (art. 9º);

3) Vinculação do árbitro e/ou dos árbitros entre si e com as partes (art. 10º, I e II);

4) Ato estabilizador da demanda arbitral (art. 10º, III e art. 19, §1º);

5) Ato de convalidação da cláusula compromissória, eventualmente, em contrato de adesão (art. 4º e seus §§);

6) A atribuição ao Árbitro da competência para julgar a própria competência, importando na autonomia da cláusula compromissória e, também, na autonomia do compromisso arbitral (art. 8° e seu parágrafo único), instaurada a arbitragem em relações jurídicas extracontratuais ou contratuais, sem a cláusula compromissória, diretamente, pelo compromisso.

6.6. O(s) Árbitro(s)

O(s) Árbitro(s), quando de sua escolha e designação pelas partes, são investidos por estas no poder jurisdicional, se constituindo, por decorrência, em "juiz de fato e de direito" (conforme previsto no art. 18 de aludida Lei) – melhor seria dizer do fato e do direito – a quem cabe decidir, por sentença arbitral, o conflito de interesses entre contratantes que nele(s) confiam, de acordo com as normas legais sobre arbitragem e com as normas contratuais estabelecidas pelas partes interessadas. Qualquer pessoa capaz pode ser árbitro, desde que mereça a confiança das partes. A Lei determina que havendo pluralidade de árbitros, estes devem ser nomeados sempre em número ímpar, o que também deve acontecer em relação a seus suplentes.

É comum acontecer que cada parte escolha um árbitro de sua confiança. Nesse caso, para atender à determinação legal do número ímpar de árbitros, os árbitros escolhidos ficam autorizados por lei (art. 13, §4º) a nomear mais um árbitro, que deste feito, virá a se constituir em Presidente do Tribunal Arbitral.

6.7. Normas de conduta

O art. 13, §6º da Lei de Arbitragem contempla os princípios jurídicos fundamentais do procedimento arbitral. Comanda o texto: "No desempenho de sua função, o árbitro deverá proceder com imparcialidade, independência, competência, diligência e discrição".

No art. 14, §1º, acrescenta ser também um dever do árbitro: "[...] revelar, antes da aceitação da função, qualquer fato que denote dúvida justificada quanto à sua imparcialidade e independência".

Por oportuno, há de se ratificar o dever de decidir que tem o árbitro, no prazo estipulado pelas partes ou, nada se convencionando, no prazo de 6 (seis) meses, conforme art. 23 e seu parágrafo. É facultativa a estipulação do prazo (art. 11, III) e, caso as partes não o fixem, valerá o prazo determinado na lei.

6.8. Sentença arbitral

A Sentença Arbitral é o dispositivo através do qual o(s) Árbitro(s) decide(m) o litígio e dispõe(m) direitos e/ou obrigações das partes.

É o ponto culminante do Procedimento Arbitral, e sua prolação faz a coisa julgada e encerra o processo de conhecimento. Este decide o mérito, e uma vez comunicada às partes, é irrecorrível, podendo, no entanto, qualquer das partes, quando da prolação, recorrer ao Árbitro ou Tribunal Arbitral, a eventual correção de algum erro material ou que esclareça alguma obscuridade, dúvida ou contradição da Sentença Arbitral, ou que se pronuncie sobre algum ponto omitido a respeito de qual devia manifestar-se a decisão.

Nestas circunstâncias o árbitro ou o tribunal arbitral decidirá, no prazo de 10 (dez) dias, aditando a sentença arbitral e notificando as partes na forma do art. 30.

6.9. Requisitos

Assim como a sentença Estatal, a Sentença Arbitral deve contar com a mesma estrutura e requisitos. Assim enuncia o Art. 26 da Lei de Arbitragem:

> Art. 26. São requisitos obrigatórios da sentença arbitral:
>
> I. O relatório, que conterá os nomes das partes e um resumo do litígio;
>
> II. Os fundamentos da decisão, onde serão analisadas as questões de fato e de direito, mencionando-se, expressamente, se os árbitros julgaram por equidade;
>
> III. O dispositivo, em que os árbitros resolverão as questões que lhes forem submetidas e estabelecerão o prazo para o cumprimento da decisão, se for o caso;
>
> IV. A data e o lugar em que foi proferida.
>
> Parágrafo único. A sentença arbitral será assinada pelo árbitro ou por todos os árbitros. Caberá ao presidente do tribunal arbitral, na hipótese de um ou alguns dos árbitros não poder ou não querer assinar a sentença, certificar tal fato (BRASIL, 1996).

6.10. Eficácia

O art. 31 de referida Lei trata dos efeitos que a sentença arbitral produz entre as partes e seus sucessores, os mesmos efeitos da sentença judicial, sendo que a decisão condenatória se constitui em título executivo judicial.

6.11. Nulidade

São nulas as sentenças arbitrais proferidas mediante prevaricação, concussão ou corrupção passiva; de forma atentatória ao princípio do contraditório ou cujo conteúdo, quando concretamente aplicado à realidade brasileira, se revele atentatório aos sentimentos médios de dignidade e justiça vigentes no Brasil.

7. BENEFÍCIOS DA UTILIZAÇÃO DOS MESCS

Em primeiro lugar, apesar de parecer óbvio, é importante salientar que as sociedades cooperativas podem se beneficiar da utilização dos MESCs, uma vez que a legislação aplicável à este tipo societário, tais como a Lei n° 5.764/1971, Lei n° 12.690/2012, Lei Complementar n° 130/2009, o Código Civil e a Constituição Federal não fazem qualquer ressalva ou proibição neste sentido, portanto, legal.

7.1. Quanto à Conciliação e a Mediação

O legislador, vislumbrando a importância da conciliação e da mediação, através do novo Código de Processo Civil (Lei nº 13.105/2015), instituiu a conciliação e a mediação como métodos de autocomposição. O art. 166 do Código de Processo Civil diz o seguinte, *verbis*:

> Art. 166. A conciliação e a mediação são informadas pelos princípios da independência, da imparcialidade, da autonomia da vontade, da confidencialidade, da oralidade, da informalidade e da decisão informada.
>
> §1º A confidencialidade estende-se a todas as informações produzidas no curso do procedimento, cujo teor não poderá ser utilizado para fim diverso daquele previsto por expressa deliberação das partes.
>
> §2º Em razão do dever de sigilo, inerente às suas funções, o conciliador e o mediador, assim como os membros de suas equipes, não poderão divulgar ou depor acerca de fatos ou elementos oriundos da conciliação ou da mediação.
>
> §3º Admite-se a aplicação de técnicas negociais, com o objetivo de proporcionar ambiente favorável à autocomposição.
>
> §4º A mediação e a conciliação serão regidas conforme a livre autonomia dos interessados, inclusive no que diz respeito à definição das regras procedimentais (BRASIL, 2015).

7.2. Quanto à Arbitragem

São predicados relevantes da Arbitragem:

- Celeridade: prazo de resolução de 6 (seis) meses, a não ser que as partes estipulem um prazo maior - como se sabe, um processo judicial pode durar algumas dezenas de anos;
- Especialidade: os árbitros são escolhidos pelos contendores. A parte, obviamente, vai escolher um árbitro que entenda de cooperativismo ou do direito cooperativo. Infelizmente, nas faculdades de direito, a disciplina de direito cooperativo, com raras exceções, ainda não faz parte dos seus quadros curriculares, assim, os operadores do direito (advogados, magistrados, membros do Ministério Público, etc.) não estudam o assunto, portanto, com exceção dos advogados cooperativistas;

- Confidencialidade: enquanto que no judiciário, todo processo, com algumas exceções, é público, ou seja, qualquer pessoa pode ver o processo e tirar cópia, nos MESCs apenas as partes e seus advogados têm acesso às informações que estão em discussão. Muitas vezes num processo são juntados documentos confidenciais ou estratégicos para a cooperativa, que não podem ou não devem tornar-se de conhecimento público;
- Relação custo x benefício: o fator mais importante a ser considerado na busca de solução de qualquer litígio é a sua resolutividade, ou seja, a capacidade de se resolver o litígio de forma objetiva, segura, com plena apreciação dos direitos das partes envolvidas e do mais curto espaço de tempo, liberando as partes para prosseguirem suas vidas em paz. Assim, embora a Arbitragem tenha custos um pouco superiores aos do judiciário, sua resolutividade se traduz em excelentes benefícios para as partes em litígio.
- Eficácia: A sentença arbitral resolve definitivamente o litígio e a ela não cabe recurso.

7.3. Campos de aplicação no cooperativismo

Como vimos, podemos afirmar que é amplo o campo de aplicação dos MESCs nas relações de cooperativismo, cabendo destacar: nas relações entre cooperados; da Cooperativa com seus cooperados; da Cooperativa com os parceiros de relações continuadas – fornecedores de bens e serviços, locadores e/ou locatários de bens móveis e imóveis, prestadores de serviços em geral; nos contratos de incorporação, fusão, gestão e/ou operações em parceria, dentre outros.

8. CONSIDERAÇÕES FINAIS

Concluindo, não poderíamos deixar de mencionar que existe na Câmara Mineira de Mediação e Arbitragem Empresarial (CAMINAS), a Câmara Setorial de Cooperativismo, dedicada a atender e solucionar as demandas das cooperativas brasileiras, contando com um quadro de membros especialistas em cooperativismo e direito cooperativo. Diversas têm sido as demandas resolvidas por esta via, com ótima resolutividade.

Na sequência transcrevemos as leis brasileiras de Mediação e Arbitragem:

LEI Nº 13.140, DE 26 DE JUNHO DE 2015.

A PRESIDENTA DA REPÚBLICA Faço saber que o Congresso Nacional decreta e eu sanciono a seguinte Lei:

Art. 1º Esta Lei dispõe sobre a mediação como meio de solução de controvérsias entre particulares e sobre a autocomposição de conflitos no âmbito da administração pública.

Parágrafo único. Considera-se mediação a atividade técnica exercida por terceiro imparcial sem poder decisório, que, escolhido ou aceito pelas partes, as auxilia e estimula a identificar ou desenvolver soluções consensuais para a controvérsia.

CAPÍTULO I
DA MEDIAÇÃO
Seção I
Disposições Gerais

Art. 2º A mediação será orientada pelos seguintes princípios:

I - imparcialidade do mediador;

II - isonomia entre as partes;

III - oralidade;

IV - informalidade;

V - autonomia da vontade das partes;

VI - busca do consenso;

VII - confidencialidade;

VIII - boa-fé.

§ 1º Na hipótese de existir previsão contratual de cláusula de mediação, as partes deverão comparecer à primeira reunião de mediação.

§ 2º Ninguém será obrigado a permanecer em procedimento de mediação.

Art. 3º Pode ser objeto de mediação o conflito que verse sobre direitos disponíveis ou sobre direitos indisponíveis que admitam transação.

§ 1º A mediação pode versar sobre todo o conflito ou parte dele.

§ 2º O consenso das partes envolvendo direitos indisponíveis, mas transigíveis, deve ser homologado em juízo, exigida a oitiva do Ministério Público.

Seção II

Dos Mediadores

Subseção I

Disposições Comuns

Art. 4º O mediador será designado pelo tribunal ou escolhido pelas partes.

§ 1º O mediador conduzirá o procedimento de comunicação entre as partes, buscando o entendimento e o consenso e facilitando a resolução do conflito.

§ 2º Aos necessitados será assegurada a gratuidade da mediação.

Art. 5º Aplicam-se ao mediador as mesmas hipóteses legais de impedimento e suspeição do juiz.

Parágrafo único. A pessoa designada para atuar como mediador tem o dever de revelar às partes, antes da aceitação da função, qualquer fato ou circunstância que possa suscitar dúvida justificada em relação à sua imparcialidade para mediar o conflito, oportunidade em que poderá ser recusado por qualquer delas.

Art. 6º O mediador fica impedido, pelo prazo de um ano, contado do término da última audiência em que atuou, de assessorar, representar ou patrocinar qualquer das partes.

Art. 7º O mediador não poderá atuar como árbitro nem funcionar como testemunha em processos judiciais ou arbitrais pertinentes a conflito em que tenha atuado como mediador.

Art. 8º O mediador e todos aqueles que o assessoram no procedimento de mediação, quando no exercício de suas funções ou em razão delas, são equiparados a servidor público, para os efeitos da legislação penal.

Subseção II
Dos Mediadores Extrajudiciais

Art. 9º Poderá funcionar como mediador extrajudicial qualquer pessoa capaz que tenha a confiança das partes e seja capacitada para fazer mediação, independentemente de integrar qualquer tipo de conselho, entidade de classe ou associação, ou nele inscrever-se.

Art. 10. As partes poderão ser assistidas por advogados ou defensores públicos.

Parágrafo único. Comparecendo uma das partes acompanhada de advogado ou defensor público, o mediador suspenderá o procedimento, até que todas estejam devidamente assistidas.

Subseção III
Dos Mediadores Judiciais

Art. 11. Poderá atuar como mediador judicial a pessoa capaz, graduada há pelo menos dois anos em curso de ensino superior de instituição reconhecida pelo Ministério da Educação e que tenha obtido capacitação em escola ou instituição de formação de mediadores, reconhecida pela Escola Nacional de Formação e Aperfeiçoamento de Magistrados - ENFAM ou pelos tribunais, observados os requisitos mínimos estabelecidos pelo Conselho Nacional de Justiça em conjunto com o Ministério da Justiça.

Art. 12. Os tribunais criarão e manterão cadastros atualizados dos mediadores habilitados e autorizados a atuar em mediação judicial.

§ 1º A inscrição no cadastro de mediadores judiciais será requerida pelo interessado ao tribunal com jurisdição na área em que pretenda exercer a mediação.

§ 2º Os tribunais regulamentarão o processo de inscrição e desligamento de seus mediadores.

Art. 13. A remuneração devida aos mediadores judiciais será fixada pelos tribunais e custeada pelas partes, observado o disposto no § 2º do art. 4º desta Lei.

Seção III

Do Procedimento de Mediação

Subseção I

Disposições Comuns

Art. 14. No início da primeira reunião de mediação, e sempre que julgar necessário, o mediador deverá alertar as partes acerca das regras de confidencialidade aplicáveis ao procedimento.

Art. 15. A requerimento das partes ou do mediador, e com anuência daquelas, poderão ser admitidos outros mediadores para funcionarem no mesmo procedimento, quando isso for recomendável em razão da natureza e da complexidade do conflito.

Art. 16. Ainda que haja processo arbitral ou judicial em curso, as partes poderão submeter-se à mediação, hipótese em que requererão ao juiz ou árbitro a suspensão do processo por prazo suficiente para a solução consensual do litígio.

§ 1º É irrecorrível a decisão que suspende o processo nos termos requeridos de comum acordo pelas partes.

§ 2º A suspensão do processo não obsta a concessão de medidas de urgência pelo juiz ou pelo árbitro.

Art. 17. Considera-se instituída a mediação na data para a qual for marcada a primeira reunião de mediação.

Parágrafo único. Enquanto transcorrer o procedimento de mediação, ficará suspenso o prazo prescricional.

Art. 18. Iniciada a mediação, as reuniões posteriores com a presença das partes somente poderão ser marcadas com a sua anuência.

Art. 19. No desempenho de sua função, o mediador poderá reunir-se com as partes, em conjunto ou separadamente, bem como solicitar das partes as informações que entender necessárias para facilitar o entendimento entre aquelas.

Art. 20. O procedimento de mediação será encerrado com a lavratura do seu termo final, quando for celebrado acordo ou quando não se justificarem novos esforços para a obtenção de consenso, seja por declaração do mediador nesse sentido ou por manifestação de qualquer das partes.

Parágrafo único. O termo final de mediação, na hipótese de celebração de acordo, constitui título executivo extrajudicial e, quando homologado judicialmente, título executivo judicial.

Subseção II

Da Mediação Extrajudicial

Art. 21. O convite para iniciar o procedimento de mediação extrajudicial poderá ser feito por qualquer meio de comunicação e deverá estipular o escopo proposto para a negociação, a data e o local da primeira reunião.

Parágrafo único. O convite formulado por uma parte à outra considerar-se-á rejeitado se não for respondido em até trinta dias da data de seu recebimento.

Art. 22. A previsão contratual de mediação deverá conter, no mínimo:

I - prazo mínimo e máximo para a realização da primeira reunião de mediação, contado a partir da data de recebimento do convite;

II - local da primeira reunião de mediação;

III - critérios de escolha do mediador ou equipe de mediação;

IV - penalidade em caso de não comparecimento da parte convidada à primeira reunião de mediação.

§ 1º A previsão contratual pode substituir a especificação dos itens acima enumerados pela indicação de regulamento, publicado por instituição idônea prestadora de serviços de mediação, no qual constem critérios claros para a escolha do mediador e realização da primeira reunião de mediação.

§ 2º Não havendo previsão contratual completa, deverão ser observados os seguintes critérios para a realização da primeira reunião de mediação:

I - prazo mínimo de dez dias úteis e prazo máximo de três meses, contados a partir do recebimento do convite;

II - local adequado a uma reunião que possa envolver informações confidenciais;

III - lista de cinco nomes, informações de contato e referências profissionais de mediadores capacitados; a parte convidada poderá escolher, expressamente, qualquer um dos cinco mediadores e, caso a parte convidada não se manifeste, considerar-se-á aceito o primeiro nome da lista;

IV - o não comparecimento da parte convidada à primeira reunião de mediação acarretará a assunção por parte desta de cinquenta por cento das custas e honorários sucumbenciais caso venha a ser vencedora em procedimento arbitral ou judicial posterior, que envolva o escopo da mediação para a qual foi convidada.

§ 3º Nos litígios decorrentes de contratos comerciais ou societários que não contenham cláusula de mediação, o mediador extrajudicial somente cobrará por seus serviços caso as partes decidam assinar o termo inicial de mediação e permanecer, voluntariamente, no procedimento de mediação.

Art. 23. Se, em previsão contratual de cláusula de mediação, as partes se comprometerem a não iniciar procedimento arbitral ou processo judicial durante certo prazo ou até o implemento de determinada condição, o árbitro ou o juiz suspenderá o curso da arbitragem ou da ação pelo prazo previamente acordado ou até o implemento dessa condição.

Parágrafo único. O disposto no caput não se aplica às medidas de urgência em que o acesso ao Poder Judiciário seja necessário para evitar o perecimento de direito.

Subseção III
Da Mediação Judicial

Art. 24. Os tribunais criarão centros judiciários de solução consensual de conflitos, responsáveis pela realização de sessões e audiências de conciliação e mediação, pré-processuais e processuais, e pelo desenvolvimento de programas destinados a auxiliar, orientar e estimular a autocomposição.

Parágrafo único. A composição e a organização do centro serão definidas pelo respectivo tribunal, observadas as normas do Conselho Nacional de Justiça.

Art. 25. Na mediação judicial, os mediadores não estarão sujeitos à prévia aceitação das partes, observado o disposto no art. 5º desta Lei.

Art. 26. As partes deverão ser assistidas por advogados ou defensores públicos, ressalvadas as hipóteses previstas nas Leis n 9.099, de 26 de setembro de 1995, e 10.259, de 12 de julho de 2001.

Parágrafo único. Aos que comprovarem insuficiência de recursos será assegurada assistência pela Defensoria Pública.

Art. 27. Se a petição inicial preencher os requisitos essenciais e não for o caso de improcedência liminar do pedido, o juiz designará audiência de mediação.

Art. 28. O procedimento de mediação judicial deverá ser concluído em até sessenta dias, contados da primeira sessão, salvo quando as partes, de comum acordo, requererem sua prorrogação.

Parágrafo único. Se houver acordo, os autos serão encaminhados ao juiz, que determinará o arquivamento do processo e, desde que requerido pelas partes, homologará o acordo, por sentença, e o termo final da mediação e determinará o arquivamento do processo.

Art. 29. Solucionado o conflito pela mediação antes da citação do réu, não serão devidas custas judiciais finais.

Seção IV

Da Confidencialidade e suas Exceções

Art. 30. Toda e qualquer informação relativa ao procedimento de mediação será confidencial em relação a terceiros, não podendo ser revelada sequer em processo arbitral ou judicial salvo se as partes expressamente decidirem de forma diversa ou quando sua divulgação for exigida por lei ou necessária para cumprimento de acordo obtido pela mediação.

§ 1º O dever de confidencialidade aplica-se ao mediador, às partes, a seus prepostos, advogados, assessores técnicos e a outras pessoas de sua confiança que tenham, direta ou indiretamente, participado do procedimento de mediação, alcançando:

I - declaração, opinião, sugestão, promessa ou proposta formulada por uma parte à outra na busca de entendimento para o conflito;

II - reconhecimento de fato por qualquer das partes no curso do procedimento de mediação;

III - manifestação de aceitação de proposta de acordo apresentada pelo mediador;

IV - documento preparado unicamente para os fins do procedimento de mediação.

§ 2º A prova apresentada em desacordo com o disposto neste artigo não será admitida em processo arbitral ou judicial.

§ 3º Não está abrigada pela regra de confidencialidade a informação relativa à ocorrência de crime de ação pública.

§ 4º A regra da confidencialidade não afasta o dever de as pessoas discriminadas no caput prestarem informações à administração tributária após o termo final da mediação, aplicando-se aos seus servidores a obrigação de manterem sigilo das informações compartilhadas nos termos do art. 198 da Lei nº 5.172, de 25 de outubro de 1966 - Código Tributário Nacional.

Art. 31. Será confidencial a informação prestada por uma parte em sessão privada, não podendo o mediador revelá-la às demais, exceto se expressamente autorizado.

CAPÍTULO II
DA AUTOCOMPOSIÇÃO DE CONFLITOS EM QUE FOR PARTE PESSOA JURÍDICA DE DIREITO PÚBLICO

Seção I
Disposições Comuns

Art. 32. A União, os Estados, o Distrito Federal e os Municípios poderão criar câmaras de prevenção e resolução administrativa de conflitos, no âmbito dos respectivos órgãos da Advocacia Pública, onde houver, com competência para:

I - dirimir conflitos entre órgãos e entidades da administração pública;

II - avaliar a admissibilidade dos pedidos de resolução de conflitos, por meio de composição, no caso de controvérsia entre particular e pessoa jurídica de direito público;

III - promover, quando couber, a celebração de termo de ajustamento de conduta.

§ 1º O modo de composição e funcionamento das câmaras de que trata o caput será estabelecido em regulamento de cada ente federado.

§ 2º A submissão do conflito às câmaras de que trata o caput é facultativa e será cabível apenas nos casos previstos no regulamento do respectivo ente federado.

§ 3º Se houver consenso entre as partes, o acordo será reduzido a termo e constituirá título executivo extrajudicial.

§ 4º Não se incluem na competência dos órgãos mencionados no caput deste artigo as controvérsias que somente possam ser resolvidas por atos ou concessão de direitos sujeitos a autorização do Poder Legislativo.

§ 5º Compreendem-se na competência das câmaras de que trata o caput a prevenção e a resolução de conflitos que envolvam equilíbrio econômico-financeiro de contratos celebrados pela administração com particulares.

Art. 33. Enquanto não forem criadas as câmaras de mediação, os conflitos poderão ser dirimidos nos termos do procedimento de mediação previsto na Subseção I da Seção III do Capítulo I desta Lei.

Parágrafo único. A Advocacia Pública da União, dos Estados, do Distrito Federal e dos Municípios, onde houver, poderá instaurar, de ofício ou mediante provocação, procedimento de mediação coletiva de conflitos relacionados à prestação de serviços públicos.

Art. 34. A instauração de procedimento administrativo para a resolução consensual de conflito no âmbito da administração pública suspende a prescrição.

§ 1º Considera-se instaurado o procedimento quando o órgão ou entidade pública emitir juízo de admissibilidade, retroagindo a suspensão da prescrição à data de formalização do pedido de resolução consensual do conflito.

§ 2º Em se tratando de matéria tributária, a suspensão da prescrição deverá observar o disposto na Lei nº 5.172, de 25 de outubro de 1966 - Código Tributário Nacional.

Seção II

Dos Conflitos Envolvendo a Administração Pública Federal Direta, suas Autarquias e Fundações

Art. 35. As controvérsias jurídicas que envolvam a administração pública federal direta, suas autarquias e fundações poderão ser objeto de transação por adesão, com fundamento em:

I - autorização do Advogado-Geral da União, com base na jurisprudência pacífica do Supremo Tribunal Federal ou de tribunais superiores; ou

II - parecer do Advogado-Geral da União, aprovado pelo Presidente da República.

§ 1º Os requisitos e as condições da transação por adesão serão definidos em resolução administrativa própria.

§ 2º Ao fazer o pedido de adesão, o interessado deverá juntar prova de atendimento aos requisitos e às condições estabelecidos na resolução administrativa.

§ 3º A resolução administrativa terá efeitos gerais e será aplicada aos casos idênticos, tempestivamente habilitados mediante pedido de adesão, ainda que solucione apenas parte da controvérsia.

§ 4º A adesão implicará renúncia do interessado ao direito sobre o qual se fundamenta a ação ou o recurso, eventualmente pendentes, de natureza administrativa ou judicial, no que tange aos pontos compreendidos pelo objeto da resolução administrativa.

§ 5º Se o interessado for parte em processo judicial inaugurado por ação coletiva, a renúncia ao direito sobre o qual se fundamenta a ação deverá ser expressa, mediante petição dirigida ao juiz da causa.

§ 6º A formalização de resolução administrativa destinada à transação por adesão não implica a renúncia tácita à prescrição nem sua interrupção ou suspensão.

Art. 36. No caso de conflitos que envolvam controvérsia jurídica entre órgãos ou entidades de direito público que integram a administração pública federal, a Advocacia-Geral da União deverá realizar composição extrajudicial do conflito, observados os procedimentos previstos em ato do Advogado-Geral da União.

§ 1º Na hipótese do caput, se não houver acordo quanto à controvérsia jurídica, caberá ao Advogado-Geral da União dirimi-la, com fundamento na legislação afeta.

§ 2º Nos casos em que a resolução da controvérsia implicar o reconhecimento da existência de créditos da União, de suas autarquias e fundações em face de pessoas jurídicas de direito público federais, a Advocacia-Geral da União poderá solicitar ao Ministério do Planejamento, Orçamento e Gestão a adequação orçamentária para quitação das dívidas reconhecidas como legítimas.

§ 3º A composição extrajudicial do conflito não afasta a apuração de responsabilidade do agente público que deu causa à dívida, sempre que se verificar que sua ação ou omissão constitui, em tese, infração disciplinar.

§ 4º Nas hipóteses em que a matéria objeto do litígio esteja sendo discutida em ação de improbidade administrativa ou sobre ela haja decisão do Tribunal de Contas da União, a conciliação de que trata o caput dependerá da anuência expressa do juiz da causa ou do Ministro Relator.

Art. 37. É facultado aos Estados, ao Distrito Federal e aos Municípios, suas autarquias e fundações públicas, bem como às empresas públicas e sociedades de economia mista federais, submeter seus litígios com órgãos ou entidades da administração pública federal à Advocacia-Geral da União, para fins de composição extrajudicial do conflito.

Art. 38. Nos casos em que a controvérsia jurídica seja relativa a tributos administrados pela Secretaria da Receita Federal do Brasil ou a créditos inscritos em dívida ativa da União:

I - não se aplicam as disposições dos incisos II e III do caput do art. 32;

II - as empresas públicas, sociedades de economia mista e suas subsidiárias que explorem atividade econômica de produção ou comercialização de bens ou de prestação de serviços em regime de concorrência não poderão exercer a faculdade prevista no art. 37;

III - quando forem partes as pessoas a que alude o caput do art. 36:

a) a submissão do conflito à composição extrajudicial pela Advocacia-Geral da União implica renúncia do direito de recorrer ao Conselho Administrativo de Recursos Fiscais;

b) a redução ou o cancelamento do crédito dependerá de manifestação conjunta do Advogado-Geral da União e do Ministro de Estado da Fazenda.

Parágrafo único. O disposto neste artigo não afasta a competência do Advogado-Geral da União prevista nos incisos VI, X e XI do art. 4º da Lei Complementar nº 73, de 10 de fevereiro de 1993, e na Lei nº 9.469, de 10 de julho de 1997.

Art. 39. A propositura de ação judicial em que figurem concomitantemente nos polos ativo e passivo órgãos ou entidades de direito público que integrem a administração pública federal deverá ser previamente autorizada pelo Advogado-Geral da União.

Art. 40. Os servidores e empregados públicos que participarem do processo de composição extrajudicial do conflito, somente poderão ser responsabilizados civil, administrativa ou criminalmente quando, mediante dolo ou fraude, receberem qualquer vantagem patrimonial indevida, permitirem ou facilitarem sua recepção por terceiro, ou para tal concorrerem.

CAPÍTULO III

DISPOSIÇÕES FINAIS

Art. 41. A Escola Nacional de Mediação e Conciliação, no âmbito do Ministério da Justiça, poderá criar banco de dados sobre boas práticas em mediação, bem como manter relação de mediadores e de instituições de mediação.

Art. 42. Aplica-se esta Lei, no que couber, às outras formas consensuais de resolução de conflitos, tais como mediações comunitárias e escolares, e àquelas levadas a efeito nas serventias extrajudiciais, desde que no âmbito de suas competências.

Parágrafo único. A mediação nas relações de trabalho será regulada por lei própria.

Art. 43. Os órgãos e entidades da administração pública poderão criar câmaras para a resolução de conflitos entre particulares, que versem sobre atividades por eles reguladas ou supervisionadas.

Art. 44. Os arts. 1º e 2º da Lei nº 9.469, de 10 de julho de 1997, passam a vigorar com a seguinte redação:

"Art. 1º O Advogado-Geral da União, diretamente ou mediante delegação, e os dirigentes máximos das empresas públicas federais, em conjunto com o dirigente estatutário da área afeta ao assunto, poderão autorizar a realização de acordos ou transações para prevenir ou terminar litígios, inclusive os judiciais.

§ 1º Poderão ser criadas câmaras especializadas, compostas por servidores públicos ou empregados públicos efetivos, com o objetivo de analisar e formular propostas de acordos ou transações.

§ 3º Regulamento disporá sobre a forma de composição das câmaras de que trata o § 1º, que deverão ter como integrante pelo menos um membro efetivo da Advocacia-Geral da União ou, no caso das empresas públicas, um assistente jurídico ou ocupante de função equivalente.

§ 4º Quando o litígio envolver valores superiores aos fixados em regulamento, o acordo ou a transação, sob pena de nulidade, dependerá de prévia e expressa autorização do Advogado-Geral da União e do Ministro de Estado a cuja área de competência estiver afeto o assunto, ou ainda do Presidente da Câmara dos Deputados, do Senado Federal, do Tribunal de Contas da União, de Tribunal ou Conselho, ou do Procurador-Geral da República, no caso de interesse dos órgãos dos Poderes Legislativo e Judiciário ou do Ministério Público da União, excluídas as empresas públicas federais não dependentes, que necessitarão apenas de prévia e expressa autorização dos dirigentes de que trata o caput .

§ 5º Na transação ou acordo celebrado diretamente pela parte ou por intermédio de procurador para extinguir ou encerrar processo judicial, inclusive os casos de extensão administrativa de pagamentos postulados em juízo, as partes poderão definir a responsabilidade de cada uma pelo pagamento dos honorários dos respectivos advogados." (NR)

"Art. 2º O Procurador-Geral da União, o Procurador-Geral Federal, o Procurador-Geral do Banco Central do Brasil e os dirigentes das empresas públicas federais mencionadas no caput do art. 1º poderão autorizar, diretamente ou mediante delegação, a realização de acordos para prevenir ou terminar, judicial ou extrajudicialmente, litígio que envolver valores inferiores aos fixados em regulamento.

§ 1º No caso das empresas públicas federais, a delegação é restrita a órgão colegiado formalmente constituído, composto por pelo menos um dirigente estatutário.

§ 2º O acordo de que trata o caput poderá consistir no pagamento do débito em parcelas mensais e sucessivas, até o limite máximo de sessenta.

§ 3º O valor de cada prestação mensal, por ocasião do pagamento, será acrescido de juros equivalentes à taxa referencial do Sistema Especial de Liquidação e de Custódia - SELIC para títulos federais, acumulada mensalmente, calculados a partir do mês subsequente ao da consolidação até o mês anterior ao do pagamento e de um por cento relativamente ao mês em que o pagamento estiver sendo efetuado.

§ 4º Inadimplida qualquer parcela, após trinta dias, instaurar-se-á o processo de execução ou nele prosseguir-se-á, pelo saldo." (NR)

Art. 45. O Decreto nº 70.235, de 6 de março de 1972, passa a vigorar acrescido do seguinte art. 14-A:

"Art. 14-A. No caso de determinação e exigência de créditos tributários da União cujo sujeito passivo seja órgão ou entidade de direito público da administração pública federal, a submissão do litígio à composição extrajudicial pela Advocacia-Geral da União é considerada reclamação, para fins do disposto no inciso III do art. 151 da Lei nº 5.172, de 25 de outubro de 1966 - Código Tributário Nacional."

Art. 46. A mediação poderá ser feita pela internet ou por outro meio de comunicação que permita a transação à distância, desde que as partes estejam de acordo.

Parágrafo único. É facultado à parte domiciliada no exterior submeter-se à mediação segundo as regras estabelecidas nesta Lei.

Art. 47. Esta Lei entra em vigor após decorridos cento e oitenta dias de sua publicação oficial.

Art. 48. Revoga-se o § 2º do art. 6º da Lei nº 9.469, de 10 de julho de 1997.

Brasília, 26 de junho de 2015; 194º da Independência e 127º da República.

DILMA ROUSSEFF

José Eduardo Cardozo

Joaquim Vieira Ferreira Levy

Nelson Barbosa

Luís Inácio Lucena Adams

Este texto não substitui o publicado no DOU de 29.6.2015

LEI Nº 9.307, DE 23 DE SETEMBRO DE 1996.

Dispõe sobre a arbitragem

O PRESIDENTE DA REPÚBLICA Faço saber que o Congresso Nacional decreta e eu sanciono a seguinte Lei:

Capítulo I

Disposições Gerais

Art. 1º As pessoas capazes de contratar poderão valer-se da arbitragem para dirimir litígios relativos a direitos patrimoniais disponíveis.

§ 1º A administração pública direta e indireta poderá utilizar-se da arbitragem para dirimir conflitos relativos a direitos patrimoniais disponíveis.

§ 2º A autoridade ou o órgão competente da administração pública direta para a celebração de convenção de arbitragem é a mesma para a realização de acordos ou transações.

Art. 2º A arbitragem poderá ser de direito ou de eqüidade, a critério das partes.

§ 1º Poderão as partes escolher, livremente, as regras de direito que serão aplicadas na arbitragem, desde que não haja violação aos bons costumes e à ordem pública.

§ 2º Poderão, também, as partes convencionar que a arbitragem se realize com base nos princípios gerais de direito, nos usos e costumes e nas regras internacionais de comércio.

§ 3º A arbitragem que envolva a administração pública será sempre de direito e respeitará o princípio da publicidade.

Capítulo II

Da Convenção de Arbitragem e seus Efeitos

Art. 3º As partes interessadas podem submeter a solução de seus litígios ao juízo arbitral mediante convenção de arbitragem, assim entendida a cláusula compromissória e o compromisso arbitral.

Art. 4º A cláusula compromissória é a convenção através da qual as partes em um contrato comprometem-se a submeter à arbitragem os litígios que possam vir a surgir, relativamente a tal contrato.

§ 1º A cláusula compromissória deve ser estipulada por escrito, podendo estar inserta no próprio contrato ou em documento apartado que a ele se refira.

§ 2º Nos contratos de adesão, a cláusula compromissória só terá eficácia se o aderente tomar a iniciativa de instituir a arbitragem ou concordar, expressamente, com a sua instituição, desde que por escrito em documento anexo ou em negrito, com a assinatura ou visto especialmente para essa cláusula.

Art. 5º Reportando-se as partes, na cláusula compromissória, às regras de algum órgão arbitral institucional ou entidade especializada, a arbitragem será instituída e processada de acordo com tais regras, podendo, igualmente, as partes estabelecer na própria cláusula, ou em outro documento, a forma convencionada para a instituição da arbitragem.

Art. 6º Não havendo acordo prévio sobre a forma de instituir a arbitragem, a parte interessada manifestará à outra parte sua intenção de dar início à arbitragem, por via postal ou por outro meio qualquer de comunicação, mediante comprovação de recebimento, convocando-a para, em dia, hora e local certos, firmar o compromisso arbitral.

Parágrafo único. Não comparecendo a parte convocada ou, comparecendo, recusar-se a firmar o compromisso arbitral, poderá a outra parte propor a demanda de que trata o art. 7º desta Lei, perante o órgão do Poder Judiciário a que, originariamente, tocaria o julgamento da causa.

Art. 7º Existindo cláusula compromissória e havendo resistência quanto à instituição da arbitragem, poderá a parte interessada requerer a citação da outra parte para comparecer em juízo a fim de lavrar-se o compromisso, designando o juiz audiência especial para tal fim.

§ 1º O autor indicará, com precisão, o objeto da arbitragem, instruindo o pedido com o documento que contiver a cláusula compromissória.

§ 2º Comparecendo as partes à audiência, o juiz tentará, previamente, a conciliação acerca do litígio. Não obtendo sucesso, tentará o juiz conduzir as partes à celebração, de comum acordo, do compromisso arbitral.

§ 3º Não concordando as partes sobre os termos do compromisso, decidirá o juiz, após ouvir o réu, sobre seu conteúdo, na própria audiência ou no prazo de dez dias, respeitadas as disposições da cláusula compromissória e atendendo ao disposto nos arts. 10 e 21, § 2º, desta Lei.

§ 4º Se a cláusula compromissória nada dispuser sobre a nomeação de árbitros, caberá ao juiz, ouvidas as partes, estatuir a respeito, podendo nomear árbitro único para a solução do litígio.

§ 5º A ausência do autor, sem justo motivo, à audiência designada para a lavratura do compromisso arbitral, importará a extinção do processo sem julgamento de mérito.

§ 6º Não comparecendo o réu à audiência, caberá ao juiz, ouvido o autor, estatuir a respeito do conteúdo do compromisso, nomeando árbitro único.

§ 7º A sentença que julgar procedente o pedido valerá como compromisso arbitral.

Art. 8º A cláusula compromissória é autônoma em relação ao contrato em que estiver inserta, de tal sorte que a nulidade deste não implica, necessariamente, a nulidade da cláusula compromissória.

Parágrafo único. Caberá ao árbitro decidir de ofício, ou por provocação das partes, as questões acerca da existência, validade e eficácia da convenção de arbitragem e do contrato que contenha a cláusula compromissória.

Art. 9º O compromisso arbitral é a convenção através da qual as partes submetem um litígio à arbitragem de uma ou mais pessoas, podendo ser judicial ou extrajudicial.

§ 1º O compromisso arbitral judicial celebrar-se-á por termo nos autos, perante o juízo ou tribunal, onde tem curso a demanda.

§ 2º O compromisso arbitral extrajudicial será celebrado por escrito particular, assinado por duas testemunhas, ou por instrumento público.

Art. 10. Constará, obrigatoriamente, do compromisso arbitral:

I - o nome, profissão, estado civil e domicílio das partes;

II - o nome, profissão e domicílio do árbitro, ou dos árbitros, ou, se for o caso, a identificação da entidade à qual as partes delegaram a indicação de árbitros;

III - a matéria que será objeto da arbitragem; e

IV - o lugar em que será proferida a sentença arbitral.

Art. 11. Poderá, ainda, o compromisso arbitral conter:

I - local, ou locais, onde se desenvolverá a arbitragem;

II - a autorização para que o árbitro ou os árbitros julguem por eqüidade, se assim for convencionado pelas partes;

III - o prazo para apresentação da sentença arbitral;

IV - a indicação da lei nacional ou das regras corporativas aplicáveis à arbitragem, quando assim convencionarem as partes;

V - a declaração da responsabilidade pelo pagamento dos honorários e das despesas com a arbitragem; e

VI - a fixação dos honorários do árbitro, ou dos árbitros.

Parágrafo único. Fixando as partes os honorários do árbitro, ou dos árbitros, no compromisso arbitral, este constituirá título executivo extrajudicial; não havendo tal estipulação, o árbitro requererá ao órgão do Poder Judiciário que seria competente para julgar, originariamente, a causa que os fixe por sentença.

Art. 12. Extingue-se o compromisso arbitral:

I - escusando-se qualquer dos árbitros, antes de aceitar a nomeação, desde que as partes tenham declarado, expressamente, não aceitar substituto;

II - falecendo ou ficando impossibilitado de dar seu voto algum dos árbitros, desde que as partes declarem, expressamente, não aceitar substituto; e

III - tendo expirado o prazo a que se refere o art. 11, inciso III, desde que a parte interessada tenha notificado o árbitro, ou o presidente do tribunal arbitral, concedendo-lhe o prazo de dez dias para a prolação e apresentação da sentença arbitral.

Capítulo III
Dos Árbitros

Art. 13. Pode ser árbitro qualquer pessoa capaz e que tenha a confiança das partes.

§ 1º As partes nomearão um ou mais árbitros, sempre em número ímpar, podendo nomear, também, os respectivos suplentes.

§ 2º Quando as partes nomearem árbitros em número par, estes estão autorizados, desde logo, a nomear mais um árbitro. Não havendo acordo, requererão as partes ao órgão do Poder Judiciário a que tocaria, originariamente, o julgamento da causa a nomeação do árbitro, aplicável, no que couber, o procedimento previsto no art. 7º desta Lei.

§ 3º As partes poderão, de comum acordo, estabelecer o processo de escolha dos árbitros, ou adotar as regras de um órgão arbitral institucional ou entidade especializada.

§ 4º Sendo nomeados vários árbitros, estes, por maioria, elegerão o presidente do tribunal arbitral. Não havendo consenso, será designado presidente o mais idoso.

§ 4º As partes, de comum acordo, poderão afastar a aplicação de dispositivo do regulamento do órgão arbitral institucional ou entidade especializada que limite a escolha do árbitro único, coárbitro ou presidente do tribunal à respectiva lista de árbitros, autorizado o controle da escolha pelos órgãos competentes da instituição, sendo que, nos casos de impasse e arbitragem multiparte, deverá ser observado o que dispuser o regulamento aplicável.

§ 5º O árbitro ou o presidente do tribunal designará, se julgar conveniente, um secretário, que poderá ser um dos árbitros.

§ 6º No desempenho de sua função, o árbitro deverá proceder com imparcialidade, independência, competência, diligência e discrição.

§ 7º Poderá o árbitro ou o tribunal arbitral determinar às partes o adiantamento de verbas para despesas e diligências que julgar necessárias.

Art. 14. Estão impedidos de funcionar como árbitros as pessoas que tenham, com as partes ou com o litígio que lhes for submetido, algumas das relações que caracterizam os casos de impedimento ou suspeição de juízes, aplicando-se-lhes, no que couber, os mesmos deveres e responsabilidades, conforme previsto no Código de Processo Civil.

§ 1º As pessoas indicadas para funcionar como árbitro têm o dever de revelar, antes da aceitação da função, qualquer fato que denote dúvida justificada quanto à sua imparcialidade e independência.

§ 2º O árbitro somente poderá ser recusado por motivo ocorrido após sua nomeação. Poderá, entretanto, ser recusado por motivo anterior à sua nomeação, quando:

a) não for nomeado, diretamente, pela parte; ou

b) o motivo para a recusa do árbitro for conhecido posteriormente à sua nomeação.

Art. 15. A parte interessada em argüir a recusa do árbitro apresentará, nos termos do art. 20, a respectiva exceção, diretamente ao árbitro ou ao presidente do tribunal arbitral, deduzindo suas razões e apresentando as provas pertinentes.

Parágrafo único. Acolhida a exceção, será afastado o árbitro suspeito ou impedido, que será substituído, na forma do art. 16 desta Lei.

Art. 16. Se o árbitro escusar-se antes da aceitação da nomeação, ou, após a aceitação, vier a falecer, tornar-se impossibilitado para o exercício da função, ou for recusado, assumirá seu lugar o substituto indicado no compromisso, se houver.

§ 1º Não havendo substituto indicado para o árbitro, aplicar-se-ão as regras do órgão arbitral institucional ou entidade especializada, se as partes as tiverem invocado na convenção de arbitragem.

§ 2º Nada dispondo a convenção de arbitragem e não chegando as partes a um acordo sobre a nomeação do árbitro a ser substituído, procederá a parte interessada da forma prevista no art. 7º desta Lei, a menos que as partes tenham declarado, expressamente, na convenção de arbitragem, não aceitar substituto.

Art. 17. Os árbitros, quando no exercício de suas funções ou em razão delas, ficam equiparados aos funcionários públicos, para os efeitos da legislação penal.

Art. 18. O árbitro é juiz de fato e de direito, e a sentença que proferir não fica sujeita a recurso ou a homologação pelo Poder Judiciário.

Capítulo IV

Do Procedimento Arbitral

Art. 19. Considera-se instituída a arbitragem quando aceita a nomeação pelo árbitro, se for único, ou por todos, se forem vários.

§ 1º Instituída a arbitragem e entendendo o árbitro ou o tribunal arbitral que há necessidade de explicitar questão disposta na convenção de arbitragem, será elaborado, juntamente com as partes, adendo firmado por todos, que passará a fazer parte integrante da convenção de arbitragem.

§ 2º A instituição da arbitragem interrompe a prescrição, retroagindo à data do requerimento de sua instauração, ainda que extinta a arbitragem por ausência de jurisdição.

Art. 20. A parte que pretender argüir questões relativas à competência, suspeição ou impedimento do árbitro ou dos árbitros, bem como nulidade, invalidade ou ineficácia da convenção de arbitragem, deverá fazê-lo na primeira oportunidade que tiver de se manifestar, após a instituição da arbitragem.

§ 1º Acolhida a argüição de suspeição ou impedimento, será o árbitro substituído nos termos do art. 16 desta Lei, reconhecida a incompetência do árbitro ou do tribunal arbitral, bem como a nulidade, invalidade ou ineficácia da convenção de arbitragem, serão as partes remetidas ao órgão do Poder Judiciário competente para julgar a causa.

§ 2º Não sendo acolhida a argüição, terá normal prosseguimento a arbitragem, sem prejuízo de vir a ser examinada a decisão pelo órgão do Poder Judiciário competente, quando da eventual propositura da demanda de que trata o art. 33 desta Lei.

Art. 21. A arbitragem obedecerá ao procedimento estabelecido pelas partes na convenção de arbitragem, que poderá reportar-se às regras de um órgão arbitral institucional ou entidade especializada, facultando-se, ainda, às partes delegar ao próprio árbitro, ou ao tribunal arbitral, regular o procedimento.

§ 1º Não havendo estipulação acerca do procedimento, caberá ao árbitro ou ao tribunal arbitral disciplina-lo.

§ 2º Serão, sempre, respeitados no procedimento arbitral os princípios do contraditório, da igualdade das partes, da imparcialidade do árbitro e de seu livre convencimento.

§ 3º As partes poderão postular por intermédio de advogado, respeitada, sempre, a faculdade de designar quem as represente ou assista no procedimento arbitral.

§ 4º Competirá ao árbitro ou ao tribunal arbitral, no início do procedimento, tentar a conciliação das partes, aplicando-se, no que couber, o art. 28 desta Lei.

Art. 22. Poderá o árbitro ou o tribunal arbitral tomar o depoimento das partes, ouvir testemunhas e determinar a realização de perícias ou outras provas que julgar necessárias, mediante requerimento das partes ou de ofício.

§ 1º O depoimento das partes e das testemunhas será tomado em local, dia e hora previamente comunicados, por escrito, e reduzido a termo, assinado pelo depoente, ou a seu rogo, e pelos árbitros.

§ 2º Em caso de desatendimento, sem justa causa, da convocação para prestar depoimento pessoal, o árbitro ou o tribunal arbitral levará em consideração o comportamento da parte faltosa, ao proferir sua sentença; se a ausência for de testemunha, nas mesmas circunstâncias, poderá o árbitro ou o presidente do tribunal arbitral requerer à autoridade judiciária que conduza a testemunha renitente, comprovando a existência da convenção de arbitragem.

§ 3º A revelia da parte não impedirá que seja proferida a sentença arbitral.

§ 5º Se, durante o procedimento arbitral, um árbitro vier a ser substituído fica a critério do substituto repetir as provas já produzidas.

CAPÍTULO IV

DAS TUTELAS CAUTELARES E DE URGÊNCIA

Art. 22-A. Antes de instituída a arbitragem, as partes poderão recorrer ao Poder Judiciário para a concessão de medida cautelar ou de urgência.

Parágrafo único. Cessa a eficácia da medida cautelar ou de urgência se a parte interessada não requerer a instituição da arbitragem no prazo de 30 (trinta) dias, contado da data de efetivação da respectiva decisão.

Art. 22-B. Instituída a arbitragem, caberá aos árbitros manter, modificar ou revogar a medida cautelar ou de urgência concedida pelo Poder Judiciário.

Parágrafo único. Estando já instituída a arbitragem, a medida cautelar ou de urgência será requerida diretamente aos árbitros.

CAPÍTULO

DA CARTA ARBITRAL

Art. 22-C. O árbitro ou o tribunal arbitral poderá expedir carta arbitral para que o órgão jurisdicional nacional pratique ou determine o cumprimento, na área de sua competência territorial, de ato solicitado pelo árbitro.

Parágrafo único. No cumprimento da carta arbitral será observado o segredo de justiça, desde que comprovada a confidencialidade estipulada na arbitragem.

Capítulo V

Da Sentença Arbitral

Art. 23. A sentença arbitral será proferida no prazo estipulado pelas partes. Nada tendo sido convencionado, o prazo para a apresentação da sentença é de seis meses, contado da instituição da arbitragem ou da substituição do árbitro.

§ 1º Os árbitros poderão proferir sentenças parciais.

§ 2º As partes e os árbitros, de comum acordo, poderão prorrogar o prazo para proferir a sentença final.

Art. 24. A decisão do árbitro ou dos árbitros será expressa em documento escrito.

§ 1º Quando forem vários os árbitros, a decisão será tomada por maioria. Se não houver acordo majoritário, prevalecerá o voto do presidente do tribunal arbitral.

§ 2º O árbitro que divergir da maioria poderá, querendo, declarar seu voto em separado.

Art. 26. São requisitos obrigatórios da sentença arbitral:

I - o relatório, que conterá os nomes das partes e um resumo do litígio;

II - os fundamentos da decisão, onde serão analisadas as questões de fato e de direito, mencionando-se, expressamente, se os árbitros julgaram por eqüidade;

III - o dispositivo, em que os árbitros resolverão as questões que lhes forem submetidas e estabelecerão o prazo para o cumprimento da decisão, se for o caso; e

IV - a data e o lugar em que foi proferida.

Parágrafo único. A sentença arbitral será assinada pelo árbitro ou por todos os árbitros. Caberá ao presidente do tribunal arbitral, na hipótese de um ou alguns dos árbitros não poder ou não querer assinar a sentença, certificar tal fato.

Art. 27. A sentença arbitral decidirá sobre a responsabilidade das partes acerca das custas e despesas com a arbitragem, bem como sobre verba decorrente de litigância de má-fé, se for o caso, respeitadas as disposições da convenção de arbitragem, se houver.

Art. 28. Se, no decurso da arbitragem, as partes chegarem a acordo quanto ao litígio, o árbitro ou o tribunal arbitral poderá, a pedido das partes, declarar tal fato mediante sentença arbitral, que conterá os requisitos do art. 26 desta Lei.

Art. 29. Proferida a sentença arbitral, dá-se por finda a arbitragem, devendo o árbitro, ou o presidente do tribunal arbitral, enviar cópia da decisão às partes, por via postal ou por outro meio qualquer de comunicação, mediante comprovação de recebimento, ou, ainda, entregando-a diretamente às partes, mediante recibo.

Art. 30. No prazo de 5 (cinco) dias, a contar do recebimento da notificação ou da ciência pessoal da sentença arbitral, salvo se outro prazo for acordado entre as partes, a parte interessada, mediante comunicação à outra parte, poderá solicitar ao árbitro ou ao tribunal arbitral que:

I - corrija qualquer erro material da sentença arbitral;

II - esclareça alguma obscuridade, dúvida ou contradição da sentença arbitral, ou se pronuncie sobre ponto omitido a respeito do qual devia manifestar-se a decisão.

Parágrafo único. O árbitro ou o tribunal arbitral decidirá no prazo de 10 (dez) dias ou em prazo acordado com as partes, aditará a sentença arbitral e notificará as partes na forma do art. 29.

Art. 31. A sentença arbitral produz, entre as partes e seus sucessores, os mesmos efeitos da sentença proferida pelos órgãos do Poder Judiciário e, sendo condenatória, constitui título executivo.

Art. 32. É nula a sentença arbitral se:

I - for nula a convenção de arbitragem;

II - emanou de quem não podia ser árbitro;

III - não contiver os requisitos do art. 26 desta Lei;

IV - for proferida fora dos limites da convenção de arbitragem;

VI - comprovado que foi proferida por prevaricação, concussão ou corrupção passiva;

VII - proferida fora do prazo, respeitado o disposto no art. 12, inciso III, desta Lei; e

VIII - forem desrespeitados os princípios de que trata o art. 21, § 2º, desta Lei.

Art. 33. A parte interessada poderá pleitear ao órgão do Poder Judiciário competente a declaração de nulidade da sentença arbitral, nos casos previstos nesta Lei.

§ 1º A demanda para a declaração de nulidade da sentença arbitral, parcial ou final, seguirá as regras do procedimento comum, previstas na Lei nº 5.869, de 11 de janeiro de 1973 (Código de Processo Civil), e deverá ser proposta no prazo de até 90 (noventa) dias após o recebimento da notificação da respectiva sentença, parcial ou final, ou da decisão do pedido de esclarecimentos.

§ 2ºA sentença que julgar procedente o pedido declarará a nulidade da sentença arbitral, nos casos do art. 32, e determinará, se for o caso, que o árbitro ou o tribunal profira nova sentença arbitral.

§ 3º A decretação da nulidade da sentença arbitral também poderá ser requerida na impugnação ao cumprimento da sentença, nos termos dos arts. 525 e seguintes do Código de Processo Civil, se houver execução judicial.

§ 4º A parte interessada poderá ingressar em juízo para requerer a prolação de sentença arbitral complementar, se o árbitro não decidir todos os pedidos submetidos à arbitragem.

Capítulo VI
Do Reconhecimento e Execução de Sentenças Arbitrais Estrangeiras

Art. 34. A sentença arbitral estrangeira será reconhecida ou executada no Brasil de conformidade com os tratados internacionais com eficácia no ordenamento interno e, na sua ausência, estritamente de acordo com os termos desta Lei.

Parágrafo único. Considera-se sentença arbitral estrangeira a que tenha sido proferida fora do território nacional.

Art. 35. Para ser reconhecida ou executada no Brasil, a sentença arbitral estrangeira está sujeita, unicamente, à homologação do Superior Tribunal de Justiça.

Art. 36. Aplica-se à homologação para reconhecimento ou execução de sentença arbitral estrangeira, no que couber, o disposto nos arts. 483 e 484 do Código de Processo Civil.

Art. 37. A homologação de sentença arbitral estrangeira será requerida pela parte interessada, devendo a petição inicial conter as indicações da lei processual, conforme o art. 282 do Código de Processo Civil, e ser instruída, necessariamente, com:

I - o original da sentença arbitral ou uma cópia devidamente certificada, autenticada pelo consulado brasileiro e acompanhada de tradução oficial;

II - o original da convenção de arbitragem ou cópia devidamente certificada, acompanhada de tradução oficial.

Art. 38. Somente poderá ser negada a homologação para o reconhecimento ou execução de sentença arbitral estrangeira, quando o réu demonstrar que:

I - as partes na convenção de arbitragem eram incapazes;

II - a convenção de arbitragem não era válida segundo a lei à qual as partes a submeteram, ou, na falta de indicação, em virtude da lei do país onde a sentença arbitral foi proferida;

III - não foi notificado da designação do árbitro ou do procedimento de arbitragem, ou tenha sido violado o princípio do contraditório, impossibilitando a ampla defesa;

IV - a sentença arbitral foi proferida fora dos limites da convenção de arbitragem, e não foi possível separar a parte excedente daquela submetida à arbitragem;

V - a instituição da arbitragem não está de acordo com o compromisso arbitral ou cláusula compromissória;

VI - a sentença arbitral não se tenha, ainda, tornado obrigatória para as partes, tenha sido anulada, ou, ainda, tenha sido suspensa por órgão judicial do país onde a sentença arbitral for prolatada.

Art. 39. A homologação para o reconhecimento ou a execução da sentença arbitral estrangeira também será denegada se o Superior Tribunal de Justiça constatar que:

I - segundo a lei brasileira, o objeto do litígio não é suscetível de ser resolvido por arbitragem;

II - a decisão ofende a ordem pública nacional.

Parágrafo único. Não será considerada ofensa à ordem pública nacional a efetivação da citação da parte residente ou domiciliada no Brasil, nos moldes da convenção de arbitragem ou da lei processual do país onde se realizou a arbitragem, admitindo-se, inclusive, a citação postal com prova inequívoca de recebimento, desde que assegure à parte brasileira tempo hábil para o exercício do direito de defesa.

Art. 40. A denegação da homologação para reconhecimento ou execução de sentença arbitral estrangeira por vícios formais, não obsta que a parte interessada renove o pedido, uma vez sanados os vícios apresentados.

Capítulo VII
Disposições Finais

Art. 41. Os arts. 267, inciso VII; 301, inciso IX; e 584, inciso III, do Código de Processo Civil passam a ter a seguinte redação:

"Art. 267..

VII - pela convenção de arbitragem;"

"Art. 301..

IX - convenção de arbitragem;"

"Art. 584..

III -a sentença arbitral e a sentença homologatória de transação ou de conciliação;"

Art. 42. O art. 520 do Código de Processo Civil passa a ter mais um inciso, com a seguinte redação:

"Art. 520..

VI - julgar procedente o pedido de instituição de arbitragem."

Art. 43. Esta Lei entrará em vigor sessenta dias após a data de sua publicação.

Art. 44. Ficam revogados os arts. 1.037 a 1.048 da Lei nº 3.071, de 1º de janeiro de 1916, Código Civil Brasileiro; os arts. 101 e 1.072 a 1.102 da Lei nº 5.869, de 11 de janeiro de 1973, Código de Processo Civil; e demais disposições em contrário.

Brasília, 23 de setembro de 1996; 175º da Independência e 108º da República.

FERNANDO HENRIQUE CARDOSO

Nelson A. Jobim

Este texto não substitui o publicado no DOU de 24.9.1996

REFERÊNCIAS BIBLIOGRÁFICAS

BRASIL. Lei nº 9.307, de 23 de setembro de 1996. *Dispõe sobre a arbitragem.* Disponível em: <http://www.planalto.gov.br/ccivil_03/leis/l9307.htm>. Acesso em 11 jul. 2019.

______. Lei nº 13.105, de 16 de março de 2015. *Código de Processo Civil.* Disponível em: <http://www.planalto.gov.br/ ccivil_03/_ato2015-2018/2015/lei/l13105.htm>. Acesso em 11 jul. 2019.

BRASIL. Lei nº 13.140/2015, de 26 de junho de 2015. Dispõe sobre a mediação entre particulares como meio de solução de controvérsias e sobre a autocomposição de conflitos no âmbito da administração pública; altera a Lei nº 9.469, de 10 de julho de 1997, e o Decreto nº 70.235, de 6 de março de 1972; e revoga o § 2º do art. 6º da Lei nº 9.469, de 10 de julho de 1997. Disponível em http://www.planalto.gov.br/ccivil_03/_ato2015-2018/2015/lei/l13140.htm. Acesso em 11 jul. 2019.

DAVID, René. *Os grandes sistemas do Direito contemporâneo.* Trad. Hermínio A. Carvalho. São Paulo: Martins Fontes, 1992.

SCHNITMAN, Dora Fried; LITTLESOHN, Steplun. (Org.). *Novos paradigmas em mediação.* Porto Alegre: Artmed, 1999.

LEE, João Bosco. A Arbitragem no Brasil, 1ª Ed. Brasília: Confederação das Associações Comerciais do Brasil, 2002.

MENDONÇA, Ângela Hara. Métodos Extrajudiciais de Solução de Controvérsias, 1ª edição, Brasília, Projeto CACB/SEBRAE, 2003.

A DEVOLUÇÃO DO CAPITAL SOCIAL QUANDO DA RETIRADA DO SÓCIO COOPERADO

ISABELA RAMOS DA SILVEIRA E SILVA

Graduação em Ciências Contábeis pela Pontifícia Universidade Católica de Minas Gerais (PUC/MG); pós-graduação em Análise Financeira pela Fundação João Pinheiro; graduação em Direito pela FEAD; coordenadora da equipe da Caixa Econômica Federal no escritório Câmara, Vieira e Raslan Sociedade de Advogados; sócia proprietária do escritório Silveira e Silva Sociedade de Advogados; atuação como secretária-geral das comissões de Direito Cooperativista e de Direito Médico da OAB/MG; membro da Câmara Setorial de Cooperativismo da Câmara Mineira de Arbitragem Empresarial (CAMINAS).

isabela@silveiraesilvaadvogados.com.br;

www.silveiraesilvaadvogados.com.br

RESUMO

O presente trabalho apresenta uma breve análise da hipótese de devolução do capital social quando da retirada do associado de uma cooperativa, levando em consideração aspectos de ordem econômica, social, contábil e jurídica. Para tanto, foi feita pesquisa bibliográfica e documental, utilizando-se o método dedutivo. O texto está segmentado em basicamente quatro análises: a primeira aborda aspectos mais elementares do Direito Cooperativista, fixando a base de toda a discussão. No segundo tópico, procurou-se expor a problemática econômica voltada ao social. A discussão acerca de elementos contábeis, por sua vez, integrou o terceiro ponto de vista do tema. Fixados estes pontos, buscou-se, no quarto ponto da análise, uma compreensão da devolução do capital social no panorama jurídico brasileiro, sendo que estas abordagens possibilitaram compreender o capital social enquanto passivo somente quando exigível pelo sócio, a teor dos dispositivos legais.

Palavras-chave: Cooperativas. Capital social. Devolução.

ABSTRACT

This paper presents a brief analysis of the hypothesis of the return of social capital upon the retirement of the associate of a cooperative, taking into account economic, social, accounting and legal aspects. For that, a bibliographical and documentary research was done, using the deductive method. The text is segmented in basically four analyzes: the first deals with more elementary aspects of Cooperative Law, setting the basis of the whole discussion. In the second topic, it was tried to expose the economic problematic directed to the social. The discussion about accounting elements, in turn, integrated the third point of view of the topic. Based on these points, we sought, in the fourth point of the analysis, an understanding of the return of social capital in the Brazilian legal panorama, and these approaches made it possible to understand social capital as a liability only when demanded by the partner, according to the legal provisions.

Keywords: Cooperatives. Share capital. Devolution.

1. INTRODUÇÃO

O Direito Empresarial compreende a normatização de tipos societários dos mais diversos, mas nem todos praticantes de atividades de "empresa", como o nome parece evidenciar. É o caso das cooperativas que, exercendo atividade econômica não voltada ao lucro, recebem do Direito Empresarial suas normas gerais. As mais específicas, por sua vez, fazem-se presentes na Lei n° 5.764/1971.

A Lei Geral das Cooperativas, como é denominada, fixa a estrutura e as diretrizes básicas das sociedades cooperativas: desde a sua natureza jurídica e constituição, passando pelo estatuto social, até a regulação da assembleia geral, e, mais elementar para este estudo, cuida do ingresso e da retirada dos membros cooperados.

Esse aspecto, por conseguinte, implica em considerações de duas ordens; é que a saída de um sócio cooperado engloba os seus fundamentos ou razões de origem/causa e as consequências que dela decorrem.

Um pouco mais além, podemos considerar igualmente que a questão da devolução do capital social àquele membro que se retira da cooperativa, ostenta, a seu lado, seus fundamentos que lhe conferem legitimidade e suas consequências - econômicas, financeiras, jurídicas, empresariais certamente - que as confirmam necessárias.

É com base nesses fundamentos e, ante esses elementos observáveis no fenômeno da retirada de um membro cooperado que procuraremos abordar, neste texto, as razões diversas que corroboram a devolução do capital social. Para tanto, analisaremos em cada tópico esses aspectos, desde os mais elementares até aqueles não necessariamente jurídicos, de modo a elucidar a problemática e posteriormente propor a reflexão que buscamos com o tema.

2. NOÇÕES INICIAIS

Neste primeiro tópico procuraremos expor, com a brevidade necessária, mas de forma estruturada, as noções essenciais à compreensão do tema. Antes de tratarmos da devolução do capital social ao cooperado que se retira da sociedade, é necessário esclarecer a noção de capital, cooperativa, ideal cooperativo, ativo e passivo, patrimônio líquido e, também, elucidar a natureza jurídica de uma cooperativa.

Cooperativa é, nas palavras de Requião, com lastro no art. 3º da Lei nº 5.764/1971, um ser (no sentido de pessoa jurídica) criado por "pessoas que reciprocamente se obrigam a contribuir com bens ou serviços para o exercício de uma atividade econômica, de proveito comum e sem objetivo de lucro"[1].

Em seguida, é importante considerar o ideal cooperativo como um princípio da constituição desta sociedade. Distante do ideal capitalista, a cooperativa busca primordialmente o proveito comum dos membros, em detrimento da apropriação lucrativa. Nesse sentido, perfeitas as palavras de Requião: "o intuito lucrativo, traço genérico de todas as sociedades empresárias, na cooperativa é substituído pelo proveito comum resultante do esforço solidário dos cooperados"[2].

E, mais adiante, arremata: "a cooperativa visa não ao proveito egoístico do capitalista (que agrega capitais, assume riscos para obter lucro), mas, por meio

---

1 REQUIÃO, Rubens. *Curso de Direito Comercial.* 34 ed. São Paulo: Saraiva, 2015, v. 1, p. 525.

2 REQUIÃO, Rubens. *Op. cit.*, p. 526.

do desenvolvimento econômico e social que propiciar, à melhoria da qualidade de vida dos seus membros"[3].

Cooperativa é um tipo societário peculiar em comparação aos demais tipos por vários aspectos, mas, principalmente porque não objetiva o lucro, não exercendo, portanto, a atividade de empresa, além de possuir natureza civil, sendo considerada uma sociedade simples, para todos os efeitos.

Nas palavras de Tomazette, as cooperativas "são reuniões de pessoas, que contribuem com bens ou serviços para o exercício de uma atividade econômica [...], contudo, sem fins lucrativos"[4].

Convém ressaltar este ponto, sobretudo porque pode encontrar contradição na prática. Em tese, nas cooperativas não se objetiva o lucro; em verdade, a *ratio essendi* deste tipo societário não é jamais o lucro, embora dotada de economicidade.

Esclarece Tomazette (2016) que eventual repartição e distribuição dos resultados aos sócios é possível, mas isto não se confunde com a atividade da cooperativa. Esse aspecto econômico é alcançado pelos cooperados na sua relação direta com a sociedade:

> Ressalte-se, desde já, que esse resultado positivo, embora similar, não se confunde com os lucros, que não é objetivado pelas cooperativas.
>
> Havendo resultado positivo, este poderá ser destinado a reservas ou fundo, ou, ainda, poderá ser distribuído entre os sócios, na proporção das operações por eles efetuadas, ou seja, de acordo com o esforço de cada um é que serão distribuídas as eventuais sobras. [...] De qualquer modo, é certo que essa distribuição consiste, na verdade, na devolução de pagamentos efetuados em excesso pelos cooperados, ou do excesso das quantias recebidas, se consideradas em relação aos custos (TOMAZETTE, Marlon.2016, p.682).

A natureza jurídica da sociedade simples é um ponto importante porque, não exercendo a função de empresa e não se caracterizando sociedade empresária como os demais tipos, a cooperativa não estará, por conseguinte, sujeita às disposições da Lei nº 11.101/05, atinentes à falência e recuperação judicial e extrajudicial, disposto nos artigos 1º e 2º.

---

3 REQUIÃO, Rubens. *Op. cit.*, p. 526.

4 TOMAZETTE, Marlon. *Curso de Direito Empresarial: teoria geral e Direito Societário.* 7 ed. São Paulo: Atlas, 2016, p. 672.

Esse caráter de natureza civil foi fixado no art. 982, parágrafo único do Código Civil, que considera a cooperativa sociedade simples, distanciando-a da sociedade empresária; esta última atuante em atividade própria de empresário sujeito a registro. Tanto é assim que, ressalvadas as peculiaridades da cooperativa, são a elas aplicáveis as disposições referentes às sociedades simples, conforme prevê o artigo 1.096 do mesmo diploma.

Expostas essas características básicas de uma cooperativa, passemos agora à análise do capital social, que compreende duas classificações: o capital subscrito e o integralizado.

A noção de capital social via de regra é genérica, quando inserta no contexto das sociedades empresariais em geral. Vale dizer que um conceito de "capital social" pode ser aplicado às sociedades limitadas, anônimas, e, igualmente, às sociedades cooperativas. Com isto, mudam-se apenas as regras específicas de cada sociedade quanto à destinação e utilização de seu capital social, bem como a forma com que foi constituído.

Contudo, para a constituição de uma sociedade cooperativa existem alguns requisitos – dentre os quais denominação, sede, objeto, aprovação do estatuto da sociedade etc. – mas nunca a fixação do capital social. O capital, neste caso, é opcional. Se estiver presente, será subscrito ou integralizado.

A doutrina brasileira distingue claramente a diferença de capital social subscrito e integralizado, o que, na verdade, se dá quanto ao momento: o subscrito é, segundo Fábio Ulhoa Coelho, "a mensuração do montante de recursos prometidos pelos sócios para a sociedade, a título de capitalização"[5] enquanto que, quando constatada a transferência destes recursos para o patrimônio social, ter-se-á o capital social integralizado.

Nesse sentido também é a doutrina de Maria Helena Diniz (2005), a qual considera o capital subscrito como aquele dividido em ações que são atribuídas a cada um dos sócios, ou melhor, acionistas; quando se der o pagamento integral destas ações pelos titulares, o capital social passará de subscrito a integralizado.

---

5 COELHO, Fábio Ulhoa. *Curso de Direito Comercial: direito de empresa.* 20 ed. São Paulo: Editora Revista dos Tribunais, 2016, v. 2, p. 172.

Convém mencionar que na doutrina portuguesa há uma diferenciação conceitual de capital social e patrimônio social, atribuindo-se ao primeiro, conforme anota António de Arruda Ferrer Correia, a qualidade de "cifra representativa da soma das entradas dos sócios"[6].

No direito estrangeiro, a noção de capital social difere-se do conceito de patrimônio social, já que este pode se consolidar por bens, direitos ou deveres, enquanto que o capital só se faz representar por uma cifra contabilizável, conforme doutrina Matos (2012).

Ademais, um ponto interessante a acrescentar é a variabilidade do capital social nas cooperativas. Essa característica faz com que apenas o capital mínimo deva ser fixado no estatuto, e, desta forma, as reduções ou aumentos serão mais frequentes, como lembra Tomazette: "as reduções ou aumentos do capital social são bem mais frequentes nas cooperativas e, por isso, é perfeitamente justificável a variabilidade do capital social"[7]. Há, inclusive, a possibilidade de dispensa do capital social, a teor do art. 1.094 do Código Civil.

De maneira genérica, as movimentações financeiras de uma sociedade compreendem o ativo e o passivo. Importa encerrar o presente tópico com essa distinção, pois, como veremos adiante, as quotas dos membros recebem tratamento distinto, conforme sejam consideradas ativo ou passivo da cooperativa.

Maria Helena Diniz (2005) nos dá três noções de ativo, o qual poderá ser: a) o acervo de um estabelecimento empresarial; b) capital em circulação; ou c) a totalidade de bens móveis ou imóveis, créditos ou direitos que venham a constituir o patrimônio de uma pessoa jurídica.

Lado outro, o passivo seria, conforme a mesma autora, basicamente o oposto do ativo, compreendendo o "conjunto de débitos, encargos e deveres de uma empresa", ou ainda, o "total de saldos credores das contas escrituradas em livros empresariais"[8].

---

6 *Apud* MATOS, Joana Maria Silva Carvalho Campos e. *A redução do capital social e a tutela dos credores sociais*. 2012, p. 5.

7 TOMAZETTE, Marlon. *Op. cit.*, p. 677.

8 DINIZ, Maria Helena. *Dicionário*, cit., v. 3, p. 610.

Por conseguinte, apurando-se o saldo restante entre o ativo e o passivo de uma pessoa jurídica, ter-se-á o patrimônio líquido da mesma. Nas palavras da autora, o patrimônio líquido é o "conjunto de bens deduzidos das despesas"[9].

Fixados esses elementos básicos introdutórios, presentes em todas as cooperativas e essenciais à compreensão de suas atividades financeiras e de suas próprias finalidades, passaremos à análise dos aspectos econômicos, contábeis, jurídicos e, mais especificamente, legislativos envolvidos na devolução do capital social.

3. FUNDAMENTOS

A cooperativa, enquanto sociedade, integra o rol mais genérico que separa as sociedades entre aquelas empresárias, que exercem a "empresa" (no sentido mais estrito do termo), e as ditas sociedades simples.

Nesta última é que parte da doutrina brasileira, como a obra de Maria Helena Diniz[10], insere a sociedade cooperativa, visto que esta não tem objetivo primordial de lucro, não exercendo, sobretudo, a "empresa", mas sim outras atividades destinadas ao seu objetivo estatutário ou, ainda, ao proveito de seus próprios sócios.

Nesse sentido, "empresário" é aquele que exerce, como profissão, uma atividade econômica organizada voltada para a produção de bens ou serviços.

Importa ter esta noção já que, por um lado, aplicam-se supletivamente às cooperativas as normas das sociedades simples, conforme letra do artigo 1.096 do Código Civil; e, por outro lado, as cooperativas ostentam certas peculiaridades com relação ao capital social, como a intransferibilidade das quotas e, até mesmo sua dispensa (podem ter ou não capital social).

Assim como nas sociedades simples, instrui Diniz (2005) que o capital social será expresso em moeda corrente, mas poderá compreender qualquer espécie de bens suscetíveis de avaliação pecuniária. O associado poderá ingressar na cooperativa com bens ou serviços, mas, quando ocorrer seu desligamento

---

9 DINIZ, Maria Helena. *Dicionário*, cit., v. 3, p. 617.

10 DINIZ, Maria Helena. *Curso de Direito Civil brasileiro: direito de empresa*. 4 ed. São Paulo: Saraiva, 2012, v. 8, p. 279-280, 282.

da sociedade, não haverá a transferência destes a outra pessoa, estranha à relação de cooperativa.

Convém anotar, mais uma vez, que uma cooperativa, mesmo que disponha de economicidade na sua atuação e acresça ao mercado bens e serviços, nunca terá o lucro como objetivo e finalidade primordiais.

Pode ser que se perceba o lucro nas atividades de uma cooperativa, mas, a teor dos artigos 3º e 4º da Lei nº 5.764, como elucida Fernando José Arrigoni (2000), o que se busca não é o resultado puramente econômico, mas o econômico voltado ao social.

A cooperativa, enquanto sociedade de pessoas e não de capital, por prestar serviços aos seus próprios associados, faz com que estes contribuam, na medida de suas capacidades e de maneira recíproca, para o atingimento dos objetivos sociais da cooperativa.

Lado outro, há quem considere a possibilidade de uma sociedade cooperativa, ostentando caráter de sociedade simples, exercer também atividades tipicamente empresariais, *v. g.* de indústria, fornecimento de crédito, circulação de bens etc., conforme anota Requião (2015).

Neste caso, mesmo com a natureza de sociedade simples, adquirida após o advento do Código Civil de 2002 – pois, antes, apenas pela Lei nº 5.764/1971 eram consideradas sociedades civis – ocorre com a cooperativa uma "desconsideração de seu objeto", o qual poderá ser, em verdade, *sui generis*, abarcando até mesmo ramos característicos de sociedades empresárias.

Pois bem, passado este aspecto inicial – da economicidade não voltada ao lucro – segue-se para a análise de dois de alguns dos princípios que integram o quadro da normatização das cooperativas: o Princípio da Adesão Livre e Voluntária e o Princípio da Autonomia e Independência.

Numa análise mais densa, estes dois princípios resultaram no foco deste trabalho: a possibilidade de devolução do capital social ao sócio quando de sua retirada da cooperativa. Ademais, há outros aspectos que enriquecem este debate – aspectos de ordem principiológica, fática ou social, contábil ou financeira, e legislativa – os quais dão ensejo aos tópicos seguintes.

3.1. Razão principiológica

O Princípio da Adesão Livre e Voluntária, por si só, embasa a análise da possibilidade de devolução do capital social subscrito ao associado quando ele se desliga da cooperativa: se para ingressar na cooperativa exige-se somente a manifestação de vontade e paridade de interesses (do ingressante com os objetivos da cooperativa), para dela retirar-se não poderá encontrar óbice.

Outro ponto que deve ser abordado: se não há obstáculo para retirar-se da cooperativa, por qual razão não poderia o associado pleitear a devolução da quota parte com a qual ingressou na cooperativa, já que não há mais a paridade de interesses, ou ainda, a compatibilidade de objetivos?

Essa assertiva resulta da combinação de dois artigos da legislação, ou seja, o princípio em análise conta, também, com amparo legislativo, pois há dispositivos com essa regra tanto na Lei Geral das Cooperativas, quanto na Constituição Federal.

O artigo 4º, inciso I da Lei nº 5.764/1971 assevera que as cooperativas se distinguem das demais sociedades por, dentre outros elementos, permitir a "adesão voluntária, com número ilimitado de associados, salvo impossibilidade técnica de prestação de serviços".

Na Constituição, por sua vez, o artigo 5º, inciso XX, assim preceitua: "ninguém poderá ser compelido a associar-se ou a permanecer associado". Ora, se quase não há requisito para ingresso numa cooperativa, a não ser a comunhão de objetivos, porque não falar em desligamento ao livre arbítrio do associado?

Airton Cançado e Mário Gontijo (2004) nos dão um panorama histórico deste Princípio da Livre Adesão, antes entendido como "Princípio das Portas Abertas" das cooperativas. É que, ao menos no sentido mais moderno do termo, o cooperativismo teve como marco inicial uma sociedade constituída por tecelões em Rochdale, cidade no noroeste da Inglaterra, em 1844.

Dentre os princípios desta sociedade estava o de possibilitar, a qualquer interessado, o ingresso aos quadros de funcionários e, a um só tempo, contribuir com seus bens e serviços e também deles usufruir enquanto cooperado. Desde então, já era cediço que ninguém poderia ser compelido a fazer parte do quadro social de uma cooperativa e, reciprocamente, dela poderia retirar-se sem qualquer objeção.

Como afirmam os autores mencionados, este, dentre outros princípios originados do movimento de Rochdale, ainda faz parte do ideário cooperativo, assim como a necessidade de gestão democrática da sociedade, a cooperação mútua entre as cooperativas e, também, a obrigação de garantir um retorno *pro rata* proporcional.

Por outro lado, o Princípio da Autonomia e Independência corresponde a duas facetas: resguardo da cooperativa perante influências externas; e, mais importante para este estudo, o cuidado de limitar o número de quotas que cada associado poderá subscrever, evitando o risco de influências internas.

Nos termos da Lei, as cooperativas poderão limitar o número de quotas-partes do capital para cada associado, facultado o estabelecimento de critérios de proporcionalidade (artigo 4º, inciso III). Ato contínuo, no artigo 24, §1º, tem-se que o associado não poderá subscrever mais que 1/3 do total das quotas, salvo algumas hipóteses previstas no mesmo diploma. Posto isso, chega-se à noção de que o sócio cooperado tem direito ao saldo de sua conta, ou, ainda, à devolução do capital social investido no momento de sua retirada da cooperativa.

Em verdade, chega-se a essa consideração mediante três pontos. São eles: têm direito ao retorno *pro rata* de bens e serviços todos os sócios da cooperativa, porquanto estes deram seus valores e seu trabalho à sociedade e, em troca, não devem receber lucro (como já salientado alhures), mas sim a prestação, em bens e serviços, para a qual a cooperativa foi instituída. Ou seja, o retorno deverá ser, sempre, proporcional e em termos de igualdade.

Segundo ponto: ao cooperado há a garantia de retorno das sobras líquidas do exercício, proporcionalmente às operações realizadas pelo associado, a não ser que a Assembleia Geral da cooperativa já tenha deliberado em sentido oposto, conforme termos do artigo 4º, inciso VII da Lei nº 5.764.

Por último, em termos constitucionais, ninguém poderá ser compelido a associar-se. Trata-se de decorrência do próprio princípio, mais geral, da liberdade, voltado à realidade empresarial. Isto é, o associado de uma cooperativa tem a liberdade de dela se retirar assim como nela ingressou.

Ora, revistos estes três aspectos – direito ao retorno em serviços e bens, proporcionalidade desse retorno, e liberdade de ingresso e retirada – por que não falarmos em devolução do capital social antes investido na sociedade? Há razões, não meramente de princípio, que evidenciam nossa tese: são razões sociais e econômicas, as quais passaremos a analisar.

3.2. Aspectos econômico-sociais

As cooperativas já encontravam, desde a época dos princípios de Rochdale, conforme mencionado alhures, a gestão democrática da sociedade somada a uma livre adesão de membros, significando a permissão quase irrestrita de qualquer pessoa nela ingressar, e, com a garantia de distribuição das sobras, decorre a possibilidade de devolver ao associado desligado o investimento, ou, ainda, a expressão de suas quotas.

Contudo, chega-se a essa noção não somente por meio dos princípios originários, fundadores da própria sociedade cooperativa, mas também pelas características que, sendo de caráter econômico inserido no social, justificam o retorno *pro rata* e possibilitam, por consequência, a devolução de capital ou investimento.

Há, nesse âmbito econômico-social, elementos que corroboram com a devolução do capital social quando do desligamento de associado; aliás, convém ressaltar que essa visão econômica voltada ao social encontra, desde um certo tempo, reconhecimento até na legislação.

Como anotou Anísio Cândido Pereira, "o legislador brasileiro deixou bem clara a dupla dimensão de cooperativa em social e econômica, acompanhando desta forma, a conceituação adotada na maioria de outros países, tendo como parâmetro, o posicionamento da Aliança Cooperativa Internacional" [11].

Prossegue-se a análise com a noção de que, em verdade, as cooperativas conjugam os elementos econômico e social numa só prática, visto que elas representam, muitas das vezes, uma quebra do paradigma capitalista, senão ao menos uma alternativa a esse modelo de produção.

Nesse sentido asseverou mais uma vez Arrigoni (2000), quando considerou o cooperativismo como uma forma de economia social: considera-se que nesta há a capacidade de produção ou oferta de bens e serviços assim como no modelo capitalista, entretanto os meios de produção pertencem aos próprios trabalhadores.

---

11 PEREIRA, Anísio Cândido. *Contribuição à análise e estruturação das demonstrações financeiras das sociedades cooperativas brasileiras: ensaio de abordagem social.* In: Contabilidade Vista & Revista. Belo Horizonte, 1995, v. 6, n. 1, p. 37.

Vale dizer, quase por analogia, numa cooperativa em que temos os meios de produção com os próprios "trabalhadores", no caso os associados, o retorno será de fato destinado aos mesmos. Trata-se de perfeita manifestação da regra já mencionada do retorno proporcional dos resultados a todos os cooperados, ou *pro rata*.

Cooperativas voltadas à produção de insumos agrícolas, *v. g.*, devolverão aos associados estes mesmos bens ou serviços relacionados a preços mais justos e competitivos em comparação ao restante do mercado.

Igualmente, cooperativas de crédito ou financiamentos darão a seus associados melhores condições quanto às taxas e correções, dado que competem no mercado com instituições desvinculadas a estes princípios da economia social, inteiramente baseados no sistema capitalista de produção.

Pois bem, devolvendo aos próprios cooperados o produto do trabalho – mas, neste caso, mais apropriado falar-se em resultado dos investimentos na cooperativa – vislumbra-se, por decorrência lógica, a perfeita possibilidade de devolução do capital social quando da retirada ou desligamento de algum associado.

Nota-se que passa a inexistir, utilizando-se da analogia acima, a figura do trabalhador, e, com isto, não mais contribuirá para a cadeia produtiva. Se deixará de produzir, porque de fato ocorrerá redução no quadro de associados, não há que se exigir do sócio retirante da relação de trabalho – melhor, *cooperação* – pois inexistente o vínculo.

Na mesma linha de raciocínio, não há que se falar mais em continuidade dos investimentos após a retirada, obviamente. Ressalte-se, contudo, que as sobras, ou as quotas por ele subscritas não poderiam, a nosso ver, continuar no patrimônio líquido da sociedade, justamente em razão dessa desvinculação.

A retirada de um sócio deve pressupor, logicamente, redução no capital de uma sociedade. Se as cooperativas não poderão ter sócios majoritários, é certo que o retirante não alienará suas quotas a outro membro. Contra a hipótese de redistribuição *pro rata* desse capital aos remanescentes, e com base nos elementos acima expostos, forçoso concluir, neste tópico, pela devolução do capital social enquanto consequência lógica de um vínculo, não somente econômico, mas, antes, societário que deixa de existir.

3.3. Aspectos econômico-contábeis

Passados em revista alguns dos elementos sociais que estabelecem relação com o tema proposto - devolução do capital social na hipótese de retirada do sócio - é importante adensar um pouco mais a discussão com a análise de aspectos econômicos ligados à contabilidade.

Aliás, este enfoque contábil encontra aqui uma maior importância, dado que é justamente a questão financeira que justificou a mudança da legislação das Cooperativas, conforme se verá mais adiante. Este tópico procurará, então, construir uma outra base da compreensão do problema proposto, ou seja, uma outra ótica.

À medida que as cooperativas passaram a ser analisadas enquanto tipo societário quase *sui generis*, uma vez inseridas no quadro de sociedades que não exercem a empresa, a contabilidade fundou, ali, maneira diversa de abordar o capital social, ativo e passivo, patrimônio líquido, divisão de quotas etc.

A primeira questão a ser levantada é que, até há pouco tempo, o sistema jurídico brasileiro e a prática empresarial adotavam como modelo as normas ou os costumes internacionais do direito comparado às cooperativas, mormente no que diz respeito à parte financeira.

É de se reconhecer que a legislação brasileira fixa apenas a estrutura e atuação geral das cooperativas; toda a estruturação contábil-financeira, porque não legisla em minúcias, obedecia, até então, à ICPC 14 (Interpretação do Comitê de Pronunciamentos Contábeis). Esta, por sua vez, foi aqui recepcionada, por muito tempo, pela Organização das Cooperativas Brasileiras - Sistema OCB, sem ressalvas.

Esta interpretação considera, em síntese, o capital social subscrito e integralizado como parte integrante do passivo da sociedade cooperativa. Disto resulta que, com a entrada de um membro, ou mesmo quando da constituição inicial de uma cooperativa, as quotas entregues não serão contabilizadas para fins de ativos financeiros, mas, ao contrário, passivo, isto é, dívida da sociedade para com os cooperados enquanto existente esse vínculo.

Ou seja, mantendo-se a quota enquanto passivo seguem-se duas consequências graves, ainda sem entrar no mérito da questão: em primeiro lugar, se o montante subscrito e integralizado é considerado, para todos os fins, como dívida da sociedade, a cooperativa terá todo o capital social inicialmente entregue pelos sócios como dívida, enquanto existir essa vinculação societária. Noutras palavras: o §4º do art. 24 da Lei nº 5.764/71 faz a quota tornar-se passivo apenas no momento da retirada do sócio; em outras situações, será ativo.

Esse primeiro elemento causará, por si só, graves consequências na base financeira de uma cooperativa, sobretudo quando se tratar de cooperativa de crédito, eis que para suas atividades típicas, caracterizadas por empréstimos, financiamentos, dentre outras, exige-se uma base financeira sólida, até porque, convém lembrar, não estão sujeitas à falência (art. 4º, *caput*, Lei nº 5.764/1971).

Cooperativas, ou mesmo qualquer outro tipo societário sem aporte financeiro bastante para assegurar sua atuação no mercado, certamente não encontram perspectiva de prosperar. É justamente com relação à atuação que vislumbramos a segunda consequência grave de considerarmos o capital social integralizado como passivo.

Enquanto considerado passivo ou dívida, o capital nada acrescenta à cooperativa em termos de viabilidade de atuação no mercado e participação na economia. Dizemos isso porquanto, numa cooperativa agrícola ou agroindustrial, *v. g.*, nas quais há a necessidade de aquisição de insumos, muitas das vezes acompanhados de outros bens e serviços para a produção dos próprios, o capital não será suficiente e jamais poderá cobrir estes gastos, uma vez considerado dívida da sociedade.

Vale ressaltar que uma cooperativa do ramo agrícola, continuando o exemplo acima, se recém-constituída, não encontra base financeira segura para aquisição dos insumos necessários à prestação de seus serviços. Ou, ainda que se alegue o ingresso dos sócios com estes insumos fundamentais, o valor destes continua contabilizado como passivo.

Dito de outro modo, neste caso, mesmo já constituída a cooperativa com os bens necessários à sua atuação, a base financeira da sociedade, recém-constituída, já seria negativa, pois nela se integra um ativo mínimo, inicial, face a um passivo equivalente a quase todo o patrimônio da sociedade.

Pior, ademais, é notar que, continuando no mesmo exemplo, mesmo com o desenvolvimento contínuo desta sociedade cooperativa, levar-se-ia muito tempo até à solidificação dos ativos financeiros, com sua atuação num mercado certamente instável, além de sujeita a todos os riscos que uma gestão societária sempre enfrenta.

Passados estes problemas iniciais, ou melhor, à medida que esses entraves foram percebidos, questionados e postos em discussão, o Sistema da Organização das Cooperativas Brasileiras (OCB) percebeu a necessidade de propor soluções. Isto ocorreu por volta de 2010, quando da edição da ICPC 14, momento no qual já havia a discórdia entre as normas internacionais e a prática cooperativa brasileira.

Essa tentativa de separação entre o Direito Cooperativo brasileiro e o do direito comparado, antes de ter alcançado o resultado que, como veremos, foi a inclusão do §4º ao art. 24 da Lei das Cooperativas, sofreu basicamente três etapas: reconhecimento do problema, discussão e proposta de adequação.

No Direito Cooperativo nacional existe a participação do Comitê de Pronunciamentos Contábeis (CPC) – cuja coordenadoria técnica fixa as diretrizes financeiras com as quais lidam as cooperativas. Dito de outro modo, a coordenadoria dá os parâmetros, muitas vezes com viés interpretativo, mas recebidos como modelos para a gestão do capital social, patrimônio da sociedade, ativo, passivo etc.

Elementar à fixação do *modus operandi* contábil, a coordenadoria técnica pronunciou-se, em novembro de 2010, para aprovar a Interpretação Técnica ICPC 14 – Cotas de Cooperados em Entidades Cooperativas e Instrumentos Similares. Na ocasião, fora ressaltada a elaboração da ICPC a partir de outras diretrizes internacionais, no caso, a *International Financial Reporting Interpretations Committee* (IFRIC 2) – *Member's Shares in Co-operative Entities and Similar Instruments* (IASB).

Em suma, o IASB produz o que podemos chamar de parâmetros contábeis, em âmbito internacional, aplicáveis às operações financeiras das cooperativas. Até então, a ICPC 14 levantava a seguinte questão: muitos dos instrumentos financeiros, dentre os quais as cotas dos cooperados, seriam considerados patrimônio líquido; certo que alguns destes instrumentos permitem o resgate, estes deveriam ser avaliados sob a ótica de passivo ou patrimônio líquido da cooperativa?

Levantada essa questão, a ICPC 14 fixou, em resumo, três pontos: a) o direito, até então contratual (depois, veremos, será legislativo) de resgate do instrumento financeiro, por si só, não exige que seja considerado passivo financeiro; b) as quotas constituirão patrimônio financeiro desde que a cooperativa possa recusar aos cooperados o resgate destas; c) se vedada incondicionalmente pela legislação a devolução das quotas, estas integrarão o patrimônio líquido.

Vale dizer, basicamente, que a ICPC 14 recomendava à cooperativa dispensar tratamento de passivo financeiro às quotas integralizadas quando permitida sua devolução ou resgate, para utilizar da expressão empregada. O direito de resgate sozinho não faz das quotas um passivo da sociedade, mas sim quando somado à falta de proibição, seja ela estatutária ou legislativa, deste resgate.

Com uma redação um tanto confusa, a ICPC 14, depois de publicada, considerava, a bem da verdade, a quota integralizada sempre uma dívida da cooperativa, porquanto, antes de 2015, a legislação não previa transferência da quota para o passivo quando possível sua exigibilidade, tampouco a própria devolução do capital social na hipótese de retirada do cooperado - não que essa devolução fosse vedada na legislação, mas por outro lado, nela não encontrava previsão.

Desse modo, a devolução do capital social ficava inteiramente sujeita às práticas de cada cooperativa e também às orientações contábeis. Aos poucos, percebeu-se que não havia congruência em condicionar a caracterização do capital integralizado como ativo financeiro somente quando vedada sua devolução, porque, de fato, sendo injusta tal proibição, pouca viabilidade ofereceria à sociedade.

Com isso, por decorrência, tinha-se que o capital integralizado, enquanto passivo, pouca aplicabilidade financeira dava à cooperativa, praticamente impossibilitando o desenvolvimento e atuação da mesma. Em poucas palavras, a ICPC 14 retirava das cooperativas o espectro de atuação no mercado, visto que restaria muito pouco ativo e, por consequência, baixa liquidez.

Contudo, importante ressaltar que este segundo ponto de nossa análise, concernente à discussão do problema, culminou com a percepção de ausência normativa mais específica e contundente , dando ensejo à busca por uma solução, a qual, por sua vez, só poderia ser legislativa. Seria necessária, então, uma atualização das normas vigentes.

Portanto, torna-se essencial uma análise deste terceiro ponto, visto que a proposta ou o esforço de adequação da prática cooperativista foi, sobretudo, um esforço normativo. Desse projeto, iniciado como proposta de emenda à Constituição, adveio a inclusão do §4º ao art. 24 da Lei das Cooperativas, que consiste na tese da devolução do capital social ao cooperado quando de sua retirada, cujos detalhes seguem-se no próximo item.

4. RAZÕES DE ORDEM JURÍDICA

A fundamentação jurídica da devolução do capital social quando da retirada do sócio cooperado deve ser analisada sob alguns pontos de vista, abaixo delineados, quais sejam: o precedente normativo; a regulamentação análoga no caso das sociedades anônimas; e a conclusão lógica embasada nas características das próprias cooperativas.

Quando se diz "precedente normativo", procura-se ilustrar os motivos pelos quais esta devolução encontra-se prevista no artigo 24 da Lei das Cooperativas: conjugado àqueles aspectos econômicos e financeiros, houve um esforço legislativo para adequação das normas brasileiras.

Antes, apenas a Medida Provisória nº 656/2014 – a qual regulava aspectos tributários e instituía vários outros dispositivos dispersos – possibilitava considerar-se a quota social como passivo da sociedade apenas quando exigível pelo sócio no momento de seu desligamento.

Vale dizer, como as cooperativas necessitavam deste "posicionamento" legislativo, até mesmo para (poder) não obedecer às diretrizes da ICPC 14, a medida provisória em questão dava-lhes a permissão necessária. Com o esforço de parte do Congresso, tal MPV fora convertida na Lei nº 13.097/2015, a qual, dentre várias outras alterações, inseriu o §4º no artigo 24 da Lei das Cooperativas.

Com esta previsão legal, a questão da movimentação financeira sofreu modificação de suma importância, deixando de ser apenas uma *práxis* para tornar-se previsão legal. Deixou de ter que seguir diretrizes inviáveis – no caso, ICPC 14 – para adequar-se à realidade brasileira, peculiar, reconheça-se.

Dizemos peculiar uma vez que, até mesmo nas sociedades anônimas já havia previsão legal nesse sentido, senão vejamos: conforme tese de Tomazette

(2016), sendo fundamental nas sociedades anônimas o direito de retirada, há, com isso, a imposição do reembolso da proporcionalidade de suas quotas ao retirante.

Mesmo nas sociedades anônimas, esse direito de resgate, reembolso ou devolução do capital social investido procura cuidar do interesse individual do acionista, buscando frear transformações irrestritas na sociedade, que eventualmente a prejudicariam, e, também, conciliar a autonomia da sociedade com a dos acionistas.

Há de se mencionar, ademais, que o desligamento do cooperado poderá ocorrer, ao menos com base na legislação, de três formas, a teor do mesmo §4º: por demissão, exclusão ou eliminação.

Isto é, a legislação prevê não apenas a devolução do capital social quando de sua retirada, ou, para usar da expressão legal, de seu "desligamento", mas especifica, ainda, as três hipóteses de saída nas quais será exigível esta devolução: demissão, exclusão ou eliminação, mencionadas no art. 24 da Lei n° 5.764. São circunstâncias distintas, conforme entendimentos a seguir.

Como nos esclarece Tomazette (2016), ocorrerá a demissão quando houver vontade do cooperado nesse sentido, sendo, portanto, uma forma de saída voluntária da sociedade, dissolvendo-se o vínculo por manifestação da vontade. Tal forma está prevista no art. 32 da referida Lei.

Por conseguinte, há uma forma de saída não voluntária do cooperado, qual seja, a eliminação, que não necessita da vontade de sair, podendo ser a ela contrária. O art. 33 da Lei em comento estabelece essa retirada como medida punitiva aplicável nos casos de infração legal ou estatutária (para usar a expressão legal, "fato especial" previsto no estatuto da sociedade cooperativa, desde que firmado por termo no Livro de Matrícula).

Contudo, Marlon Tomazette (2016) considera recomendável a oitiva prévia do cooperado, pois a eliminação será decidida pela diretoria ou pelo conselho de administração; deliberada a eliminação, a diretoria da cooperativa terá o prazo de 30 dias para comunicar ao interessado a sua eliminação, a teor do art. 34 da referida Lei. Essa oitiva prévia teria a finalidade de conferir ao cooperado a ampla defesa e o contraditório, essenciais mesmo em procedimentos administrativos de eliminação.

Por último, a terceira forma de retirada do sócio cooperado poderá ocorrer por meio da exclusão, que, não sendo medida punitiva, trata-se de imposição motivada pela impossibilidade de manutenção do vínculo com a cooperativa.

O art. 35 da Lei nº 5.764 elenca quatro hipóteses nas quais ocorrerá a exclusão: por dissolução da pessoa jurídica, quando esta for cooperada; por morte da pessoa física cooperada; por incapacidade civil não suprida; ou quando o associado deixar de atender aos requisitos estatutários de ingresso ou permanência na cooperativa.

Observe-se que esta forma de exclusão, no caso das cooperativas, não se confunde com a exclusão de sócios no caso das sociedades anônimas, pois nestas a exclusão é quase uma medida punitiva, relacionada à circunstância de justo motivo; já nas cooperativas é quase que uma consequência natural em virtude de algum fato.

Luiz Guilherme Marinoni (2014) nos exemplifica com precedente jurisprudencial, no qual foi ressaltada essa característica de medida tomada pelos outros sócios para salvar a administração da sociedade: "medida extrema que visa à eficiência da atividade empresarial, para o que se torna necessário expurgar o sócio que gera prejuízo ou a possibilidade de prejuízo grave no exercício da empresa" (REsp 917.531-RS 2007/0007392-5. Relator: Min. Luís Felipe Salomão)[12].

Passemos, neste momento, a uma breve consideração lógica: nas sociedades cooperativas, sendo simples e não empresárias, sabe-se que não há o propósito de lucro, porque sua finalidade consiste na união de sócios para melhoria de seus próprios membros. Ou seja, o objetivo deste tipo societário não é o lucro em si, pois cada sócio cooperado obtém seus benefícios diretamente pelo exercício de sua atividade.

Nesse contexto, há, sim, o desenvolvimento de uma atividade econômica por determinada cooperativa, mas os cooperados se beneficiam diretamente dos serviços por ela prestados, os quais lhe serão entregues a um preço menor e mais acessível. Noutras palavras, a cooperativa, pelo menos em tese, presta serviços aos próprios sócios cooperados.

---

12 Precedente jurisprudencial citado por MARINONI, Luiz Guilherme. *Precedentes jurisprudenciais: Direito Societário*. São Paulo: Editora Revista dos Tribunais, 2014, Coleção jurisprudência, v. 1, p. 209.

Com esses pressupostos, seguem-se duas características essenciais das cooperativas: serão sempre sociedades de forma simples, não empresariais; e, de outro lado, serão sempre sociedades de pessoas, porquanto cada sócio cooperado tem sua qualificação considerada na participação societária.

Essa qualificação do sócio, considerada no momento de seu ingresso, não permite a cessão de quotas, nem mesmo *mortis causa*. É que, não obstante a permissão de adesão voluntária e ilimitada de sócios inscrita no art. 4, inciso I da Lei nº 5.764/1971 – o dito princípio das "portas abertas" – não se admite a cessão de quotas a terceiros estranhos à sociedade, conforme letra do mesmo artigo *supra*, inciso IV.

Estes elementos – incessibilidade das quotas associada à possibilidade de adesão voluntária e ilimitada de membros – somados à noção de que a cooperativa se justifica por si mesma e presta serviço aos cooperados, enseja a participação igualitária na assembleia.

Mas a participação, cujo voto é por cabeça e não por quota social, decorre, também, da variabilidade do capital social nas sociedades cooperativas. Vale dizer que o capital social não é fixo, como enuncia o art. 4º, inciso II, da mesma Lei.

Conforme ressaltado antes, para a constituição de uma sociedade cooperativa existem alguns requisitos, mas, dentro deste rol, nunca estará a fixação do capital social, até mesmo face ao art. 1.094, I do Código Civil.

Nota-se, com isso, a regra de incessibilidade das quotas, personalíssimas que sejam, e, paralelamente, a hipótese de devolução do capital social quando da retirada do sócio cooperado, cujo normativo surgiu com a Lei nº 13.097/2015, a qual inseriu um parágrafo ao art. 24 da Lei das Cooperativas.

Por fim, com a doutrina de Modesto Carvalhosa, ganha corpo esta tese da devolução do capital social, sobretudo ante a regra da inacessibilidade das quotas a terceiros estranhos à sociedade. Aduz o autor: "se o sócio sair da cooperativa, ou vier a falecer, suas quotas serão canceladas; logo, o retirante ou o herdeiro do falecido receberá o valor correspondente a elas, ou serão transferidas a outro cooperado se a assembleia geral assim deliberar"[13].

---

13 *apud* DINIZ, Maria Helena. *Curso de Direito Civil brasileiro: direito de empresa*. 4 ed. São Paulo: Saraiva, 2012. v. 8.

Do exposto, temos que, diante da analogia com as sociedades anônimas, ao precedente normativo brasileiro e às características essenciais das cooperativas, aqui e alhures expostas, a devolução do capital social já pode ser vista como, no mínimo, conduta legalmente prevista. Antes necessária, viável, e de certa forma tentada na prática societária, é, agora, legalmente prevista.

5. CONSIDERAÇÕES FINAIS

Fixadas as circunstâncias descritas, além das noções e conceitos elementares, passando por alguns dos princípios-chave do Direito Cooperativo, inclusive seus aspectos econômicos, sociais, contábeis e, por derradeiro, jurídicos/legislativos – reconheça-se que procurou-se expor a problemática geral do tema.

A devolução do capital social é, por si só, justificável enquanto medida economicamente viável; mas, se considerada na condição de passivo da sociedade apenas quando exigível pelo cooperado retirante, será, também, viável do ponto de vista econômico-contábil.

Essa consideração da quota social integralizada enquanto passivo somente depois de exigível pelo associado – de resto, será, para todos os efeitos, ativo integrante do patrimônio líquido – encontrou, num primeiro momento, resistência nas diretrizes contábeis internacionais.

Importante salientar, por conseguinte, que o direito comparado só contribui ao pátrio na medida em que, obviamente não modificando as normas deste, permite, eventualmente, melhores interpretações ou possibilidades de aplicação de normas estrangeiras por analogia, ou, ainda, soluções de índole prática.

Em sentido contrário, constatada a disparidade de normas ou costumes, ou, melhor dizendo, a total inaplicabilidade de normas estrangeiras, *mister* afastá-las. Em seguida, com base nesse afastamento, passa-se à necessidade de adequação da legislação pátria.

De circunstância observável na prática, contrária ao direito estrangeiro, passando por reconhecimento em medida provisória e, por fim, positivação em lei, a devolução do capital social – este contemplado como passivo quando exigível de volta –, é, não apenas necessário à boa condução da cooperativa, mas, sobretudo, como procurou-se expor, uma evolução do próprio Direito Cooperativo brasileiro.

REFERÊNCIAS

ARRIGONI, Fernando José. *Aplicações sociais das sociedades cooperativas: um modelo de demonstração contábil. In:* Caderno de estudos, FIPECAPI: São Paulo, jan-jun/2000. V.12, N.23. (p. 50-68). Artigo disponível em: <http://dx.doi.org/10.1590/S1413-92512000000100004>. Acesso em 07 ago. 2018.

BRASIL. ICPC 14. *Cotas de cooperados em entidades cooperativas e instrumentos similares. Comitê de Pronunciamentos Contábeis.* Interpretação aprovada em 05 de novembro de 2010. Disponível em: <http://www.cpc.org.br/CPC/Documentos-Emitidos/Interpretacoes/Interpretacao?Id=23>. Acesso em 23 set. 2018.

_____. Lei n° 5.764, de 16 de dezembro de 1971. *Define a Política Nacional de Cooperativismo, institui o regime jurídico das sociedades cooperativas, e dá outras providências.* Disponível em: <http://www.planalto.gov.br/ccivil_03/leis/L5764.htm>. Acesso em 23 set. 2018.

_____. Lei n° 10.406, de 10 de janeiro de 2002. *Institui o Código civil.* Disponível em: <http://www.planalto.gov.br/ccivil_03/leis/2002/l10406.htm>. Acesso em 23 set. 2018.

_____. Lei n° 13.097, de 19 de janeiro de 2015. *Reduz a zero as alíquotas da Contribuição para o PIS/PASEP, da COFINS, da Contribuição para o PIS/Pasep- [...] e do Decreto-Lei no 3.365, de 21 de junho de 1941; e dá outras providências.* Disponível em: <http://www.planalto.gov.br/ccivil_03/_Ato2015-2018/2015/Lei/L13097.htm>. Acesso em 23 set. 2018.

_____. Medida provisória n. 656, de 07 de outubro de 2014. *Reduz a zero as alíquotas da Contribuição para o PIS/PASEP, da COFINS, da Contribuição para o PIS/Pasep-Importação e da Cofins-Importação incidentes sobre a receita de vendas e na importação de partes utilizadas em aerogeradores, prorroga benefícios, altera o art. 46 da Lei nº 12.715, de 17 de setembro de 2012, que dispõe sobre a devolução ao exterior ou a destruição de mercadoria estrangeira cuja importação não seja autorizada, e dá outras providências.* Disponível em: <http://www.planalto.gov.br/cCIVIL_03/_Ato2011-2014/2014/Mpv/mpv656.htm>. Acesso em 23 set. 2018.

CANÇADO, Airton Cardoso; GONTIJO, Mário César Hamdan. *Princípios cooperativistas: origem, evolução e influência na legislação brasileira. In: Encontro de Investigadores Latino-Americanos de Cooperativismo.* Anais da Unisinos: São Leopoldo/RS, 2004. Disponível em: <http://www.cooperabaete.com.br/site/wp-content/uploads/2013/05/principios_cooperativos_e_legislacao_brasileira.pdf>. Acesso em 07 ago. 2018.

CARVALHOSA, Modesto. *Comentários ao Código Civil.* Coord. Antônio Junqueira de Azevedo). São Paulo: Saraiva, 2005. v. 13.

COELHO, Fábio Ulhoa. *Curso de Direito Comercial.* V. 2: Direito de Empresa. 20 ed. São Paulo: Editora Revista dos Tribunais, 2016.

CORREIA, António de Arruda Ferrer. *Lições de Direito Comercial, sociedades comerciais. Doutrina geral.* Lex-Edições Jurídicas: Coimbra, 1968. v. 2.

DINIZ, Maria Helena. *Dicionário jurídico.* 2 ed. São Paulo: Saraiva, 2005. 4 v.

_____. *Curso de Direito Civil brasileiro: direito de empresa.* 4 ed. São Paulo: Saraiva, 2012. v. 8.

MARINONI, Luiz Guilherme. *Precedentes jurisprudenciais: Direito Societário.* São Paulo: Editora Revista dos Tribunais, 2014. (Coleção jurisprudência, v. 4).

MATOS, Joana Maria Silva Carvalho Campos e. *A redução do capital social e a tutela dos credores sociais.* 2012. 53 p. Dissertação (Mestrado em Direito das Empresas e dos Negócios) - Universidade Católica Portuguesa, Porto/PT.

PEREIRA, Anísio Cândido. *Contribuição à análise e estruturação das demonstrações financeiras das sociedades cooperativas brasileiras: ensaio de abordagem social. In:* Contabilidade Vista & Revista. Belo Horizonte, 1995. v. 6. n. 1. (p. 33-41). Disponível em <http://dx.doi.org/10.1590/S1413-92511994000100001>. Acesso em 07 ago. 2018.

REQUIÃO, Rubens. *Curso de Direito Comercial.* 34 ed. São Paulo: Saraiva, 2015. v. 1.

TOMAZETTE, Marlon. Curso de Direito Empresarial: teoria geral e Direito Societário. 7 ed. São Paulo: Atlas, 2016.

CONTABILIDADE VOLTADA À GESTÃO DO RISCO NAS COOPERATIVAS FINANCEIRAS

JOSÉ OSVALDO DA COSTA

Graduado em Administração de Empresas pela Universidade UNA, Pós graduação MBA Executivo em Finanças pelo IBMEC, Gerência e Tecnologia da Qualidade pelo Centro Federal de Educação Tecnológica de Minas Gerais (CEFET/MG) e em Pedagogia Empresarial pelo Centro de Estudos e Pesquisas Educacionais de Minas Gerais (CEPEMG). Experiência no Sistema Financeiro Nacional (Banco do Brasil, Banco Itaú, Banco Mercantil do Brasil, Sistema de Cooperativas de Crédito do Brasil (SICOOB)).

Áreas de atuação: Operacional, organização de processos, controladoria, orçamento/custos, crédito, Ombudsman. Consultor e instrutor de cooperativas de crédito nas áreas de gestão, governança e crédito. Conselheiro de Administração do Sicoob Credioeste.

RESUMO

Os comentários ora apresentados têm como objetivo mostrar a importância da Contabilidade na relação direta da gestão de riscos das cooperativas financeiras. A partir de informações contábeis confiáveis é possível a formação de uma série de tendências estatísticas e indicadores que são transformados em ferramentas importantes no estudo dos riscos das cooperativas de crédito, o que proporciona condições de ações preventivas de perdas. O desenvolvimento destas sistemáticas é essencial na preservação da integridade econômico/financeiras das cooperativas de crédito.

Palavras-chave: Cooperativas financeiras de crédito, gerenciamento de riscos, sistema financeiro nacional, princípios contábeis, ativos, passivos, patrimônio líquido.

ABSTRACT

The comments presented here aim to show the importance of Accounting in the direct relationship of the risk management of financial cooperatives. From reliable accounting information it is possible to form a series of statistical trends and indicators that are transformed into important tools in the study of credit cooperative risks, which provides conditions for preventive actions of losses. The development of these systems is essential in preserving the economic / financial integrity of credit unions.

Keywords: Financial credit cooperatives, risk management, national financial system, accounting principles, assets, liabilities, shareholders' equity.

1. INTRODUÇÃO

O marco de regulamentação do cooperativismo brasileiro (Lei nº 5.764/1971) completa 48 anos com motivos para comemorações, reflexões e responsabilidades, o que se espera deste representativo segmento na economia nacional. O cooperativismo brasileiro, composto por vários segmentos, prossegue firme rumo à maturidade e inserção na vida do povo brasileiro.

Dentre os segmentos do cooperativismo, sem demérito aos demais, que, aliás, seguem com muita competência e dedicação, destaca-se o cooperativismo financeiro. É inegável o sucesso e solidez das cooperativas de crédito no Brasil, em seus vários sistemas, demonstrando que vieram para ficar. Esta evolução positiva, que remonta de muito antes da regulamentação de 1971, foi construída em cima de três importantes pilares: inicialmente pela determinação de seus dirigentes, que mesmo com parcos conhecimentos abraçaram a causa de levar às comunidades a chance de uma alternativa financeira, frente às poucas opções de relacionamento dado pelos bancos comerciais; assim, a inclusão financeira das pessoas foi promovida nos lugares mais distantes e desassistidos dos serviços bancários.

Outro fator foi a contrapartida das pessoas nos seus mais diversos segmentos, pela fidelização e credibilidade promovida pelos cooperados; não é por acaso que hoje as cooperativas de crédito representam o 6º maior conglomerado financeiro do país. E por último, um fator relevante foi a presença do Banco Central do Brasil (BCB), na condição de legislador, fiscalizador e apoiador das iniciativas das cooperativas financeiras. Sob a atuação do BCB, a padronização, controle e austeridade levaram a maturidade das cooperativas financeiras na avaliação dos seus riscos, transparência e formação de resultados. Muitas medidas de controle e fiscalização estiveram amparadas por vários instrumentos na correção de rumo referente à gestão das cooperativas.

No texto a seguir daremos destaque para uma ferramenta antiga, porém imprescindível nas empresas: a contabilidade e sua utilização como instrumento no gerenciamento de risco das cooperativas financeiras de crédito.

2. HISTÓRIA DA CONTABILIDADE NA HUMANIDADE

A história da contabilidade é tão antiga quanto a própria história da civilização. Está ligada às primeiras manifestações humanas da necessidade social de proteção à posse e de perpetuação e interpretação dos fatos ocorridos com o objeto material de que o homem sempre dispôs para alcançar os fins propostos.

A origem da Contabilidade está ligada à necessidade de registros do comércio. Há indícios de que as primeiras cidades comerciais eram dos fenícios, porém a prática do comércio não era exclusiva destes, sendo exercida nas principais cidades da antiguidade. À medida que o homem começava a possuir maior quantidade de valores, preocupava-lhe saber quanto poderiam render e qual a forma mais simples de aumentar as suas posses; tais informações não eram de fácil memorização quando já em maior volume, requerendo registros.

Foi o 'pensamento do futuro' que levou o homem aos primeiros registros, a fim de que pudesse conhecer as suas reais possibilidades de uso, consumo e produção. Com o surgimento das primeiras administrações particulares aparecia a necessidade de controle, o qual não poderia ser feito sem o devido registro, a fim de que se pudesse prestar conta da coisa administrada.

A contabilidade empírica, praticada pelo homem no período antigo, já tinha como objeto o patrimônio, representado pelos rebanhos e outros bens nos seus aspectos quantitativos. Os primeiros registros processaram-se de forma rudimentar, na memória do homem; como este é um ser pensante e inteligente, logo encontrou formas mais eficientes de processar os seus registros, utilizando gravações e outros métodos alternativos. Por esta razão, o inventário exercia um importante papel, pois a contagem era o método adotado para o controle dos bens, que eram classificados segundo sua natureza: rebanhos, metais, escravos e outros bens. Posteriormente, a palavra 'conta' passou a ser designada como agrupamento de itens da mesma espécie.

No período medieval, na Itália, em 1202, foi publicado o livro "*Liber Abaci*", de Leonardo Pisano. Estudavam-se, na época, técnicas matemáticas, pesos e medidas e câmbio, tornando o homem mais evoluído em conhecimentos comerciais e financeiros. Se os sumérios-babilônios plantaram a semente da contabilidade e os egípcios a regaram, foram os italianos que fizeram o cultivo e a colheita. Este foi um período importante na história do mundo, especialmente na história da Contabilidade, denominado "Era Técnica", devido às grandes invenções, tais como moinhos de vento e o aperfeiçoamento da bússola, que abriram novos horizontes aos navegadores, dentre eles Marco Polo e outros.

A indústria artesanal proliferou com o surgimento de novas técnicas no sistema de mineração e metalurgia. O comércio exterior incrementou-se por intermédio dos venezianos, surgindo, como consequência das necessidades da época, o livro caixa, que recebia registros de recebimentos e pagamentos em dinheiro. Já se utilizavam, de forma rudimentar, o débito e o crédito, oriundos das relações entre direitos e obrigações, e referindo-se, inicialmente, à pessoas.

O aperfeiçoamento e o crescimento da Contabilidade foram a consequência natural das necessidades geradas pelo advento do capitalismo, nos séculos XII e XIII, visto que o processo de produção na sociedade capitalista gerou a acumulação de capital, alterando-se as relações de trabalho. O trabalho escravo cedeu lugar ao trabalho assalariado, tornando os registros mais complexos. No século X já haviam aparecido as primeiras corporações na Itália, transformando e fortalecendo a sociedade burguesa.

No final do século XIII apresentou-se pela primeira vez a conta "Capital", representando o valor dos recursos injetados nas companhias pela família proprietária. Iniciou-se, então, método das partidas dobradas, o qual teve sua origem na Itália, embora não se possa precisar em que região. O seu aparecimento implicou a adoção de outros livros que tornassem mais analítica a Contabilidade, surgindo, então, o Livro da Contabilidade de Custos.

No início do Século XIV, já se encontravam registros explicitados de custos comerciais e industriais nas suas diversas fases: custo de aquisição; custo de transporte e tributos; juros sobre o capital, referente ao período transcorrido entre a aquisição, o transporte e o beneficiamento; mão de obra direta agregada; armazenamento e tingimento, o que representava uma apropriação bastante analítica para a época. A escrita já se fazia nos moldes de hoje, considerando, em separado, gastos com matérias-primas, mão de obra direta a ser agregada e custos indiretos de fabricação. Os custos eram contabilizados por fases separadamente, até que fossem transferidos ao exercício industrial.

Embora o século XVII tivesse sido o berço da era científica e Pascal já tivesse inventado a calculadora, a ciência da Contabilidade ainda se confundia com a ciência da Administração e o patrimônio se definia como um direito, segundo postulados jurídicos. Nessa época, na Itália, a Contabilidade já chegara à universidade, começando a ser lecionada com a aula de comércio da corte em 1809.

Francisco Villa extrapolou os conceitos tradicionais de Contabilidade, segundo os quais escrituração e guarda livros poderiam ser feitas por qualquer pessoa inteligente. Para ele, a Contabilidade implicava conhecer a natureza, detalhes, normas, leis e práticas que regem a matéria administradas, ou seja, o patrimônio. Esta linha de raciocínio originou o pensamento patrimonialista, iniciando-se a fase científica da Contabilidade.

A escola Europeia teve peso excessivo da teoria, sem demonstrações práticas ou pesquisas fundamentais. A exploração teórica das contas e o uso exagerado das partidas dobradas, inviabilizando, em alguns casos, a flexibilidade necessária, principalmente na Contabilidade Gerencial, preocupando-se demais em demonstrar que a matéria era uma ciência ao invés de dar vazão à pesquisa séria de campo e de grupo. A partir de 1920, aproximadamente, inicia-se a fase de predominância norte-americana dentro da Contabilidade.

A criação de grandes empresas, como as multinacionais ou transnacionais, por exemplo, que requerem grandes capitais, de muitos acionistas, foi a causa primeira do estabelecimento das teorias e práticas contábeis, as quais permitissem correta interpretação das informações, por qualquer acionista ou outro interessado, em qualquer parte do mundo.

Nos inícios do século atual, com o surgimento das gigantescas corporações, aliado ao formidável desenvolvimento do mercado de capitais e ao extraordinário ritmo de desenvolvimento que os Estados Unidos da América experimentaram e ainda vivenciam, constitui um campo fértil para o avanço das teorias e práticas contábeis. Não é por acaso que atualmente o mundo possui inúmeras obras contábeis de origem norte-americana, as quais têm reflexos diretos nos países de economia.

A contabilidade é, objetivamente, um sistema de informação e avaliação destinado a prover seus usuários com demonstrações e análises de natureza econômica, financeira, física e de produtividade, com relação à entidade objeto de contabilização. O objetivo principal da contabilidade, portanto, é o de permitir, a cada grupo principal de seus usuários, a avaliação da situação econômica e financeira da entidade num sentido estático, bem como fazer inferências sobre suas tendências futuras.

3. A EVOLUÇÃO DO GERENCIAMENTO DE RISCO DO SISTEMA FINANCEIRO NO CENÁRIO MUNDIAL

A bela cidade de Basileia, a terceira maior cidade da Suíça, tornou-se palco de reuniões regulares de bancos centrais do mundo inteiro. Estes encontros visam estudar as evoluções do sistema financeiro mundial e dimensionar as necessidades de regulagem de riscos, evitando assim o colapso das economias, haja vista a grande interdependência das transações financeiras mundiais.

O primeiro encontro se deu em 1930, onde foi criado o *Bank for International Settlements* (BIS), o Banco de Compensações Internacionais, que fomenta a cooperação entre os bancos centrais e outras agências em busca da estabilidade monetária e financeira.

O próximo encontro oficial só veio acontecer 45 anos depois, em 1975, ocasião em que foi criado o Comitê de Basiléia para Supervisão Bancária (CBSB), com a intenção de reforçar a regulação, a supervisão e as melhores práticas no mercado financeiro.

A partir da atuação do CBSB em 1988, foi assinado um documento reforçando a regulação, a supervisão e as melhores práticas no mercado financeiro. Neste encontro, chamado de Basileia I foram definidas algumas premissas de controle de riscos nas instituições financeiras: índice mínimo de capital, também conhecido como índice de Basileia, o qual determina que um banco deva manter depositado em caixa pelo menos 8% do valor atual dos seus empréstimos; a avaliação de risco, que obriga toda instituição a mensurar as ameaças das suas operações de empréstimo e financiamento e o capital regulatório, que determina que a instituição mantenha uma quantia de capital próprio depositado em caixa para mitigar possíveis riscos. Para isso, a base principal é a análise do perfil de crédito do tomador.

Em 2004 foi assinado um acordo chamado Basileia II, que teve como objetivo reforçar o conjunto de medidas estabelecidas no primeiro documento. Porém, ao mesmo tempo, esse acordo também deu mais liberdade aos bancos, permitindo que os limites de capital fossem adequados de acordo com o Banco Central de cada país.

Porém, em 2010, período após a crise de 2008, foi consagrado o terceiro acordo, chamado Basileia III, que veio para ampliar as regras contidas nos acordos anteriores. Logo, este acordo aumentou a regulação sobre o sistema financeiro, o que, obviamente, levou a imposição de limites mais rígidos para a atuação dos bancos e demais instituições financeiras.

As duas medidas mais importantes nesta nova parte do acordo foram: colchão de conservação de capital, que além dos 8% de índice mínimo de capital do primeiro acordo, a regra estabeleceu que as instituições mantenham uma reserva extra de 2,5%. Com isso, o percentual de capital que deve permanecer depositado sobe para 10,5%. Outra decisão foi o Colchão contra cíclico de capital, o qual define que, além do índice mínimo, as instituições também mantenham em caixa uma reserva entre 0% e 2,5% sobre o capital emprestado do banco. Nesse caso, a taxa varia de acordo com a situação do sistema financeiro de cada país e é destinada especialmente para mitigar o risco de crise sistêmica.

4. A EVOLUÇÃO DA AVALIAÇÃO DE RISCOS NO SISTEMA FINANCEIRO BRASILEIRO

Desde 1994, o BCB vem regulando o Sistema Financeiro Nacional através da publicação de uma série de regulamentações necessárias ao ajuste de risco, em razão da evolução das transações em volume, diversidade e complexidade. Das medidas adotadas, foi estabelecido capital e patrimônio mínimos frente aos riscos assumidos, estabelecimento de limites de exposição aos riscos, criação de estruturas de gerenciamento e implementação de políticas específicas.

Uma dessas deliberações se destaca de primordial importância para as cooperativas de crédito. Trata-se da Resolução nº 2.554/1998, que implantou os

Sistemas de Controles Internos. Possivelmente para os bancos que já possuíam estruturas de controle mais organizadas não foi uma grande novidade; no entanto, para as cooperativas financeiras foi um marco regulatório que trouxe padronizações sistêmicas de controle, desenvolvimento de sistemáticas de mitigação dos riscos e, sobretudo, a implantação de uma cultura de controle para o segmento.

Com a publicação das resoluções n°s 4553, 4557 e 4595 em 2017, o BCB trouxe ao Sistema Financeiro, incluindo as cooperativas de crédito, uma mudança muito importante no aspecto da gestão de risco nas instituições. Inicialmente, através da Resolução n° 4553/2017, estabeleceu-se a segmentação e a classificação das instituições financeiras pelo porte equivalente ao PIB nacional, de acordo com o patrimônio e a diversidade/complexidade de seus ativos. Quanto maior a instituição e diversificados seus ativos maior deverá ser o rigor no gerenciamento de seus riscos. Observa-se na figura a seguir as classificações das instituições na regulação do risco:

CLASSIFICAÇÃO DAS INSTITUIÇÕES NA REGULAÇÃO DO RISCO

SEGMENTAÇÃO	PORTE DE ENQUADRAMENTO - RES. 4553/17
Exposição total de Risco (Total Ativos) com base no PIB	
S1	Igual ou superior a 10% do PIB
S2	Inferior a 10% e igual ou superior a 1% do PIB
S3	Inferior a 1% e igual ou superior a 0,1% do PIB
S4	Inferior a 0,1% do PIB
S5	Inferior a 0,1% do PIB (Regime Simplificado)

Grande parte das cooperativas de crédito do Brasil está enquadrada na classificação S5, com Patrimônio de Referência (PR) inferior a 0,1% do PIB, isto é, abaixo de R$ 171 milhões (dados do Instituto Brasileiro de Geografia e Estatística (IBGE) referentes ao 1° trimestre de 2019).

No entanto, a Resolução n° 4557/2017 veio a complementar as novas regulamentações sobre o gerenciamento de risco. Foi estabelecida pela norma a criação de estrutura para gestão dos riscos em todas as instituições do sistema financeiro. Uma das novidades para as cooperativas singulares de crédito foi a nomeação de diretor executivo com funções específicas no gerenciamento dos riscos. A partir daí, novas premissas foram estabelecidas, tornando a mitigação dos riscos mais segura e profissional.

A partir destas normatizações, o órgão fiscalizador passou a exigir dos integrantes do Sistema Financeiro uma mudança de postura com relação à administração de risco com seus impactos sistêmicos à macro economia. Prova disso são os critérios estabelecidos para os riscos que a instituição se dispõe a correr, à medida que coloca no mercado operações em tipologia de risco complexas e em volumes significativos. No modelo anterior, os ajustes de risco eram controlados somente a posteriori, isto é, as recomposições patrimoniais e os controles eram trabalhados na correção. Na regulamentação atual, criou-se a condição e exigência de que os riscos a serem assumidos deverão ser baseados numa avaliação de apetite ao risco (RAS). Desta forma, será possível determinar previamente e de forma preventiva as condições e instrumentos de medicação dos riscos, antes mesmo da existência operacional dos produtos e das operações financeiras.

Para completar o conjunto de novidades na gestão de riscos foi editada a Resolução n° 4595/2017, a qual dispõe sobre a política de conformidades (*compliance*), com o objetivo de que as instituições mantenham regras de cumprimento das normas e façam as definições para acerto de possíveis riscos incorridos.

5. A MATRIZ DE RISCO DAS INSTITUIÇÕES FINANCEIRAS

Ao longo dos anos, na esteira da evolução dos procedimentos, as normas e estruturas de gerenciamento de risco adotados no sistema financeiro nacional também alcançaram as cooperativas financeiras de crédito. Devemos considerar nesta evolução o tamanho patrimonial e o volume/complexidade dos ativos das cooperativas frente ao Sistema Financeiro Nacional, visto que os normativos e regras do Banco Central do Brasil consideram estas premissas. Desta forma, grande parte das cooperativas se enquadra no regime de classificação S5.

Não há como operacionalizar transações financeiras sem a existência de riscos, uma vez que estes são inerentes às atividades das instituições financeiras. O risco faz parte do negócio; portanto, não há risco sem negócio e nem negócio sem risco. Desconhecê-lo torna-se o maior erro, pois através de sua compreensão é possível mensurar as dimensões de possíveis prejuízos e como enfrentá-los. Imagine a definição de risco de uma transação de empréstimo: seu conhecimento possibilitará a fixação da garantia necessária para amenizá-lo.

A evolução de gerenciamento de risco nas cooperativas de crédito trouxe algo muito importante, à medida que as cooperativas saíram de uma situação de incerteza para uma situação de conhecimento do risco. Tal evolução contribui sobremaneira para o estabelecimento da cultura do risco nas cooperativas singulares.

Num ambiente de incertezas, o risco, por ser desconhecido, não é devidamente medido, aumentando as chances de perdas imprevisíveis. Os processos estão desalinhados, tornando-se caros e lentos. Muitas das vezes em que o risco é evitado, não se tem o mérito de alinhamento de procedimentos preventivos, mas conta-se com a sorte ou há uma dependência de esforços isolados de pessoas, sem sinal de sistematização para mitigação dos riscos.

Por outro lado, quando temos uma situação de cultura de risco na instituição, esforços conjuntos são realizados para identificação dos mesmos, e, se identificados, calcula-se seu peso nas perdas e realização do negócio. Neste ambiente de realidade pela identificação do risco, processos, pessoas e sistemas trabalham alinhados, as perdas são previsíveis, as políticas são ajustadas e há um conjunto de ações conscientes na gestão dos negócios.

Numa estrutura de gerenciamento de riscos devemos prever as seguintes fases:

i) Identificação: identificar eventos de risco, apontando as áreas de incidência, causas e potenciais impactos financeiros;

ii) Avaliação: quantificar a exposição ao risco com o objetivo de avaliar o impacto nos negócios;

iii) Controle: registrar o comportamento dos riscos, limites, indicadores e eventos de perda, bem como implementar mecanismos de forma a garantir que os limites e indicadores de risco permaneçam dentro dos níveis definidos.

iv) Mitigação: criar e programar mecanismos para mitigar (amenizar) os riscos, buscando reduzir as perdas.

Podemos definir na matriz do Sistema Financeiro os principais riscos presentes nas instituições financeiras, inclusive as cooperativas singulares. Alguns não citados estarão embutidos em outros riscos macro, a exemplo do risco operacional que tem um conceito muito amplo e uma quantidade considerável de componentes distintos. Dentre estes, deve-se destacar a relevância dos riscos de crédito e operacional e seus impactos nos resultados das cooperativas de crédito.

Na figura a seguir, resume-se a matriz de risco do sistema financeiro:

A seguir, demonstram-se as peculiaridades do crédito frente ao risco assumido:

E os riscos que podem incorrer de fatores operacionais:

Além de outros fatores de riscos inerentes ao mercado, liquidez, meio ambiente e gerenciamento de capital, como se pode visualizar na imagem a seguir:

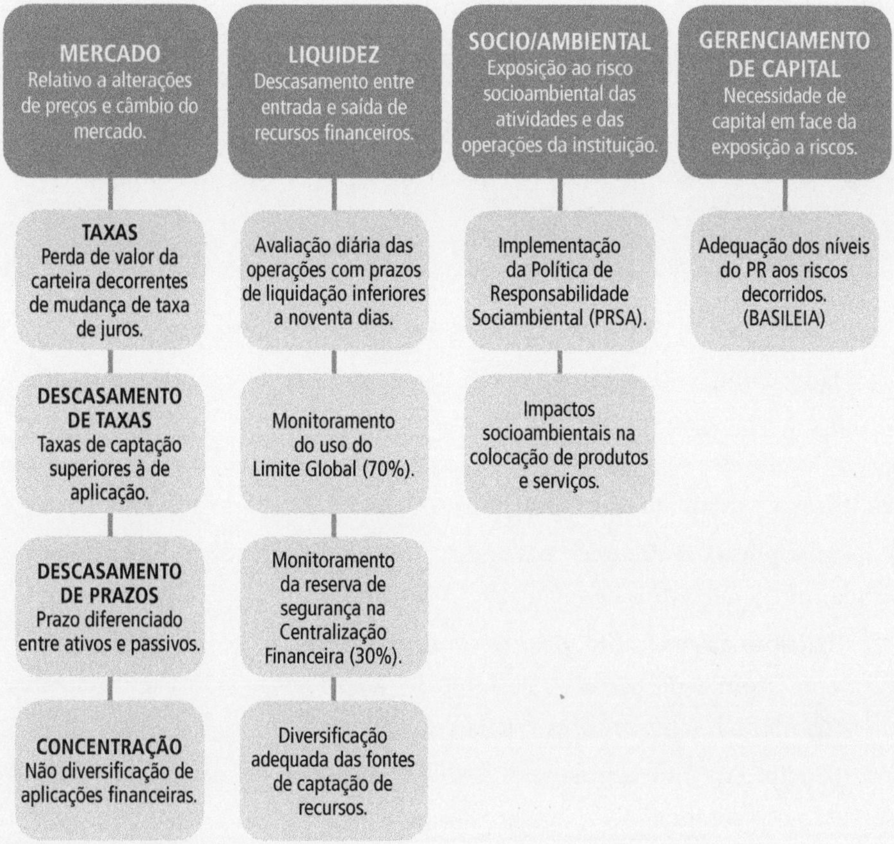

6. PRINCÍPIOS DA CONTABILIDADE AUXILIARES NA GESTÃO DOS RISCOS

Através dos princípios contábeis é permitido aos contadores utilizar padrões de comparação que trazem credibilidade nas demonstrações financeiras, o que facilita e dá transparência aos fatos contábeis. A importância dos princípios da contabilidade é inquestionável: são as premissas básicas para a elaboração dos processos contábeis, e as empresas são auditadas através deles, por isso sua aplicação deve ser cuidadosamente atendida.

Podemos destacar algumas das importantes aplicações das informações contábeis:

1. Melhor gerenciamento dos recursos disponíveis;
2. Obtenção de informações para o planejamento orçamentário e estratégico;
3. Definição do custo do que é produzido e consumido;
4. Apuração de lucro ou prejuízo;
5. Controle e redução de despesas e aumento de receitas;
6. Prevenção e identificação de erros e fraudes (riscos).

Dados confiáveis, obtidos através das demonstrações contábeis, dão segurança à avaliação dos riscos. Na leitura dos números é possível estabelecer indicadores e tendências fundamentais para a perenidade das empresas. Podemos assim avaliar estes princípios contábeis:

Princípio da entidade: o patrimônio pertence à Entidade, e não se confunde com aqueles de seus sócios ou proprietários;

Princípio da continuidade: pressupõe que a Entidade continuará em operação no futuro e, portanto, a mensuração e a apresentação dos componentes do patrimônio levam em conta esta circunstância;

Princípio da oportunidade: refere-se ao processo de mensuração e apresentação dos componentes patrimoniais para produzir informações íntegras e tempestivas;

Princípio do registro pelo valor original: determina que os componentes do patrimônio devam ser inicialmente registrados pelos valores originais das transações, expressos em moeda nacional. Em resumo, a aplicação do Princípio do Registro pelo Valor Original resulta que: a) a avaliação dos componentes patrimoniais deve ser feita com base nos valores de entrada, considerando-se como tais os resultantes do consenso com os agentes externos ou da imposição destes; b) o bem, o direito ou a obrigação, uma vez integrado ao patrimônio, não poderá ter seu valor intrínseco alterado, admitindo-se, tão somente, sua decomposição em elementos e/ou sua agregação, parcial ou integral, a outros elementos patrimoniais; c) o valor original será mantido enquanto o componente permanecer como parte do patrimônio, inclusive na saída deste; d) o uso da moeda do país na tradução do valor dos componentes patrimoniais constitui imperativo de homogeneização quantitativa;

Princípio da competência: determina que os efeitos das transações e outros eventos sejam reconhecidos nos períodos a que se referem, independentemente do recebimento ou pagamento;

Princípio da prudência: determina a adoção do menor valor para os componentes do ativo e do maior para os do passivo. Em situações de dúvida, para preservar os valores patrimoniais, os ativos e receitas não deverão ser superestimados e os passivos e despesas não deverão ser subestimados.

Além dos princípios universais, há de se destacar algumas características e procedimentos constantes na contabilidade que dão segurança, auxiliam e são fontes de pesquisa para a avaliação de riscos.

A fidedignidade dos dados e a confiança sobre o real valor dos números da contabilidade torna o trabalho de avaliação de risco consistente. De nada adiantariam modelos sofisticados de apuração de riscos se os números não retratarem a realidade patrimonial da empresa ou não espelham uma circunstância operacional ocorrida. A contabilidade só é confirmada a partir de documentação fiel à realidade, tais como comprovantes, contratos, notificações judiciais, pareceres jurídicos, dentre outros. Para completar este arcabouço de cuidados, temos ainda o serviço complementar de auditoria, o qual verifica as circunstâncias e efeitos dos documentos que originaram a contabilidade e consequentemente as demonstrações financeiras.

A conferência e conciliação fazem parte das rotinas da contabilidade em qualquer empresa séria. Estes procedimentos nos dão a segurança que os lançamentos contábeis estão corretos e confiáveis.

Várias premissas dos preceitos contábeis foram estabelecidas para trazer a estabilidade de demonstrações dos números das empresas no decorrer dos meses e dos exercícios. Princípios de prudência, regime de competência, provisões, rendas a apropriar, depreciação, dentre outras, promove a realidade econômica, financeira e patrimonial da empresa, traduzidas através de balancetes, balanços e demonstrações de resultados dos exercícios.

Informações gerenciais advindas da contabilidade tornam-se, portanto, fonte inesgotável de pesquisa para os avaliadores de risco. A partir das informações contábeis sistematizadas, muitos desdobramentos e análises são realizados, transformados em indicadores importantes, estudos estatísticos qualificados e estratégicos, indicando dimensionamentos de parâmetros legais. Este conjunto de avaliações é de extrema relevância para a mitigação de riscos. Para as instituições financeiras, estas avaliações são determinantes na prevenção, tendo em vista o perfil de risco que se reveste as rotinas operacionais e os volumes financeiros envolvidos.

Os procedimentos contábeis e seus desdobramentos são cercados de controles que lhes dão sustentação e demonstram seu grau de confiança. Não haveria segurança nos ambientes das empresas, e em bastante destaque no sistema financeiro, se não houvesse várias metodologias de checagem nas rotinas. Muitas perdas são evitadas a partir das conciliações contábeis, onde muitos riscos são coibidos na origem.

Em avaliação histórica do Sistema Financeiro Nacional podemos avaliar que as atuais estruturas robustas de gerenciamento de risco sofreram uma evolução ao longo dos anos. Há de se considerar também o aumento crescente do volume, diversidade e complexidade das operações bancárias, acompanhadas também de soluções tecnológicas que auxiliaram na administração dos riscos e na prevenção de perdas. Nesta avaliação há de se destacar que, enquanto não existiam estruturas próprias de risco, este trabalho foi desenvolvido (e ainda é) com muita competência pelas áreas de Controladoria e Auditoria. Estas estruturas foram fundamentais para a redução de fraudes, falhas operacionais e perda de recursos.

No entanto, as estruturas atuais de gerenciamento de riscos, se valendo de recursos tecnológicos apropriados e farta gama de informações, inclusive advindas da contabilidade, podem realizar um trabalho preventivo bem mais qualificado, haja vista que a ausência dessas ferramentas nas rotinas de Controladoria e Auditoria, detectava-se o problema após a consumação da perda.

As segmentações dos tipos de contabilidade são ferramentas que facilitam os trabalhos de avaliação de risco nas empresas, pois trazem as demonstrações financeiras com enfoques diferentes e com particularidades específicas de segmentos. Temos a contabilidade de custos, gerencial, fiscal, bancária, dentre outras. Esta diversidade de formas de se avaliar os números das empresas proporciona aos gestores de riscos uma gama de informações que poderão ser direcionadas para a redução de perdas e alinhamentos estratégicos.

7. ELEMENTOS DA CONTABILIDADE E SEUS IMPACTOS SOBRE A AVALIAÇÃO DOS RISCOS NAS COOPERATIVAS DE CRÉDITO

O Plano Contábil das Instituições Financeiras (COSIF), utilizado pelas cooperativas financeiras de crédito, traz toda a lógica de preceitos contábeis definidos pelas normas do Conselho Federal de Contabilidade (CFC).

O COSIF, de responsabilidade do Banco Central do Brasil, possui um elenco de contas utilizadas pelo órgão fiscalizador para conhecimento, análise e controle das instituições financeiras, tornando-se um instrumento essencial na avaliação do Sistema Financeiro Nacional.

Nas movimentações responsáveis pela constituição de ativos, passivos e resultados sempre estaremos utilizando os conceitos contábeis para definir evoluções patrimoniais, pontos de risco e formação de indicadores.

Algumas rubricas contábeis merecem destaque, em função da relevância de seus números na formação de resultados, bem como pelo risco que representam às cooperativas de crédito, sobre as quais carecem de se fazer alguns comentários: os ativos são classificados em circulantes, realizáveis a longo prazo e permanentes; os passivos, por sua vez, são classificados em circulantes, exigíveis a longo prazo e patrimônio líquido.

No balanço patrimonial das cooperativas financeiras, o passivo representa as obrigações originadas do capital social dos cooperados e das captações realizadas junto a eles e ao mercado financeiro. Parte dos recursos captados volta aos cooperados na forma de repasses. Já o ativo representa a aplicação dos recursos do passivo (patrimônio líquido + captações).

A eficiência de uma instituição financeira está na administração destes recursos e nos riscos que são estabelecidos em suas movimentações. Numa avaliação macro de risco entre passivos e ativos, devemos destacar níveis de concentração elevados e descasamentos entre estes elementos contábeis.

Níveis de concentração serão sempre nefastos em qualquer situação de constituição de ativos, passivos e patrimônio líquido representado pelo capital social. Situações de concentração tornam a cooperativa de crédito refém de seus cooperados, vulnerável pelas movimentações bruscas de retiradas de depósitos, afetando sua liquidez. Podem ser também identificados danos causados ao patrimônio líquido com riscos de desenquadramentos quando da saída abrupta de capital social. Na concentração de ativos de crédito, o desequilíbrio ocorre quando elevados valores de um único tomador ou grupo econômico demandam de níveis de provisão, causando forte impacto no resultado.

O descasamento entre ativos e passivos poderá ocorrer em função dos volumes financeiros e taxas praticadas. Nestas avaliações devemos considerar o descompasso entre os montantes captados e os montantes emprestados ou investidos, o que pode trazer problemas de liquidez. Captações de curto prazo e aplicações de longo prazo tiram o oxigênio das instituições; portanto, taxas descompassadas entre captação e aplicações causam desequilíbrios nos resultados, diminuindo o spread, que é a margem de ganho da intermediação financeira.

7.1. Patrimônio Líquido

O valor que os cooperados têm aplicado em cotas capital na cooperativa estão contidos no patrimônio líquido. Contas do patrimônio líquido têm saldos credores, dividindo-se em: capital social, reservas de capital, reservas de reavaliação, reservas de lucros e lucros/prejuízos acumulados. Muitos dos aspectos que envolvem o patrimônio líquido das cooperativas de crédito precisam ser trabalhados.

Há um questionamento sobre a condição de disponibilidade do capital social ao cooperado e sua classificação contábil nos balanços patrimoniais; o capital social pertence aos cooperados e as regras para movimentações (transferência e resgate) são definidas nos estatutos sociais. Via de regra, os estatutos sociais estabelecem regras rígidas de saída de capital, evitando assim uma perda abrupta de capital. No entanto, uma corrente de princípios contábeis defende que, contabilmente, o capital social deve ser segregado do patrimônio líquido, passando a compor o passivo realizável. Esta teoria assemelha o capital social dos cooperados ao capital dos acionistas das empresas de capital aberto no quesito de liquidez. No entanto, a Lei nº 5.764/71 faz uma diferenciação importante entre as duas situações de capital.

Muito além desta teoria, está a necessidade de as cooperativas financeiras constituírem reservas mais robustas de capital, saindo da dependência do capital social dos cooperados. Reservas patrimoniais fortes darão mais segurança e confiança aos cooperados, dirigentes e mercado. Como as reservas legais tem um caráter contingencial, tê-las fortalecidas nas cooperativas de crédito é uma tranquilidade para cooperados e governanças, tornando-se elemento importante de sustentabilidade das instituições no enfrentamento de intempéries de mercado.

Através de reservas confortáveis, muitas ações de benefícios aos cooperados poderão ser ampliadas e os estatutos poderão ser mais bem regulados nas questões de remuneração de juros ao capital, distribuição de resultados, devolução de capital programada e benefícios diferenciados (taxas, prazos, tarifas) daqueles praticados pelo sistema bancário. Desta maneira, será vantajosa a participação de qualquer segmento nas cooperativas financeiras de crédito.

Embora constante a possibilidade de benefícios nos estatutos sociais, nem todas as cooperativas o fazem, muitas sequer detêm uma política clara de benefícios aos associados. Esta situação requer uma maior transparência por parte das cooperativas de crédito, tornando a relação entre os cooperados mais segura e as regras de capitalização mais atraentes.

7.2 Fundo de Assistência Técnica, Educacional e Social (FATES)

Contabilizado em outras obrigações no passivo, o FATES é um importante instrumento na prática de distribuição de benefícios aos cooperados, regulamentado pela Lei nº 5.764/71:

> Art. 28. As cooperativas são obrigadas a constituir:
>
> [...]
>
> II. **Fundo de Assistência Técnica, Educacional e Social,** destinado à prestação de assistência aos associados, seus familiares e, quando previsto nos estatutos, aos empregados da cooperativa, constituído de 5% (cinco por cento), pelo menos, das sobras líquidas apuradas no exercício.

> §1° Além dos previstos neste artigo, a Assembleia Geral poderá criar outros fundos, inclusive rotativos, com recursos destinados a fins específicos fixando o modo de formação, aplicação e liquidação.
>
> §2º Os serviços a serem atendidos pelo Fundo de Assistência Técnica, Educacional e Social poderão ser executadas mediante convênio com entidades públicas e privadas (BRASIL, 1971, grifo do autor).

As verbas do FATES se destinam particularmente à capacitação, educação e treinamento dos cooperados e seus familiares, além de servirem à prestação de serviços assistenciais e sociais (técnico, educacional e social), portanto, existe a necessidade de regulamento próprio, cujas principais características estão expostas a seguir:

Composição do FATES:

1. Porcentagem de sobras líquidas (previsto em Estatuto, mínimo 5%);
2. Resultados de Atos Não Cooperativos;
3. Rendas não Operacionais;
4. Doações de qualquer espécie, inclusive de cooperados.

7.3. Tesouraria

A principal mercadoria de estoque das cooperativas de crédito é o dinheiro em espécie. A administração de estoque em qualquer empresa dita as regras do resultado. No "fio da navalha" os recursos em tesouraria não podem ser muitos nem pouco; deve-se manter o suficiente.

A gestão das tesourarias é um grande desafio, pois guardar dinheiro é dispendioso, representa perdas financeiras, além do elevado risco a ser mitigado. A situação das cooperativas de crédito é ainda mais pesada que os bancos, pois com a evolução natural do crescimento, numa extensa rede, muitas ficam distantes de tesourarias centrais. Tal característica aumenta ainda mais o custo e o risco de mantê-las.

A manutenção de recursos acima do necessário nas tesourarias representa um efeito duplo de perda. Além do seguro para cobertura dos volumes estocados, tem-se a perda pela não aplicação dos recursos nas posições do mercado financeiro. Em suma: dinheiro parado é prejuízo.

Desta forma, a solução será o estímulo aos cooperados para a mudança de hábitos na utilização dos serviços da cooperativa, através de outros meios de pagamento mais ágeis e baratos, como cartões para saque, meios eletrônicos de transferência, dentre outros.

Outra questão que permeia as discussões é a decisão do atendimento a não cooperados, o que tem trazido um reflexo direto nas tesourarias.

O equilíbrio nas tesourarias é uma questão estratégica significativa e que pode ser auxiliada pelo controle do fluxo de caixa, trazendo afinamento das posições diárias de entrada e saída de recursos.

7.4. Contas redutoras do ativo e passivo

Também chamadas de retificadoras, as contas redutoras são contas que, embora apareçam num determinado grupo patrimonial (ativo ou passivo), têm saldo contrário em relação às demais contas desse grupo. Desse modo, uma conta redutora do ativo terá natureza credora, bem como uma conta redutora do passivo terá natureza devedora.

O objetivo de uma conta retificadora é trazer ao balanço a realidade financeira conservadora de um componente patrimonial (ativo ou passivo).

São exemplos de contas retificadoras:

(-) Rendas a Apropriar

(-) Juros de Mora a Apropriar

(-) Provisão para Operação de Crédito

(-) Depreciação Acumulada

(-) Amortização Acumulada de Intangíveis

(-) Despesas a Apropriar

(-) Capital a Realizar

7.5. Ativos de crédito

A vida contábil de um ativo de crédito nas instituições financeiras segue uma lógica interessante que traduz o conservadorismo, trazendo aos balanços patrimoniais a realidade de valor destes ativos e a condição de se produzir resultados a partir deles.

Inicialmente, vale destacar os critérios de correção dos ativos de crédito que consideram situações distintas para operações pré e pós-fixadas.

Conhecendo-se o documento hábil de formalização (contrato/título de crédito), é definido o critério para a formação de renda. A premissa das contas redutoras do ativo será adotada nas operações de crédito pré-fixadas quando da contabilização das rendas através dos valores a apropriar, forma coerente de se valorizar um ativo em situação futura, já que se sabe da existência de um instrumento com validade jurídica.

Pelo regime de competência, mensalmente são apropriadas as receitas efetivas, pela entrada das amortizações e a redução gradativa das rendas a apropriar até seu zeramento. Ao final do contrato, o ativo desaparece do patrimônio da instituição pela liquidação total ou pela transferência para prejuízo em caso de inadimplência.

Critérios interessantes também são observados no decorrer da existência do ativo do crédito, onde são consideradas as situações de degradação financeira do tomador e da inadimplência dos contratos, estabelecendo-se a probabilidade de perda do ativo.

A formação de receitas não poderá estar desvinculada das liquidações, razão pela qual a contabilidade deixa de apropriá-las após 60 dias de vencidas, quando do não pagamento. Este critério traz equilíbrio aos balanços patrimoniais, à medida em que inibe a apropriação de receita onde não há efetivamente o retorno do capital emprestado.

Relativo às probabilidades de perda, as provisões operacionais desempenham um papel importante no equilíbrio patrimonial, trazendo ao ativo seu valor real naquele momento de risco. Devemos observar que a provisão para perdas do ativo o acompanha desde o nascedouro da operação até sua liquidação final.

Como não existe risco zero, critérios foram estabelecidos pelo Banco Central (tais como previstos na Resolução n° 2.682/1999) para classificação da operação de crédito, baseados em suas características e também na capacidade de pagamento do tomador. A oferta de garantias poderá aliviar a classificação de risco, pois traz mais segurança no recebimento, o que é considerado na classificação do risco, condicionado à sua qualidade de valor e liquidez.

Estes critérios são calibrados no decorrer da permanência do crédito pela inadimplência e/ou pela degradação do tomador no mercado financeiro. Mesmo estando em dia com suas obrigações na cooperativa, a classificação de risco da operação pode ser piorada, caso o cooperado apresente uma degradação financeira em outros bancos onde tiver outras movimentações.

Nas cooperativas de crédito, como seu maior volume de ativos é originado das operações de crédito, a gestão sobre estes riscos deverão ter uma dedicação redobrada, pois sobre elas recairão o peso na formação de resultados e das responsabilidades de governança.

7.6. Ativos do permanente

Nos ativos do permanente, o peso mais relevante às instituições recai sobre as imobilizações. Como o giro do capital é a mercadoria principal de uma instituição financeira, tirá-lo de circulação para a aquisição de imóveis e outros bens causa duplo efeito nos resultados. Um, pelo decréscimo de volumes aplicados ou emprestados, outro pela constituição de despesas de depreciação.

7.7. Depreciação

Previsto na forma de um incentivo para reposição dos bens permanentes da empresa é o reconhecimento do desgaste natural de um bem, recuperável na forma do abatimento dos valores tributários a serem pagos. Assim, ao final do período depreciativo a empresa acumularia seu valor para facilitar sua substituição. Daí, sua natureza de despesas não desembolsáveis.

No entanto, este artifício da contabilidade para adequar o valor patrimonial dos ativos do permanente representa uma importante ferramenta a ser observada quando da avaliação do risco de crédito na concessão às pessoas jurídicas. Um grau de depreciação elevado de uma empresa significa que seus meios de produção (máquinas, equipamentos, veículos) encontram-se velhos. Esta situação poderá comprometer o resultado pelo custo elevado de manutenção e paralisação dos bens, além, claro, do fato de que a empresa para continuar produtiva demandará de mais capital para reposição de novos bens.

7.8. Passivos contingentes

Passivos contingentes são obrigações que foram originadas pela ocorrência de fatos com possibilidade de trazer prejuízo à instituição. Estas ocorrências devem ter um tratamento contábil na constituição de provisões e realização de despesas para essas probabilidades de perdas. No bojo dos passivos contingentes estão os riscos operacionais representados por perdas com fraudes (internas/externas), demandas trabalhistas, práticas operacionais inadequadas com cooperados e demais usuários da cooperativa e que podem gerar indenizações, roubos, dentre outras.

7.9. Contas de compensação

Constituem sistema próprio para controle e registro dos fatos relevantes que resultam em assunção de direitos e obrigações da instituição, cujos efeitos materializar-se-ão no futuro, de forma que possam se traduzir em modificações no patrimônio da entidade.

Registradas simultaneamente no ativo e passivo, a existência destas contas em si não alteram o resultado, pois não geram receitas ou despesas. No entanto, sua manutenção é fonte importante para checagem rotineira da existência física ou eletrônica de possíveis transações devido ao risco de se transformar em perdas.

8. CONCLUSÃO

As cooperativas de crédito passam por um momento histórico de evolução e maturidade. Saídas da adolescência, encaram a vida adulta dos riscos que representa ser grande e ter capacidade de atendimento aos milhões de brasileiros.

Neste cenário, equiparam-se às demais instituições que compõem o Sistema Financeiro Nacional. Tão importante quanto ser competitivas, rentáveis e sustentáveis, é promover a gestão estratégica dos riscos na preservação do patrimônio dos cooperados.

REFERÊNCIAS BIBLIOGRÁFICAS

BRASIL. Lei nº 5.764, de 16 de dezembro de 1971. *Define a Política Nacional de Cooperativismo, institui o regime jurídico das sociedades cooperativas, e dá outras providências.* Disponível em: <http://www.planalto.gov.br/ccivil_03/leis/l5764.htm>. Acesso em 11 jul. 2019.

INSTITUTO BRASILEIRO DE GEOGRAFIA E ESTATÍSTICA. *PIB tem resultado negativo de 0,2% no 1º trimestre de 2019.* Disponível em: <https://agenciadenoticias.ibge.gov.br/agencia-sala-de-imprensa/2013-agencia-de-noticias/releases/24653-pib-tem-resultado-negativo-de-0-2-no-1-trimestre-de-2019>. Acesso em 11 jul. 2019.

PORTAL DE CONTABILIDADE. *Livro Caixa.* Disponível em <http://www.portaldecontabilidade.com.br/obrigacoes/livrocaixa.htm>. Acesso em 11 jul. 2019.

PORTAL SUNO SEARCH. *Como os bancos e instituições do mundo inteiro são reguladas pelo Acordo de Basileia?* Disponível em: <https://www.sunoresearch.com.br/artigos/acordo-de-basileia/>. Acesso em 11 jul. 2019.

COMPLIANCE CRIMINAL E PREVENÇÃO NAS COOPERATIVAS

JOSÉ ROMEU RODRIGUES JÚNIOR

Advogado Criminalista, especialista em Ciências Penais pela PUC Minas, membro do Instituto dos Advogados de Minas Gerais, membro do Instituto Brasileiro de Ciências Criminais, Conselheiro Seccional da OAB/MG para o triênio 2016/2018.

MÔNICA MARQUES RODRIGUES

Advogada Criminalista, Sócio proprietária do Escritório Romeu Rodrigues Sociedade de Advogados, pós-graduanda em Compliance e Integridade Corporativa pela PUC Minas, Segundo Vice-Presidente da Comissão de Direito Cooperativista da OAB/MG para o triênio 2016/2018.

RESUMO

O objetivo deste artigo é demonstrar que, através das constantes mudanças do Direito Penal brasileiro, frente às exigências de um novo mundo globalizado, as pessoas jurídicas, em especial, aqui, as Cooperativas, precisam se reinventar frente à expansão do Direito Penal e o permanente risco de eventual responsabilidade criminal. O tema traz uma suscinta, mas indispensável, abordagem do direito e o surgimento do compliance criminal, traçando um breve histórico de seu instituto e surgimento no Brasil, destacando-se as leis de lavagem de dinheiro e anticorrupção para situar o tema do compliance criminal e a prevenção no Sistema Cooperativista, ante a nova roupagem da legislação repressiva. Esta abordagem afeta o Direito Penal Econômico e a necessidade premente de adoção da política de conformidade, tanto como exigência legal quanto como instrumento de proteção aos gestores e às cooperativas, diante da complexidade do atual Sistema de Justiça criminal. E, com isso, aprofundar o debate sobre a necessidade de prevenção aos riscos de práticas delituosas, na perspectiva do novo papel do advogado neste cenário, de consultor na elaboração do código de ética e na definição dos procedimentos de conformidade com os parâmetros legais.

Palavras-chave: Criminal Compliance. Direito Penal brasileiro. Lei de Lavagem de Dinheiro. Lei Anticorrupção. Prevenção Criminal. Cooperativas.

ABSTRACT

The purpose of this article is to demonstrate that, through the constant changes in Brazilian criminal law, faced with the demands of a new globalized world, legal entities, especially Cooperatives, need to reinvent themselves in the face of the expansion of criminal law and the permanent risk of criminal liability. The subject has a brief, but indispensable, approach to the law and the emergence of criminal compliance, drawing a brief history of the compliance institute and its emergence in Brazil, highlighting the anti-corruption and money laundering laws to situate the issue of criminal law, and the need to adopt a compliance policy, both as a legal requirement and as an instrument to protect managers and cooperatives, in view of the complexity of the current Criminal Justice System. And, with that, to deepen the debate about the need to prevent the risks of criminal practices, in view of the new role of the lawyer in this scenario, as a consultant in the elaboration of the code of ethics and the definition of procedures for compliance with legal parameters.

Keywords: Criminal Compliance. Brazilian Criminal Law. Money Laundering Act. Anti-Corruption Law. Criminal Prevention. Cooperatives.

1. INTRODUÇÃO

O mundo moderno, fruto de uma massiva globalização, trouxe consigo uma necessidade de rever, ampliar e criar legislações, em especial no tocante ao Direito Penal. Como veremos, o Direito Penal carrega em sua raiz o sistema repressivo, sob uma "análise ex post de crimes, ou seja, análise de condutas comissivas ou omissivas que já violaram, de forma direta ou indireta, algum bem jurídico digno de tutela penal", conforme doutrina Giovanni Saavedra (2011). E agora, com a grande quebra de fronteiras nacionais provocada no fim do século passado, através do processo de globalização, precisa se colocar diante de uma significativa mudança: do sistema repressivo (ex post) para o preventivo, que deve cuidar de prevenções ex ante.

O expansionismo do Direito Penal nas atividades econômicas levou à necessidade de reflexão dos modelos de negócios, definindo planejamento que incorpore procedimento e práticas preventivas capazes de orientar a atividade empresarial, com o propósito de evitar a violação de normas penais.

A partir dessa necessidade de uma nova ótica do Direito Penal econômico[1,2] para atender às perspectivas mundiais presentes – verdadeiras imposições internacionais – novas legislações foram criadas, em atendimento aos tratados e convenções dos quais o Brasil se tornou signatário, sobre os quais avançaremos neste artigo, com o claro intuito de apresentarmos um pouco mais do que vem ser a ideia de compliance criminal, como forma de prevenir a responsabilização penal, especialmente no Sistema Cooperativista.

Não é novidade que desde o final do século XX inúmeras modificações econômicas, sociais e humanas causaram repercussão no tipo de crime, na figura do criminoso e nos próprios bens jurídicos selecionados pela norma penal. Com isso, o Direito Penal vem se tornando uma "colcha de retalhos", numa tentativa obscura de tudo "proteger/selecionar", através de seu basilar instinto: a punição. Partindo dessa tradicional e real conceituação, como pensarmos em prevenção penal, no horizonte da proposta do compliance?

Sem pretensões de esgotar o tema, é indispensável ao entendimento do que foi proposto revisitarmos a evolução histórica do Direito Penal brasileiro, das Leis de Lavagem de Dinheiro e Anticorrupção, que são os pilares do surgimento do compliance criminal.

---

1 Pondera Eros Roberto Grau que (...) pensar Direito Econômico é optar pela adoção de um modelo de interpretação essencialmente teleológica, funcional, que instrumentará toda a interpretação jurídica, no sentido de que conforma a interpretação de todo o Direito. É compreender que a realidade jurídica não se resume ao Direito formal. É concebê-lo – o Direito Econômico – como um novo método de análise, substancial e crítica, que o transforma não em 'Direito de síntese', mas em 'sincretismo metodológico'. Tudo isso, contudo, sem que se perca de vista o comprometimento econômico do Direito, o que impõe o estudo da sua utilidade funcional. (GRAU, 1991, p. 166-167).

2 Manoel Pedro Pimentel entende por Direito Penal Econômico "o conjunto de normas que tem por objeto sancionar, com as penas que lhe são próprias, as condutas que, no âmbito das relações econômicas, ofendam ou ponham em perigo bens ou interesses juridicamente relevantes. [...] O Direito penal econômico, portanto, é um sistema de normas que defende a política econômica do Estado, permitindo que esta encontre os meios para sua realização". (PIMENTEL, 1973, p. 10 e 21).

2. O DIREITO PENAL E O SURGIMENTO DO COMPLIANCE CRIMINAL

A expressão compliance criminal vem assumindo um evolutivo panorama nos anseios da administração pública e de dirigentes das mais variadas empresas privadas em todo o mundo. Mesmo não havendo, em nosso código penal, qualquer estrutura nesse sentido, o Direito Penal brasileiro segue desbravando paradigmas.

Para alcançarmos o surgimento do compliance criminal, é preciso entendermos, numa breve abordagem, a histórica evolução do Direito Penal, e, aqui, notoriamente, do brasileiro.

2.1. CONSIDERAÇÕES SOBRE A EVOLUÇÃO HISTÓRICA DO DIREITO PENAL BRASILEIRO

Historicamente, o doutor Cezar Bitencourt (2006, p. 56) ilustra o Direito Penal como "um conjunto de normas jurídicas que tem por objeto a determinação de infrações de natureza penal e suas sanções correspondentes – penas e medidas de segurança". Por sua vez, a professora Daniela Bonaccorsi (2017, p. 199) acrescenta que "o crime só poderia ser punido a partir de um possível dano a direito juridicamente protegido, após um fato praticado e devidamente previsto, tipificado, na lei penal", tratando-se, portanto, de um conceito do Direito Penal Clássico.

Ainda de acordo com a doutrina de Cézar Bitencourt (2006), no Brasil devemos voltar as nossas atenções para a história do Direito Penal em três fases principais: período colonial; Código Criminal do Império e período republicano.

No período colonial, não podemos falar em organização jurídico-social, mas em simples regras que permitem um mínimo de convívio social, ou seja, regras em que predominavam as sanções corporais. A partir do descobrimento do Brasil, em 1500, foi adotado o Direito Lusitano, sem qualquer observância ao princípio de legalidade, regida pelo livre arbítrio e critérios próprios dos donatários.

Doutrina Cézar Bitencourt que, formalmente,

> a lei penal que deveria ser aplicada no Brasil, nessa época, era a contida nos 143 títulos do Livro V das Ordenações Filipinas, promulgadas por Filipe II, em 1603, que se orientava no sentido de uma ampla e generalizada criminalização, com severas e cruéis sanções, inclusive com o predomínio da pena de morte (idem, p. 57).

Ressalta-se que essa rigorosa legislação regeu a vida dos brasileiros por mais de dois séculos, já que esse Código Filipino foi ratificado em 1643 por Dom João IV e em 1823 por Dom Pedro I.

Com a elaboração do Código Criminal do Império, sancionado pelo imperador Dom Pedro I em 1830, após a Constituição brasileira de 1824, "que determinou a urgente e imperiosa necessidade de elaboração de um Código Criminal, fundado nas sólidas bases da justiça e da equidade" (idem, p. 56), o País via-se diante de uma nova era, onde já se podia carregar uma ideia de sociedade organizada mediante direitos.

Mas o período posterior, republicano, parece ter ignorado todas as conquistas doutrinárias do Império. Como bem salienta Bitencourt:

> Com o advento da República, Batista Pereira foi encarregado de elaborar um projeto de código penal, que foi aprovado e publicado em 1890, portanto, antes da Constituição de 1891. Como tudo que se faz apressadamente, este, espera-se, tenha sido o pior Código Penal de nossa história (...). O Código Penal de 1890 apresentava graves defeitos de técnica, aparecendo atrasado em relação à ciência de seu tempo (...). Finalmente, durante o Estado Novo, em 1937, Alcântara Machado apresentou um projeto de código criminal brasileiro, que, apreciado por uma Comissão Revisora, acabou sendo sancionado, por decreto de 1940, como Código Penal, passando a vigorar desde 1942, até os dias atuais, embora parcialmente reformado (BITENCOURT, p. 58-59).

O Código Penal de 1940, ainda longe de ser o ideal, sofreu reformulações a partir de 1984, com a Lei nº 7.209/84, que, nas palavras de Bitencourt, "humanizou as sanções penais e adotou penas alternativas à prisão, além de reintroduzir no Brasil, o festejado sistema dias-multa" (2006, p. 60).

De lá pra cá, significativamente, surge a atual Constituição de 1988 e inova ao regular de forma minudente os direitos e garantias individuais e, com isso, operou inúmeras transformações na jurisdição penal, dentre elas a remodelagem da autonomia do processo penal, cunhando o na dignidade da pessoa humana, com regras definidas de formação da culpa, tais como limites probatórios e critérios de validade do provimento judicial, conforme pondera Bitencourt (2006).

Neste cenário, percebe-se no mundo moderno, fortemente globalizado, a necessidade do surgimento de inúmeras leis para acompanhar a evolução das relações sociais, políticas e econômicas, permanecendo o Direito Penal, contudo, sem alterar a sua essência basilar: vigilância, seguida de punição.

O Direito Penal clássico, em que o paradigma é voltado à pura e simples análise de crimes contra a pessoa física e o patrimônio, praticados mediante violência ou não, gerando, portanto, um resultado material, conforme pondera Bonaccorsi (2017), conseguiu se expandir, pressionado pelas inúmeras mudanças econômicas, sociais e humanas advindas da globalização, surgindo os delitos de perigo abstratos, de aptidão ou de ação concretamente perigosa, conforme doutrina Luiz Grego (2011).

A legislação penal atual é o nosso ponto de partida, alinhada aos preceitos da Constituição de 1988, passando pelas Leis de Lavagem de Dinheiro e Anticorrupção, para então chegarmos ao moderno e desafiador panorama da ideia de prevenção (sob a ótica do compliance), como exigência prática e normativa ao modelo do sistema cooperativista.

Antes, porém, mister abordar, suscintamente, o surgimento e a evolução histórica do compliance.

2.2. BREVE HISTÓRICO DO COMPLIANCE CRIMINAL

O termo Criminal Compliance advém do verbo inglês to comply, que significa estar em conformidade, adequar-se ou realizar algo em conformidade com as normas. O tema ganhou muito espaço, especialmente na doutrina espanhola, após a edição da Lei Orgânica n° 5/2010, que introduziu no Código Penal espanhol a responsabilização penal da pessoa jurídica, fixando como circunstância atenuante de pena a implementação de medidas de prevenção e descoberta de delitos praticados no âmbito da empresa.

Essa expressão e seu notório entendimento, em que pesem algumas divergências, para muitos autores surgiram como marco regulatório em 1930 na conferência de Haia, na qual foi instituído o Bank for International Settlements

(BIS), sediado em Basiléia, na Suíça, cujo objetivo principal era conduzir a cooperação entre os bancos centrais e tornar suas atividades mais seguras e confiáveis.

Merece destaque a publicação da Lei do Sigilo Bancário (Bank Secrecy Act), em 1970, através da qual as movimentações bancárias anônimas se tornaram proibidas, passando as instituições financeiras a terem o dever de informar às autoridades sobre as transações superiores a dez mil dólares americanos, no intuito de se possibilitar o rastreamento da lavagem de capitais.

Ressalta-se, ainda, que a guerra às drogas nas décadas de 70 e 80, intensificada durante o mandato do Presidente americano Ronald Reagan, trouxe a necessidade de adoção de políticas e medidas de proteção à economia, especialmente através da prevenção à lavagem de capitais.

Diante deste cenário, surge na Itália a primeira tipificação do crime de lavagem de capitais, no entanto de forma muito menos influente mundialmente do que nos Estados Unidos da América. Em 1986, o congresso norte-americano publica o Money Laundering Act, que criminalizava o crime de lavagem, estipulando penas de até 20 anos de prisão, de acordo com apontamento da estudiosa Débora Cardoso (2015).

As iniciativas da Itália e dos EUA ganharam atenção mundial e em 1988 a Convenção de Viena estabeleceu a primeira definição mundialmente aceita do crime de lavagem de capitais, impondo aos Estados aderentes a obrigação de adotar providências de cunho penal contra aqueles que praticassem delito de lavagem.

E, mais recentemente, com o atentado às Torres Gêmeas em 11 de setembro de 2001, a guerra contra a lavagem de capital ganhou nova dimensão. Percebeu-se que o dinheiro sujo, reinserido no sistema financeiro, não servia apenas à corrupção ou outros ilícitos, mas também ao financiamento do terrorismo. Dessa forma, o combate à lavagem de capitais cedeu lugar também aos anseios de segurança internacional, sob a bandeira de combate ao terrorismo.

Em que pese a origem do termo estar vinculada ao meio bancário, o compliance ganhou força e destaque em toda e qualquer atividade empresarial, sob o nítido propósito de orientar os dirigentes a atuarem de forma mais consciente de seus negócios, evitando se a prática de ilícitos penais.

Diante disso, as medidas de compliance ganham relevo e importância até então inexistentes e, como consequência, todos aqueles que atuam no mercado financeiro passaram a ser treinados para identificarem as operações suspeitas de lavagem e a conhecerem melhor seus clientes, bem como a cooperarem com as autoridades na investigação da prática desse tipo de delito.

3. O COMPLIANCE CRIMINAL NO BRASIL

Em meio a esse novo tipo de criminalidade do mundo moderno, não previsto e tampouco assegurado pelo Código Penal brasileiro de 1940, ainda em vigor, é possível acompanhar o surgimento de uma avalanche de legislações extravagantes. Todas essas com a nítida preocupação em proteger a desenfreada expansão da economia.

No Direito Penal clássico, e bem dizer, ainda no vigente Código Penal brasileiro de 1940 – este, vigilante dos direitos individuais: corpo, vida, liberdade, honra e patrimônio – não haveria como se pensar e instituir uma nova forma de criminalidade. Essa nova forma, contemporânea, vai muito além dos bens acima citados, e transcende "a capacidade funcional do mercado de subsídios, por exemplo, no caso das fraudes em subsídios. A saúde pública no caso de falsificação de produtos farmacêuticos. A capacidade funcional das bolsas", conforme doutrina Daniela Bonaccorsi (2017, p. 199).

Ainda de acordo com a autora, as mudanças econômicas e a globalização da economia, abertura de mercados, negociações e fluxo de taxas cambiárias, trouxeram grande influência no âmbito criminal:

Essa mundialização econômica deu lugar à aparição de crimes ligados ao interesse eminentemente capitalista, e até do perfil de um novo criminoso. Daquele que seria objeto do direito penal e que praticaria crimes ligados à violência e interesses patrimoniais, aparece o criminoso com respeitabilidade social, estabilidade econômica e, com atividades ilícitas ligadas à sua atividade laboral. Passa-se a vislumbrar uma delinquência relacionada a interesses financeiros, uma "criminalidade dos poderosos", a macro criminalidade [...] (2017, p. 201).

Neste contexto, a Lei de Lavagem de Dinheiro (Lei nº 9.613, de 3 de março de 1998) e a Lei Anticorrupção (Lei nº 12.846, de 1º de agosto de 2013), destacam-se pela abrangência de sua incidência nas atividades empresariais.

3.1. A LEI DE LAVAGEM DE DINHEIRO

A Lei de Lavagem de Dinheiro[3] originariamente foi criada em inúmeros países, com o intuito de frear um antigo e perseverante problema social: o tráfico ilícito de entorpecentes, a nível internacional. "Entendeu-se que dificultar a origem dos valores poderia gerar um desencorajamento ao crime" (BONACCORSI, 2017, p. 205). O Brasil compartilhava desse entendimento, quando criou a Lei nº 9.613/1998, em atendimento, inclusive, à adesão feita à Convenção de Viena[4], assinada em 1988, e promulgada pelo país, por meio do Decreto nº 154/1991[5].

Assim como na Alemanha e em Portugal, por exemplo, o Brasil, ao criar a Lei de Lavagem de Dinheiro, em 1998, fazia parte de um grupo - conforme a doutrina dominante - chamado de segunda geração[6], no que diz respeito à necessidade do crime antecedente indispensável à caracterização do delito. Já com a alteração promovida pela Lei nº 12.683/2012, o Brasil assumiu

---

3 Lavagem de dinheiro, "esta expressão é a que passou a ser utilizada para designar o dinheiro ilícito com aparência de lícito, ou seja, o "dinheiro sujo" transformado em "dinheiro limpo", ou, ainda, o "dinheiro frio" convertido em "dinheiro quente", com a ocultação de sua verdadeira origem". (SILVA, 2001, p.33).

4 A Convenção de Viena, de 1988, cuja finalidade primordial era promover a cooperação internacional nas hipóteses de tráfico ilícito de entorpecentes e delitos graves, foi a primeira a prever o crime de lavagem de dinheiro (art. 3º) como forma de descapitalizar o criminoso e, indiretamente, desencorajar a prática de crimes (BONACCORSI, 2013).

5 *Vide Convenção Contra o Tráfico Ilícito de Entorpecentes e de Substâncias Psicotrópicas* - Decreto nº 154, de 26 de junho de 1991. Disponível em: <http://www.planalto.gov.br/ccivil_03/decreto/1990-1994/d0154.htm>.

6 Originariamente, a lavagem de dinheiro, em inúmeros países, é classificada como um crime derivado, ou ainda, acessório, já que havia um ou mais crimes, que o antecediam, quais sejam, o tráfico ilícito de entorpecentes, e, no caso brasileiro, de alguns outros. E, assim, a doutrina predominante, construiu a ideia de que existem três "gerações" de leis sobre lavagem de dinheiro no mundo: a 1ª geração é marcada pelos países que preveem apenas o tráfico de drogas como crime antecedente, em atendimento imediato, à Convenção de Viena, que determinava que os países signatários tipificassem como crime a lavagem ou ocultação de bens oriundos do tráfico de drogas. A 2ª geração (da qual o Brasil fazia parte até a edição da Lei nº. 12.683/2012), a Lei de lavagem de dinheiro surgiu posteriormente, e além de os países preverem o tráfico de drogas, trouxeram um rol de crimes antecedentes ampliando a repressão à lavagem de dinheiro. (CAVALCANTE, Márcio André Lopes. Comentários à Lei nº 12.683/2012, que alterou a Lei de lavagem de Dinheiro. Disponível em: <https://www.dizerodireito.com.br/2012/07/comentarios lei n 126832012 que alterou.html>.

posicionamento na terceira geração[7], ao lado de países como EUA, França, Suíça, Bélgica, Itália e México.

Para um melhor entendimento, vale destacar o art. 1º da Lei nº 9.613/1998, antes e depois da alteração trazida pela Lei nº. 12.683/2012, vejamos:

> Antes da Lei nº. 12.683/2012:
>
> Art. 1º. Ocultar ou dissimular a natureza, origem, localização, disposição, movimentação ou propriedade de bens, direitos ou valores provenientes, direta ou indiretamente, de crime:
>
> I – de tráfico ilícito de substâncias entorpecentes ou drogas afins;
>
> II – de terrorismo;
>
> II – de terrorismo e seu financiamento;
>
> III – de contrabando ou tráfico de armas, munições ou material destinado à sua produção;
>
> IV – de extorsão mediante sequestro;
>
> V – contra a Administração Pública, inclusive a exigência, para si ou para outrem, direta ou indiretamente, de qualquer vantagem, como condição ou preço para a prática ou omissão de atos administrativos;
>
> VI – contra o sistema financeiro nacional;
>
> VII – praticado por organização criminosa.
>
> VIII – praticado por particular contra a administração pública estrangeira (arts. 337-B, 337-C e 337-D do Decreto-Lei nº. 2.848, de 7 de dezembro de 1940 – Código Penal).
>
> Pena: reclusão de três a dez anos e multa (BRASIL, 1998).
>
> Depois da Lei nº. 12.683/2012:
>
> Art. 1º. Ocultar ou dissimular a natureza, origem, localização, disposição, movimentação ou propriedade de bens, direitos ou valores provenientes, direta ou indiretamente, de infração penal.
> (O rol de incisos foi revogado).
>
> Pena: reclusão, de 3 (três) a 10 (dez) anos, e multa (BRASIL, 2012, grifo dos autores).

---

7 Já a 3ª geração é formada por países, em que as leis estabelecem que qualquer ilícito penal pode ser antecedente da lavagem de dinheiro. É o caso do Brasil, após a edição da Lei nº. 12.683/2012, que altera a Lei nº. 9.603/1998. (CAVALCANTE, Márcio André Lopes. Comentários à Lei nº 12.683/2012, que alterou a Lei de lavagem de Dinheiro. Disponível em: https://www.dizerodireito.com.br/2012/07/comentarios-lei-n-126832012-que-alterou.html)

Como a própria Lei nº 12.683/2012 se define, esta alterou a Lei nº. 9.613/1998, "para tornar mais eficiente a persecução penal dos crimes de lavagem de dinheiro". Antes, somente havia lavagem de dinheiro se a ocultação ou dissimulação fosse de bens, direitos ou valores provenientes de um crime antecedente. Em que pese, continuar sendo um crime derivado, agora, "para haver lavagem de dinheiro, a infração penal antecedente pode ser um crime ou uma contravenção penal", conforme explicita Márcio Cavalcante (2012).

Outra importante alteração, trazida pela Lei nº 12.683/12 e, que, segundo Bonaccorsi, seria a origem do criminal compliance no Brasil, foi quanto à inserção do "rol de pessoas[8] obrigadas a informar ao

---

8 Lei nº 12.683/12:

[...]

Art. 9º Sujeitam-se às obrigações referidas nos arts. 10 e 11 as pessoas físicas e jurídicas que tenham, em caráter permanente ou eventual, como atividade principal ou acessória, cumulativamente ou não: (Redação dada pela Lei nº 12.683, de 2012)

I – a captação, intermediação e aplicação de recursos financeiros de terceiros, em moeda nacional ou estrangeira;

II – a compra e venda de moeda estrangeira ou ouro como ativo financeiro ou instrumento cambial;

III - a custódia, emissão, distribuição, liquidação, negociação, intermediação ou administração de títulos ou valores mobiliários.

Parágrafo único. Sujeitam-se às mesmas obrigações:

I - as bolsas de valores e bolsas de mercadorias ou futuros;

I – as bolsas de valores, as bolsas de mercadorias ou futuros e os sistemas de negociação do mercado de balcão organizado; (Redação dada pela Lei nº 12.683, de 2012)

II - as seguradoras, as corretoras de seguros e as entidades de previdência complementar ou de capitalização;

III - as administradoras de cartões de credenciamento ou cartões de crédito, bem como as administradoras de consórcios para aquisição de bens ou serviços;

IV - as administradoras ou empresas que se utilizem de cartão ou qualquer outro meio eletrônico, magnético ou equivalente, que permita a transferência de fundos;

V - as empresas de arrendamento mercantil (*leasing*) e as de fomento comercial (*factoring*);

VI - as sociedades que efetuem distribuição de dinheiro ou quaisquer bens móveis, imóveis, mercadorias, serviços, ou, ainda, concedam descontos na sua aquisição, mediante sorteio ou método assemelhado;

VII - as filiais ou representações de entes estrangeiros que exerçam no Brasil qualquer das atividades listadas neste artigo, ainda que de forma eventual;

VIII - as demais entidades cujo funcionamento dependa de autorização de órgão regulador dos mercados financeiro, de câmbio, de capitais e de seguros;

IX - as pessoas físicas ou jurídicas, nacionais ou estrangeiras, que operem no Brasil como agentes, dirigentes, procuradoras, comissionárias ou por qualquer forma representem interesses de ente estrangeiro que exerça qualquer das atividades referidas neste artigo;

COAF[9] ou ao órgão competente, toda atividade que gere grande movimentação de valores, ou que, não possuem valores pré-fixados, podendo gerar superfaturamentos". (BONACCORSI, 2017, p. 207-208)

X - as pessoas jurídicas que exerçam atividades de promoção imobiliária ou compra e venda de imóveis;

X - as pessoas físicas ou jurídicas que exerçam atividades de promoção imobiliária ou compra e venda de imóveis; (Redação dada pela Lei nº 12.683, de 2012)

XI - as pessoas físicas ou jurídicas que comercializem jóias, pedras e metais preciosos, objetos de arte e antiguidades.

XII – as pessoas físicas ou jurídicas que comercializem bens de luxo ou de alto valor ou exerçam atividades que envolvam grande volume de recursos em espécie. (Incluído pela Lei nº 10.701, de 2003)

XII - as pessoas físicas ou jurídicas que comercializem bens de luxo ou de alto valor, intermedeiem a sua comercialização ou exerçam atividades que envolvam grande volume de recursos em espécie; (Redação dada pela Lei nº 12.683, de 2012)

XIII - as juntas comerciais e os registros públicos; (Incluído pela Lei nº 12.683, de 2012)

XIV - as pessoas físicas ou jurídicas que prestem, mesmo que eventualmente, serviços de assessoria, consultoria, contadoria, auditoria, aconselhamento ou assistência, de qualquer natureza, em operações: (Incluído pela Lei nº 12.683, de 2012)

a) de compra e venda de imóveis, estabelecimentos comerciais ou industriais ou participações societárias de qualquer natureza; (Incluída pela Lei nº 12.683, de 2012)

b) de gestão de fundos, valores mobiliários ou outros ativos; (Incluída pela Lei nº 12.683, de 2012)

c) de abertura ou gestão de contas bancárias, de poupança, investimento ou de valores mobiliários; (Incluída pela Lei nº 12.683, de 2012)

d) de criação, exploração ou gestão de sociedades de qualquer natureza, fundações, fundos fiduciários ou estruturas análogas; (Incluída pela Lei nº 12.683, de 2012)

e) financeiras, societárias ou imobiliárias; e (Incluída pela Lei nº 12.683, de 2012)

f) de alienação ou aquisição de direitos sobre contratos relacionados a atividades desportivas ou artísticas profissionais; (Incluída pela Lei nº 12.683, de 2012)

XV - pessoas físicas ou jurídicas que atuem na promoção, intermediação, comercialização, agenciamento ou negociação de direitos de transferência de atletas, artistas ou feiras, exposições ou eventos similares; (Incluído pela Lei nº 12.683, de 2012)

[...]

XVI - as empresas de transporte e guarda de valores; (Incluído pela Lei nº 12.683, de 2012)

XVII - as pessoas físicas ou jurídicas que comercializem bens de alto valor de origem rural ou animal ou intermedeiem a sua comercialização; e (Incluído pela Lei nº 12.683, de 2012)

XVIII - as dependências no exterior das entidades mencionadas neste artigo, por meio de sua matriz no Brasil, relativamente a residentes no País. (Incluído pela Lei nº 12.683, de 2012) (BRASI, 2012).

9 Lei nº 9613/98

[...]

CAPÍTULO IX – Do Conselho de Controle de Atividades Financeiras

Neste mesmo entendimento, pontua Renato Silveira, que quando a Lei de Lavagem de Dinheiro especifica que determinadas pessoas (físicas e jurídicas) se mostram obrigadas a identificar seus clientes e a manter registros dos mesmos, e, por outro lado, ainda deve comunicar certas operações financeiras, claramente, com o propósito de evitar a prática de crime de lavagem, consolida a ideia de criminal compliance. E o autor, aponta outra importante figura para a efetivação da Lei, qual seja, o estabelecimento de sanções de ordem administrativa quando verificado o descumprimento das obrigações legais (SILVEIRA, 2017).

Art. 14. É criado, no âmbito do Ministério da Fazenda, o Conselho de Controle de Atividades Financeiras - COAF, com a finalidade de disciplinar, aplicar penas administrativas, receber, examinar e identificar as ocorrências suspeitas de atividades ilícitas previstas nesta Lei, sem prejuízo da competência de outros órgãos e entidades.

§1º As instruções referidas no art. 10 destinadas às pessoas mencionadas no art. 9º, para as quais não exista órgão próprio fiscalizador ou regulador, serão expedidas pelo COAF, competindo-lhe, para esses casos, a definição das pessoas abrangidas e a aplicação das sanções enumeradas no art. 12.

§2º O COAF deverá, ainda, coordenar e propor mecanismos de cooperação e de troca de informações que viabilizem ações rápidas e eficientes no combate à ocultação ou dissimulação de bens, direitos e valores.

§3º O COAF poderá requerer aos órgãos da Administração Pública as informações cadastrais bancárias e financeiras de pessoas envolvidas em atividades suspeitas. (Incluído pela Lei nº 10.701, de 2003)

Art. 15. O COAF comunicará às autoridades competentes para a instauração dos procedimentos cabíveis, quando concluir pela existência de crimes previstos nesta Lei, de fundados indícios de sua prática, ou de qualquer outro ilícito.

Art. 16. O COAF será composto por servidores públicos de reputação ilibada e reconhecida competência, designados em ato do Ministro de Estado da Fazenda, dentre os integrantes do quadro de pessoal efetivo do Banco Central do Brasil, da Comissão de Valores Mobiliários, da Superintendência de Seguros Privados, da Procuradoria-Geral da Fazenda Nacional, da Secretaria da Receita Federal do Brasil, da Agência Brasileira de Inteligência, do Ministério das Relações Exteriores, do Ministério da Justiça, do Departamento de Polícia Federal, do Ministério da Previdência Social e da Controladoria-Geral da União, atendendo à indicação dos respectivos Ministros de Estado. (Redação dada pela Lei nº 12.683, de 2012).

§1º O Presidente do Conselho será nomeado pelo Presidente da República, por indicação do Ministro de Estado da Fazenda.

§2º Das decisões do COAF relativas às aplicações de penas administrativas caberá recurso ao Ministro de Estado da Fazenda.

Art. 17. O COAF terá organização e funcionamento definidos em estatuto aprovado por decreto do Poder Executivo (BRASIL, 1998).

É notória a harmonização da Lei nº 12.683/12 aos anseios do mundo globalizado, no tocante à prevenção, repressão e cooperação, nos termos recomendados pelo Grupo de Ação Financeira (GAFI)[10], principalmente para consolidar o surgimento do conceito de criminal compliance no Brasil. Mas a Lei de Lavagem de Dinheiro ficou marcada por algumas falhas, especificamente quanto às previsões do artigo 12 - como explica Renato Silveira - de caráter administrativo, "unicamente mencionam sanções administrativas para o caso de não cumprimento das regras de compliance. Não se menciona de forma alguma, um dever de garante, nem mesmo se faz menção às práticas para se evitar a prática de lavagem" (SILVEIRA, 2017, p. 182).

3.2. A LEI ANTICORRUPÇÃO

De forma breve, a ideia de se combater a corrupção surgiu nos Estados Unidos no ano de 1977, com a promulgação da FCPA (Foreign Corrupt Practice Act), uma lei federal que visa combater a corrupção transacional entre determinados sujeitos. Referida Lei fora criada devido ao escândalo político famoso pelo nome "caso Watergate"[11], que envolveu a inédita renúncia do ex-presidente americano Richard Nixon[12].

---

10 Em 1989, nasceu o GAFI (Grupo de Ação Financeira), para tentar organizar, articular e definir formas de aplicação da Convenção de Viena para a luta contra a lavagem de dinheiro. O GAFI, formado inicialmente pelos membros do G-7, os sete países mais industrializados, e, em seguida, por mais oito países da Comissão da Comunidade Europeia, em 1990 já estava com 26 países membros. Vale mencionar que, em 1989, o GAFI publicou "40 recomendações contra a lavagem de dinheiro, aceitas como ponto de partida essencial na luta contra a lavagem" (MAIA, 1999, p. 69).

11 "Watergate" é um termo geral usado para descrever uma complexa teia de escândalos políticos entre 1972 e 1974. O caso Watergate, ou o escândalo de Watergate, como ficou conhecido, consistiu em uma série de investigações que desnudou uma complexa operação de escutas telefônicas e espionagem dos escritórios do Partido Democrata por parte de membros da cúpula da presidência dos EUA no ano eleitoral de 1972. As investigações tiveram como ponto de partida a prisão de cinco homens, na madrugada de 17 de junho daquele ano, que tentavam implantar escutas telefônicas no Comitê Central Democrata, sede do partido democrata em Washington. O Comitê ocupava salas no complexo de escritórios Watergate, daí o nome do acontecimento. Esse escândalo culminou na renúncia do presidente Richard Nixon no ano de 1974. (Cláudio Fernandes, Escândalo de Watergate, disponível em: <https://historiadomundo.uol.com.br/curiosidades/watergate.htm>).

12 Richard Milhous Nixon é uma das figuras políticas mais fascinantes do século XX. Sua longa carreira política começou em 1947, quando ele foi eleito para a Câmara dos Representantes. Em 1952, Nixon havia sido escolhido como vice-presidente de Dwight Eisenhower. Nixon serviu como vice-presidente por oito anos. Depois perdeu a eleição de 1960 para John F. Kennedy. Ele se recuperou da derrota política para ser escolhido novamente como candidato

É indiscutível que a Lei de lavagem de dinheiro inaugurou, no Brasil, a ideia de compliance criminal, mas é notório também que essa conceituação somente ganhou destaque com a edição da Lei nº 12.846/13, a denominada Lei Anticorrupção, regulamentada pelo Decreto nº 8.420/2015, impondo responsabilização objetiva de pessoas jurídicas nas esferas administrativa e civil, por prática de atos contra a administração pública.

A despeito das objeções de parte da doutrina, acerca da responsabilização criminal da pessoa jurídica, entendendo-a inconstitucional, conforme aponta o professor Juarez Cirino dos Santos (2008), a legislação brasileira já prevê este instituto, ainda que de forma limitada aos crimes ambientais. Assim, nos delitos de poluição e desmatamento é possível a responsabilização da pessoa jurídica com a aplicação de elevadas penas de multa e restritivas de direito, inclusive, com paralisação das atividades da pessoa jurídica.

Entretanto, não se pode olvidar que atividade empresarial também pode ser afetada por meio da responsabilização criminal dos sócios, dirigentes e empregados e por meio de ramo correlato ao Direito Penal Econômico, denominado pela doutrina espanhola de Direito de Intervenção, conforme aponta Carlos Martinéz-Bujan Pérez (2011).

Assim, tal qual a Lei de Lavagem de Dinheiro, a Lei Anticorrupção surge para atender os anseios e necessidades de um mundo globalizado, igualmente, por força dos tratados internacionais de combate à corrupção.

O combate à corrupção situado na agenda internacional, com especial importância atestada nos compromissos internacionais assumidos pelo Brasil, como por exemplo, (i) a Convenção das Nações Unidas contra a corrupção,

do Partido Republicano nas eleições de 1968. Depois de um ano de turbulências, incluindo dois assassinatos políticos, Nixon tornou-se o 37º presidente do país em 20 de janeiro de 1969. Os últimos dias de Nixon no cargo aconteceram no final de julho e início de agosto de 1974. O Comitê Judiciário da Câmara votou para aceitar três dos quatro Artigos Propostos, com alguns republicanos votando com os democratas para recomendar o impeachment do presidente. O golpe final veio com a decisão da Suprema Corte de ordenar que Nixon liberasse mais fitas da Casa Branca. Uma delas ficou conhecida como a "arma fumegante" quando revelou que Nixon havia participado do encobrimento de Watergate em 23 de junho de 1972. Por todo o país, houve pedidos para que Nixon renunciasse. Às nove horas da noite de 8 de agosto de 1974, Nixon proferiu um discurso de renúncia nacional pela televisão. Na manhã seguinte, ele fez seus comentários finais à equipe da Casa Branca antes de enviar sua carta de demissão ao secretário de Estado, Dr. Henry Kissinger. (Watergate: O escândalo que derrubou Richard Nixon. Disponível em: <http://watergate.info/>).

promulgada pelo Decreto n° 5.687/2006[13]; (ii) Convenção Interamericana contra a Corrupção, promulgada pelo Decreto n° 4.410/2002[14] e (iii) Convenção sobre o Combate da Corrupção de Funcionários Públicos Estrangeiros em Transações Comerciais Internacionais, chamada de convenção da OCDE, promulgada pelo Decreto n° 3678/2000[15].

A Lei Anticorrupção brasileira (Lei nº 12.846/13) entende que constituem atos lesivos à administração pública, nacional ou estrangeira, todos aqueles praticados pelas pessoas jurídicas mencionadas no parágrafo único de seu artigo 1º, que atentem contra o patrimônio público nacional ou estrangeiro, contra princípios da administração pública ou contra os compromissos internacionais assumidos pelo Brasil:

> [...]
>
> Art. 5º. Constituem atos lesivos à administração pública, nacional ou estrangeira, para os fins desta Lei, todos aqueles praticados pelas pessoas jurídicas mencionadas no parágrafo único do art. 1º, que atentem contra o patrimônio público nacional ou estrangeiro, contra princípios da administração pública ou contra os compromissos internacionais assumidos pelo Brasil, assim definidos:
>
> I - prometer, oferecer ou dar, direta ou indiretamente, vantagem indevida a agente público, ou a terceira pessoa a ele relacionada;
>
> II - comprovadamente, financiar, custear, patrocinar ou de qualquer modo subvencionar a prática dos atos ilícitos previstos nesta Lei;
>
> III - comprovadamente, utilizar-se de interposta pessoa física ou jurídica para ocultar ou dissimular seus reais interesses ou a identidade dos beneficiários dos atos praticados;
>
> IV - no tocante a licitações e contratos:
>
> a) frustrar ou fraudar, mediante ajuste, combinação ou qualquer outro expediente, o caráter competitivo de procedimento licitatório público;
>
> b) impedir, perturbar ou fraudar a realização de qualquer ato de procedimento licitatório público;

---

13 Convenção das Nações Unidas Contra a Corrupção - Decreto nº 5.687, de 31 de janeiro de 2006. Disponível em: <http://www.planalto.gov.br/ccivil_03/_Ato2004-2006/2006/Decreto/D5687.htm>.

14 Convenção Interamericana Contra a Corrupção - Decreto nº 4.410, de 7 de outubro de 2002. Disponível em: <http://www.planalto.gov.br/ccivil_03/decreto/2002/D4410.htm>.

15 Convenção Sobre o Combate da Corrupção de Funcionários Públicos Estrangeiros em Transações Comerciais Internacionais. **Decreto nº 3.678, de 30 de novembro de 2000. Disponível em: <http://www.planalto.gov.br/ccivil_03/decreto/D3678.htm>**.

> c) afastar ou procurar afastar licitante, por meio de fraude ou oferecimento de vantagem de qualquer tipo;
>
> d) fraudar licitação pública ou contrato dela decorrente;
>
> e) criar, de modo fraudulento ou irregular, pessoa jurídica para participar de licitação pública ou celebrar contrato administrativo;
>
> f) obter vantagem ou benefício indevido, de modo fraudulento, de modificações ou prorrogações de contratos celebrados com a administração pública, sem autorização em lei, no ato convocatório da licitação pública ou nos respectivos instrumentos contratuais; ou
>
> g) manipular ou fraudar o equilíbrio econômico-financeiro dos contratos celebrados com a administração pública;
>
> V - dificultar atividade de investigação ou fiscalização de órgãos, entidades ou agentes públicos, ou intervir em sua atuação, inclusive no âmbito das agências reguladoras e dos órgãos de fiscalização do sistema financeiro nacional (BRASIL, 2013).

Para Renato Silveira, a grande inovação da Lei nº 12.846/2013 encontra-se no tocante à aplicação das sanções, explícitas no art. 7º, com o devido destaque para o inciso VIII, que seria o marco de consagração da ideia de compliance criminal no Brasil. Vejamos:

> Art. 7º Serão levados em consideração na aplicação das sanções:
>
> I - a gravidade da infração;
>
> II - a vantagem auferida ou pretendida pelo infrator;
>
> III - a consumação ou não da infração;
>
> IV - o grau de lesão ou perigo de lesão;
>
> V - o efeito negativo produzido pela infração;
>
> VI - a situação econômica do infrator;
>
> VII - a cooperação da pessoa jurídica para a apuração das infrações;
>
> VIII - a existência de mecanismos e procedimentos internos de integridade, auditoria e incentivo à denúncia de irregularidades e a aplicação efetiva de códigos de ética e de conduta no âmbito da pessoa jurídica;
>
> IX - o valor dos contratos mantidos pela pessoa jurídica com o órgão ou entidade pública lesados; e
>
> X - (VETADO).
>
> Parágrafo único. Os parâmetros de avaliação de mecanismos e procedimentos previstos no inciso VIII do caput serão estabelecidos em regulamento do Poder Executivo federal (BRASIL, 2013, grifo dos autores).

A referida legislação define os parâmetros legais de formulação do compliance, enumerando as categorias de instrumentos que devem conter o procedimento da política de conformidade empresarial. Embora não obrigue as pessoas jurídicas a implantarem programas de compliance[16], pondera Carlos Ayres (2016) que "as pesadas sanções, a responsabilidade objetiva e a possibilidade de a pessoa jurídica ser responsabilizada pelos atos cometidos em seu interesse ou benefício, exclusivo ou não, a criação, manutenção e atualização de tais programas apresenta-se fundamental".

O quadro de legislação afeto às corporações no estágio atual do Direito Penal é amplo e complexo, sob o qual está inserido às atividades do sistema cooperativista, cujo compliance se apresenta como uma realidade indispensável ao desenvolvimento de suas atividades.

4. O COMPLIANCE CRIMINAL E A PREVENÇÃO NAS COOPERATIVAS

Cada vez mais, as corporações têm sido alvo da justiça criminal, e o impacto das ações criminais na saúde financeira da empresa, para além da responsabilidade penal dos respectivos gestores, impõe perda patrimonial incalculável.

Recentemente, tivemos vários exemplos trágicos de corporações envolvidas com a justiça criminal, como o caso do Banco HSBC que lavou mais de US$ 1 bilhão para o tráfico de drogas no México, somado às acusações de sonegação fiscal em diversos países do mundo, tendo que suspender suas atividades no Brasil e em inúmeras outras nações, suportando vultosa perda patrimonial[17]. Há, também, o emblemático caso da Volkswagen, chamado de "dieselgate", com repercussões mundiais e prejuízos já superiores a US$ 30 bilhões[18]. No Brasil, vivenciamos o envolvimento de diversos órgãos públicos, agentes políticos e as maiores empreiteiras brasileiras envolvidas nos

---

16 O programa de compliance é obrigatório para prevenir a lavagem de dinheiro, sob pena de aplicação de penalidade administrativa às pessoas físicas, jurídicas e administradores das entidades listadas no artigo 9º da Lei Federal nº 9.613, nos termos do artigo 12 do mesmo diploma. BRASIL. Lei nº 9.613, de 3 de março de 1998.

17 Vide <https://economia.estadao.com.br/blogs/descomplicador/hsbc-entenda-o-escandalo-de-lavagem-de-dinheiro-e-sonegacao/>.

18 Vide <https://brasil.elpais.com/tag/caso_volkswagen>.

escândalos em investigações da Justiça Federal, a chamada "operação lava-jato", com perdas patrimoniais superiores a R$ 55 bilhões[19].

O Direito Penal Econômico, afeto às cooperativas, possui peculiaridades próprias, pois já não obedece aos critérios e parâmetros dos conceitos clássicos do Direito Penal[20], cuja interpretação da conduta é restritiva, com exigência de demonstração do dolo, ou seja, da vontade direcionada à prática do delito.

O marco legal do Direito Penal Econômico é orientado sob nova perspectiva: (i) o desvalor de resultado é substituído pelo desvalor de ação; (ii) a opção pela tipificação de crimes de perigo abstrato; (iii) a recorrente expansão do Direito Penal em atos administrativos; (iv) (in)determinação dos crimes omissivos impróprios e o (v) estabelecimento de um número cada vez maior de normas penais em branco.

À guisa de exemplo da complexidade do atual Direito Penal, podemos citar o rumoroso julgamento da ação penal 470, o chamado "mensalão", pela Suprema Corte, na qual várias pessoas foram condenadas pela chamada teoria do "domínio do fato", com interpretação equivocada de tal teoria. O autor desta teoria, o jurista Claus Roxin, em visita ao Brasil, concedeu entrevista ao jornal Folha de São Paulo, esclarecendo serem impossíveis condenações criminais com base em sua teoria, nos termos apresentados pela nossa Suprema Corte, transcrito a seguir:

> P: É possível usar a teoria para fundamentar a condenação de um acusado supondo sua participação apenas pelo fato de sua posição hierárquica?
>
> R: Não, em absoluto. A pessoa que ocupa a posição no topo de uma organização tem também que ter comandado esse fato, emitido uma ordem. Isso seria um mau uso.
>
> P: O dever de conhecer os atos de um subordinado não implica em co-responsabilidade?

---

19 Vide <https://epocanegocios.globo.com/Economia/noticia/2018/07/epoca-negocios-empreiteiras-encolhem-r-55-bi-apos-lava-jato.html>.

20 "O Direito Penal tem caráter subsidiário, devendo constituir a *ultima ratio* e por isso ser fragmentário, pois o antijurídico penal é restrito em face do antijurídico decorrente do Ordenamento, por ser obrigatoriamente seletivo, incriminando apenas algumas condutas lesivas a determinado valor, as de grau elevado de ofensividade" (REALE JÚNIOR, 2002, p. 25).

> R: A posição hierárquica não fundamenta, sob nenhuma circunstância, o domínio do fato. O mero ter que saber não basta. Essa construção ["dever de saber"] é do direito anglo-saxão e não a considero correta. No caso do Fujimori, por exemplo, foi importante ter provas de que ele controlou os sequestros e homicídios realizados.
>
> P: A opinião pública pede punições severas no mensalão. A pressão da opinião pública pode influenciar o juiz?
>
> R: Na Alemanha temos o mesmo problema. É interessante saber que aqui também há o clamor por condenações severas, mesmo sem provas suficientes. O problema é que isso não corresponde ao direito. O juiz não tem que ficar ao lado da opinião pública (FOLHA DE SÃO PAULO. Entrevista: Claus Roxin, 11 de novembro de 2012).

O certo é que o eixo de aferição da responsabilidade criminal no âmbito do chamado Direito Penal Econômico, no qual está inserida a atividade das cooperativas, foi deslocado da análise da pessoa que pratica a conduta, rompendo limites de alcance e afetando a complexidade da estrutura organizacional, na perspectiva de impor responsabilidade penal ao superior hierárquico.

É digno de nota, ademais, o potencial caráter destrutivo das investigações criminais na vida das pessoas e das corporações, pois além do exagero na utilização das medidas cautelares (prisões temporárias/preventivas, busca e apreensão), com ampla e invasiva exposição da mídia, revelando-se verdadeiro linchamento moral, atinge diretamente a imagem da empresa, repercutindo negativamente no seu patrimônio, além dos efeitos de prejulgamento que tencionam à regularidade do esclarecimento dos fatos.

E, por outro lado, é da natureza das atividades empresariais a amplitude do alcance de suas negociações, tanto com o setor público ou privado, impulsionadas pelos seus próprios objetivos comerciais e, neste horizonte, é indispensável à empresa adoção do compliance como uma missão, presente no dia a dia dos negócios.

A realidade do compliance criminal nas cooperativas, em especial nas cooperativas de crédito, não é, portanto, tão somente uma necessidade imposta diante da atual complexidade do sistema de justiça criminal e do premente risco de exposição aos eventuais danos provocados por desacerto em uma simples investigação criminal, também o é uma exigência legal, nos termos da Resolução nº 4.595/2017, do Banco Central do Brasil.

Destaca-se, neste contexto, a importância extraordinária do papel do advogado, deslocando-se da visão de atuação no panorama do Direito Penal "ex post", para uma atuação preventiva, "ex ante", envidando esforços numa atuação de consultoria focada para definir padrões e procedimentos voltados à minimização dos riscos da atividade empresarial, como salienta Armando Pinheiro:

> Diante da realidade, não é mais o advogado que administra o monopólio de acesso à justiça, tampouco pode ser considerado um elemento causador de tumultos, ganancioso e pernóstico. Seu papel mudou radicalmente para a sociedade e para as empresas. Muito mais do que um formalizador das decisões ex ante, o advogado é fundamental para agregar valor ao acionista e evitar riscos que possam colocar em xeque o negócio em si. O poder judiciário acabou se tornando uma alternativa mais distante para solução de conflitos (PINHEIRO, 2010, p. 9).

Salienta Bottini que a necessidade do gerenciador de riscos é cada vez mais presente, dada a noção de risco ameaçador do Direito Penal no âmbito das atividades empresariais:

> risco imprescindível para as atividades produtivas x elemento ameaçador – nessa ambiguidade que surge o gestor - a gestão do risco é uma atividade generalizada na sociedade atual, levada a cabo por diversos personagens. É qualquer pessoa encarregada de avaliar os riscos. A avaliação e a elaboração de estratégias de enfrentamento de risco ganham terreno e importância nos espaços empresariais. Instrumentos de auto-regulamentação, de incentivo de controle de riscos, de desenvolvimento sustentável pautam a autuação de organizações privadas (BOTTINI, 2010, p. 51).

O compliance, então, experimenta uma evolução crescente no Brasil, abandonando a ideia de simples canal de denúncias, como era conhecido há dez anos, para definição transparente do processo da política de conformidade. De maneira sucinta, o processo de elaborar e implantar os programas de compliance divide-se em quatro momentos principais: (i) diagnóstico, que envolve a análise dos riscos inerentes àquela espécie de atividade empresarial; (ii) estruturação, etapa que engloba a definição dos princípios e valores da companhia, elaboração de um Código de Conduta que norteará a atuação de todos os colaboradores da empresa e a criação de um departamento de compliance, responsável pelo gerenciamento do programa, de canais de denúncia, mecanismos de investigação e sancionamento internos; (iii) apresentação, momento em que o programa será anunciado à empresa e seus colaboradores e (iv) acompanhamentos e treinamentos periódicos, para evitar que o programa se torne obsoleto.

É preciso estabelecer procedimentos claros e efetiva comunicação, códigos de ética, rotinas de procedimento capazes de transformar a mentalidade de todos os personagens da corporação, por meio do conhecimento das regras e de suas consequências (penais/administrativas).

5. CONCLUSÃO

Destarte, é necessário implementar o compliance criminal, instituindo políticas de conformidade das atividades do cooperativismo em toda a cadeia produtiva, com a finalidade de evitar o cometimento de práticas subjacentes à legislação penal. Assim como já é obrigatório nas cooperativas de crédito, por força de regulamentação legal, a implementação de políticas de conformidade, é preciso expandi-lo para todo o sistema cooperativista.

Necessário que seja um sistema sólido de compliance criminal, que em hipótese alguma poderá se limitar a um código de éticas, sem nenhum valor vinculante, que em caso de seu não seguimento, implicaria apenas em risco de imagem, submissão a uma multa, a perda de alguns clientes. A Lei de Lavagem de Dinheiro e em especial a Lei Anticorrupção, em que pesem possíveis falhas e divergências doutrinárias, são a base concreta de que não há lugar de modismos no mundo empresarial. Os códigos de éticas, a partir dessas Leis, deverão ser ferramentas de vigilância, controle, cobrança e denúncia. E mais: de constantes ações, que garantem às cooperativas, através de seus gestores, prevenirem/evitarem riscos de práticas delituosas.

E, no que diz respeito ao custo financeiro da implantação do compliance criminal, mostra-se absolutamente irrisório diante dos danos e prejuízos previstos em cenário de sua inexistência, como afirmou o então Procurador-Geral de Justiça americano Paul McNulty: "If you think compliance is expensive, try non compliance", que pode ser traduzido como "se você pensa que o compliance é caro, experimente não atendê-lo"[21].

Assim, diante da complexa realidade do sistema de justiça criminal, das exigências legais de adoção das políticas de conformidade, e, sobretudo, para assegurar prosperidade aos negócios de maneira efetiva, duradoura, precavendo-se aos inúmeros riscos dos procedimentos criminais, a adoção do compliance criminal se impõe como primeira prioridade do cooperativismo.

---

21 Sidney Ito. Sócio-líder de Consultoria em Riscos da KPMG no Brasil e na América do Sul.

REFERÊNCIAS BIBLIOGRÁFICAS

AYRES, Carlos Henrique da Silva. Utilização de terceiros e operações de fusões e aquisições no âmbito do Foreign Corrupt Practices Act: riscos e necessidade da due diligence anticorrupção. In: DEL DEBBIO, Alessandra; MAEDA, Bruno Carneiro; AYRES, Carlos Henrique da Silva (coord.) Temas de anticorrupção e compliance. Rio de Janeiro: Elsevier, 2013.

BERTONI, Felipe Faoro. O desenvolvimento do compliance e a cultura empresarial. Disponível em: <https://canalcienciascriminais.com.br/o-desenvolvimento-do-compliance-e-a-cultura-empresarial/>. Acesso em 27 nov. 2018.

BITENCOURT, Cezar Roberto. Tratado de Direito Penal: parte geral. V1. São Paulo: Saraiva, 2006.

BONACCORSI, Daniela Villani. A atipicidade do crime de lavagem de dinheiro. Rio de Janeiro: Lumen Juris, 2013.

BOTTINI, Pierpaolo Cruz. Crimes de Perigo Abstrato. 2ed. rev. e atual. São Paulo: Editora Revista dos Tribunais, 2010.

BRASIL. Decreto n° 154, de 26 de junho de 1991. Convenção contra o tráfico ilícito de entorpecentes e de substâncias psicotrópicas. Disponível em: <http://www.planalto.gov.br/ccivil_03/decreto/1990-1994/d0154.htm>. Acesso em 26 nov. 2018.

______. Decreto n° 3.678, de 30 de novembro de 2000. Convenção Sobre o Combate da Corrupção de Funcionários Públicos Estrangeiros em Transações Comerciais Internacionais. Disponível em: <http://www.planalto.gov.br/ccivil_03/decreto/D3678.htm>. Acesso em 26 dez. 2018.

______. Decreto n° 4.110, de 7 de outubro de 2001. Convenção Interamericana contra a Corrupção. Disponível em: <http://www.planalto.gov.br/ccivil_03/decreto/2002/D4410.htm>. Acesso em 26 dez. 2018.

______. Decreto n° 5.687, de 31 de janeiro de 2006. Convenção das Nações Unidas contra a Corrupção. Disponível em: <http://www.planalto.gov.br/ccivil_03/_Ato2004-2006/2006/Decreto/D5687.htm>. Acesso em 26 dez. 2018.

______. Lei nº 12.683, de 9 de julho de 2012. Altera a Lei no 9.613, de 3 de março de 1998, para tornar mais eficiente a persecução penal dos crimes de lavagem de dinheiro. Disponível em: <http://www.planalto.gov.br/ccivil_03/_Ato2011-2014/2012/Lei/L12683.htm>. Acesso em: 24 nov. 2018.

______. Lei nº 12.846, de 1º de agosto de 2013. Dispõe sobre a responsabilização administrativa e civil de pessoas jurídicas pela prática de atos contra a administração pública, nacional ou estrangeira, e dá outras providências. Disponível em: <http://www.planalto.gov.br/ccivil_03/_ato2011-2014/2013/lei/l12846.htm>. Acesso em 26 nov. 2018.

______. Lei nº 9.613, de 3 de março de 1998. Dispõe sobre os crimes de "lavagem" ou ocultação de bens, direitos e valores; a prevenção da utilização do sistema financeiro para os ilícitos previstos nesta Lei; cria o Conselho de Controle de Atividades Financeiras - COAF, e dá outras providências. Disponível em <http://www.planalto.gov.br/ccivil_03/LEIS/L9613.htm>. Acesso em 24 nov. 2018.

BREIER, Ricardo. Atuação de advogado na área de compliance impõe desafios. Disponível em: <https://www.conjur.com.br/2014-fev-07/ricardo-breier-atuacao-advogado-area-compliance-mpoe-desafios>. Acesso em 5 dez. 2018.

CARDOSO, Débora Motta. Criminal compliance na perspectiva da lei de lavagem de dinheiro. 1ed. São Paulo: LiberArs, 2015.

CASTRO, Rafael Guedes de. ANTONIETTO, Caio Marcelo Cordeiro. Criminal Compliance: a política de cumprimento de normas penais e seus impactos na atividade econômica empresarial. Disponível em: <http://www.publicadireito.com.br/artigos/?cod=a19599d637c08bdc>. Acesso em: 26 nov. 2018.

CAVALCANTE, Márcio André Lopes. Comentários à Lei nº. 12.683/2012, que alterou a Lei de lavagem de dinheiro. Dizer o Direito. Disponível em: <http://www.dizerodireito.com.br>. Acesso em: 27 nov. 2018.

CIRINO DOS SANTOS, Juarez. Direito Penal, Parte Geral. 3ed. Curitiba: Lúmen Júris, 2008.

CONGO, Mariana. O escândalo do HSBC. Disponível em: <https://economia.estadao.com.br/blogs/descomplicador/hsbc-entenda-o-escandalo-de-lavagem-de-dinheiro-e-sonegacao/>. Acesso em: 13 jan. 2019.

FARNWORTH, Malcolm. Watergate: O escândalo que derrubou Richard Nixon. Disponível em: <http://watergate.info/>. Acesso em 24 nov. 2018.

FERNANDES, Cláudio. Escândalo de Watergate. Disponível em: <https://historiadomundo.uol.com.br/curiosidades/watergate.htm>. Acesso em 24 nov. 2018.

FOLHA DE SÃO PAULO. Entrevista: Claus Roxin. 11 de novembro de 2012.

GRAU, Eros Roberto. A Ordem Econômica na Constituição de 1988. São Paulo: Editora Revista dos Tribunais, 1991.

GREGO, Luiz. "Princípio da ofensividade e crimes de perigo abstrato – Uma introdução ao debate sobre o bem jurídico e as estruturas do delito". In: Modernização do direito penal, bens jurídicos coletivos e crimes de perigo abstratos. Rio de Janeiro: Lumen Juris, 2011.

KPMG INTERNATIONAL. Pesquisa Maturidade do Compliance do Brasil. Disponível em: <https://home.kpmg.com/br/pt/home/insights/2018/06/pesquisa-maturidade-do-compliance-no-brasil-3a-edicao.html>. Acesso em 5 dez. 2018.

MAIA, Carlos Rodolfo Fonseca Tigre. Lavagem de dinheiro (Lavagem de ativos provenientes de crime). Anotações às disposições criminais da Lei nº 9.613/98. 1ed. São Paulo: Malheiros Editores Ltda, 1999.

MARTINEZ-BUJAN PÉREZ, Carlos. Derecho Penal Económico y de la Empresa. Parte General, 3ed. Valencia: Tirant lo Blanc, 2011.

MEDEIROS, Erick Felipe. Criminal Compliance: instrumento preventivo da pessoa jurídica frente a Lei 12.846/2013 (Lei Anticorrupção). Disponível em: <https://jus.com.br/artigos/50858/criminal-compliance-instrumento-preventivo-da-pessoa-juridica-frente-a-lei-12-846-2013-lei-anticorrupcao>. Acesso em 5 dez. 2018.

NETO, José Vitor de Lima. Criminal Compliance. Disponível em:<https://www.migalhas.com.br/dePeso/16,MI279552,101048-Criminal+compliance>. Acesso em 25 nov. 2018.

OLIVEIRA, Luís Gustavo Miranda de (Org). Compliance e integridade: aspectos práticos e teóricos. Belo Horizonte: Editora D'Plácido, 2017.

PIMENTEL, Manoel Pedro. Estudos e Pareceres de Direito Penal. São Paulo: Editora Revista dos Tribunais, 1973.

PINHEIRO JÚNIOR, Gilberto José. Crimes econômicos: as limitações do Direito Penal. Campinas: Edicamp, 2003.

PINHEIRO, Armando Castelar. Direito, economia e mercados. Rio de Janeiro: Elsevier, 2005.

PINTO, Felipe Martins. Introdução crítica ao processo penal.2ed. Belo Horizonte: Del Rey, 2016.

POZZI, Sandro. O caso Volkswagen. Disponível em: <https://brasil.elpais.com/tag/caso_volkswagen>. Acesso em 13 jan. 2019.

REALE JÚNIOR, Miguel: Instituições de direito penal: parte geral. v.1. Rio de Janeiro: Ed. Forense, 2002.

REVISTA ÉPOCA NEGÓCIOS. Empreiteiras na Operação Lava-Jato. Disponível em: <https://epocanegocios.globo.com/Economia/noticia/2018/07/epoca-negocios-empreiteiras-encolhem-r-55-bi-apos-lava-jato.html>. Acesso em 13 jan. 2019.

RIOS, Rodrigo Sanches. Direito Penal Econômico: Advocacia e Lavagem de Dinheiro: Questões de Dogmática Jurídico-Penal e de Política Criminal. São Paulo: Saraiva-GV law, 2010.

ROXIN, Claus. Autoria y domínio del hecho. Tradução da sétima edição alemã por Joaquín Cuello Contreras e José Luis Serrano González de Murillo. Madri-Barcelona: Marcial Pons, 2000.

SAAVEDRA, Giovani Agostini. Reflexões iniciais sobre o controle penal dos deveres de compliance. In Boletim IBCCRIM. São Paulo: IBCCRIM, 2011.

Disponível em:<https://www.ibccrim.org.br/boletim_artigo/4440-Reflexoes--iniciais-sobre-o controle-penal-dos-deveres-de-compliance>. Acesso em 27 nov. 2018.

SANTOS, Renato Almeida dos, et al. Compliance e liderança: a suscetibilidade dos líderes ao risco de corrupção nas organizações. Einstein, São Paulo, v10, n1, mar. 2012. Disponível em: <http://www.scielo.br/pdf/eins/v10n1/pt_v10n1a03.pdf>. Acesso em: 27 nov. 2018.

SILVA, César Antônio da. Lavagem de dinheiro: uma nova perspectiva penal. Porto Alegre: Livraria do Advogado, 2001.

SILVEIRA, Renato de Mello Jorge. Compliance, direito penal e lei anticorrupção. São Paulo: Saraiva, 2015.

SISTEMA OCB. História do Cooperativismo. Disponível em: <https://www.ocb.org.br/historia-do-cooperativismo>. Acesso em 27 nov. 2018.

ISENÇÕES TRIBUTÁRIAS E INCENTIVOS FISCAIS NA GERAÇÃO FOTOVOLTAICA DE ENERGIA ELÉTRICA DISTRIBUÍDA. O IMPORTANTE PAPEL DAS COOPERATIVAS.

KASSIM SCHNEIDER RASLAN

Advogado. Especialista em Imposto de Renda e ICMS pelo Instituto de Altos Estudos em Direito (IAED)/Centro de Direito Internacional (CEDIN) Educacional. Pós-graduado em Advocacia Cível pela Fundação Getúlio Vargas (FGV). Pós-graduado em Direito Civil e Direito Processual Civil pela Faculdade de Direito do Vale do Rio Doce (Fadivale). Graduado pela Universidade Federal de Minas Gerais (UFMG). Membro da Comissão de Ética e Disciplina da OAB/MG, triênio 2007/2009. Membro da Comissão de Direito Cooperativista da OAB/MG, triênio 2016/2018. Sócio do escritório Câmara, Vieira e Raslan Sociedade de Advogados.

E-mail: kassim@cvradvogados.com.br

RESUMO

O presente artigo pretende explicar, de maneira sucinta, o importante papel das cooperativas na micro e mini geração de energia fotovoltaica, vital para o desenvolvimento econômico e social dos países, diante da preocupação com o meio ambiente. Aborda, ainda, os incentivos fiscais para essa geração de energia, à frente da perspectiva cooperativista, perante as normas da Agência Nacional de Energia Elétrica e recentes ementários expedidos pelos Tribunais Superiores.

Palavras-chave: Energia; Micro e Mini Geração de Energia Fotovoltaica; Desenvolvimento; Cooperativismo; Tributação; Isenção.

ABSTRACT

This article aims to explain, in a succinct way, the important role of cooperatives in the micro and mini generation of photovoltaic energy, vital for the economic and social development of countries, in the face of concern for the environment. It also addresses the tax incentives for this generation of energy, ahead of the cooperative perspective, before the norms of the National Electric Energy Agency and recent emissaries issued by the Superior Courts.

Keywords: Energy; Micro and Mini Generation of Photovoltaic Energy; Development; Cooperativism; Taxation; Exemption.

1. O EMPREGO DA ENERGIA NA IDADE MODERNA À CONTEMPORANEIDADE E A NECESSIDADE DE NOVAS FONTES ENERGÉTICAS RENOVÁVEIS

Energia é capacidade que possui um corpo de produzir determinada quantidade de trabalho. O vocábulo deriva do grego "*enérgeia*", cujo significado original é "eficácia, ação, força"[1] ou "força em ação"[2]. Ela move o Universo, o Planeta, os homens e as máquinas. Os termos energia, movimento, força e ação podem ser considerados sinônimos e se confundem nessa sinergia e simbiose universais.

De acordo com as leis da física, a energia não pode ser criada, mas apenas transformada (primeiro princípio da Termodinâmica), sendo cada um de seus tipos de capaz de provocar fenômenos determinados e característicos nos sistemas físicos. Diferentes fontes podem ser encontradas na natureza, e são classificadas basicamente em duas categorias, de acordo com a possibilidade de manutenção, produção e autorrenovação: as renováveis (eólica, hidráulica e solar, por exemplo) e as não-renováveis (advindas do carvão mineral, petróleo, gás natural e a nuclear, por exemplo).

A energia eólica foi fundamentalmente aproveitada para mover os barcos impulsionados por velas, no período das grandes navegações, durante os séculos XV e XVI, em que os países europeus visaram à explorar novas rotas marítimas e descobrir terras até então desconhecidas, bem como na agricultura, para mover as pás de moinhos de vento, transformando-a em energia mecânica e possibilitando a moagem de grãos ou bombeamento de água.

---

1 Dicionário Ilustrado da Língua Portuguesa da Academia Brasileira de Letras. Elaborado por Antenor Nascentes. Copyright 1976 by Bloch Editores S/A, Rio de Janeiro, Brasil, pág. 608.

2 Dicionário. Versão 2.3.0 (203.16.12). Copyright © 2005–2018 Apple Inc.

A partir da Revolução Industrial - período histórico (séculos XVIII e XIX), em que ocorreu o desenvolvimento do capitalismo liberal, baseado nos preceitos da livre concorrência e da liberdade de produção e comercialização de bens de consumo, a ênfase se voltou para o uso da energia da água, o uso crescente da energia a vapor e o desenvolvimento das máquinas-ferramentas, além da substituição da madeira (carvão vegetal) e de biocombustíveis (*v.g.*, óleo de baleia) pelo carvão mineral.

Esse período ficou conhecido como a era do carvão e do ferro, fase em que houve a invenção do barco e da locomotiva a vapor, impulsionando ainda descobertas no setor mineral, a exemplo das grandes jazidas de carvão e ferro na Inglaterra.

Ainda nesta época, desenvolveu-se a forma de energia mais utilizada entre nós: a elétrica. Os primeiros avanços científicos na área remontam aos séculos XVII e XVIII, conquanto os fenômenos elétricos têm sido estudados desde a antiguidade. Contudo, tardaria até o final do século XIX para que os engenheiros fossem capazes de disponibilizá-la ao uso industrial e residencial, possibilitando, assim, sua aplicabilidade generalizada.

A rápida expansão da tecnologia elétrica nesse período transformou a indústria e a sociedade da época. A extraordinária versatilidade da eletricidade levou a um conjunto quase ilimitado de aplicações, que em tempos modernos certamente inclui as aplicações nos setores de transportes, aquecimento, iluminação, comunicações e computação, o que nos leva a crer que a energia elétrica é a espinha dorsal da sociedade industrial moderna, e deverá permanecer assim no futuro.

Com a ascensão e desenvolvimento do capitalismo e dos negócios modernos, desenvolveu-se também a indústria petrolífera, combustível fóssil não-renovável que começou a ser utilizado em larga escala também no século XIX, concorrendo fortemente com o carvão mineral, e tomando-lhe a primazia do século XX em diante, muito devido ao crescimento das indústrias de transporte marítimo, aéreo e rodoviário.

Incrementou-se, também, a construção de usinas hidrelétricas, termelétricas, nucleares e eólicas, principais formas de obtenção da energia elétrica.

Mas ao mesmo tempo que enormes jazidas de carvão e petróleo eram exploradas mundo afora e grandes hidrelétricas construídas aproveitando os cursos d'água, abundando a prosperidade dos países bem-fadados nessas riquezas naturais e agigantando as próprias indústrias que trabalhavam nessa área, nascia um tímido movimento ambientalista, iniciado por poetas românticos britânicos.

Após a Segunda Guerra Mundial, a era nuclear fez surgir temores de um novo tipo de poluição por radiação. O movimento ambientalista ganhou impulso em 1962 com a publicação do livro de Rachel Carson, "A Primavera Silenciosa", que fez um alerta sobre o uso agrícola de pesticidas químicos sintéticos, cuja obra destacou a necessidade de respeitar o ecossistema em que vivemos para proteger a saúde humana e o meio ambiente. A responsabilidade de proteger a saúde e o bem-estar do nosso biossistema começou a surgir na consciência coletiva da humanidade.

Assim, em 1972 a ONU convocou a Conferência das Nações Unidas sobre o Ambiente Humano, em Estocolmo (Suécia). O evento foi um marco e sua declaração final contém dezenove princípios que representam um Manifesto Ambiental para nossos tempos. Ao abordar a necessidade de "inspirar e guiar os povos do mundo para a preservação e a melhoria do ambiente humano", referido manifesto estabeleceu as bases para a nova agenda ambiental do Sistema das Nações Unidas.

> Chegamos a um ponto na História em que devemos moldar nossas ações em todo o mundo, com maior atenção para as consequências ambientais. Através da ignorância ou da indiferença podemos causar danos maciços e irreversíveis ao meio ambiente, do qual nossa vida e bem-estar dependem. Por outro lado, através do maior conhecimento e de ações mais sábias, podemos conquistar uma vida melhor para nós e para a posteridade, com um meio ambiente em sintonia com as necessidades e esperanças humanas [...]
>
> Defender e melhorar o meio ambiente para as atuais e futuras gerações se tornou uma meta fundamental para a humanidade." Trechos da Declaração da Conferência da ONU sobre o Meio Ambiente (Estocolmo, 1972, parágrafo 6°).

Mais tarde, em 1983, a ONU convidou a médica Gro Harlem Brundtland, mestre em saúde pública e ex-primeira ministra da Noruega para estabelecer e presidir a Comissão Mundial sobre o Meio Ambiente e Desenvolvimento. O relatório final da Comissão Brundtland (como ficou conhecida) - "Nosso Futuro Comum" (*Our Common Future*) - publicado em 1987, trouxe o conceito de desenvolvimento sustentável para o discurso público e serviu como base para a realização da Eco92 (Conferência das Nações Unidas sobre o Meio Ambiente e o Desenvolvimento) no Rio de Janeiro, e para a criação da Agenda 21 pela Organização das Nações Unidas (ONU). Algumas relevantes passagens de referido relatório seguem transcritas:

> O desenvolvimento sustentável é o desenvolvimento que encontra as necessidades atuais sem comprometer a habilidade das futuras gerações de atender suas próprias necessidades.
>
> [...]
>
> Muitos de nós vivemos além dos recursos ecológicos, por exemplo, em nossos padrões de consumo de **energia**... No mínimo, o desenvolvimento sustentável não deve pôr em risco **os sistemas naturais que sustentam a vida na Terra**: a atmosfera, as águas, os solos e os seres vivos.
>
> [...]
>
> Na sua essência, o desenvolvimento sustentável é um processo de mudança no qual a exploração dos recursos, o direcionamento dos investimentos, a orientação do desenvolvimento tecnológico e a mudança institucional estão em harmonia e reforçam o atual e futuro potencial para satisfazer as aspirações e necessidades humanas (ONU, 1983, grifo do autor).

Ainda segundo o Relatório da Comissão Brundtland, uma série de medidas devem ser tomadas pelos países para promover o desenvolvimento sustentável; dentre elas, o aproveitamento e consumo de fontes alternativas de energia, tais como solar, eólica e geotérmica. A necessidade dessas medidas foi ratificada na "Cúpula da Terra +5" para revisar e avaliar a implementação da Agenda 21, em que o documento final da sessão recomendou uma maior movimentação dos padrões sustentáveis de distribuição de energia, produção e uso.

Avanços em direção ao uso sustentável de energia estão ocorrendo, e todas as partes podem se beneficiar do progresso alcançado em outros países. É igualmente necessário assegurar a cooperação internacional para promover a conservação da energia e a melhoria de sua eficiência, a utilização de energias renováveis, investigação, desenvolvimento e disseminação de tecnologia inovadora relacionada a esse tema[3].

3 Documentos disponíveis em: <https://nacoesunidas.org/acao/meio-ambiente/> e <https://documents-dds-ny.un.org/doc/UNDOC/GEN/N97/774/73/PDF/N9777473.pdf>. Acesso em 10 abr. 2019.

Nesse passo, na onda da conferência Rio92 e à vista do enorme potencial de energia renovável existente no Brasil, foram criados inúmeros fóruns, grupos de trabalho e conferências de estudo acerca do aproveitamento do potencial energético proveniente dos raios solares.

Sob a coordenação do Centro de Pesquisas de Eletricidade da Eletrobrás, em 1993 foi criado um Grupo de Trabalho em Energia Solar Fotovoltaica (GTEF), de abrangência nacional. No âmbito desse grupo foi instalado o Grupo de trabalho em Solarimetria, responsável pela elaboração de um relatório sobre o tema no Brasil, culminando na elaboração e publicação do 'Atlas Solarimétrico Nacional', por meio do qual foram mapeadas as regiões e mensurados os níveis de insolação e radiação solar em todo território nacional[4].

Nessa mesma esteira, dentro do escopo do projeto SWERA (*Solar and Wind Energy Resource Assessment*), financiado pelo Programa das Nações Unidas para o Meio Ambiente (PNUMA) e cofinanciado pelo Fundo Global para o Meio Ambiente (GEF), foi publicado o Atlas Brasileiro de Energia Solar, trabalho iniciado em 2001 sob a coordenação da Divisão de Clima e Meio Ambiente do Centro de Previsão de Tempo e Estudos Climáticos do Instituto Nacional de Pesquisas Espaciais (DMA/CPTEC/INPE)[5].

Essas publicações constituem-se em relevantes fontes de pesquisa, informação e entendimento para aqueles que se interessam pelo assunto e procuram investir nessa promissora área de geração fotovoltaica de energia elétrica.

Como fonte de energia térmica, para aquecimento de água e ambientes, os coletores e concentradores solares já são bastante utilizados e conhecidos no Brasil. Para geração de energia fotovoltaica, os semicondutores fazem a conversão direta da energia solar em energia elétrica por meio dos efeitos da radiação (calor e luz) sobre determinados materiais (em especial as placas fotovoltaicas), sendo que fotovoltaico quer dizer aquilo que gera corrente elétrica pela ação da luz (do grego *phós, otós* = luz + voltaico).

---

4 Atlas Solarimétrico do Brasil: banco de dados solarimétrico. Disponível em: <http://www.cresesb.cepel.br/publicacoes/download/Atlas_Solarimetrico_do_Brasil_2000.pdf>.

5 Publicação: PEREIRA *et al. Atlas brasileiro de energia solar.* São José dos Campos: INPE, 2006.

Dentre os vários processos de aproveitamento da energia solar, a geração fotovoltaica de energia elétrica encontra-se em voga. O desafio, portanto, é desenvolver e difundir esse processo eco producente de energia elétrica, entregando eletricidade nas redes de distribuição, para enfim, chegarem às indústrias e residências, provenientes de uma fonte com um custo bem menor de implantação, se comparado com as importantes usinas hidrelétricas.

2. O MEIO-AMBIENTE NA CONSTITUIÇÃO BRASILEIRA. A ADESÃO DO BRASIL AOS TRATADOS INTERNACIONAIS AMBIENTAIS. DEVER GOVERNAMENTAL DE APOIO, ESTÍMULO, FINANCIAMENTO E INCENTIVO À PRODUÇÃO DE ENERGIA ADVINDA DE FONTES RENOVÁVEIS A CUSTO ACESSÍVEL

Desde a Conferência das Nações Unidas sobre o Meio Ambiente Humano, em 1972, o Brasil vem aderindo, exemplarmente, aos acordos globais sobre a proteção do ecossistema, de modo que a Constituição da República Federativa do Brasil de 1988, atenta ao movimento ambientalista que já se encontrava solidificado, especialmente no âmbito das Nações Unidas e do Direito Internacional, consagrou definitivamente a proteção do meio-ambiente como princípio inarredável e garantia fundamental do cidadão.

A Constituição da República Federativa do Brasil assegura, ainda, o manejo de ação popular para a proteção do meio ambiente com qualidade de cláusula pétrea (art. 5º, LXXIII), bem como a internalização dos direitos e garantias dos tratados internacionais em que a República Federativa do Brasil seja parte (§2º do artigo 5º). Estabelece ser competência comum da União, Estados, Distrito Federal e Municípios proteger e legislar concorrentemente sobre meio-ambiente (art. 23, VI e art. 24, incisos VI e VIII) e determina que referida proteção também é função institucional do Ministério Público (art. 129, III).

Dentre os princípios gerais da ordem econômica encontra-se a defesa do meio ambiente, inclusive mediante "tratamento diferenciado conforme o impacto ambiental dos produtos e serviços e de seus processos de elaboração e prestação" (art. 170, V da Constituição). Na política agrária e fundiária, estabelece que a função social da propriedade rural é atendida quando há utilização adequada dos recursos naturais disponíveis e preservação do meio ambiente (art. 186, II). E no capítulo especialmente dedicado ao meio-ambiente inscreve a frase lapidar que encerra o pensamento de ordem geral e de valor moral acerca do tema: "Art. 225. Todos têm direito ao meio ambiente ecologicamente equilibrado, bem de uso comum do povo e essencial à sadia qualidade de vida, impondo-se ao Poder Público e à coletividade o dever de defendê-lo e preservá-lo para as presentes e futuras gerações" (BRASIL, 1988).

Fundamentando-se nessa máxima norteadora, nos tratados e acordos internacionais aderidos pelo país e no princípio geral da ordem econômica nacional, de defesa do meio ambiente definido no art. 170, V, supracitado, não há dúvida que os governos em todas as esferas (municipal, distrital, estadual e federal) têm o dever jurídico-constitucional de estimular, financiar, promover e apoiar a exploração e o manejo racional de fontes de energia renováveis, atentos ao menor potencial eco ofensivo do processo de geração fotovoltaica de energia elétrica.

Desnecessário lembrar que, para fins jurídicos e de enquadramento na acepção de produtos e serviços, a energia é coisa móvel, passível de furto, compreendendo o sentido de bem móvel, com valor econômico, suscetível de tradição e comercialização. Na dicção exata do Código Civil, as energias que tenham valor econômico consideram-se bens móveis para os efeitos legais, daí porque admite-se pacificamente a tributação do comércio de energia, tal como ocorre com o Imposto Sobre Circulação de Mercadorias (ICMS).

A Constituição não contém especificamente a expressão "energia solar", até porque não poderia entender a sua fonte maior, que é a luz solar, como coisa móvel susceptível de nacionalização ou como um bem pertencente a qualquer dos entes políticos internos constitucionais. Mas a Lei Maior define que compete à União explorar, diretamente ou mediante autorização, concessão ou permissão os serviços e instalações de energia elétrica (art. 21, XII, *b*) e legislar privativamente sobre energia (art. 22, IV), facultado o aproveitamento do potencial de energia renovável de capacidade reduzida, que não dependerá de autorização ou concessão (§4º do artigo 176).

Para regulamentar a geração fotovoltaica de energia elétrica com sua posterior distribuição em larga escala ao consumidor final, foi publicada a Resolução Normativa nº 482, de 17 de abril de 2012, com a seguinte proposta:

"Estabelece as condições gerais para o acesso de microgeração e minigeração distribuída aos sistemas de distribuição de energia elétrica, o sistema de compensação de energia elétrica, e dá outras providências".

Pouco tempo depois, visando alavancar essa atividade e criar mecanismos mais atrativos de adesão, a Resolução nº 482/2012 foi substancialmente modificada pela Resolução Normativa Aneel nº 687, de 24 de novembro de 2015.

Uma das novidades é a possibilidade de geração compartilhada, ou seja, um grupo de pessoas pode se unir em um consórcio ou em cooperativa, instalar uma micro ou mini geração distribuída e utilizar a energia gerada para reduzir as faturas dos consorciados ou cooperados.

E é justamente aí que, finalmente, advém a importância das cooperativas e do cooperativismo, mais uma vez assumindo papel crucial no desenvolvimento social e econômico pátrios, uma vez que, certamente, a abertura desse mercado aos consórcios e cooperativas tem o intuito de minorar, a longo prazo, a dependência do sistema elétrico nacional das grandes usinas hidrelétricas, aumentar a eficiência na distribuição ao consumidor final a tarifas menores, majorar exponencialmente a participação do consumidor final no processo, e, enfim, reduzir o impacto ambiental e o alto custo de investimento existentes na produção de energia mediante fontes tradicionais.

3. IMPORTANTES ISENÇÕES E INCENTIVOS FISCAIS NA CADEIA PRODUTIVA DE GERAÇÃO FOTOVOLTAICA DE ENERGIA ELÉTRICA DISTRIBUÍDA

Os conceitos de isenção tributária, incentivo ou estímulo fiscal não são unânimes na doutrina, e a bem ver, para concluir uma diferenciação rigorosa entre eles seria necessária uma minuciosa e profunda análise do Sistema Tributário Nacional e de toda a trama legislativa que o envolve, discurso que não cabe em um estudo como esse.

Seja como for, vale a pena ao menos uma introdução sobre o tema, até mesmo para termos uma visão perfunctória do assunto.

O saudoso Pedro dos Reis Nunes (1999) equipara incentivo fiscal a estímulo fiscal, conceituando-os como um benefício ou favor decorrente de expressa disposição legal, geralmente concedido pelo Poder Tributante, a fim de incentivar determinado setor prioritário de atividade ou desenvolver certa área. De acordo com o autor, isenção fiscal é definida como a dispensa legal do pagamento de um tributo devido.

Essa conceituação encontra amparo na clássica teoria de que a isenção fiscal é um favor legal consubstanciado na dispensa do pagamento do tributo devido, em decorrência de demandas de ordem ética, social, econômica, política, financeira, entre outros, encampados pela autoridade legislativa, que desonera o sujeito passivo da obrigação tributária de recolher o gravame, mediante dispositivo expresso de lei.

Nessa linha, o fato gerador ocorreria nascendo o vínculo obrigacional tributário, mas por força da norma isentante operar-se-ia a dispensa do débito tributário, ou, em outras palavras, a exclusão do crédito tributário. Deveras, o termo "exclusão do crédito tributário" pode pressupor a preexistência do crédito no mundo da hipótese de incidência tributária, e, posteriormente, haja vista a norma de isenção, seria ilidido e afastado o dever jurídico de pagamento.

Segundo o professor Paulo de Barros Carvalho (1996), essa tradicional posição doutrinária teve em Rubens Gomes de Souza (o principal coautor do Anteprojeto do Código Tributário Nacional) seu grande patrono, impregnando toda a disciplina jurídica do assunto naquele Estatuto.

Ainda de acordo com o ilustre professor, outros autores e cientistas jurídicos de estirpe, tais como Alfredo Augusto Becker e José Souto Maior Borges, discordam da teoria clássica e enxergam nas isenções tributárias hipóteses de não-incidência legalmente qualificadas, enquanto outra teoria científica vislumbra-as como um fato impeditivo que elide a eficácia da norma do tributo, e, por fim, conclui a sua própria posição, certificando que a isenção é o fenômeno atribuído a autoridade legislativa de paralisar a atuação da regra matriz de incidência tributária.

Na obra "Curso de Direito Tributário Brasileiro", publicada em 1976, Fábio Fanucchi propõe uma conceituação interessante ao afirmar que a isenção, consagrada em lei, preexiste ao fato gerador da obrigação tributária principal, exclui de forma plena do crédito tributário, que não tem meios de se constituir sequer como direito potencial da Fazenda contra o sujeito passivo e decorre do próprio poder de tributar, porque aquela entidade que tem competência para instituir o tributo é a mesma que tem poder-dever de excluir o crédito pela isenção.

Referido entendimento encontra relativo arrimo no §6º do art. 150 e no art. 151, III, ambos da CRF/88, que estabelece que a isenção relativa a impostos, taxas ou contribuições, só poderá ser concedida "mediante lei específica, federal, estadual ou municipal, que regule exclusivamente o correspondente tributo ou contribuição", bem como ser vedado à União instituir isenções de tributos da competência dos Estados, do Distrito Federal ou dos Municípios, de modo que vincula a validade da isenção à respectiva competência tributária, de forma que as isenções devem obediência ao princípio da especificidade e estão realmente relacionadas ao poder de tributar respectivo de cada ente político interno.

Respeitadas as conceituações e conclusões doutrinárias acerca do tema, advindas todas de renomados juristas nacionais, o Código Tributário Nacional (CTN) tratou a isenção de forma mais pragmática, nos seus artigos 176 a 179 - não a adjetivou em isenção fiscal ou tributária, cunhando apenas o vocábulo 'isenção', e estabeleceu que tal fenômeno é sempre decorrente de lei, cuja norma deve prever as condições e requisitos exigidos para a sua concessão, os tributos a que se aplica e, em alguns casos, o prazo de sua duração.

Nos termos do CTN as isenções não se estendem às taxas e contribuições de melhoria, salvo disposição em contrário, tampouco aos tributos instituídos posteriormente à sua concessão. E se não for concedida por prazo certo e em função de determinadas condições, pode ser revogada ou modificada por lei, a qualquer tempo.

E os incentivos fiscais? Possuem realmente natureza jurídica diversa das isenções tributárias? Um é espécie e o outro gênero? Determinam os mesmos efeitos práticos? O Código Tributário Nacional preocupou-se somente com as isenções. Não existe em seu bojo quaisquer das dicções 'estímulo' ou 'incentivo', razão pela qual é preciso perquirir em outras fontes do direito, em outras legislações, e nada melhor do que realizar essa pesquisa na própria Constituição Federal, que utiliza todos os termos, tanto 'incentivo' quanto 'isenção' e 'estímulo'.

No que tange ao desenvolvimento regional, a Magna Carta dispõe que, para efeitos administrativos, a União poderá articular sua ação em um mesmo complexo geoeconômico e social, "visando a seu desenvolvimento e à redução das desigualdades regionais", e que os incentivos regionais compreenderão, além de outros, "isenções, reduções ou diferimento temporário de tributos federais" devidos por pessoas físicas ou jurídicas (CF, art. 43, §2º, III).

Ao atentarmos para o art. 151, I, da Constituição, percebemos que essa específica regra permite a concessão de "incentivos fiscais destinados a promover o equilíbrio do desenvolvimento socioeconômico entre as diferentes regiões do País".

A Lei Complementar nº 101/2001 (Lei de Responsabilidade Fiscal) informa os pré-requisitos de validade para a concessão ou a ampliação de incentivo ou benefício de natureza tributária dos quais decorram renúncia de receita e situa subsídio, crédito presumido, concessão de isenção em caráter não geral, alteração de alíquota e modificação da base de cálculo e outros benefícios que correspondam a tratamento diferenciado na compreensão de renúncia de receita (artigo 14, *caput* e §1º).

Por isso, o professor Leandro Raphael Alves do Nascimento (1994) já explicava que nem sempre a arrecadação tributária é feita visando precipuamente o aumento ou a manutenção dos níveis de receita estatal, porque no exercício da função importantíssima de controlar a atividade econômica, o Estado atua no fenômeno econômico por meio de isenções e incentivos fiscais, seja freando ou incentivando a expansão da economia. E nesse aspecto é que se encontra a função extrafiscal do tributo.

Assim, independentemente da distinção lobrigável entre elas, podemos formular a primeira premissa: tanto as isenções como os incentivos fiscais incrementam tarefa extrafiscal com o objetivo de "estimular o desenvolvimento e a redução de desigualdades regionais" e "promover o equilíbrio do desenvolvimento socioeconômico entre as diferentes regiões do País", sentenças de idêntico significado, convalidadoras do art. 176, I, do CTN, que similarmente decreta: "a isenção pode ser restrita a determinada região do território da entidade tributante, em função de condições a ela peculiares".

Por outro lado, a leitura do art. 88, §2º do Ato das Disposições Constitucionais Transitórias (ADCT), art. 156, §3º, III da CF/88 e do art. 8º-A, da Lei Complementar nº 116/2003, faz pairar forte dúvida na acepção pautada por renomados juristas, os quais informam que a isenção "exclui plenamente o crédito tributário ou seria hipótese de não-incidência qualificada", ou ainda, impeditivo que elide a eficácia da norma do tributo, e, por fim, "fenômeno atribuído a autoridade legislativa de paralisar a atuação da regra matriz de incidência tributária".

Não é bem assim, pois segundo as normas acima mencionadas, no caso do ISSQN é vedada a concessão de isenção, incentivos ou benefícios tributários/financeiros, inclusive de redução de base de cálculo ou de crédito presumido/outorgado, sob qualquer outra forma que resulte, direta ou indiretamente, em carga tributária menor que a decorrente da aplicação da alíquota mínima de 2% (dois por cento).

As únicas exceções para o imposto sobre serviços, em que há possibilidade de haver isenção que resulte na redução total da carga tributária/exclusão integral do crédito tributário são nos casos de serviços de construção civil, hidráulica ou elétrica; reparação, conservação e reforma de edifícios, estradas, pontes, portos e congêneres e serviços de transporte coletivo municipal rodoviário, metroviário, ferroviário e aquaviário de passageiros.

Portanto, a segunda premissa é a de que as isenções nem sempre excluem de forma plenamente o crédito tributário, e tampouco é um fenômeno que invariavelmente paralisa a atuação da regra matriz de incidência tributária.

Nessas circunstâncias, e à vista dessas normas, podemos dizer que não há uma diferença essencial entre os institutos da isenção e do incentivo fiscal.

Importante dizer, ainda, que mesmo as chamadas isenções gerais devem sempre obediência ao princípio da especificidade contido no §6º do art. 150 da CRF/88, e determinado no artigo 176 do CTN.

E se literalmente a isenção geral depende de lei que especifique as condições e requisitos exigidos para a sua concessão, e, semanticamente, especificidade não se mistura com generalidade, o só fato da nomenclatura legal empregada, *de per si*, também não é suficiente para distingui-las. De se notar, curiosamente, que a dessemelhança mais reluzente não está nos conceitos, mas se encontra nos efeitos diretos decorrentes de cada caso.

Enquanto na isenção (geral) o sujeito passivo está automaticamente desobrigado de recolher o imposto devido pelo simples fato de se enquadrar ou subsumir às hipóteses da lei isentante - seja na sua totalidade ou na redução máxima legal permitida em alguns casos (p. ex., ISSQN) - na particularidade do incentivo fiscal o efeito não é automático, porque compete ao sujeito passivo a alternativa de optar ou não pelo favorecimento estatal, concorrer ou não a ele, como ocorre quando o sujeito passivo depende de habilitação em procedimento administrativo específico para usufruir do incentivo, a exemplo do Programa de Apoio ao Desenvolvimento Tecnológico da Indústria de Semicondutores (PADIS), de que trataremos sumariamente a seguir.

De modo que, para fins desse artigo, e sem embargo do escólio dos brilhantes juristas mencionados, os incentivos fiscais e as isenções terão o mesmo significado no que diz respeito a consequência financeira advinda para o contribuinte, qual seja, a redução total ou parcial da carga tributária ou a dispensa legal do pagamento integral ou parcial de um tributo devido.

Conforme foi explicado no tópico anterior, a radiação solar pode ser diretamente convertida em energia elétrica, por meio de efeitos da radiação (calor e luz) sobre determinados materiais, particularmente os semicondutores. Dentre esses, destacam-se os efeitos termoelétrico e fotovoltaico.

Assim, ainda antes do marco normativo produzido pelas Resoluções n°s 412/2012 e 687/2015 da Aneel, o Governo Federal iniciou a elaboração de normas jurídicas visando colocar em prática e cumprir com os mandamentos constitucionais e tratados internacionais aderidos a respeito do incentivo, financiamento, promoção e tratamento diferenciado das atividades voltadas a produção e geração de energias oriundas de fontes renováveis com menor impacto ambiental.

Afinados com a sintonia dos princípios constitucionais ambientais, adveio a Lei nº 11.484, de 31 de maio de 2007, que dispõe sobre os incentivos às indústrias de componentes eletrônicos semicondutores, instituindo o Programa de Apoio ao Desenvolvimento Tecnológico da Indústria de Semicondutores (PADIS). Referida Lei foi regulamentada pelo Decreto nº 6.233, de 11 de outubro de 2007, que definiu os critérios para efeito de habilitação no programa, que, por sua vez, concede isenção do imposto de renda e reduz a zero as alíquotas da Contribuição para o PIS/PASEP, COFINS e IPI, instituído pelos arts. 1º a 11 da Lei nº 11.484, de 31 de maio de 2007.

Os incentivos e isenções dessas normas podem ser considerados os percussores do estímulo para a produção de energia fotovoltaica e do interesse emanado no empreendedorismo de aderir a essa incipiente, importante e promissora atividade.

Em recente julgamento proferido pelo Tribunal Pleno do Excelso Supremo Tribunal Federal, no bojo da Ação Direta de Inconstitucionalidade n° 3.863, relatada pelo Ministro Luiz Edson Fachin, foram consideradas constitucionais as exigências e o cumprimento de determinados requisitos e condicionantes para a adesão ao programa, tomando-o por completamente constitucional, conforme se verifica da ementa abaixo:

> AÇÃO DIRETA DE INCONSTITUCIONALIDADE. DIREITO TRIBUTÁRIO. PROGRAMA DE INCENTIVOS. EQUIPAMENTOS PARA TV DIGITAL E COMPONENTE ELETRÔNICOS SEMICONCUTORES. PROPRIEDADE INTELECTUAL. MP 352/2007. CONVERSÃO EM LEI. LEI 11.484/2007. RESERVA LEGAL. PREÇO PÚBLICO. RETRIBUIÇÃO AOS SERVIÇOS PRESTADOS PELO INPI. PEDIDO DE REGISTRO. DIREITO DE PROPRIEDADE E LIVRE INICIATIVA.
>
> 1. O princípio da reserva de lei tributária significa que as intervenções no patrimônio jurídico do contribuinte devem ser precedidas de lei formal. Não implica em ofensa a essa norma a possibilidade de suspender a aplicação de regime tributário a contribuinte que não satisfaz as contrapartidas exigidas, por tratar-se de dever-poder do Poder Público em exoneração fiscal.
>
> 2. Comando normativo que impõe a observância por parte dos participantes em regimes de incentivo aos regulamentos destes, assinalando infração e sanção no caso de descumprimento, é não só constitucional, mas decorrência lógica da teoria da norma jurídica e do papel central das sanções nesse contexto.
>
> 3. Preço pago como retribuição à análise de pleito de registro de marcas ou proteção das topografias de circuitos integradas ou pedidos de patentes no sistema de proteção à propriedade intelectual não ostenta compulsoriedade, possuindo natureza jurídica de tarifa ou preço público, devida por interesse do particular. Art. 228 da Lei 9.279/1996. Súmula 545 do STF. Precedente: ADI 800, de relatoria do Ministro Teori Zavascki, Tribunal Pleno, DJe 1º.07.2014.
>
> 4. Diante da relevância da extrafiscalidade na atividade financeira do Estado, não ofende o direito de propriedade ou a livre iniciativa a norma que restringe o uso dos recursos economizados em virtude de benefícios fiscais obtidos em programas de incentivo. Encontra-se no campo de conformação normativa do legislador ordinário desenhar um regime de incentivos consentâneo aos objetivos do programa. Nesse sentido, exigências de não distribuição desses recursos aos sócios ou, ao contrário, de

> sua utilização para absorção de prejuízos ou aumento de capital social não desbordam das possibilidades de gastos públicos indiretos representados pelo custeio do regime de incentivos fiscais da lei hostilizada.
>
> 5. Ação Direta de Inconstitucionalidade improcedente. (STF. ADIn 3.863 - Tribunal Pleno. Rel. Min. Luiz Edson Fachin. Julg. 20 set. 2018; DJe 05 out. 2018).

É beneficiária do PADIS a pessoa jurídica que realiza investimento em Pesquisa e Desenvolvimento (P&D) em relação a semicondutores (diodos, transistores e dispositivos semelhantes semicondutores; dispositivos fotossensíveis semicondutores, incluídas as células fotovoltaicas, mesmo montadas em módulos ou em painéis e fabricação de elementos fotossensíveis), incluindo as atividades de desenvolvimento, difusão, projeto (design) e fabricação, devendo, para tanto, cumprir os requisitos previstos na legislação para se habilitar e permanecer habilitado.

As reduções de alíquotas previstas na Lei para a pessoa jurídica beneficiária do PADIS alcançam a Contribuição para o Programa de Integração Social e de Formação do Patrimônio do Servidor Público (PIS/PASEP), a Contribuição para o Financiamento da Seguridade Social (COFINS) e o Imposto sobre Produtos Industrializados (IPI), no caso de venda no mercado interno ou de importação de máquinas, aparelhos, instrumentos e equipamentos, para incorporação ao ativo imobilizado da pessoa jurídica adquirente no mercado interno ou importadora.

Os incentivos e isenções alcançam também as ferramentas computacionais (softwares) e os insumos destinados à essas atividades e se aplicam também às receitas decorrentes da venda de projeto (design).

O Convênio nº 114, de 29 de setembro de 2017, do Conselho Nacional de Política Fazendária (Confaz), publicado no Diário Oficial da União (DOU) de 05 de outubro de 2017, pelo Despacho n° 139/17 com Ratificação Nacional no DOU de 26 de outubro do mesmo ano, através do Ato Declaratório n° 21/17, autoriza o Estado de São Paulo a conceder isenção do ICMS nas saídas internas com equipamentos e componentes para geração de energia elétrica solar fotovoltaica, destinada ao atendimento do consumo de prédios próprios públicos estaduais que especifica.

Portanto, os incentivos fiscais se encontram já no início da cadeia produtiva, porque beneficiam a fabricação e circulação dos semicondutores, incluindo as células fotovoltaicas ou fotocélulas, montadas em placas ou painéis.

A micro e a minigeração consistem na geração de calor ou potência (energia) de baixo teor em carbono por indivíduos, pequenas empresas ou comunidades. Estas conseguem equilibrar de uma forma dinâmica a oferta e procura por energia elétrica, ao produzir mais energia nos períodos de grande procura e altos preços, e menos energia nos períodos de pouca procura e baixos preços. Essa rede híbrida permite que ambos os sistemas de microgeração e produção a larga escala funcionem com uma maior eficiência energética e de custo que qualquer uma conseguiria em separado[6].

Dentre as tecnologias de microgeração encontram-se turbinas eólicas, as provenientes de pequenas quedas d'água, bombas de calor, painéis solares e fotovoltaicos.

As formas, condições, requisitos e conceitos de processamento energético dessa categoria foram regulamentadas pela Aneel nas Resoluções n°s 482/2012 e 687/2015. A normativa atualizada considera microgeração distribuída a central geradora de energia elétrica, com potência instalada menor ou igual a 75 kW e que utilize cogeração qualificada, conforme regulamentação da ANEEL, ou fontes renováveis de energia elétrica, conectada na rede de distribuição por meio de instalações de unidades consumidoras; a minigeração distribuída a central geradora de energia elétrica, com potência instalada superior a 75 kW e menor ou igual a 3 MW para fontes hídricas ou menor ou igual a 5 MW para cogeração qualificada, conforme regulamentação da ANEEL, ou para as demais fontes renováveis de energia elétrica, conectada na rede de distribuição por meio de instalações de unidades consumidoras.

A Lei nº 13.169 de 2015, em seu artigo 8°, reduziu a zero as alíquotas da Contribuição para o PIS/Pasep e da Contribuição para Financiamento da Seguridade Social (COFINS) incidentes sobre a energia elétrica ativa fornecida pela distribuidora à unidade consumidora, na quantidade correspondente à soma da energia elétrica ativa injetada na rede de distribuição pela mesma unidade consumidora com os créditos de energia ativa originados na própria

---

6 Vide <https://pt.wikipedia.org/wiki/Energia_solar_no_Brasil>.

unidade consumidora no mesmo mês, em meses anteriores ou em outra unidade consumidora do mesmo titular, nos termos do Sistema de Compensação de Energia Elétrica para micro e minigeração distribuída, conforme regulamentação da Agência Nacional de Energia Elétrica.

Encontra-se presente na legislação a não menos importante isenção de ICMS sobre a micro e a minigeração de energia. É o que ressai do Convênio ICMS nº 16, de 22 de abril de 2015, aprovado no Conselho Nacional de Política Fazendária, antes mesmo do Governo federal zerar as alíquotas de PIS e COFINS, e que autoriza os Estados a conceder isenção nas operações internas relativas à circulação de energia elétrica, sujeitas a faturamento sob o Sistema de Compensação de Energia Elétrica de que trata a Resolução Normativa nº 482, de 2012, da ANEEL. Vale ressaltar que a isenção não se aplica ao custo de disponibilidade, à energia reativa, à demanda de potência, aos encargos de conexão ou uso do sistema de distribuição, e a quaisquer outros valores cobrados pela distribuidora.

Segundo o portal do CONFAZ, vinte Estados-membros já aderiram ao Convênio[7] - todos os que já acolheram o convênio concederam isenção por tempo indeterminado, com exceção dos Estados do Paraná e de Santa Catarina, cujo benefício (isenção) do ICMS foi concedido por prazo determinado, por no máximo de 48 (quarenta e oito) meses, na forma das legislações estaduais.

A cláusula primeira do referido convênio dispõe, de forma quase idêntica à lei federal redutora da alíquota de PIS e COFINS, que a isenção do ICMS incidirá sobre a energia elétrica fornecida pela distribuidora à unidade consumidora, na quantidade correspondente à soma da energia elétrica injetada na rede de distribuição pela mesma unidade consumidora com os créditos de energia ativa originados na própria unidade consumidora no mesmo mês, em meses anteriores ou em outra unidade consumidora do mesmo titular, nos termos do Sistema de Compensação de Energia Elétrica.

A diferença semântica está em que a Lei Federal escreveu de maneira genérica (e mais inteligente) "conforme regulamentação da Agência Nacional de Energia Elétrica – ANEEL", enquanto o Convênio do CONFAZ dispôs "estabelecido pela Resolução Normativa nº 482, de 17 de abril de 2012".

---

7 Vide <https://www.confaz.fazenda.gov.br/legislacao/convenios/2015/CV016_15>.

E mesmo tendo sido modificado em outras oportunidades, até mesmo por outros editados em 2018, referido Convênio mantém expressamente a limitação antes contida na Resolução nº 482/2012 da Aneel, que foi substancialmente alterada pela Resolução n° 687/2015, de autoria da mesma autarquia especial, de tal modo que a isenção do ICMS prevista no Convênio n° 16/2015 só se aplica à minigeração tal como definida na referida Resolução (nº 482/2012), cuja potência instalada é superior a 75 kW (kilowatt) e era menor ou igual a 1 MW (megawatt); ao tempo em que a Resolução n° 687/2015 aumentou a carga para minigeração em até 3 MW (para fontes hídricas) e 5 MW (para fontes renováveis), estando essas cargas, a rigor, fora do alcance da isenção, pelo menos na dicção literal do Convênio n° 16/2015.

A legislação mineira, no entanto, se colocou a par dessa limitação, e já seguiu os critérios da Resolução ANEEL n° 687/15, ao conceder isenção para a minigeração distribuída, considerada "a central geradora de energia elétrica solar fotovoltaica com potência instalada superior a 75kW (setenta e cinco quilowatts) e menor ou igual a 5MW (cinco megawatts), conectada na rede de distribuição por meio de instalações de unidades consumidoras" (Art. 8º-C da Consolidação da Legislação Tributária Administrativa do Estado de Minas Gerais (CLTA/MG), acrescentado pelo art. 48 da Lei nº 22.549, de 30 de junho de 2017 e Decreto nº 47.231, de 04 de agosto de 2017).

A mesma legislação mineira isenta também de ICMS a saída, em operação interna, de equipamentos, peças, partes e componentes utilizados para micro e minigeração de energia solar fotovoltaica.

Outro olhar relevante diz respeito aos termos do II da cláusula terceira (incluído posteriormente pelo Convênio ICMS n° 130/15, com efeitos a partir de 26 de novembro de 2015), cujo benefício do imposto sobre circulação de mercadorias está condicionado ao fato de que as operações estejam contempladas com desoneração das contribuições para o PIS/PASEP e a COFINS (conferidas pela Lei Federal nº 13.159/15).

Consequentemente, se por qualquer motivo forem descontinuados os incentivos da Lei Federal tratada, a isenção do ICMS também perderá vigência. A celeuma, porém, reside em saber se a revogação do incentivo fiscal federal operaria consequência automática do cancelamento da isenção do ICMS junto aos Estados membros que aderiram ao Convênio antes da inclusão do referido item II.

Em qualquer circunstância, não há dúvida de que esses normativos acima explicados encampam um conjunto salutar de benefícios de natureza tributária para a progressista atividade de micro e minigeração fotovoltaica de energia elétrica.

4. SEGURANÇA JURÍDICA NA MICROGERAÇÃO E MINIGERAÇÃO DE ENERGIA POR MEIO DE COOPERATIVAS

A Resolução ANEEL nº 482/2012, na sua redação original, ao fixar as condições de acesso à micro e minigeração compartilhada com os sistemas de distribuição de energia elétrica, cuidou da atuação do consumidor apenas como personagem isolado. Foi com o advento da Resolução ANEEL nº 687/2015, que deu nova roupagem à regra anterior, que surgiram as figuras da geração compartilhada umbilicalmente vinculada à participação dos consórcios e das cooperativas.

Com efeito, essa atual normativa acrescentou o VII ao art. 2º da Resolução nº 482/2012, e ao definir a caracterização da geração compartilhada, desenhou sua forma adstrita a uma reunião de consumidores em consórcio ou em cooperativa, como se colhe:

> [...]
>
> VII – geração compartilhada: caracterizada pela reunião de consumidores, dentro da mesma área de concessão ou permissão, **por meio de consórcio ou cooperativa**, composta por pessoa física ou jurídica, que possua unidade consumidora com microgeração ou minigeração distribuída em local diferente das unidades consumidoras nas quais a energia excedente será compensada (ANEEL, 2015, grifo do autor).

Consórcio ou grupo de consórcios, derivado do latim *consortium*, de *consors* (que participa, que compartilha, companheiro) consiste na reunião de pessoas naturais e jurídicas em grupo, com prazo de duração e número de cotas previamente determinados, promovida por administradora de consórcio, com a finalidade de propiciar a seus integrantes, de forma isonômica, a aquisição de bens ou serviços, por meio de autofinanciamento. É uma sociedade ou forma associativa não personificada constituída por consorciados - pessoa jurídica ou física que integra o consórcio - com patrimônio distintos e interesses comuns.

No tocante às obrigações tributárias, tratando-se de consórcio formado pela união de pessoas jurídicas, cada empresa consorciada responde pelos tributos devidos em relação às operações praticadas pelo consórcio na proporção da respectiva participação de dentro do empreendimento (Lei nº 12.402/2011; Lei nº 6.404/1976; Instrução Normativa RFB Nº 1199).

A legislação referente a essa espécie associativa não contém qualquer dispositivo direto que aponte tratamento tributário distintivo ao consórcio, e, portanto, as empresas consorciadas sujeitam-se ao versamento ordinário quanto às obrigações tributárias.

Já as cooperativas, por seu turno, encontram-se num invólucro protetivo na relação jurídico-tributária, haja vista o tratamento tributário diferenciado que lhes fora dispensado pela Magna Carta.

Como é cediço, o art. 146, III, *c*, da CF/88, criou uma diretriz positiva supralegal que veda a norma tributária infraconstitucional instituir tratamento prejudicial ao ato cooperativo. Outorgando, sem dúvida, um dever estatal de não gerar ao ato cooperativo incidências tributárias semelhantes aos atos comerciais ou negociais das outras espécies societárias, até porque ao vocábulo 'diferenciado', insculpido no texto constitucional, jamais poderia ter o significado de 'genérico'.

Desnecessário lembrar que o ato cooperado ou cooperativo compreende o exercício da atividade da cooperativa no seu ciclo operacional, em que ela se relaciona diretamente com o seu cooperado (integrante), podendo, no entender do autor, abranger todo o ciclo econômico cooperativo (do negócio-meio ao negócio-fim), especialmente as relações essenciais (que visam ao cumprimento do objetivo social) com terceiros[8]. E o entendimento de que há uma verdadeira não-incidência tributária supralegal, de caráter constitucional protetivo, no ciclo operacional cooperativo, encontra respaldo na jurisprudência pátria.

---

8 Para melhor enfretamento do tema "adequado tratamento tributário do ato cooperativo", vide RASLAN, Kassim Schneider e LIMA, Rodrigo Coelho. *O adequado tratamento tributário do ato cooperativo: perspectiva sob a ótica dos tribunais superiores* in *Direito cooperativo: avanços, desafios e perspectivas*. Belo Horizonte: Editora Del Rey, 2018, p. 120 a 149.

Sem prejuízo do julgamento com repercussão geral do Tema nº 536 no STF[9], o Superior Tribunal de Justiça, em julgamentos sucessivos (alguns sob os efeitos dos recursos repetitivos), já pontuou que atos cooperados consistentes no exercício de suas atividades em benefício dos seus associados, por serem típicos atos cooperados, na expressão do art. 79, da Lei n° 5.764, de 16 de dezembro de 1971, estão isentos de tributação (REsp n° 1164716/MG; REsp n° 1141667/RS e REsp n° 819.242/PR).

Pois bem, não é demais relembrar, de tudo o que foi explicado nos tópicos anteriores, que toda a cadeia produtiva interligada para mini ou microgeração de energia elétrica mediante fontes renováveis (especialmente por meio de semicondutores, incluindo as células fotovoltaicas ou fotocélulas, montadas em placas ou painéis) está comportada num complexo de estímulos governamentais, incentivos e isenções fiscais tendentes a alavancar essa atividade.

E que, conforme autorizado pelo CTN e demais leis extravagantes, as isenções e incentivos fiscais podem ser revogados pelo respectivo ente tributante, dentro do seu poder-dever de tributar e mediante a observação de certos pressupostos legais também previstos em lei (isenções gerais, por tempo determinado ou não, etc.).

Igualmente, nos termos do Convênio n° 16/15 do CONFAZ, os benefícios fiscais a título de ICMS estão condicionados à mantença das desonerações federais sobre PIS e COFINS na micro e minigeração energética.

Assim, cassada a desoneração federal, ficará também sem efeito a isenção do imposto sobre circulação de mercadorias.

Mas como aferido acima, contra tal reviravolta estão imunes as cooperativas e os atos cooperados. Dessa forma, inobstante a participação dos consumidores na atividade de mini ou microgeração energética na forma de reunião consorciada ou cooperada se insira na órbita de conveniência e oportunidade de cada indivíduo, e sem embargo da importância positivada dessas duas formas associativas, a atuação sob o manto cooperativo importa maior segurança jurídica para os beneficiários desse sistema, pelo fato das cooperativas se inserirem sob o teto do adequado (diferenciado) tratamento tributário conferido constitucionalmente.

---

9 Tema nº 536 com repercussão geral: Incidência de COFINS, PIS e CSLL sobre o produto de ato cooperado ou cooperativo. Relator: Min. Roberto Barroso, *Leading Case* RE n° 672215. Disponível em: <http://www.stf.jus.br/portal/jurisprudenciaRepercussao/verAndamentoProcesso.asp?incidente=4198556&numeroProcesso=672215&classeProcesso=RE&numeroTema=536>.

5. CONCLUSÕES

A energia é essencial para o desenvolvimento econômico e social e pela melhoria da qualidade de vida, especialmente quando a produção se apresenta por meio de padrões sustentáveis.

Os combustíveis fósseis (carvão, petróleo e gás natural) e a fonte hídrica continuarão a dominar a situação de fornecimento de energia por muitos anos nos países mais desenvolvidos e em desenvolvimento.

No entanto, é necessário reduzir o impacto ambiental do desenvolvimento humano contínuo e minorar os riscos locais para a saúde e a poluição ambiental através de uma cooperação aprimorada, especialmente na provisão de financiamento e estímulos governamentais para promover pesquisa, desenvolvimento e uso de tecnologias energéticas renováveis, visando a que se tornem mais limpas, eficientes e acessíveis.

Dentre os estímulos governamentais se encontram os incentivos fiscais e as isenções tributárias, com caráter eminentemente extrafiscais. A legislação brasileira instituiu diversos incentivos fiscais associados a toda cadeia produtiva e circulatória de micro e minigeração fotovoltaica de energia elétrica distribuída.

Normas regulamentadoras do sistema elétrico atribuíram às cooperativas e aos consórcios o protagonismo na mini e microgeração de energia compartilhada.

Enquanto, na atualidade, a produção fotovoltaica de energia elétrica para aproveitamento direto do consumidor final ainda se trate de atividade incipiente, faz-se salutar o incremento de incentivos fiscais na esteira da extra fiscalidade e de interesses governamentais.

A partir da implementação massiva desse meio geracional de energia, poderá haver a perda gradativa do interesse da Administração Pública na mantença dos estímulos fiscais para esse negócio, abrindo-se espaço para serem revogadas as isenções e incentivos por conveniência e oportunidade estatal.

Portanto, o exercício dessa atividade sob a roupagem de cooperativas, constitui-se no meio mais seguro e eficaz, haja vista a proteção tributária dispensada pela Constituição ao ato cooperativo, que o coloca a salvo das reviravoltas e intempéries do fato do Príncipe.

Conscientes disso, a melhor escolha compete a cada indivíduo, haja vista as peculiaridades e singularidades que o entornam.

REFERÊNCIAS

APPLE Dicionário. V.2.3.0 (203.16.12). Califórnia: Apple, 2018.

BRASIL. Ato das Disposições Constitucionais Transitórias. Disponível em: <https://www2.camara.leg.br/legin/fed/conadc/1988/constituicao.adct--1988-5-outubro-1988-322234-publicacaooriginal-1-pl.html>. Acesso em 15 mar. 2019.

______. Constituição da República Federativa do Brasil de 1988. Disponível em: <http://www.planalto.gov.br/ccivil_03/Constituicao/Constituicao.htm>. Acesso em 15 mar. 2019.

______. Lei Complementar n° 116, de 31 de julho de 2003. *Dispõe sobre o Imposto Sobre Serviços de Qualquer Natureza, de competência dos Municípios e do Distrito Federal, e dá outras providências.* Disponível em: <http://www.planalto.gov.br/ccivil_03/leis/lcp/lcp116.htm>. Acesso em 15 mar. 2019.

______. Lei Complementar nº 101, de 04 de maio de 2001. *Estabelece normas de finanças públicas voltadas para a responsabilidade na gestão fiscal e dá outras providências.* Disponível em: <http://www.planalto.gov.br/ccivil_03/leis/lcp/lcp101.htm>. Acesso em 15 mar. 2019.

______. Lei nº 11.484, de 31 de maio de 2007. *Dispõe sobre os incentivos às indústrias de equipamentos para TV Digital e de componentes eletrônicos semicondutores [...] e revoga o art. 26 da Lei no 11.196, de 21 de novembro de 2005.* Disponível em: <http://www.planalto.gov.br/ccivil_03/_ato2007-2010/2007/lei/l11484.htm>. Acesso em 15 mar. 2019.

CARVALHO, Paulo de Barros. *Curso de Direito Tributário.* 8Ed. São Paulo: Saraiva, 1996.

DENARI, Zelmo. *Curso de direito tributário.* 6Ed. São Paulo: Forense, 2000.

FABRETTI, Láudio Camargo. *Direito Tributário Aplicado: Impostos e Contribuições das Empresas.* 2Ed. São Paulo: Atlas, 2009.

FANUCCHI, Fábio. *Curso de Direito Tributário Brasileiro*. 4Ed. São Paulo: Ed. Resenha tributária, instituto brasileiro de estudos, 1976.

FIGUEIRO, Alcio Manoel de Sousa. *ABC do Consórcio: Teoria e Prática*. 4Ed. Curitiba: Juruá, 1995.

LIMA, Rodrigo Coelho de. *Direito cooperativo: avanços, desafios e perspectivas*. Belo Horizonte: Del Rey, 2018.

MACHADO, Hugo de Brito. *Curso de Direito Tributário*. 18Ed. São Paulo: Malheiros, 2000.

MINAS GERAIS. Consolidação da Legislação Tributária Administrativa do Estado de Minas Gerais. Disponível em: <http://www.fazenda.mg.gov.br/empresas/legislacao_tributaria/decretos/sumario_clta.htm>. Acesso em 15 mar. 2019.

______. Convênio ICMS nº 16, de 22 de abril de 2015. Disponível em: <https://www.confaz.fazenda.gov.br/legislacao/convenios/2015/CV016_15>. Acesso em 15 mar. 2019.

NASCENTES, Antenor. *Dicionário Ilustrado da Língua Portuguesa da Academia Brasileira de Letras*. Vol.3. Rio de Janeiro: Elfo-Hotelaria, 1976.

NASCIMENTO, Leandro Raphael Alves. *Direito Tributário Fundamental*. 1Ed. Belo Horizonte: Una; Artes Gráficas Siracusa, 1994.

NUNES, Pedro. *Dicionário de Tecnologia Jurídica*. 13Ed. Rio de Janeiro: Renovar, 1999.

ORGANIZAÇÃO DAS NAÇÕES UNIDAS (ONU). *Relatório Brundtland: "Nosso Futuro Comum"*. Disponível em: <https://nacoesunidas.org/acao/meio-ambiente/>. Acesso em 15 mar. 2019.

PEREIRA, Ênio Bueno *et al*. *Atlas brasileiro de energia solar*. São José dos Campos : INPE, 2006.

POLONIO, Wilson Alves. *Manual das sociedades cooperativas*. 2Ed. São Paulo: Atlas, 1999.

SILVA, de Plácido e. *Vocabulário Jurídico*. 15Ed. Rio de Janeiro: Forense, 1999.

TIBA, Chigueru *et al. Atlas Solarimétrico do Brasil: banco de dados solarimétrico.* Recife: Ed. Universitária da UFPE, 2000. Disponível em: <http://www.cresesb.cepel.br/publicacoes/download/Atlas_Solarimetrico_do_Brasil_2000.pdf>.

GOVERNANÇA COOPERATIVA, GERENCIAMENTO DE RISCOS E *COMPLIANCE*

MARIA RACHEL RIBEIRO DE OLIVEIRA BARBOSA

Assessora Jurídica do Sicoob Central Crediminas, membro da Comissão de Direito Cooperativista da OAB/MG, especialista da Câmara Setorial do Cooperativismo da CAMINAS e membro do Comitê Estratégico de Gestores Jurídicos da Câmara Americana de Comércio (AMCHAM).

RESUMO

A vida longa das organizações passa necessariamente pela valorização destes três elementos, sendo protagonista a governança como premissa para efetividade do gerenciamento de riscos e do compliance. Especialmente o Conselho de Administração deve estimular e valorizar as ações conectadas com a ética e atuar de forma prospectiva e proativa no gerenciamento de riscos. Além disso, não investir em atividades de compliance é sabidamente mais oneroso para a instituição, que vira alvo fácil para fraudes das mais diversas ordens e para o cometimento de outros ilícitos.

Palavras-chave: Governança Corporativa; Gerenciamento de Riscos; Compliance.

ABSTRACT

The long life of organizations necessarily entails these three elements, being the governance the most important premise to the effectiveness of the risk management and the compliance. The management counsel should especially value and encourage the actions connected to ethics and act in a prospective and proactive way when it comes to the management of risks. Above all else, not investing on compliance activities is knowingly more onerous to institutions, which makes them an easy target for different types of fraudulent activities and the perpetration of other illicit acts.

Keywords: Corporate Governance; Risks Management; Compliance.

1. INTRODUÇÃO

Governança cooperativa, gerenciamento de riscos e *compliance:* a vida longa das organizações passa necessariamente pela valorização destes três elementos, sendo protagonista a governança como premissa para efetividade do gerenciamento de riscos e do *compliance*. Especialmente o conselho de administração deve estimular e valorizar as ações conectadas com a ética e atuar de forma prospectiva e pró-ativa no gerenciamento de riscos. Além disso, não investir em atividades de *compliance* é sabidamente mais oneroso para a instituição, que vira alvo fácil para fraudes das mais diversas ordens e para o cometimento de outros ilícitos.

As organizações estão inseridas em um ambiente cada vez mais complexo, inclusive em razão do surgimento de novos riscos. Temas como corrupção, fraude, metas que estimulam ações pouco éticas, concorrência e resultados baseados em práticas não aderentes às normas são alguns que estão na pauta. Esta realidade exige da alta administração uma postura consciente quanto ao necessário gerenciamento dos riscos corporativos (inclusive do risco de conformidade), o que deve ser entendido como meio para geração de resultados no longo prazo, criação de valor e implementação dos objetivos estratégicos. Isso porque existem os riscos inerentes a qualquer empresa. Neste sentido, é crucial avaliar e fixar os limites de exposição a riscos toleráveis e realizar adequadamente seu gerenciamento. E qualquer ação de gerenciamento de riscos desconectada destes propósitos representa, sem dúvida, custo desnecessário para a organização.

A governança corporativa foi evoluindo ao longo do tempo (inclusive em razão da necessidade de investidores). Assim, seu funcionamento pressupõe a conciliação e o equilíbrio dos diversos interesses (*shareholders, stakeholders* etc), sempre fundamentados no *check and balances.* E esta conciliação/equilíbrio está diretamente relacionada ao gerenciamento dos riscos e ao próprio apetite ao risco fixado pela alta administração.

O Instituto Brasileiro de Governança Corporativa (IBGC) conceitua Governança Corporativa como

> sistema pela qual as organizações são dirigidas, monitoradas, e incentivadas, envolvendo os relacionamentos entre proprietários, Conselho de Administração, diretoria e órgãos de fiscalização e controle e demais

> partes interessadas. As boas práticas de Governança Corporativa convertem princípios básicos em recomendações objetivas, alinhando interesses com a finalidade de preservar e otimizar o valor econômico de longo prazo da organização, facilitando o seu acesso a recursos e contribuindo para a qualidade da gestão da organização, sua longevidade e o bem comum (IBGC, 2015).

Assim, as operações devem estar alinhadas aos valores e princípios da organização e ao nível de exposição a riscos definido pela alta administração, cabendo ainda (como dito) o adequado gerenciamento/monitoramento dos riscos. Para a vida da organização seguir de forma sustentável e aderente às normas, cada um dos órgãos de governança deve atuar a contento no âmbito de suas atribuições (inclusive no gerenciamento do risco).

O Instituto orienta, ainda, que

> os riscos a que a organização está sujeita devem ser gerenciados para subsidiar a tomada de decisão... Os agentes de governança têm responsabilidade em assegurar que toda a organização esteja em conformidade com os seus princípios e valores, refletidos em políticas, procedimentos e normas internas, com as leis e os dispositivos regulatórios a que esteja submetida (IBGC, 2015).

Assim, para o exercício de seus deveres, os agentes de governança devem compreender adequadamente o tema para que, de forma prospectiva, proativa e assertiva, possam atuar na gestão eficaz da exposição da organização aos diversos riscos relacionados ao negócio.

2. CONCEITO DE GERENCIAMENTO DE RISCOS CORPORATIVOS

O IBGC conceitua o gerenciamento de riscos corporativos (GRCorp) como

> um sistema intrínseco ao planejamento estratégico de negócios, composto por processos contínuos e estruturados – desenhados para identificar e responder a eventos que possam afetar os objetivos da organização – e por uma estrutura de governança corporativa – responsável por manter esse sistema vivo e em funcionamento. Por meio desses processos, a organização pode mapear oportunidades de ganhos e reduzir a probabilidade e o impacto de perdas. Trata-se, portanto, de um sistema integrado para conduzir o apetite à tomada de riscos no ambiente de negócios, a fim de alcançar os objetivos definidos (IBGC, 2015).

Continuando, referido instituto esclarece que

> O apetite ao risco está associado ao nível de risco que a organização está disposta a aceitar na busca e na realização de sua missão. Ele deve ser estabelecido pelo conselho de administração (CA) (ou pelos sócios, caso a organização não possua conselho), levando em conta o melhor interesse da organização, e serve como ponto de referência para a fixação de estratégias e para a escolha dos objetivos relacionados a essas estratégias (Idem).

Portanto, a definição do apetite a riscos está diretamente relacionada ao perfil da organização (mais conservadora / arrojada) e sua tolerância à exposição aos riscos, bem como, naturalmente, aceitação de possíveis perdas ou ganhos.

O gerenciamento de riscos corporativos, que deve ser associado ao processo decisório e ao de estabelecimento da estratégia (gestão de riscos é um processo que deve ser integrado ao processo de decisão), gera melhoria na governança corporativa (aumento da prestação de contas, da responsabilidade corporativa e do envolvimento dos diversos níveis de decisão da organização, como o conselho de administração).

De acordo com a estrutura de governança da organização, serão atribuídas competências específicas para cada órgão no âmbito do gerenciamento de riscos. Independentemente da estrutura de governança adotada, a alta administração definirá o tom ético da organização (*tone at the top*) e dará o relevo devido ao gerenciamento de riscos. Outro pilar do gerenciamento de risco é a cultura organizacional, que se fundamenta nos valores éticos, nos comportamentos desejados e à compreensão de risco, o que é refletido no processo decisório. A cultura de consciência dos riscos enfatiza a importância de seu gerenciamento, o que deve permear toda a organização.

A grande pergunta a ser feita com foco em uma atuação preventiva é: o que pode comprometer a estratégia e as metas fixadas pela organização?

A partir da resposta a esta pergunta devem ser identificados os processos críticos (causas motrizes: o que faz o risco acontecer) e os riscos inerentes críticos, estabelecendo então os controles chaves. O foco é fundamental, especialmente nesta etapa!

O gerenciamento de riscos corporativos requer o efetivo envolvimento:

a) dos agentes dos órgãos de governança: conselho de administração, diretoria executiva e conselho fiscal;

b) das três linhas de defesa:

- 1ª linha: realizada pelos gestores das unidades e responsáveis diretos pelos processos;

- 2ª linha: realizada pelos gestores corporativos de gerenciamento de riscos, de conformidade ou de outras práticas de controle (visão integrada dos riscos); e

- 3ª linha: realizada pela auditoria interna.

O efetivo envolvimento das três linhas de defesa e dos demais agentes é essencial não somente por contribuir decisivamente para a vida longa da instituição, mas também visando afastar eventual responsabilidade pessoal.

Desde o ano de 2017, as instituições financeiras são regradas pelas Resoluções n° 4.557 e 4.606, ambas do Conselho Monetário Nacional (CMN). Estas resoluções consolidam as normas sobre a estrutura de gerenciamento de riscos e de capital, inclusive o papel da governança no âmbito deste gerenciamento.

O nível de exigência em relação à estrutura de gerenciamento de risco leva em conta o enquadramento das instituições financeiras em relação aos parâmetros estabelecidos na Resolução CMN N° 4553/2017. De acordo com referida norma, a classificação se dá em cinco níveis, a saber: Segmento 1 (S1), Segmento 2 (S2), Segmento 3 (S3), Segmento 4 (S4) e Segmento 5 (S5). Por abrangerem a maior parte, senão todo o segmento de crédito cooperativo, abordaremos neste artigo os segmentos 4 e 5 (S4 e S5). A seguir, trataremos das atribuições dos órgãos de governança com foco no gerenciamento de risco.

2.1 COOPERATIVAS DE CRÉDITO ENQUADRADAS NO SEGMENTO 4 (S4)

De acordo com as resoluções acima mencionadas, as cooperativas de crédito enquadradas no segmento 4 devem possuir a seguinte estrutura, com as competências:

2.1.1. Conselho de administração

Considerando o princípio dos "contrapesos independentes no processo decisório", trataremos agora do Conselho de Administração, que é o órgão central da governança corporativa e tem como missão atuar como guardião dos valores da organização e assegurar a perenidade e o sucesso no longo prazo.

O Conselho de Administração tem dois eixos de atuação, conforme segue:

a) Atividades de controle: monitoramento da gestão executiva (inclusive quanto à sua aderência às leis – mitigação de passivos ocultos) e geração de relatórios de qualidade para os públicos externos.

b) Melhoria do desempenho dos negócios: tomada das decisões estratégicas pautadas na visão de longo prazo e aprovação e acompanhamento das políticas.

De acordo com as disposições da Resolução CMN nº 4557/2017, o Conselho de Administração das cooperativas de crédito enquadradas no Segmento S4 têm as seguintes atribuições no âmbito do gerenciamento de riscos:

a) fixar os níveis de apetite por riscos da instituição na Declaração de Apetite por Riscos (RAS) e revisá-los, com o auxílio da Diretoria Executiva e do Diretor responsável pelo gerenciamento de riscos;

b) aprovar e revisar, com periodicidade mínima anual, os seguintes temas, previstos nos artigos e incisos da Resolução CMN nº 4.557/2017 adiante relacionados:

    I. as políticas, estratégias e limites de gerenciamento de riscos (art. 7º, I);

    II. as políticas e estratégias de gerenciamento de capital (art. 40, I);

    III. o programa de testes de estresse (art. 7º, VII);

    IV. as políticas para a gestão de continuidade de negócios (art. 7º, IX);

    V. o plano de contingência de liquidez (art. 38, II);

    VI. o plano de capital (art. 40, IV);

    VII. o plano de contingência de capital (art. 40, V).

c) assegurar a aderência da cooperativa às políticas, estratégias e limites de gerenciamento de riscos;

d) assegurar a correção tempestiva das deficiências da estrutura de gerenciamento de riscos e de capital;

e) aprovar alterações significativas nas políticas e nas estratégias da cooperativa, bem como em seus sistemas, rotinas e procedimentos, em decorrência dos riscos de que trata o art. 7º, inciso V da Resolução CMN nº 4557/2017;

f) autorizar, quando necessário, exceções às políticas, procedimentos, limites e níveis de apetite por riscos fixados na RAS;

g) promover a disseminação da cultura de gerenciamento de riscos na cooperativa;

h) assegurar recursos adequados e suficientes para o exercício das atividades de gerenciamento de riscos e de capital, de forma independente, objetiva e efetiva;

i) garantir que a estrutura remuneratória adotada pela cooperativa não incentive comportamentos incompatíveis com os níveis de apetite por riscos fixados na RAS;

j) assegurar que a cooperativa mantenha níveis adequados e suficientes de capital e de liquidez.

k) envolver-se ativamente no programa de testes de estresse no âmbito do gerenciamento de risco e de capital, indicando as diretrizes a serem seguidas e aprovando os cenários, quando utilizada a metodologia de análise de cenários;

l) assegurar a adequada capacitação sobre risco operacional de todos os empregados e prestadores de serviços terceirizados relevantes;

m) estabelecer condições adequadas para que o diretor responsável pelo gerenciamento de riscos exerça suas atribuições de maneira independente e possa se reportar, diretamente e sem a presença dos demais diretores, ao principal executivo e ao conselho de administração;

n) compreender, de forma abrangente e integrada, os riscos que podem impactar o capital e a liquidez da cooperativa;

o) entender as limitações das informações constantes dos relatórios de que tratam os artigos 7º, inciso X e 40, inciso VII da Resolução CMN nº 4557/2017 e dos reportes relativos ao gerenciamento de riscos e de capital;

p) garantir que o conteúdo da Declaração de Apetite por Riscos (RAS) seja observado pela Cooperativa;

q) entender as limitações e incertezas relacionadas à avaliação dos riscos aos modelos, mesmo quando desenvolvidos por terceiros, e às metodologias utilizadas na estrutura de gerenciamento de riscos; e

r) assegurar o entendimento e o contínuo monitoramento dos riscos pelos diversos níveis da cooperativa.

Importante mencionar que eventual destituição do diretor responsável pelo gerenciamento de riscos deve ser tempestivamente divulgada no *site* da cooperativa e as razões desse fato devem ser comunicadas ao Banco Central do Brasil, que poderá requerer informações adicionais.

2.1.2. Diretoria executiva

De acordo com José Paschoal Rosseti e Adriana Andrade (2014), a missão da Diretoria Executiva é "exercer a gestão executiva da organização, focada na busca incessante de eficácia estratégica, na excelência operacional, na criação de valor e na otimização do retorno dos investimentos".

O diretor responsável pelo gerenciamento de risco nas cooperativas de crédito enquadradas no segmento 4 (S4) tem as seguintes responsabilidades:

a) supervisionar o desenvolvimento, implementação e desempenho da estrutura de gerenciamento de riscos, incluindo seu aperfeiçoamento;

b) responsabilizar-se pela adequação à Declaração de Apetite por Riscos (RAS) e aos objetivos estratégicos da cooperativa, das políticas, processos, relatórios, sistemas e modelos utilizados no gerenciamento de riscos;

c) responsabilizar-se pela adequada capacitação dos integrantes da unidade executora da atividade de gerenciamento de riscos acerca das políticas, processos, relatórios, sistemas e modelos da estrutura de gerenciamento de riscos, mesmo que desenvolvidos por terceiros;

d) subsidiar e participar do processo de tomada de decisões estratégicas relacionadas ao gerenciamento de riscos e, quando aplicável, ao gerenciamento de capital, auxiliando o conselho de administração;

e) zelar e manter informado o conselho de administração sobre a gestão de riscos, implantando as medidas exigidas nos normativos aplicáveis;

f) supervisionar a observância pelos demais diretores da cooperativa, dos termos da Declaração de Apetite por Riscos (RAS);

g) manter registros de suas deliberações e decisões;

h) elaborar relatórios mensais, a serem apresentados ao Conselho de Administração;

i) supervisionar as atividades relacionadas a riscos, com o apoio do gerenciamento centralizado, se aplicável;

j) dirigir os assuntos relacionados às atividades de controles internos e riscos, de forma a assegurar conformidade com as políticas internas e exigências regulamentares;

k) gerir os assuntos relacionados à Política de Prevenção à Lavagem de dinheiro e ao Financiamento do Terrorismo (PLD/FT), fazendo cumprir as determinações regulamentares; e

l) responder pelo gerenciamento de riscos e de capital da cooperativa.

2.2 COOPERATIVAS DE CRÉDITO ENQUADRADAS NO SEGMENTO 5 (S5)

Por sua vez, as cooperativas de crédito enquadradas no segmento 5 devem possuir a seguinte estrutura, com as competências:

2.2.1. Conselho de administração

Considerando as disposições das Resoluções n° 4557/2017 e 4606/2017, ambas do Conselho Monetário Nacional, o conselho de administração das cooperativas de crédito enquadradas no Segmento 5 tem as seguintes atribuições no âmbito do gerenciamento de riscos:

a) aprovar e revisar, com frequência mínima de dois anos, as políticas e estratégias de gerenciamento de riscos e assegurar sua observância pela cooperativa;

b) assegurar a tempestiva correção das deficiências da estrutura simplificada de gerenciamento de riscos;

c) autorizar, quando necessário, exceções às políticas e aos procedimentos estabelecidos;

d) promover a disseminação da cultura de gerenciamento de riscos na cooperativa;

e) assegurar que a cooperativa mantenha níveis adequados e suficientes de capital e de liquidez;

f) compreender de forma abrangente os riscos que podem impactar o capital e a liquidez da cooperativa; e

g) avaliar os relatórios gerenciais periódicos versando sobre o desempenho da estrutura simplificada de gerenciamento de riscos da cooperativa.

2.2.2. Diretoria executiva

O diretor responsável pelo gerenciamento de risco nas cooperativas de crédito enquadradas neste segmento tem as seguintes responsabilidades:

a) supervisionar o desenvolvimento, a implementação e o desempenho da estrutura simplificada de gerenciamento de riscos e garantir seu aperfeiçoamento;

b) subsidiar e participar do processo de tomada de decisões estratégicas relacionadas ao gerenciamento de riscos, auxiliando o conselho de administração;

c) supervisionar os processos e controles relativos à apuração do montante dos ativos ponderados pelo risco na forma simplificada (RWAS5) e ao requerimento mínimo de Patrimônio de Referência (PR);

d) avaliar e manifestar junto ao conselho de administração sobre os relatórios gerenciais periódicos que versam sobre o desempenho da estrutura simplificada de gerenciamento de riscos da cooperativa;

e) elaborar relatórios mensais, a serem apresentados ao conselho de administração;

f) supervisionar as atividades relacionadas a riscos, com o apoio do gerenciamento centralizado, se for o caso;

g) dirigir os assuntos relacionados às atividades de Controles Internos e Riscos, de forma a assegurar conformidade com as políticas internas e exigências regulamentares;

h) gerir os assuntos relacionados à Política de Prevenção à Lavagem de Dinheiro e ao Financiamento do Terrorismo (PLD/FT), fazendo cumprir às determinações regulamentares; e

i) responder pelo gerenciamento de riscos e pelo gerenciamento de capital da cooperativa.

3. COMPOSIÇÃO DA DIRETORIA EXECUTIVA E CONFLITO DE INTERESSES

A necessária mitigação de possíveis conflitos de interesse e, portanto, dos riscos da operação, sempre com foco na perenidade da organização, nos conduz à inevitável conclusão de que a diretoria executiva das cooperativas de crédito deve ser composta por, no mínimo, 3 (três) membros, com os seguintes eixos: foco em negócios, na área administrativa e no gerenciamento de riscos.

O Instituto Brasileiro de Governança Corporativa nos ensina que "há conflito de interesses quando alguém não é independente em relação à matéria em discussão e pode influenciar ou tomar decisões motivadas por interesses distintos daqueles da organização" (IBGC, 2015).

Assim, doutrina Silveira (2015) que "o conflito de interesses ocorre basicamente quando interesses secundários de uma pessoa envolvida em uma decisão podem divergir do interesse coletivo da empresa ao qual deve lealdade – seu interesse primário".

A base normativa que determina a inexistência de conflito de interesses no gerenciamento de riscos está na Resolução CMN N° 4557/2017, que prevê para as cooperativas de crédito enquadradas nos Segmentos 4 (S4 – art. 47) e 5 (S5 – art. 62), respectivamente:

> [...]
>
> Art. 47. A instituição deve indicar diretor responsável pela estrutura de gerenciamento de capital.
>
> §1° Admite-se que o diretor de que trata o *caput* desempenhe outras funções, exceto as que configurem conflito de interesses.
>
> [...]
>
> Art. 62. As instituições mencionadas no art. 3° devem designar perante o Banco Central do Brasil diretor responsável pela estrutura simplificada de gerenciamento contínuo de riscos.
>
> Parágrafo único. Para fins da responsabilidade de que trata o *caput*, admite-se que o diretor indicado desempenhe outras funções na instituição, exceto as que configurem conflito de interesses (BCB, 2017).

Para melhor visualização do conflito de interesses que estaria instalado caso o diretor responsável pelo gerenciamento dos riscos desempenhasse outras funções na cooperativa, sugerimos os seguintes questionamentos:

- O Diretor responsável pelo gerenciamento de risco poderia opinar/atuar/decidir em processos sobre os quais mais a frente teria que avaliar seu grau de aderência normativa?
- Será que este Diretor criticaria e apontaria irregularidades em algum processo por ele próprio decidido?
- Qual seria seu grau de isenção nesta hipótese?

Deixando de apontar as deficiências identificadas nos processos, a cooperativa deixaria de adotar as ações corretivas necessárias, o que contaminaria todo o processo e poderia levar até à sua inviabilidade, além de punições pessoais à alta administração (conselho de administração e diretoria executiva) e membros do conselho fiscal.

Por esta razão, o diretor responsável pelo gerenciamento dos riscos não deve opinar/atuar/decidir em processos sobre os quais se manifestará posteriormente quanto à sua aderência normativa (a título de exemplo, o processo de controle e concessão de crédito e participação em comitê de crédito).

Importante lembrar que toda a estrutura de governança e quadro de empregados deve obediência às normas aplicáveis à organização, bem como às políticas aprovadas pelo conselho de administração. Assim, todos devem ter a preocupação com a atuação em conformidade com as referidas normas e políticas.

Mesmo com todos os esclarecimentos acima, alguns ainda questionam sobre a real necessidade do terceiro diretor. Para sanar esta dúvida, vale questionar: se a diretoria for composta de apenas dois diretores e um deles se afastar (por exemplo férias, licença por motivo de saúde etc.), um único diretor acumulará a área de negócios, parte administrativa e gerenciamento de risco. Qual será sua isenção, enquanto diretor responsável pelo gerenciamento de riscos, de criticar e apontar ao conselho de administração erros na área de negócios/parte administrativa?

Percebe-se que, na verdade, é necessário até um quarto diretor! Pense na diretoria com três gestores (de negócios, área administrativa e de gerenciamento de riscos). O diretor responsável pela área administrativa e o responsável pelo gerenciamento de riscos precisam concomitantemente se afastar ou o cargo fica vago (licença por motivo de saúde ou até falecimento). Novamente um único diretor acumularia (inadequadamente) as três áreas. Façamos o mesmo questionamento: qual será sua isenção, enquanto diretor responsável pelo gerenciamento de riscos, de criticar e apontar ao conselho de administração erros na área de negócios/parte administrativa?

Tamanha a importância do assunto que o Banco Central do Brasil, ao fixar o escopo mínimo de trabalho para as Entidades de Auditoria Cooperativa (EACs) no ano de 2019, determinou que fosse verificado se é assegurada a inexistência de conflito de interesses nas situações em que o diretor responsável pelo gerenciamento de riscos desempenhe outras funções.

4. O CONSELHO FISCAL E SEUS DEVERES NO ÂMBITO DO GERENCIAMENTO DOS RISCOS CORPORATIVOS

O conselho fiscal tem papel fundamental na análise quanto à conformidade da organização aos seus princípios, valores, políticas, estatutos, leis e demais normas aplicáveis.

De acordo com o IBGC (2017), dentre as principais atividades do conselho fiscal relacionadas à gestão de riscos podemos citar:

a) conhecer os processos, o mapa de riscos, os indicadores-chave de riscos e os responsáveis pelo processo de gerenciamento de riscos corporativos e seu alinhamento com os objetivos do negócio, bem como a estrutura de controles internos, os riscos monitorados, os controles-chave, o sistema de monitoramento, e a adequação de pessoal e orçamento;

b) dialogar com os agentes com papel na definição, supervisão e monitoramento da gestão de riscos: auditoria interna, áreas contábil, jurídica, de conformidade, de ética e conduta, dentre outros, buscando reunir informações sobre a gestão de riscos para subsidiar a formação de sua opinião sobre os atos de gestão;

c) definir, junto com os executivos, tipos, formatos e periodicidade da informação sobre riscos que o conselho fiscal necessita para seu dever de fiscalização.

5. AS TRÊS LINHAS DE DEFESA

Nas cooperativas dos segmentos 4 e 5, faz-se necessária a atuação em três linhas de defesa adiante apresentadas, visando o gerenciamento de riscos e a vida longa das organizações:

5.1. PRIMEIRA LINHA DE DEFESA – GESTORES DAS UNIDADES E RESPONSÁVEIS DIRETOS PELOS PROCESSOS

Define que está a cargo dos gestores e responsáveis diretos pelos processos da gestão dos riscos no âmbito das suas áreas e processos, além das atividades de controle atribuídas. Tudo deve estar alinhado com os objetivos estratégicos e com o perfil e apetite a riscos definidos pela Alta Administração.

5.2. SEGUNDA LINHA DE DEFESA – GERENCIAMENTO DE RISCOS CORPORATIVOS

Esta linha é responsável por fixar a metodologia e é fundamental no monitoramento do desempenho do modelo de gerenciamento de riscos corporativos, tendo por principais atribuições de acordo com o IBGC (2017):

a) ser o defensor “apoiador” do gerenciamento de riscos corporativos na empresa (desde os níveis estratégicos aos operacionais);

b) prover política, estrutura e metodologia às unidades de negócio para identificar, analisar e efetivamente gerenciar seus riscos visando o cumprimento dos objetivos;

c) facilitar o desafio e direcionar as atividades de gerenciamento de riscos corporativos, sem que isso implique a posição de responsável pelo gerenciamento corporativo de riscos;

d) garantir que a política e a estratégia de gerenciamento de riscos corporativos definidas pelo conselho de administração estejam operando efetivamente para atingir os objetivos da empresa;

e) identificar questões atuais e emergentes;

f) identificar mudanças no apetite ao risco implícito da organização;

g) auxiliar a gerência a desenvolver processos e controles para gerenciar riscos;

h) direcionar os problemas identificados aos responsáveis por saná-los; e

i) prestar contas ao conselho de administração ou aos comitês de assessoramento que tratam dos temas de riscos, se houver.

5.3. TERCEIRA LINHA DE DEFESA – AUDITORIA INTERNA

Responsável por avaliar a efetividade das políticas e dos processos de gerenciamento de riscos, o seu relatório deve ser reportado ao conselho de administração. Esta linha de defesa faz a auditoria contemplando os processos que colocam efetivamente em risco a organização, utilizando-se em um primeiro momento insumos fornecidos pela segunda linha de defesa e posteriormente os insumos da primeira linha. Por sua vez, o conselho de administração recebe informações cruzadas do diretor responsável pelo gerenciamento de riscos e da auditoria interna. De acordo com o IBGC (2017), cabe à auditoria interna:

a) avaliar a confiança das informações, revisar a efetividade e a eficiência das operações, salvaguardar os ativos assegurando o cumprimento das leis, regulamentos e contratos;

b) examinar o sistema de controles internos provendo à alta direção uma avaliação sobre a sua efetividade;

c) assessorar o diretor-presidente e o conselho de administração, por meio do comitê de auditoria, monitorando, examinando, avaliando, informando e recomendando melhorias de adequação no ambiente interno e efetividade no processo de gerenciamento de riscos corporativos.

6. O *COMPLIANCE* E A SOCIEDADE

O Brasil tem avançado bastante no combate à corrupção. Mas os números ainda assustam: só no ano de 2017 estima-se que o custo da corrupção foi de R$ 113 bilhões aproximadamente (dentre as formas usuais para sua prática, temos os patrocínios, as doações, hospitalidade, brindes e entretenimento). Há, contudo, outro custo ainda maior: o da sonegação fiscal. No mesmo ano de 2017, este custo foi de aproximadamente R$ 415 bilhões.

Esses números dão uma dimensão do problema, que somente será extirpado ou extremamente diminuído com o envolvimento de toda a sociedade.

A solução passa, portanto, por uma mudança de atitude a partir de princípios como respeito, justiça, igualdade nas diferenças e solidariedade.

As empresas também têm papel fundamental nesta mudança e a alta administração de cada uma delas precisa ser o exemplo e valorizar as atitudes éticas no ambiente corporativo (*tone at the top*). As ações éticas precisam ser periodicamente reforçadas. Para isso, medidas simples podem ser tomadas, tais como reuniões periódicas para discutir algumas situações práticas e como elas poderiam ser consideradas em face do código de conduta da organização.

Relativamente à atuação do *compliance officer*, que deve ter o apoio da alta administração, podemos dividi-la resumidamente em três fases:

a) primeira fase – prevenção: o primeiro ato é a avaliação de risco (eliminação do elemento surpresa); depois, estabelecer políticas e controles internos para mitigar o risco (p.ex.: conheça seu terceirizado); depois, comunicar e treinar a equipe;
b) segunda fase – detecção: monitorar e auditar;
c) terceira fase – investigação e reporte.

7. A POLÍTICA DE CONFORMIDADE *(COMPLIANCE)* DAS INSTITUIÇÕES FINANCEIRAS

Por meio da Resolução n° 4.595, de 28 de agosto de 2017, o Conselho Monetário Nacional regulamentou a política de conformidade (*compliance*) aplicável às instituições financeiras, inclusive cooperativas de crédito. Esta política deve ser compatível com a natureza, porte, complexidade, estrutura, perfil de risco e o modelo de negócio da instituição, de forma a assegurar o efetivo gerenciamento do seu risco de conformidade (que deve ser gerido de forma integrada com os demais riscos incorridos).

É admitida a adoção de política de conformidade única por sistema cooperativo de crédito, política esta que deve ser aprovada pelo conselho de administração e pela assembleia geral.

Ponto fundamental da política de conformidade é a divisão clara das responsabilidades das pessoas envolvidas na função de conformidade, de forma a evitar possíveis conflitos de interesses (principalmente com a área de negócios da organização). Além disso, a política deve estabelecer, entre outras, as medidas necessárias para garantir a independência e a adequada autoridade aos responsáveis por atividades relacionadas à função de conformidade, bem como a alocação de recursos suficientes para o desempenho dessas atividades.

A principal atribuição do responsável pela execução das atividades relacionadas à função de conformidade é testar e avaliar a aderência da instituição ao arcabouço legal, regulamentação infralegal, recomendações dos órgãos de supervisão e, quando aplicáveis, códigos de ética e de conduta. A partir deste trabalho, é feito então o reporte ao conselho de administração e à diretoria executiva. As providências tomadas pela alta administração serão objeto de registro em relatório específico a ser emitido pelo responsável pela execução das atividades relacionadas à função de conformidade (este relatório deve ser mantido à disposição do Banco Central do Brasil por pelo menos cinco anos).

Este profissional também deve revisar e acompanhar a solução dos pontos levantados no relatório de descumprimento de dispositivos legais e regulamentares, elaborado pelo auditor independente.

Outra atribuição relevante é o auxílio na informação e na capacitação de todos os empregados e dos prestadores de serviços terceirizados relevantes em assuntos relativos à conformidade. Relativamente aos terceirizados, especialmente os relevantes, é muito importante que a instituição os conheça e os monitore de forma adequada já que, estatisticamente, a corrupção acontece, em sua grande maioria, por meio de terceiros que a organização contrata. Quanto aos empregados, temos o seguinte perfil nas empresas brasileiras: aproximadamente 8% (oito por cento) estão realmente dispostos a cometer atos ilícitos; aproximadamente 14% (quatorze por cento) são absolutamente corretos, ou seja, independentemente de um código de conduta, atuarão dentro da legalidade e da ética; e o restante varia (como um pêndulo: ora agem dentro da legalidade e ética, ora não). Principalmente para estes últimos, o código de conduta, informação, capacitação e o monitoramento são indispensáveis. Paralelamente, é essencial avaliar os controles existentes quanto à sua capacidade de identificar se os terceirizados ou os empregados estão cometendo ilicitudes.

Continuando na análise quanto à atuação do responsável pelas atividades relacionadas à função de conformidade, um dos valiosos mecanismos para mitigar conflitos de interesse é a fixação de sua política de remuneração independente do desempenho das áreas de negócios.

Em matéria de *compliance*, o conselho de administração deve assegurar:

a) a adequada gestão da política de conformidade na instituição;

b) a efetividade e a continuidade da aplicação da política de conformidade;

c) a comunicação da política de conformidade a todos os empregados e prestadores de serviços terceirizados relevantes; e

d) a disseminação de padrões de integridade e conduta ética como parte da cultura de instituição.

Além disso, o conselho de administração deve garantir que medidas corretivas sejam tomadas quando falhas de conformidade forem identificadas e prover os meios necessários para que as atividades relacionadas à função de conformidade sejam exercidas adequadamente.

8. CONCLUSÃO

A abordagem conjunta dos três temas no presente artigo (governança corporativa, gerenciamento de riscos e *compliance*) não é mera coincidência; estes três elementos são os pilares para a perenidade das organizações. A governança é, sem dúvida, o ponto de partida, de onde se espera (antes de qualquer outro agente) o tom ético da organização e a valorização das ações que tenham conformidade legal com as políticas, códigos e demais normas internas. Inexistente esta premissa, o gerenciamento de riscos e o *compliance* serão meramente protocolares.

A compreensão destes três pilares e de seus desdobramentos na organização é o que fará a diferença entre existir ou não existir no longo prazo. A segunda opção é sempre pior, pois perde a empresa e perde a sociedade!

REFERÊNCIAS BIBLIOGRÁFICAS

INSTITUTO BRASILEIRO DE GOVERNANÇA CORPORATIVA (IBGC). *Código das Melhores Práticas de Governança Corporativa.* 4ed., São Paulo: IBGC, 2015.

______. *Gerenciamento de riscos corporativos – evolução em Governança e Estratégia (Série Cadernos de Governança Corporativa).* São Paulo: IBGC, 2017.

ROSSETTI, José Paschoal e ANDRADE, Adriana. *Governança Corporativa: Fundamentos, Desenvolvimento e Tendências.* 7ed., atual. e ampl. São Paulo: Atlas, 2014.

SILVEIRA, Alexandre Di Miceli da. *Governança corporativa no Brasil e no mundo; teoria e prática.* 2ed. Rio de Janeiro: Elsevier,2015.

BANCO CENTRAL DO BRASIL. Resolução do Conselho Monetário Nacional n° 4553, de 30 de janeiro de 2017. *Estabelece a segmentação do conjunto das instituições financeiras e demais instituições autorizadas a funcionar pelo Banco Central do Brasil para fins de aplicação proporcional da regulação prudencial.* Disponível em: <https://www.bcb.gov.br/acessoinformacao/legado?url=https:%2F%2Fwww.bcb.gov.br%2Fpre%2Fnormativos%2Fbusca%2Fnormativo.asp%3Fnumero%3D4553%26tipo%3DResolu%25C3%25A7%25C3%25A3o%26data%3D30%2F1%2F2017>. Acesso em 03 dez. 2018.

__________. Resolução do Conselho Monetário Nacional n° 4.557, de 23 de fevereiro de 2017. *Dispõe sobre a estrutura de gerenciamento de riscos e a estrutura de gerenciamento de capital.* Disponível em: <https://www.bcb.gov.br/acessoinformacao/legado?url=https:%2F%2Fwww.bcb.gov.br%2Fpre%2Fnormativos%2Fbusca%2Fnormativo.asp%3Fnumero%3D4557%26tipo%3DResolu%25C3%25A7%25C3%25A3o%26data%3D23%2F2%2F2017>. Acesso em 14 dez. 2018.

__________. Resolução do Conselho Monetário Nacional n° 4.606, de 19 de outubro de 2017. *Dispõe sobre a metodologia facultativa simplificada para apuração do requerimento mínimo de Patrimônio de Referência Simplificado (PRS5), os requisitos para opção por essa metodologia e os requisitos adicionais para a estrutura simplificada de gerenciamento contínuo de riscos.* Disponível em: <https://

www.bcb.gov.br/acessoinformacao/legado?url=https%3A%2F%2Fwww%2Ebcb%2Egov%2Ebr%2Fpre%2Fnormativos%2Fbusca%2Fnormativo%2Easp%3Fnumero%3D4606%26tipo%3DResolu%25C3%25A7%25C3%25A3o%26data%3D19%2F10%2F2017>. Acesso em 14 dez. 2018.

A FORMAÇÃO E A ELABORAÇÃO TÉCNICA DO ESTATUTO SOCIAL

NERI LUIZ CENZI

Bacharel em Administração de Empresas, especialista em Administração Estratégica e Recursos Humanos. Bacharel em Direito, com especialização em Direito Civil e Processo Civil. Mestre em Direito. Advogado. Sócio proprietário do escritório Dartora & Cemzi Advogados Associados. Membro do Instituto Brasileiro de Direito Previdenciário (IBDP). Membro titular do Instituto de Capacitação da Câmara Júnior Internacional e Senador da Câmara Júnior Internacional. Membro da Rede Internacional de Excelência Jurídica. Autor de diversos artigos científicos e do livro 'Cooperativismo, desde as Origens ao Projeto de Lei de Reforma do Sistema Cooperativo Brasileiro', Editora Juruá, 2009.

RESUMO

Este trabalho volta-se exclusivamente à orientação teórica e prática da técnica elaborativa de um estatuto social para cooperativas. Buscou-se uma base doutrinária aliada ao conhecimento prático do autor por suas diversas incursões em estatutos de vários tipos de sociedades. Didaticamente, faz-se um passo a passo de como se deve elaborar um estatuto, detalhando capítulo a capítulo, a começar de sua denominação, seguindo uma ordem lógica e técnica. O conhecimento prático é esboçado de forma muito simples em cada título ou subtítulo, de maneira que o leitor poderá facilmente entender e aplicar a regra. A fundamentação está calcada, por evidente, na Lei nº 5.764/71, pois dela origina a necessidade de fixação de regras para a constituição de uma sociedade cooperativa. Encerra com várias informações que podem ser aproveitadas no tradicional capítulo das "Disposições Gerais", e também, com um resumido ponto em que traz orientações sobre a "estrutura de um estatuto social", baseando-se na legislação que define como devem ser elaborados os textos legais. Trata-se, pois, de um verdadeiro roteiro recheado de informações práticas.

Palavras-chave: Estatuto Social; Elaboração; Técnica Legislativa; Estrutura Técnica.

ABSTRACT

This work turns exclusively to the theoretical and practical orientation of the technique of elaborating a social status for cooperatives. It was sought a doctrinal basis allied to the practical knowledge of the author for his various incursions into statutes of various types of societies. Didatically, a step-by-step is done of how to elaborate a statute, detailing chapter by chapter, beginning of its denomination, following a logical and technical order. Practical knowledge is sketched very simply in each title or subtitle, so that the reader can easily understand and apply the rule. The reasoning is based, of course, on Law No. 5764/71, as it gives rise to the need to establish rules for the constitution of a cooperative society. It closes with a number of information that can be used in the traditional chapter of the "General Provisions", and also with a brief statement on "the structure of a social statute", based on the legislation defining how the legal texts It is therefore a real road map filled with practical information.

Keywords: By-Laws; Elaboration; Legislative technique; Technical Structure.

1. INTRODUÇÃO

No Brasil, o regime jurídico das sociedades cooperativas é regulamentado de forma específica desde o ano de 1971, a partir da promulgação da Lei n° 5.764, de 16 de dezembro de 1971, que definiu a Política Nacional de Cooperativismo.

Considerado como um movimento mundial, o cooperativismo obteve também *status* constitucional com o advento da Constituição de Federal de 1988, sendo estabelecido no artigo 174, §2º da Carta Magna que "a lei apoiará e estimulará o cooperativismo e outras formas de associativismo".

Para que uma sociedade cooperativa seja legalmente constituída, independentemente do seu ramo ou de sua atividade, devem ser observados diversos requisitos e formalidades que são apresentadas na Lei n° 5.764/71.

Dentre os dispositivos que orientam e normatizam estes aspectos, indicam-se os artigos 14 e 15 da Lei supra. O primeiro determina a constituição da sociedade cooperativa por meio de deliberação de assembleia geral dos fundadores, constando na ata ou no instrumento público. Já o segundo estabelece quais são os aspectos que deverão ser declarados no respectivo ato constitutivo:

> [...]
>
> Art. 14. A sociedade cooperativa constitui-se por deliberação da Assembleia Geral dos fundadores, constantes da respectiva ata ou por instrumento público.
>
> Art. 15. O ato constitutivo, sob pena de nulidade, deverá declarar:
>
> I - a denominação da entidade, sede e objeto de funcionamento;
>
> II - o nome, nacionalidade, idade, estado civil, profissão e residência dos associados, fundadores que o assinaram, bem como o valor e número da quota-parte de cada um;
>
> **III - aprovação do estatuto da sociedade**;
>
> IV - o nome, nacionalidade, estado civil, profissão e residência dos associados eleitos para os órgãos de administração, fiscalização e outros (BRASIL, 1971, grifo do autor).

Vê-se ali que a aprovação do Estatuto Social é um dos requisitos indispensáveis ao ato constitutivo (art. 15, inciso III).

Utilizando-se das características apresentadas por Von Thur, (1973, p. 53) indica-se que os Estatutos "*contienen las normas fundamentales sobre la organización, la actividad de los órganos y los derechos e deberes de los asociados frente a la asociación. [...]*".

Neste sentido, tendo um caráter geral e abstrato, os estatutos são responsáveis por reger o comportamento de seus membros de forma regulamentar ou institucional, conforme doutrina Franke:

> Precisamente essa característica do estatuto – a de norma geral e abstrata que, tal como a Constituição reguladora da vida do Estado, rege o comportamento das sociedades personificadas – é que empresta às relações da pessoa jurídica com seus membros uma natureza, que não é contratual, mas regulamentar ou institucional (FRANKE, 1974, p. 53).

Realizando a análise a partir desses atributos, tem-se que o Estatuto Social é um dos elementos mais importantes em uma cooperativa, pois é nele que são estabelecidos todos os aspectos administrativos, estruturais, financeiros, organizacionais e funcionais da sociedade.

São sobre estes componentes que o presente trabalho se ocupará, buscando apresentar, em linhas gerais, quais são os pontos essenciais à formação e elaboração técnica do Estatuto Social.

2. DA ELABORAÇÃO TÉCNICA DO ESTATUTO – REQUISITOS ESSENCIAIS

Müller (2016) indica como pontos fundamentais que devem ser abordados no estatuto:

- a opção expressa do tipo de classe de cooperativa, dentro daquelas permitidas em lei;
- os atributos da personalidade jurídica e as características básicas da empresa;
- a identificação dos fundadores da sociedade cooperativa, seja pessoa física ou jurídica;
- indicação do capital ou porcentagem paga pelos fundadores, no caso da necessidade de capital mínimo;
- a nomeação dos primeiros membros que farão parte dos Conselhos, bem como os responsáveis pelo registro do estatuto perante os órgãos competentes.

Levando em consideração estes aspectos, convém salientar que, primeiramente, o Estatuto deve atender ao disposto no artigo 4ª da Lei nº 5.764/71, que estabelece:

- a adesão à cooperativa deve ser voluntária, sem limite de associados, salvo quando por impossibilidade técnica de prestação de serviços;
- o capital social da cooperativa deve ser variável e representado por cotas-partes;
- cada associado deve ter um limite de cotas-partes, sendo facultada a adoção e critérios de proporcionalidade para a divisão destas.
- as cotas-partes não podem ser cedidas para terceiros não cooperados;
- o voto é singular, podendo ser optado pelo critério de proporcionalidade quando em cooperativas centrais, federações e confederações de cooperativas, exceto as que exerçam atividade de crédito;
- o quórum para o funcionamento e a deliberação da assembleia geral se dá com base no número de associados e não no capital;

- as sobras líquidas do exercício devem ser retornadas ao cooperado de forma proporcional às operações realizadas por ele, salvo quando for deliberado em contrário na assembleia geral;
- os fundos de reserva e de assistência técnica educacional e social devem ser indivisíveis;
- a cooperativa deve ter neutralidade política e não praticar qualquer ato de discriminação religiosa, racial e social;

a cooperativa deve prestar assistência aos associados e, quando previsto nos estatutos, aos empregados e cooperativados e;

- a área de admissão de associados deve estar limitada às possiblidades de reunião, controle, operações e prestação de serviços.

Conforme acentua Carradore (2005, p. 51), o estabelecido no citado artigo "retrata na Lei os princípios que são consagrados desde Rochdale[1] e aperfeiçoados pela doutrina e congressos da Aliança Cooperativa Internacional (ACI)". Isto deixa clara a sua relevância e sua obrigatoriedade de cumprimento em relação ao documento.

2.1. O QUE DEVE CONTER UM ESTATUTO

De acordo com o artigo 21 da Lei nº 5.764/71, o estatuto deve ser dividido em capítulos, de forma a obedecer a uma sequência lógica e didática. Há quem pregue, também, a substituição da expressão "capítulo" por "título", a subdivisão em seções e subseções. Todavia, devemos ter em mente que o estatuto social é uma lei interna, ou seja, limitada ao âmbito da cooperativa, e nele devemos obedecer a padrões mínimos de organização e sequência técnica. Desnecessário, e até desaconselhável, fazer muitas divisões e subdivisões, considerando que a quase totalidade dos cooperados não entende e não sabe distinguir. A estrutura pode ser simples sem deixar de ser organizada e técnica, de tal forma que assegure uma compreensão jurídica tal qual se observa numa lei civil.

1 Rochdale – referência à Sociedade dos Pioneiros de Rochdale, considerada a primeira cooperativa, fundada em 1844 por 28 operários, na Inglaterra.

2.1.1. No primeiro capítulo, ou Capítulo I

2.1.1.1. Denominação

A denominação é o nome propriamente dito que é dado à sociedade cooperativa, correspondendo ao primeiro artigo em um Estatuto Social.

A importância da denominação, de acordo com Cuesta, reveste-se no sentido de que a lei almeja deixar clara a natureza do ente e o alcance da responsabilidade de seus membros. O nome, portanto, deve refletir o fim a que a sociedade cooperativa está sendo feita:

> *La ley tende a dejar claramente estabelecida en forma pública la naturaleza del ente y el alcance de la responsabilidad de sus miembros. [...] De esta manera, una cooperativa de transformación y venta de produtos requerirá que sus asociados sean productores, de lo contrario no le serían útiles los servicios que la cooperativa presta, y esta circunstancia debera reflejarse en el nombre* (CUESTA, 2000, p. 55).

Consoante estabelece o artigo 5º da Lei nº 5.764/71, exige-se em sua denominação o uso da expressão "cooperativa". Portanto, há que ter obrigatoriamente esta expressão, seja no começo ou no final do nome/denominação. Inclusive, mesmo sendo a atividade no ramo de crédito, como também, neste caso em particular, é vedado o uso da expressão "banco".

Desta forma, sendo o elemento de identificação principal, de acordo com Mendes (2006, p. 25), "a firma deve ser formada por sigla, iniciais, expressão de fantasia, composição ou nomes e incluir expressão ou expressões que permitam conhecer o objeto social".

2.1.1.2. Sede

O inciso I do artigo 21 da Lei nº 5.764/71, traz, ainda, que além da denominação o estatuto deve indicar a sede da sociedade cooperativa. A sede nada mais é do que o local onde territorialmente e geograficamente está estabelecida a administração geral da cooperativa.

A sede também pode ser indicada como o domicílio legal (cidade, estado), lugar onde são realizadas as assembleias, cumpridas as obrigações, exercidos os direitos e deveres dos associados, bem como estabelecido o foro judicial da cooperativa.

Importa salientar que a mudança da sede dentro de uma mesma localidade enseja a modificação do estatuto, com a atualização do seu domicílio. Tal fato não ocorre, no entanto, quando a cooperativa cria sucursal ou filial em outras regiões ou cidades, uma vez que, neste caso, a sede permanecerá a mesma, conforme doutrina Cuesta (2000).

Além disso, considerando o disposto no inciso IV do artigo 75 do Código Civil de 2002[2], ainda que o estatuto não verse sobre o domicílio legal da cooperativa, permanecerá sendo válido, "o lugar onde funcionarem as respectivas diretorias e administrações".

Quanto a este aspecto, Cuesta (2000, p. 55) salienta que "*el domicilio no es coactivo, pero una vez fijado queda definitivamente ligado a la jurisdicción, mientras no se modifique el estatuto*".

2.1.1.3. Área de atuação

A área de atuação, também indicada no inciso I do artigo 21, além de traduzir-se nos limites geográficos de atuação da cooperativa, é onde consta a qual atividade ou serviço a cooperativa estará vinculada.

Conforme orientação disponibilizada pela Organização das Cooperativas do Paraná (1992), é comum, neste sentido, que o Estatuto traga, dentro do seu primeiro capítulo, a qual ramo de atividade econômica a cooperativa estará relacionada, em quais cidades a cooperativa prestará serviços e de quais localidades poderão ser admitidos novos associados.

2.1.1.4. Prazo de duração e Exercício social

Ainda no primeiro capítulo do estatuto deve vir apresentado qual o prazo de duração da cooperativa.

---

2 Do Código Civil (Lei n° 10406/2002):
[...]
Art. 75. Quanto às pessoas jurídicas, o domicílio é:
[...]
IV - das demais pessoas jurídicas, o lugar onde funcionarem as respectivas diretorias e administrações, ou onde elegerem domicílio especial no seu estatuto ou atos constitutivos.
§1° Tendo a pessoa jurídica diversos estabelecimentos em lugares diferentes, cada um deles será considerado domicílio para os atos nele praticados.
[...]

Normalmente não se tem um prazo para o desenvolvimento da atividade ou prestação de serviços, motivo pelo qual ele é indicado como indeterminado. No entanto, em alguns casos, a cooperativa pode indicar que a sua existência estará sujeita a um evento futuro e certo ou a um evento determinado, que quando ocorrer ensejará a sua dissolução. É o exemplo de cooperativas habitacionais, que são criadas para construir edifícios e posteriormente dissolvidas. Nestes casos, portanto, a cooperativa terá prazo determinado, conforme instruem Krueger e Miranda (2007).

Quanto ao exercício social, o mesmo corresponde ao período em que a cooperativa realiza suas atividades e efetua a sua prestação de contas ou o seu balanço.

A escolha da data do início do ano social pode ser em qualquer período do ano, no entanto deve ser observado o intervalo de 12 (doze) meses entre um exercício e outro. Desta forma, o ano social pode corresponder ao ano civil ou outro período que dependa da sazonalidade da cooperativa.

É importante salientar que na hipótese de o período não ser o mesmo que o ano civil, a carga de trabalhos contábeis pode ser maior. Neste sentido elucidam Kruger e Miranda (2007, p. 89):

> A divergência entre a data escolhida para exercício social e o ano civil poderá ensejar a ocorrência de mais trabalhos contábeis, visto que, geralmente, as leis tributárias obedecem o ano civil. Sendo assim, caso se escolha para encerramento o mês de julho, deverá a cooperativa, nos três meses posteriores, prestar contas em Assembleia Geral. Ao final do ano, deverá esta cooperativa levantar novo balanço para fins tributários (KRUEGER e MIRANDA, 2007, p. 89).

Deve-se, portanto, avaliar com parcimônia a pertinência da escolha de um exercício social divergente do ano civil, em razão de tais questões.

2.1.2. No segundo capítulo, ou capítulo II

2.1.2.1. Objeto e finalidade social

Dispõe a primeira parte do artigo 5º da Lei nº 5.764/71 que "as sociedades cooperativas poderão adotar por objeto qualquer gênero de serviço, operação ou atividade, assegurando-se lhes o direito exclusivo".

Desta forma, doutrina Panzutti (2000) que, de acordo com o perfil dos associados e com o fim que se almeja, pode se ter uma cooperativa com fim agropecuário, de consumo, habitacional, trabalho, produção, crédito, educacional, serviços, saúde ou com fins especiais, como cooperativas de indígenas ou de pessoas que possuem necessidades especiais.

Os objetivos e a finalidade social podem ser um ou vários, desde que não sejam incompatíveis entre si e com o ramo da cooperativa.

Quanto a este ponto, Cuesta faz importante colocação no sentido de que a menção do objeto deve se dar de forma taxativa, pois a lei não autoriza uma descrição meramente enunciativa:

> [...] *la mención del objeto en el estatuto debe ser taxativa; así lo exige la autoridad de aplicación, para quien no es admisible una enumeración enunciativa, como por ejemplo la mención al final de la misma y todo otro servicio vinculado a sus fines", "y toda otra actividad afín, o toda otra actividad vinculada a su objeto* (CUESTA, 2000, p. 56).

Vale salientar ainda que a Constituição Federal de 1988, em seu artigo 5º, inciso XVIII, garante a livre criação e funcionamento das cooperativas, sem nenhuma dependência, condicionamento ou autorização do Estado. Desta forma, pondera Campos (2003), não há a necessidade de reconhecimento ou formalização dos ramos escolhidos pela cooperativa. O que se deve sempre observar, no entanto, são os bons costumes, objeto lícito e possível.

Assim indica a Instrução Normativa nº 10, do Departamento de Registro Empresarial e Integração nº 10 (IN DREI 10/2013), de 5 de dezembro de 2013:

> [...]
>
> 1.4.3 - OBJETO SOCIAL Deverá a cooperativa delimitar de forma clara e precisa seu objetivo, isto é, quais os serviços diretos que serão prestados aos associados, bem como os objetos de funcionamento e operacional, realizados com fins à consecução do objetivo delineado, informando o gênero e espécie das atividades desenvolvidas. (art. 4º, 5º e 7º da Lei nº 5.764/71). O objetivo de toda Sociedade Cooperativa será sempre a prestação direta de serviços aos associados, na forma do art. 7º da Lei nº 5.764/71. Os objetos (CNAE's) são as atividades que a sociedade irá desenvolver para atingir seu objetivo.

Levando em consideração tais aspectos, no campo relacionado ao objeto e à finalidade social, portanto, deve-se informar qual é o tipo de atividade que desenvolverá no mercado, de forma específica e detalhada.

2.1.3. No terceiro capítulo, ou, capítulo III

2.1.3.1. Associados

Considerando que a sociedade cooperativa não tem limite máximo de associados (pela atual legislação, o mínimo é de 20 pessoas, exceto as cooperativas de trabalho, onde o mínimo é de sete) e que o ingresso é livre (art. 29, *caput*, da Lei n° 5.674/71) pode se tornar cooperado qualquer pessoa que quiser utilizar de seus serviços e que preencha as condições estabelecidas no Estatuto.

Esse "qualquer pessoa", por evidente, é relativo. Isto não significa que qualquer um possa requerer e não poderá ser negado seu ingresso na cooperativa. Embora uma expressão genérica e ampla, a cooperativa delimitará em seu estatuto as características e exigências documental, técnica, operacional e financeira para o ingresso de novo associado.

Deve o candidato, no entanto, estar de acordo com o seu objetivo e sua finalidade social. A impossibilidade técnica de prestação de serviços, consoante estabelece o inciso I, do art. 4º da Lei n° 5.764/71 pode ser a grande barreira do ingresso, o que, neste caso, deve ser demonstrada.

Krueger e Miranda indicam, ainda, que se tornar cooperado não se traduz em lucro. A intenção dos sócios da cooperativa é utilizar os serviços da sociedade, com o fim de elevar seu *status* econômico, em uma colaboração ativa, igualitária e livre:

> A intenção dos associados ao definirem o pacto cooperativo e o que os une (*affectio societatis)* consiste na vontade das partes (pessoas físicas) de colaboração ativa, igualitária e livre. A intenção dos sócios não é visar lucros. As cooperativas, historicamente, nasceram para combater os lucros na distribuição dos bens, colocando-os a preço justo. O sócio ingressa com o exclusivo não de obter um dividendo máximo do seu capital investido, mas para utilizar os serviços da sociedade, com a intenção de elevar seu *status* econômico (KRUEGER e MIRANDA, 2007, p. 33).

Vale salientar que o Código Civil de 2002, art. 1.094, inciso II[3], define como uma das características da sociedade cooperativa o número mínimo de associados. Não se define ali quanto é esse mínimo, porém, não se deve esque-

---

3 Art. 1.094. São características da sociedade cooperativa:
[...]
II - concurso de sócios em número mínimo necessário a compor a administração da sociedade, sem limitação de número máximo; [...] (BRASIL, 2002).

cer do que está definido no artigo anterior (art. 1.093[4]). Assim, nos remete ao inciso I do art. 6º da Lei nº 5.764/71[5].

Faz-se um parêntese aqui em face da excepcionalidade imposta pela Lei nº 12.690/2012, que dispõe, em seu art. 6º, que para as cooperativas de trabalho o número mínimo de associados para sua constituição é de 7 (sete) associados.

Em reforço ao referido diploma legal (Lei nº 5.764/71), o Manual de Registro das Cooperativas, elaborado pela Secretaria da Micro e Pequena Empresa do Governo Federal e aprovado pela Instrução Normativa DREI nº 10/2013, estabelece as seguintes regras para número mínimo de associados:

> [...]
>
> 1.2.3 - NÚMERO MÍNIMO DE ASSOCIADOS Para constituição de uma cooperativa singular é requerido o concurso de associados, pessoas físicas, em número mínimo necessário de 20 (vinte) associados para compor a administração da sociedade, órgão de administração e conselho fiscal (inciso II do art. 1.094 do CC), levando em conta a necessidade de renovação; 3 (três) cooperativas singulares para formar uma cooperativa central ou federação; e no mínimo, três cooperativas centrais ou federação de cooperativa para formarem uma confederação de cooperativas (incisos I, II, e III do art. 6º da Lei nº 5.764/71). No caso das cooperativas de trabalho, o número mínimo necessário para sua constituição será de 7 (sete) associados. (art. 6º da Lei nº 12.690/12) (BRASIL, 2013).

Referido manual também repete o que já está expresso na Lei quanto às pessoas jurídicas, desde que preencham os seguintes critérios:

> a) As pessoas jurídicas devem ter por objeto as mesmas ou correlatas atividades econômicas das pessoas físicas; ou
>
> b) As pessoas jurídicas devem ser sem fins lucrativos. As pessoas jurídicas que forem admitidas deverão ser sediadas na respectiva área de operações da Sociedade Cooperativa. Não poderão ser admitidas as pessoas jurídicas que operem no mesmo campo econômico da Sociedade Cooperativa (BRASIL, 2013, p. 8).

---

4 Art. 1.093. A sociedade cooperativa reger-se-á pelo disposto no presente capítulo, ressalvada a legislação especial (BRASIL, 2002).

5 Art. 6º. As sociedades cooperativas são consideradas:
I – singulares, as constituídas pelo número mínimo de 20 (vinte) pessoas físicas, sendo excepcionalmente permitida a admissão de pessoas jurídicas que tenham por objeto as mesmas ou correlatas atividades econômicas das pessoas físicas ou, ainda, aquelas sem fins lucrativos (BRASIL, 1971).

Sendo pessoa física, poderá ser associado mesmo aquele que não possui capacidade civil. Todavia, nos termos do que estabelece o artigo 1.690 do Código Civil[6], compete aos pais e, na falta de um deles, ao outro, com exclusividade, representar o associado menor de 16 anos, bem como assisti-lo até completar a maioridade. Isto posto, o manual normatiza:

> Quando o associado for representado ou assistido, deverá ser indicada a condição e qualificação desses, em seguida à qualificação do associado, incluindo: nome civil, nacionalidade, estado civil, profissão, nº e órgão expedidor da RG, nº do CPF e endereço completo (alínea "d" do inc. III do art. 53 do Decreto nº 1.800, 30 de janeiro de 1996) (BRASIL, 2013, p. 9).

Portanto, exceto quanto às cooperativas de trabalho a que se refere a Lei nº 12.690/2012, vamos encontrar o regramento para todos os demais ramos de atividade no Capítulo VIII, artigos 29 a 37 da Lei n° 5.764/71.

2.1.3.2. Direitos e Deveres

Assim como todos os elementos que fazem parte do Estatuto Social, os direitos e deveres dos associados devem observar restritamente os princípios cooperativistas elencados no art. 4º da Lei n° 5.674/71.

Krueger e Miranda (2007) indicam alguns exemplos de direitos e deveres dos associados que poderão ser elencados junto ao estatuto, quais sejam:

Direitos:

a) livre adesão;

b) direito à informação;

c) direito à participação nas assembleias;

d) unicidade de votos;

e) quóruns baseados no número de cooperados e não no capital social.

Deveres:

a) pagamento do rateio nas despesas;

b) respeito aos direitos dos demais cooperados;

---

6 Art. 1.690. Compete aos pais, e na falta de um deles ao outro, com exclusividade, representar os filhos menores de dezesseis anos, bem como assisti-los até completarem a maioridade ou serem emancipados.
Parágrafo único. Os pais devem decidir em comum as questões relativas aos filhos e a seus bens; havendo divergência, poderá qualquer deles recorrer ao juiz para a solução necessária (BRASIL, 2002).

c) participação ativa nos negócios da cooperativa;

d) atendimento aos princípios e valores cooperativos.

O rol indicado é meramente exemplificativo, uma vez que em assembleia geral os cooperados têm a liberdade de criar ou suprimir direitos e deveres, desde que não haja violação ao ordenamento legal. É o que dispõe o artigo 38 da Lei nº 5.764/71:

> Art. 38. A Assembleia Geral dos associados é o órgão supremo da sociedade, dentro dos limites legais e estatutários, tendo poderes para decidir os negócios relativos ao objeto da sociedade e tomar as resoluções convenientes ao desenvolvimento e defesa desta, e suas deliberações vinculam a todos, ainda que ausentes ou discordantes (BRASIL, 1971).

2.1.3.3. Demissão, eliminação e exclusão

Nas sociedades cooperativas prevalece o princípio da livre adesão. Por conseguinte, também deve prevalecer a liberdade de desligamento independente de motivo.

Desta forma, a *priori*, a qualquer momento o associado poderá se desvincular da cooperativa, sem que isso afete a existência da sociedade, o que configura a hipótese de demissão[7], de acordo com o disposto no artigo 32 da Lei nº 5.674/71.

A forma de solicitação e processamento da demissão deve estar indicada no Estatuto, e o pedido deve ser protocolado na cooperativa e sempre ser na forma escrita, haja vista que este é o meio legal da prova documentada e que afasta qualquer alegação futura.

Considerando ser de livre escolha do associado, o pedido não poderá ser negado e deve ser averbado no Livro de Matrícula, conforme ponderam Krueger e Miranda (2007).

No que diz respeito à eliminação, assim indicam os artigos 33 e 34 dessa mesma Lei:

> Art. 33. A eliminação do associado é aplicada em virtude de infração legal ou estatutária, ou por fato especial previsto no estatuto, mediante termo

---

7 Importante deixar claro que o termo demissão no âmbito cooperativo não guarda relação com o utilizado na esfera trabalhista. Isto porque, os associados não possuem qualquer vínculo empregatício com a cooperativa.

> firmado por quem de direito no Livro de Matrícula, com os motivos que a determinaram.
>
> Art. 34. A diretoria da cooperativa tem o prazo de 30 (trinta) dias para comunicar ao interessado a sua eliminação.
>
> Parágrafo único. Da eliminação cabe recurso, com efeito suspensivo à primeira Assembleia Geral (BRASIL, 1971).

Como se vê, ao contrário da demissão, a eliminação do associado ocorre por iniciativa da cooperativa e quando há uma violação à lei ou ao estatuto. Quanto a este aspecto, o estatuto deverá, neste caso, indicar as hipóteses específicas que ensejarão a eliminação, bem como o procedimento para que isto aconteça, devendo ser observado, ainda, o prazo de 30 (trinta) dias para a comunicação ao associado e o direito a recurso, a ocorrer na primeira assembleia geral que vier a ocorrer.

Neste caso, a assembleia geral será realizada na forma de convocação extraordinária, haja vista que a ordinária se resume à prestação de contas e eleições regulares (cumprimento de mandato). Todavia, entende-se que nada impede que seja feita na convocação anual (ordinária), desde que expressamente previsto no Estatuto.

O associado eliminado e com recurso interposto à assembleia geral deverá ser intimado formalmente da data e horário e do tempo que lhe é assegurado para sua defesa, quer própria ou por meio de advogado. Isso assegura a ampla defesa do associado perante a última instância administrativa.

Frise-se, ainda, que o fato da assembleia confirmar a decisão do Conselho de Administração quanto a eliminação, nada impede a discussão dos fatos na via judicial face o princípio inserido no art. 5º, inciso XXXV[8] da Constituição Federal.

Comentando sobre este ponto da saída forçada da cooperativa, Rodrigues assevera:

---

8 Art. 5º. Todos são iguais perante a lei, sem distinção de qualquer natureza, garantindo-se aos brasileiros e aos estrangeiros residentes no País a inviolabilidade do direito à vida, à liberdade, à igualdade, à segurança e à propriedade, nos termos seguintes:
[...]
XXXV - a lei não excluirá da apreciação do Poder Judiciário lesão ou ameaça a direito (BRASIL, 1988).

> A exclusão terá de ser fundada em violação grave e culposa do Código cooperativo, da legislação complementar aplicável aos diversos ramos do setor cooperativo ou dos estatutos da cooperativa e precedida de processo escrito, do qual constem a indicação das faltas, a sua qualificação, a prova produzida, a defesa do arguido e a proposta de aplicação da medida de exclusão (RODRIGUES, *apud* KRUEGER e MIRANDA, 2007, p. 36).

Aqui este autor peca ao utilizar-se da expressão "exclusão" para dizer que o associado, para ser expulso, deverá, antes de tudo, ter-lhe assegurado o direito à ampla defesa e contraditório, quando, em verdade, o correto é eliminação. A exclusão é definida de outra forma, como se verá a seguir.

Nessa circunstância – eliminação –, há que ter uma ampla discussão através de um processo administrativo formal, com provas documentais e possibilidade de oitiva de testemunhas, quando for o caso. A simples eliminação sem o direito à ampla defesa certamente é fator preponderante para uma liminar na via judicial, determinando a readmissão.

A terceira hipótese de desligamento do associado é pela forma de exclusão, prevista no art. 35 da propalada Lei:

> Art. 35. A exclusão do associado será feita:
>
> I - por dissolução da pessoa jurídica;
>
> II - por morte da pessoa física;
>
> III - por incapacidade civil não suprida;
>
> IV - por deixar de atender aos requisitos estatutários de ingresso ou permanência na cooperativa (BRASIL, 1971).

Os dois primeiros incisos do dispositivo remetem a motivos de força maior, ou seja, que independem da vontade do associado, pois nestes casos, a sociedade ou o associado simplesmente deixam de existir.

A exclusão por dissolução é a consequência advinda do desejo de todos os cooperados de extinguir a cooperativa, e normalmente ocorre por deliberação em assembleia geral. Desta decisão, haverá o processo de liquidação e a cooperativa deixará de existir com o registro desse ato averbado na Junta Comercial.

Cita-se ainda que a dissolução pode ocorrer por via judicial, sem que ocorra uma deliberação por parte dos cooperados. Nestes casos, como a cooperativa é dissolvida por ato judicial, os associados deverão ser excluídos. Ponderam Krueger e Miranda (2007, p. 140): "nas duas situações, extinção da cooperativa ou falecimento do associado, extingue-se a relação associativa pela ausência de uma das partes".

O inciso III do referido artigo apresenta a hipótese de exclusão do associado que não suprir a incapacidade civil. Já foi indicado anteriormente que a pessoa incapaz poderá ser associada, desde que devidamente representada pelos seus pais ou representante legal (tutor ou curador). Todavia, quando não houver a devida representação, o incapaz deverá ser excluído da cooperativa.

Já o inciso IV estabelece a exclusão quando o associado não atender os requisitos estabelecidos no estatuto social. Um exemplo claro que caracteriza este tipo de exclusão se dá em cooperativas formadas exclusivamente por determinada profissão, como por exemplo, cooperativa de médicos, dentistas, engenheiros, etc. Ao ser cassado o registro profissional, automaticamente perderá o direito de permanecer como associado da cooperativa, por não atender um dos requisitos básicos à participação.

2.1.4. No quarto capítulo, ou capítulo IV

2.1.4.1. Capital social

No documento estatutário deverá também constar disposições relativas ao capital social da cooperativa. Ele corresponde ao valor que é arrecadado dos cooperados para sustentar a vida financeira da cooperativa e o desenvolvimento das atividades constantes no seu objeto social.

No entanto, vale salientar que o art. 1.094, I do Código Civil[9] trouxe uma inovação às sociedades cooperativas, quanto ao capital social. Nele há a possibilidade de dispensa.

Campos, analisando tal aspecto reflete que:

> Ao instituir a figura da cooperativa sem capital social, o novo Código Civil estabelece a fundamental diferença entre as sociedades mercantis (sociedades empresariais), fundamentadas na estrutura do capital, de fins lucrativos, e as sociedades cooperativas, de natureza civil, fundamentadas na união de pessoas (CAMPOS, 2003, p. 42).

---

9 Art. 1.094. São características da sociedade cooperativa:
I - variabilidade, **ou dispensa do capital social**; [...] (BRASIL, 2002, grifo do autor).

A dispensa de capital se dirige, portanto, às sociedades cooperativas que não dependem de recursos financeiros, ou seja, reunir dinheiro de seus associados para que possa operar. Exemplo disso são as cooperativas de trabalho, de prestação de serviços especializados, de contratação de mão-de-obra, dentre outras, cuja atividade se limita à intermediação de serviços ou atividades.

Entretanto, mínimo seja, sempre será recomendado que os associados se vinculem financeiramente à cooperativa, aportando um capital que os prenda.

Quando, no entanto, a atividade exercida pela cooperativa exigir a constituição de capital, como no caso das cooperativas agrícolas, de produção, crédito, etc., referido capital será dividido em frações, chamadas de quota-partes (conforme previsto no artigo 24 da Lei 5.764/71[10]), de forma que cada associado integralize um número mínimo, conforme estabelecido no estatuto social

O estatuto deverá prever, ainda, como se dará a integralização deste capital. Deve ficar claro se ocorrerá de forma parcelada, à vista, em bens ou de forma proporcional. Deve ainda ser estabelecido o valor unitário das cotas, o mínimo e máximo de quotas-parte que poderá ser subscrito pelos sócios, bem como os juros sobre o capital que não for integralizado no prazo estabelecido.

Todas estas questões e variáveis deverão estar expressas no documento estatutário.

2.1.5. No quinto capítulo, ou Capítulo V

2.1.5.1. Estrutura administrativa

A sociedade cooperativa, como toda pessoa jurídica, necessita de uma estrutura administrativa composta por um número de associados que será responsável por executar e deliberar questões administrativas, estruturais e funcionais da cooperativa.

Isso porque a assembleia geral dos associados não consegue, por si só, resolver todas as questões relacionadas à cooperativa. Quanto maior o número de associados, mais difícil é de todos participarem de forma integral dos trabalhos que devem ser realizados.

---

10 Art. 24. O capital social será subdividido em quotas-partes, cujo valor unitário não poderá ser superior ao maior salário mínimo vigente no País (BRASIL, 1971).

Desta forma, é comum que o Estatuto traga em sua estrutura administrativa a assembleia geral, o conselho de administração, diretoria executiva e o conselho fiscal, como órgãos responsáveis pelas funções adiante relacionadas:

2.1.5.1.1. Assembleia Geral:

A assembleia geral é considerada o maior órgão dentro de uma cooperativa (conforme disposto no artigo 38 da Lei nº 5.764/71), tendo cada associado direito a um voto, independente do capital que tenha subscrito.

Este órgão é responsável por decidir os negócios relativos ao objeto da sociedade e quaisquer outras questões relacionadas ao bom funcionamento da cooperativa, como alteração do estatuto, deliberação sobre a exclusão de associados, mudanças de capital, mudanças na estrutura física, criação de novas filiais ou sucursais, etc.

Walmor Franke (1973), indica que nos congressos da Aliança Cooperativa Internacional já era possível se evidenciar que a fórmula proposta para as cooperativas era de se ter uma constituição democrática, onde cada associado, independentemente de sua cota-parte e capital, tem o mesmo poder de voto, quer seja nas decisões de assembleia, quer seja na distribuição dos excedentes do exercício.

Os artigos 38 a 43 da Lei nº 5.764/71 estabelecem os atos necessários para a convocação dos associados, o quórum de instalação, forma de representação e o prazo de prescrição para anular as deliberações feitas durante a reunião.

Quanto às deliberações, assim estabelece o item 2.2.3 do Manual de Registro da Cooperativa (IN DREI nº 10/2013):

> As deliberações da assembleia geral ordinária ou extraordinária deverão estar previstas na ordem do dia do edital de convocação. Em assuntos gerais não será aceito nenhum tipo de deliberação (*caput* dos arts. 44 e 45 da Lei nº 5.764/71). A ata da Assembleia deve indicar os fatos ocorridos e as deliberações: O registro dos fatos ocorridos, inclusive dissidências ou protestos, pode ser lavrado na forma de inteiro teor, sumária ou reduzida, devendo as deliberações tomadas estar transcritas, expressando as modificações introduzidas.

A assembleia geral pode ocorrer de forma ordinária (AGO) (conforme previsto no artigo 44 da Lei nº 5.764/71), anualmente, conforme estabelece a legislação, nos três meses subsequentes ao encerramento de seu exercício, para que seja feito o balanço geral e a prestação de contas aos associados e eventual eleição de conselhos ou diretorias.

Extraordinariamente, no entanto, os associados poderão se reunir em assembleias gerais extraordinárias (AGE) (de acordo com o artigo 45 da Lei n° 5.764/71) para deliberar sobre qualquer assunto que for pertinente à cooperativa, desde que esteja mencionado no edital de convocação.

A Lei, em seu artigo 46, apresenta um rol de assuntos que são de competência exclusiva da AGE: a) reforma de estatuto; b) fusão, incorporação ou desmembramento da cooperativa; c) mudança do objeto da sociedade; d) dissolução voluntária da sociedade e nomeação de liquidantes; e e) contas do liquidante.

Portanto, ao se escrever um estatuto há que ter, obrigatoriamente, a definição do que seja uma assembleia geral. Em seguida, e numa seção exclusiva, a definição e competências da assembleia geral ordinária. Da mesma forma, a definição e competências da assembleia geral extraordinária.

2.1.5.1.2. Conselho de Administração

O Conselho de Administração é um órgão composto, em regra, exclusivamente por associados eleitos pela assembleia geral.

Para que os membros deste conselho não se perpetuem no tempo, a Lei estabelece a obrigatoriedade de nova eleição a cada quatro anos, com a renovação obrigatória de, no mínimo, ⅓ dos integrantes (artigo 47 da Lei n° 5.764/71).

Importante frisar que cabe à Assembleia Geral decidir pela existência ou não de Conselhos diversos ao da Administração, dependendo do objeto social e da necessidade da cooperativa, conforme prescreve o parágrafo primeiro do artigo mencionado.

Dependendo do ramo e do porte da cooperativa, algumas vezes não é recomendável a existência de Conselho de Administração, em especial essas que o novo Código Civil aboliu o número mínimo até então vigente para todas as cooperativas (art. 6º, I, da Lei nº 5.764/71).

Referida Lei também autoriza (em seu artigo 48) que os órgãos da administração mantenham pessoas contratadas como gerentes técnicos ou comerciais não associados à cooperativa. E mais recentemente, nas cooperativas de crédito (vide Lei Complementar nº 130/2009), já é possível a nomeação de diretores não cooperados[11].

De acordo com Cuesta (2000, p. 289), o Conselho da Administração "*abarca y resume todas las facultades de ejecución de la cooperativa, a punto tal que en el plano jurídico la vida de la institución en el orden interno y externo parece estar encarnada por este órgano*".

Assim, nesta seção do estatuto, devem restar bem definidas quanto a presidência e composição do Conselho de Administração (número), bem como a responsabilidade exclusiva que lhe cabe.

2.1.5.1.3. Diretoria executiva

Ainda que a lei não traga a obrigatoriedade de uma diretoria executiva, determinados estatutos estabelecem também sua existência. A diretoria executiva normalmente é constituída de forma facultativa, para assegurar a continuidade da gestão ordinária do Conselho:

> Este equipo de trabajo, de creación facultativa, no configura un órgano de la cooperativa, y debe, de así, decidirlo la entidad, figurar en el estatuto o el reglamento, aprobados por la autoridad de aplicación del régimen legal de cooperativas. Su competencia se limita al manejo de los asuntos de rutina, pudiendo el consejo dejar sin efecto las decisiones adoptadas por dicho comité o mesa, cualquiera que sea la índole de estas (CUESTA, 2000, p. 312).

Assim, dependendo do ramo da cooperativa, se for pertinente a criação de uma diretoria executiva, o estatuto poderá estabelecer a sua forma de composição e escolha de seus membros, tempo de permanência desses diretores e suas competências.

No Brasil, é muito comum nas cooperativas de todos os ramos a existência de conselho de administração e de diretoria executiva. Esta normalmente é formada pelo presidente da cooperativa e mais dois diretores (administrativo e financeiro), que, por sua vez, fazem parte do conselho de administração em igualdade de condições com os conselheiros.

---

11 "Art. 5º As cooperativas de crédito com conselho de administração podem criar diretoria executiva a ele subordinada, na qualidade de órgão estatutário composto por pessoas físicas associadas ou não, indicadas por aquele conselho" (BRASIL, 2009).

Todos estes são detalhes que ao escrever um estatuto se torna obrigatório ter em mente o funcionamento da cooperativa, o interesse político[12] do grupo de associados e, sobretudo, a praticidade operacional.

2.1.5.1.4. Conselho Fiscal

Da mesma forma que o Conselho de Administração, o Conselho Fiscal é eleito pela assembleia geral e deve ser renovado de forma periódica. Exceto as cooperativas de crédito, todas as demais fazem eleição anualmente (conforme artigo 56 da Lei nº 5.764/71[13]). Já para as cooperativas de crédito, o mandato de conselheiro fiscal a partir da citada LC nº 130/2009, passou a ser de até 3 (três) anos (vide artigo 6º[14]), o que significa uma possibilidade e não uma obrigatoriedade.

O maior encargo deste órgão é fiscalizar a cooperativa em seu todo, visando o cumprimento do estatuto e das disposições legais específicas sobre o bom andamento da sociedade.

Não há momentos específicos indicados na lei em que a reunião do conselho ocorrerá, ficando a cargo de a cooperativa estabelecer a periodicidade em que os membros se reunirão para tratar da fiscalização dos atos.

Portanto, o estatuto deve, além das imposições legais, detalhar os encargos e direitos que lhe cabem, reconhecendo sua autoridade e autonomia em determinados pontos.

2.1.6. No sexto capítulo, ou capítulo VI

2.1.6.1. Processo eleitoral

No documento estatutário, além da indicação detalhada dos órgãos que compõem a cooperativa, deve-se estabelecer a forma de eleição de todos

---

12 'Interesse político' no sentido de atuação interna e externa da cooperativa.

13 "Art. 56. A administração da sociedade será fiscalizada, assídua e minuciosamente, por um Conselho Fiscal, constituído de 3 (três) membros efetivos e 3 (três) suplentes, todos associados eleitos anualmente pela Assembleia Geral, sendo permitida apenas a reeleição de 1/3 (um terço) dos seus componentes" (BRASIL, 1971).

14 "Art. 6º O mandato dos membros do conselho fiscal das cooperativas de crédito terá duração de até 3 (três) anos, observada a renovação de, ao menos, 2 (dois) membros a cada eleição, sendo 1 (um) efetivo e 1 (um) suplente" (BRASIL, 2009).

quantos são eleitos em assembleia geral. É de praxe que os cargos em eleição direta são: presidente, diretoria executiva, conselheiros de administração e conselheiros fiscais. Nada impede que determinado cargo também seja eleito em assembleia geral, e para isso, haverá de estar detalhado no estatuto.

A IN DREI nº 10/2013 ainda traz a importância da qualificação dos eleitos:

> 2.3.3.1 - Qualificação dos membros eleitos. Quando houver eleição dos órgãos da administração e fiscalização ou outros, é necessário nominar e qualificar completamente os eleitos (nome, nacionalidade, estado civil, documento de identidade, seu número e órgão expedidor, nº do CPF, profissão, domicílio e residência), bem como mencionar a duração do mandato dos Diretores ou Conselheiros de Administração e do Conselho Fiscal (BRASIL, 2013).

No estatuto, considerando o disposto acima, deve ser indicado como será o voto para a eleição dos conselheiros; como serão formadas as chapas concorrentes aos órgãos sociais; o prazo e forma para inscrição das chapas ou candidaturas individuais, conforme o caso; documentos de apresentação obrigatória, dentre outras exigências que ali poderão ser previstas.

Este ponto – processo eleitoral, pode, também, ser levado ao regimento interno da cooperativa, ou ainda, o estatuto social poderá remeter a uma norma específica, como por exemplo, "regulamento das eleições".

Por questões de praticidade de manuseio das normas da cooperativa, dependendo do porte, será sempre aconselhável manter um capítulo ou mesmo uma seção que trata deste ponto dentro do próprio estatuto social.

2.1.7. No sétimo capítulo, ou capítulo VII

2.1.7.1. Balanço contábil e livros

A sociedade cooperativa é uma pessoa jurídica legalmente constituída e possui obrigatoriedade em manter em dia sua contabilidade, de modo a refletir o quadro real operatório, com documentos, registros bancários e financeiros, notas fiscais e recibos de todos os atos realizados, para fins de balanço geral e prestação de contas perante os seus associados.

O balanço contábil, de acordo com Cuesta (2000), nada mais é do que um inventário onde são informadas as mudanças nos ativos e passivos e transações patrimoniais realizadas. Estas informações são úteis e necessárias aos associados não só por serem a base para determinar os excedentes, mas porque o conhecimento do *status* patrimonial facilita o exercício do direito de participação nas votações e deliberações.

Levando em consideração tais aspectos, é de suma importância que o estatuto estabeleça a forma de periodicidade e continuidade com que o balancete será feito e apresentado aos associados. Nas cooperativas de crédito, o Banco Central do Brasil tem normatizado muito claramente este ponto.

Neste aspecto se inclui, também, a obrigatoriedade de existência dos livros indicados nos artigos 22 e 23 da Lei nº 5.764/71, que devem ser mantidos atualizados pela sociedade cooperativa, quais sejam:

a) matrícula dos associados (artigo 22, inciso I);
b) atas das assembleias gerais (artigo 22, inciso II);
c) atas do órgão de administração e outros constituídos (para cada reunião dos conselheiros) (artigo 22, inciso III);
d) atas do conselho fiscal (para cada reunião realizada) (artigo 22, inciso IV);
e) presença dos associados nas assembleias gerais (artigo 22, inciso V).

Resulta disso tudo a necessidade de conhecer o funcionamento contábil para, então, ditar algumas regras no estatuto social.

2.1.8. No oitavo capítulo, ou capítulo VIII

2.1.8.1. Dissolução e liquidação

A personalidade jurídica da sociedade cooperativa existe normalmente por tempo indeterminado. Esta pessoa jurídica, no entanto, se extingue quando, dissolvida a entidade, o processo de liquidação termina e é cancelada a inscrição no registro competente.

Desta forma, no estatuto deve ter um capítulo reservado à indicação de quais formas e por quais motivos a sociedade cooperativa poderá se dissolver. É importante que neste momento seja indicado qual é o quórum necessário para a votação, o número mínimo de associados para que seja instalada a reunião, entre outros aspectos relacionados.

O artigo 21, inciso VII da Lei nº 5.764/71 estabelece como obrigatória a menção das hipóteses de dissolução voluntária. Os motivos da dissolução poderão ser descritos conforme o disposto no artigo 63:

> Art. 63. As sociedades cooperativas se dissolvem de pleno direito:
>
> I - quando assim deliberar a Assembleia Geral, desde que os associados, totalizando o número mínimo exigido por esta Lei, não se disponham a assegurar a sua continuidade;
>
> II - pelo decurso do prazo de duração;
>
> III - pela consecução dos objetivos predeterminados;
>
> IV - devido à alteração de sua forma jurídica;
>
> V - pela redução do número mínimo de associados ou do capital social mínimo se, até a Assembleia Geral subsequente, realizada em prazo não inferior a 6 (seis) meses, eles não forem restabelecidos;
>
> VI - pelo cancelamento da autorização para funcionar;
>
> VII - pela paralisação de suas atividades por mais de 120 (cento e vinte) dias (BRASIL, 1971).

O citado artigo apresenta um rol meramente exemplificativo, podendo a cooperativa estabelecer hipóteses diversas de dissolução da sociedade.

Krueger e Branco de Miranda (2007, p. 324) tecendo comentários sobre a lei ressaltam ainda:

> Importante que se tenha sempre em vista que o instituto da "dissolução", em verdade, refere-se à manifestação de vontade no sentido de que a sociedade cesse suas atividades. O meio pelo qual se executa a dissolução é pela liquidação. Assim, podemos definir a liquidação como o instrumento operacional utilizado para executar a dissolução, que foi definida e desejada pelos sócios em Assembleia Geral Extraordinária.

A previsão da dissolução e consequente liquidação da entidade estão previstas nos artigos 63 a 79 da Lei nº 5.764/71. Nestes dispositivos são apresentadas as possibilidades de dissolução da cooperativa, os procedimentos que devem ser adotados e a forma como se processa a liquidação. Todos estes aspectos deverão constar no estatuto.

2.1.9. No nono capítulo, ou capítulo IX

2.1.9.1. Disposições gerais e disposições transitórias

Nas disposições gerais e transitórias do Estatuto, poderão ser abordadas questões que não foram trazidas nos capítulos anteriores.

Cabe aqui definir quanto ao cálculo de votos para todos os órgãos ou reuniões que acontecerem. A quase totalidade dos estatutos define para a votação, como "maioria simples"[15] ou "maioria absoluta"[16], sem, no entanto, complementar a definição. Ou, ainda, definem como critério de votação vencedora a "metade mais um". Isto é mais complexo do que a simplicidade dessas expressões. Surge daí a necessidade de deixar bem claro como será aclamado o resultado. E nesta circunstância, basta prevenir neste último capítulo através de um simples artigo onde afirme simplesmente:

> Art. ... - Para qualquer votação, sempre que o quórum não resultar em número inteiro, considerar-se-á a unidade imediatamente superior.
>
> **Parágrafo Único** – A regra do *caput* deste artigo também se aplica a qualquer outra delimitação de quantidade prevista neste Estatuto.

Neste momento também é indicada a forma como serão resolvidos os casos omissos no Estatuto e quando o documento entrará em vigor.

Poderá ser indicado, também, por exemplo, sobre como se procede a reforma estatutária, a prorrogação do mandato dos conselhos até a realização da assembleia geral ordinária, conforme possibilita o artigo 44, inciso III da Lei nº 5.764/71.

---

15 "Maioria Simples: É a mais simples de conceituar, a qual não dispensa a doutrina maiores comentários a respeito. É aquela que compreende mais da metade dos votantes, presentes à sessão, ou, quando haja dispersão de votos, a que representa o maior resultado da votação, dentre os que participaram. Daí por que, sempre que se adotar o sistema de deliberação por maioria simples, dever-se-á esclarecer, com precisão, qual o critério a prevalecer. Em princípio, nos casos omissos, considera-se exigida a maioria simples em relação ao número dos que tomarem parte na votação" (SANTOS, 2016).

16 "Maioria Absoluta: Celso Ribeiro Bastos, no livro "Comentários à Constituição do Brasil", 4º volume, tomo I, ed. Saraiva, 1995, p.44, questiona em que consiste a maioria absoluta e ao responder afirma que *"a maioria absoluta vem a ser o equivalente a mais da metade dos integrantes do órgão. Este número equivalerá à metade dos membros mais um quando se tratar de número par. Em caso contrário, basta que seja o número inteiro imediatamente posterior à metade""* (SANTOS, 2016).

3. A ESTRUTURA DE UM ESTATUTO SOCIAL

Um estatuto social, para ser considerado bom, no sentido técnico e didático, deve obedecer a uma sequência lógica hierárquica. Isso exige um trabalho de equipe, muito embora o redator seja um só, preferencialmente da área do direito e com boa vivência nesta área.

Não há uma fórmula pronta para estruturar um estatuto social. O que nele conterá depende do entendimento do quadro diretivo da entidade, da complexidade do seu objeto e também do tamanho que se pretende chegar com a sociedade

De qualquer forma, deve-se seguir um esquema estrutural na elaboração de um estatuto social.

No Brasil, há uma legislação própria que orienta quanto a elaboração e redação das leis e normas jurídicas – a Lei Complementar nº 95, de 26 de fevereiro de 1998, alterada em toda sua essência pela Lei Complementar nº 107, de 26 de abril de 2001.

O artigo 10 desta LC é bem preciso e objetivo na orientação da estruturação de uma norma, servindo tal orientação perfeitamente a um estatuto social, pois que também é uma lei, ainda que de âmbito apenas societário. Vejamos:

> Art. 10. Os textos legais serão articulados com observância dos seguintes princípios:
>
> I - a unidade básica de articulação será o artigo, indicado pela abreviatura "Art.", seguida de numeração ordinal até o nono e cardinal a partir deste;
>
> II - os artigos desdobrar-se-ão em parágrafos ou em incisos; os parágrafos em incisos, os incisos em alíneas e as alíneas em itens;
>
> III - os parágrafos serão representados pelo sinal gráfico "§", seguido de numeração ordinal até o nono e cardinal a partir deste, utilizando-se, quando existente apenas um, a expressão "parágrafo único" por extenso;
>
> IV - os incisos serão representados por algarismos romanos, as alíneas por letras minúsculas e os itens por algarismos arábicos;
>
> V - o agrupamento de artigos poderá constituir Subseções; o de Subseções, a Seção; o de Seções, o Capítulo; o de Capítulos, o Título; o de Títulos, o Livro e o de Livros, a Parte;
>
> VI - os Capítulos, Títulos, Livros e Partes serão grafados em letras maiúsculas e identificados por algarismos romanos, podendo estas últimas

> desdobrar-se em Parte Geral e Parte Especial ou ser subdivididas em partes expressas em numeral ordinal, por extenso;
>
> VII - as Subseções e Seções serão identificadas em algarismos romanos, grafadas em letras minúsculas e postas em negrito ou caracteres que as coloquem em realce;
>
> VIII - a composição prevista no inciso V poderá também compreender agrupamentos em Disposições Preliminares, Gerais, Finais ou Transitórias, conforme necessário (BRASIL, 1998).

Entendo desnecessário o rigor da técnica legislativa para um pequeno estatuto – este pode ser simplificado. Mas ainda que tenhamos um pequeno estatuto, dela não devemos nos distanciar.

Um estatuto bem elaborado reduz ou elimina conflitos. E, para isso, a contratação de um bom profissional para escrever, rever ou mesmo alterá-lo, poderá representar a harmonia do quadro social quanto às regras de convivência associativa.

E, lembre-se, antes de levar à discussão pelo quadro social, revise, repasse aos diretores, às equipes das diversas áreas da cooperativa para que analisem e apontem sugestões ou críticas. A revisão final com o aceite dos diretores, dirigentes e gerentes será o primeiro passo para aprovação e o sinal de sucesso no seu cumprimento. E, por derradeiro, entregue o texto final a um bom profissional ligado a área de redação. Somente depois de corrigido levar à discussão do quadro social.

REFERÊNCIAS BIBLIOGRÁFICAS

BRASIL. Constituição da República Federativa do Brasil de 1988. Disponível em: <http://www.planalto.gov.br/ccivil_03/Constituicao/Constituicao.htm>. Acesso em 3 dez. 2018

______. Lei nº 5.764, de 16 de dezembro de 1971. *Define a Política Nacional de Cooperativismo, institui o regime jurídico das sociedades cooperativas, e dá outras providências.* Disponível em: <http://www.planalto.gov.br/ccivil_03/LEIS/L5764.htm>. Acesso em 3 dez. 2018.

______. Lei nº 10.402, de 10 de janeiro de 2002. *Institui o código civil.* Disponível em: <www.planalto.gov.br/ccivil_03/LEIS/2002/L10406.htm>. Acesso em 3 dez. 2018.

______. Lei nº 12.690, de 19 de julho de 2012. *Dispõe sobre a organização e o funcionamento das Cooperativas de Trabalho; institui o Programa Nacional de Fomento às Cooperativas de Trabalho - PRONACOOP; e revoga o parágrafo único do art. 442 da Consolidação das Leis do Trabalho - CLT, aprovada pelo Decreto-Lei no 5.452, de 1º de maio de 1943.* Disponível em: <http://www.normaslegais.com.br/legislacao/lei-12690-2012.htm>. Acesso em 3 dez. 2018.

______. Lei Complementar nº 95, de 26 de fevereiro de 1998. *Dispõe sobre a elaboração, a redação, a alteração e a consolidação das leis, conforme determina o parágrafo único do art. 59 da Constituição Federal, e estabelece normas para a consolidação dos atos normativos que menciona.* Disponível em: <http://www.planalto.gov.br/ccivil_03/LEIS/LCP/Lcp95.htm>. Acesso em 03 dez. 2018.

______. Lei Complementar nº 130, de 17 de abril de 2009. *Dispõe sobre o Sistema Nacional de Crédito Cooperativo e revoga dispositivos das Leis nos 4.595, de 31 de dezembro de 1964, e 5.764, de 16 de dezembro de 1971.* Disponível em: <http://www.planalto.gov.br/ccivil_03/leis/lcp/Lcp130.htm>. Acesso em 3 dez. 2018.

______. PRESIDÊNCIA DA REPÚBLICA. SECRETARIA DA MICRO E PEQUENA EMPRESA. Instrução Normativa DREI nº 14, de 5 de dezembro de 2013. *Aprova o quadro enumerativo dos atos empresariais sujeitos à aprovação prévia de órgãos e entidades governamentais para registro nas Juntas Comerciais e dá outras providências.*

CAMPOS, Armando. *Plexo normativo das cooperativas de crédito.* Brasília: OAB, 2003.

CARRADORE, Enir Antonio. *Sociedades cooperativas e imposto sobre a renda.* Florianópolis: OAB/SC, 2005.

CUESTA, Elsa. *Manual de derecho cooperativo: tratamento teórico y práctico, actualizado com la nuevas normas legales.* Buenos Aires: Ábaco, 2000.

DEPARTAMENTO DE REGISTRO EMPRESARIAL E INTEGRAÇÃO (DREI). *Instrução Normativa DREI nº 10, de 05 de dezembro de 2013*. 2013.

FRANKE, Walmor. *Direito das sociedades cooperativas: Direito Cooperativo*. São Paulo: Saraiva, 1973.

KRUEGER, Guilherme; MIRANDA, André Branco. (Coord.). *Comentários à legislação das sociedades cooperativas: Tomo I*. Belo Horizonte: Mandamentos, 2007.

MENDES, Victor. *Como criar uma cooperativa*. Porto: Legis, 2006.

MÜLLER, Alberto García. *Derecho cooperativo y de la economía social y solidaria: modulo 6 ciclo vital de la empresa solidaria*. Mérida: Associação Iberoamericana de Derecho Cooperativo, Mutual y de la Economia Social y Solidaria, 2016.

ORGANIZAÇÃO DAS COOPERATIVAS DO ESTADO DO PARANÁ. Departamento Jurídico. *Sugestão de estatuto social para cooperativas agropecuárias paranaenses*. Curitiba, 1992.

PANZUTTI, Ralph et al. (Org.). *Cooperativa: uma empresa participativa*. São Paulo: OCESP, 2000.

RECH, Daniel. *Cooperativas: uma alternativa de organização popular*. Rio de Janeiro: FASE, 1995.

SANTOS, Rosana Maier. Revista online. *Quórum de votação e como determinar a maioria absoluta e maioria simples*. Disponível em: <http://www.ibrajus.org.br/revista/artigo.asp?idArtigo=325> Acesso em 15 dez. 2018.

THUR, Von. *apud* FRANKE, Walmor. *Direito das sociedades cooperativas: direito cooperativo*. São Paulo: Saraiva, 1973.

WAKALICZ, Gilberto. *Legislação cooperativista*. Santa Maria: Universidade Federal de Santa Catarina, Colégio Politécnico, 2015.

COOPERATIVAS DE CRÉDITO E PROCESSO ADMINISTRATIVO SANCIONADOR: ENTRE A PERSPECTIVA DE UM TRATAMENTO ISONÔMICO E A NECESSIDADE DE PRESERVAÇÃO DO DIFERENCIAL COOPERATIVO

PAULO ROBERTO CARDOSO BRAGA

Especialista em Direito de Empresa pelo Instituto de Educação Continuada-PUC/MG, Graduado pela Faculdade de Direito da Universidade Federal de Minas Gerais (turma de 1989), Advogado atuante, sócio titular da Paulo Braga Advogados Associados, referência em direito cooperativo. Coautor dos livros: "Aspectos Jurídicos das Cooperativas de Crédito" - Série Cooperativismo - Editora Mandamentos; "Comentários à Legislação das Sociedades Cooperativas" - Editora Mandamentos; "Tributação das Cooperativas" - Editora MP; "Sustentabilidade e cooperativismo: uma filosofia para o amanhã - Anais do I Congresso Internacional do Instituto Brasileiro de Pesquisas e Estudos Ambientais e Cooperativo" - Editora Fórum. Autor de diversos artigos publicados em periódicos de cunho jurídico. Professor convidado de cursos de MBA direcionados para o setor cooperativo e empresarial. Membro da Comissão de Direito Cooperativo da OAB/MG; Grupo de Trabalho Institucional da Confederação Nacional das Cooperativas (CNCOOP) - Grupo de Trabalho/Convenção Coletiva de Trabalho Nacional (GT/CCT NACIONAL); Comitê jurídico do sistema UNICRED, Comitê jurídico da Federação dos Sindicatos das Cooperativas dos Estados de Alagoas, Bahia, Espírito Santo, Minas Gerais e Santa Catarina (FECOOP-SULENE).

RESUMO

No presente artigo, pretendemos analisar, sob a ótica do direito cooperativista, as regras constitucionais e infra jurídicas, o processo de sanção administrativa contra a ótica do diferencial cooperativo, preservando a identidade, natureza e valores da cooperação.

Palavras-chave: Cooperativas de Crédito; Processo Sancionador Administrativo; Isonomia; Preservação do Diferencial Cooperativo; Identidade Cooperativa; Princípios Cooperativos.

ABSTRACT

In the present article, we intend to analyze, under the optics of the co-operative law, infra legal and constitutional rules, the administrative sanctioning process against the optic of the cooperative differential, preserving the identity, nature and values of the cooperation.

Keywords: Credit Union; Administrative Sanctioning Process; Isonomy; Preservation of the Cooperative Differential; Cooperative Identity; Cooperative Principles.

1. INTRODUÇÃO: NATUREZA JURÍDICA DAS SOCIEDADES COOPERATIVAS DE CRÉDITO.

Como dito pela Ministra Nancy Andrighi, verdadeira intérprete do cooperativismo nas cortes federais:

> Percebe-se, portanto, que a autonomia do Direito Cooperativo decorre intrinsecamente de sua própria peculiaridade como sistema diacrônico, que busca sua identidade ao longo de sua evolução. Apresenta-se, ademais, como sistema reformista, que pretende atingir, como valores máximos, a solidariedade e a ajuda mútua, aspirando, como principal objetivo de ordem filosófica, o aperfeiçoamento moral do homem, na mais elevada acepção ética (ANDRIGHI, 2003).

No presente artigo, pretendemos analisar, sob a ótica do direito cooperativo, normas infra legais e constitucionais, o processo administrativo sancionador face a ótica do diferencial cooperativo, preservando a identidade, natureza e valores da cooperação.

Temos observado ao longo dos anos que tanto a autoridade reguladora quanto o órgão julgador, infelizmente, não observam e tampouco aplicam o diferencial cooperativo nos respectivos julgamentos, e desta forma, em nosso modesto entendimento, violam reiteradamente os princípios e valores que serão expostos neste breve estudo.

Sempre que se debate acerca do cooperativismo, devemos iniciar discutindo a natureza jurídica da sociedade cooperativa, em particular de crédito, fixando conceitos e princípios que facilitam a compreensão das particularidades e peculiaridades inerentes ao cooperativismo, muitas vezes relegadas a segundo plano, favorecendo interpretações equivocadas de situações.

Esta situação enquadra-se, precisamente, na constatação de que a natureza dos interesses que lastreiam a criação da cooperativa não desconstitui o *status* de empresa, como anuncia José Dias Agudo, reportando-se a Fauquet.

> Característico das cooperativas é serem simultaneamente associações e empresas [...].
>
> A cooperativa "não é um agrupamento impessoal de capital: é no sentido pleno do termo uma associação de pessoas"; e uma associação democrática onde vigora a regra "um homem, um voto".
>
> Por outro lado, a empresa cooperativa é criada e gerida para satisfazer directamente as necessidades dos associados utentes: é uma "empresa de serviço" (não uma "empresa de relação" – como a capitalista –, gerida "em função da soma de lucros a retirar", e em que a "satisfação das necessidades dos utentes é condição e não é um fim) (AGUDO *apud* FAUQUET, 1980).

Os princípios basilares que norteiam o cooperativismo foram idealizados pelos precursores de Rochdale, nos idos de 1844, visando a constituir uma sociedade baseada na valorização do ser humano, na solidariedade, na busca do bem comum e na adesão voluntária, sem objetivo de lucro (conforme previsto no artigo 3º da Lei nº 5.764/71).

As sociedades cooperativas, ninguém desconhece, têm peculiaridades que as diferenciam das demais sociedades.

Basta que se veja, a breve passo, alguns dispositivos da Lei nº 5.764, de 16 de dezembro de 1971, pela qual foi definida a política nacional do cooperativismo e criado o regime jurídico das sociedades cooperativas – a começar pelos artigos 3º e 4º, segundo os quais elas são sociedades de pessoas, civis, sem objetivo de lucro, com forma e natureza jurídica próprias, não sujeitas a falência, criadas para prestar serviços aos associados nas quais adquire especialmente realce o espírito da mutualidade – equivalente, segundo os doutrinadores, à reciprocidade das prestações entre a cooperativa e o cooperado, em oposição ao cunho eminentemente empresarial das demais sociedades.

Distinguiu-se das demais sociedades por diversas características, dentre as quais a de que não distribuem lucros ou dividendos, mas, sim, retornam aos cooperados as sobras líquidas do exercício, proporcionalmente às operações por eles realizadas (conforme indicado no inciso VII do artigo 4º de referida Lei).

Pontes de Miranda já prelecionou que

> a sociedade cooperativa é sociedade em que a pessoa do sócio passa à frente do elemento econômico e as consequ*ências da pessoalidade da participação são profundas a ponto de torná-la espécie de sociedade* (PONTES DE MIRANDA, 1854, p. 429).

O fim primordial das sociedades cooperativas é a prestação de serviços aos cooperados, desta forma, não auferem receitas e tampouco possuem despesas, já que em conformidade com as disposições do artigo 80 da Lei nº 5.764/71 "as despesas da sociedade serão cobertas pelos associados mediante rateio na proporção direta da fruição de serviços" (BRASIL, 1971).

Por tudo isso, Renato Lopes Becho conceitua as cooperativas como:

> sociedades de pessoas, de cunho econômico, sem fins lucrativos, criadas para prestar serviços aos sócios de acordo com princípios jurídicos próprios e mantendo seus traços distintivos intactos", e depois, ao falar do objetivo da cooperação, diz que quando se fala em cooperação "tem-se em mente a união de pessoas com desejos semelhantes, buscando facilitar uma tarefa, a consecução de uma meta mais facilmente etc.", e que em sede de cooperativa, "uma das formas de cooperação, o objetivo imediato é a união de pessoas para obter uma vantagem econômica para todos os membros do grupo que se uniu (BECHO, 1999, p. 80-81).

"Essa vantagem econômica", continua o autor, "advém da eliminação de um ou mais intermediários do processo produtivo, fazendo com que a riqueza que esta alcançava, muitas vezes maior do que a do produtor, venha a compor o patrimônio pessoal do cooperado" (Idem).

Não resta dúvida de que nas sociedades cooperativas o elemento humano está à frente do elemento econômico, já que a sociedade é constituída pelo e para o elemento humano, buscando o desenvolvimento do ente e não da empresa, como sói acontecer com todo empreendimento cujo fim primordial é o lucro.

Buscando amparo na sempre lúcida lição de Nelson Abrão, as cooperativas de crédito são:

> Organizações que têm por escopo desenvolver a chamada mutualidade. No setor creditício, sua finalidade consiste em propiciar empréstimos a juros módicos a seus associados, estando subordinados, na parte normativa, ao Conselho Monetário Nacional e, na parte executiva, ao Banco Central (ABRÃO, 2000, p.32).

Nosso amigo, Alcenor Pagnussatt, ícone do cooperativismo de crédito gaúcho e nacional, ensina com a propriedade que lhe é peculiar:

> Cooperativas de crédito são sociedades de pessoas, constituídas com o objetivo de prestar serviços financeiros aos seus associados, na forma de ajuda mútua, baseada em valores como igualdade, equidade, solidariedade, democracia e responsabilidade social. Além de prestação de serviços comuns, visam diminuir desigualdades sociais, facilitar o acesso aos serviços financeiros, difundir o espírito de cooperação e estimular a união de todos em prol do bem-estar comum (PAGNUSSATT, 2004, p.13).

Portanto, a autonomia da vontade do associado é consubstanciada na participação efetiva nos rumos da sociedade cooperativa através das discussões e deliberações que são tomadas nas assembleias gerais realizadas anualmente.

Nas assembleias gerais, o associado, dono da cooperativa, delibera acerca do resultado, elege os cooperados que irão dirigir o negócio e elege os cooperados que irão fiscalizar a gestão, enfim, pratica os principais atos da sociedade cooperativa, atentos ao princípio de uma pessoa, um voto.

As assembleias gerais corroboram com o ideal do saudoso Presidente Tancredo Neves: "A cooperativa é a sociedade mais democrática que existe".

A Lei n° 5.764/71 fez constar o diferencial necessário às sociedades cooperativas, focando o aspecto socioeconômico da vida coletiva, alçada na mutualidade e reciprocidade da troca de interesses.

As sociedades cooperativas, portanto, foram erigidas como um meio juridicamente viável de alavancar o resultado econômico dos cooperados, obtendo-se uma presença mais efetiva da pessoa física na vida econômica.

A verdade é que a sociedade cooperativa é apenas mandatária de seus associados, pois atua em nome, por conta e em benefício daqueles, fato este já percebido pelo Judiciário há mais de quatro décadas (vide Supremo Tribunal Federal, julgamento do Recurso Especial n° 71840/SP, da relatoria do Ministro Djaci Falcão).

A cooperativa é a representação societária de uma atividade econômica *sui generis*, de proveito comum e exclusivo de seus associados. As relações entre a cooperativa e cooperado são ditadas pelo próprio, que, enquanto cooperado, está aderente às decisões de sua cooperativa, dentro do princípio que rege tal tipo de associação nos termos do prescrito no artigo 38, *caput*, da Lei n° 5.764/71.

Georges Ripert assinalou, com inteira procedência, "que os cooperados são, ao mesmo tempo, os sócios da cooperativa e os destinatários de sua atividade, ou seja, ao mesmo tempo, associados e clientes" (RIPERT, 1644, p. 964).

Em palestra proferida pelo autor no IV Fórum: Aspectos Legais do Cooperativismo, evento realizado pelo sistema SESCOOP/OCESP em São Paulo, manifestei-me da seguinte forma:

> Neste ponto da diferenciação contratual é imperioso termos em mente o conceito da sociedade cooperativa, a sua operacionalização. A sociedade cooperativa é representante, a mandatária do cooperado. Como dito alhures é a longa *manus* do cooperado na busca por um crédito mais justo. O cooperado na cooperativa é o dono e o usuário dos serviços ao mesmo tempo.
>
> Por si ou através de representante por ele eleito em assembleia geral é definido o conteúdo do ato cooperativo, o alcance do contrato cooperativo, suas cláusulas principais, taxas de juros, prazos, encargos, garantias etc.
>
> O resultado do contrato lhe é imputado, seja positivo (sobras) ou negativo (perdas), concorrerá com ele na medida de sua participação, já que a sociedade não aufere receita e nem despesa, a sociedade somente age em seu nome para atingir um fim que não era possível ser atingido de forma individual.
>
> A sociedade cooperativa é criada pelo cooperado, é dirigida por ele ou por alguém que o mesmo elegeu. Suas regras, normas, estatuto social são aprovadas pelos cooperados, diretamente em assembleia geral quando a lei e o estatuto assim determinam (e consequentemente com a participação de todos os associados) ou indiretamente pelos órgãos de administração (cujos membros são cooperados eleitos pelos cooperados dentre cooperados) (BRAGA, em palestra proferida na ocasião do IV Fórum: Aspectos Legais do Cooperativismo. Espanha, 25 set. 2013).

Portanto, extreme de dúvidas de que a correta compreensão da natureza jurídica da cooperativa de crédito é fator primordial para aplicar os princípios pertinentes a nova governança e a política de sucessão, visando satisfazer os requisitos legais sem perder o foco na essência do cooperativismo: desenvolvimento social e econômico dos associados.

2. DIFERENCIAIS DAS COOPERATIVAS DE CRÉDITO FACE ÀS INSTITUIÇÕES BANCÁRIAS TRADICIONAIS

Ressalte-se que as cooperativas de crédito são, dessa forma, cooperativas formadas para a prestação de serviços financeiros, nos termos da regulação vigente. Seu principal objetivo é eliminar o intermediário – instituição financeira – entre a captação de recursos e seu investimento na concessão de empréstimos.

Tomamos a liberdade de transcrever trecho do memorável acórdão de lavra da Ministra Nancy Andrighi, no qual em julgamento ("*linding case*") fora conduzida a tese acolhida pelo Supremo Tribunal de Justiça (STJ) (REsp 1.535.888 MG), no sentido da inexistência de solidariedade entre os entes que compõem o sistema nacional de crédito cooperativo. Concluiu-se, então, de forma irretocável acerca das atividades e, sobretudo, as diferenças entre os tipos societários, cooperativas de crédito e bancos.

Vejamos:

> Neste ponto, cumpre diferenciar as cooperativas de crédito dos bancos. Em uma primeira análise, a principal diferença é a ausência de finalidade lucrativa das cooperativas, o que é presente nas instituições financeiras tradicionais. Além dessa, muitas outras distinções podem ser apontadas, como se verifica abaixo:
>
> a) Quanto ao tipo de sociedade: os bancos são sociedades de capital, onde o poder é exercido na proporção do número de ações, enquanto que as cooperativas de crédito são sociedades de pessoas, onde o voto tem peso igual para todos (uma pessoa, um voto);
>
> b) quanto às deliberações: nos bancos as deliberações são concentradas, já nas cooperativas de crédito as decisões são compartilhadas entre muitos;
>
> c) administração: nos bancos, o administrador é um terceiro (homem do mercado), já nas cooperativas de crédito o administrador é do meio (cooperativado);
>
> d) quanto ao usuário: nos bancos, o usuário das operações é mero cliente e não exerce qualquer influência na definição do preço dos produtos; enquanto que nas cooperativas de crédito o usuário é o próprio dono (cooperativado) e, toda a política operacional é decidida pelos próprios usuários/donos (cooperativados);
>
> e) quanto à distinção: os bancos podem tratar distintamente cada usuário, beneficiando grandes correntistas e investidores, oferecendo taxas de juros e prestação de serviços mais barata; já nas cooperativas de crédito

os associados não podem ser distinguidos: o que vale para um, vale para todos (Art. 37 da Lei nº 5.764/71);

f) propósitos: os bancos têm propósitos mercantis, já nas cooperativas de crédito a mercancia não é cogitada (Art. 79, parágrafo único, da Lei nº 5.764/71);

g) atendimento: os bancos atendem em massa, priorizando ademais, o autosserviço/a automação; já as cooperativas de crédito visam o atendimento personalizado/individual, com o apoio da informática;

h) resultados: os bancos visam o lucro por excelência, o resultado é de poucos (acionistas), enquanto que nas cooperativas o lucro está fora do seu objeto social (Art. 3 da Lei nº 5.764/71) e o excedente (sobras) é distribuído entre todos (usuários), na proporção das operações individuais, reduzindo ainda mais o preço final pago pelos cooperativados;

i) no plano societário: os bancos são regulados pela Lei nº 6.404/76 – Lei das Sociedades Anônimas, enquanto que as cooperativas de crédito são reguladas pela Lei nº 5.764/71 - Lei Cooperativista (REsp nº 1.535.888 MG (2015/0130964-4). Rel.: Ministra Nancy Andrighi, Julg. 26 mai. 2017).

Desta forma é patente o diferencial entre as sociedades cooperativas de crédito e as tradicionais instituições financeiras, que deve ser observado especialmente pelo aplicador do direito ao julgar processos nos quais se busque aferir eventual responsabilidade pelo exercício de cargos eletivos.

Sendo instituições similares, porém totalmente diferentes na essência, com princípios e valores próprios, não se pode aplicar da mesma forma a mesma regra, como veremos adiante.

3. IDENTIDADE COOPERATIVA E PRINCÍPIOS COOPERATIVOS

A partir das diretrizes emanadas pelos pioneiros de Rochdale, desde os primórdios da cooperação, nos quais se consubstanciaram os princípios cooperativos – em nossa legislação previstos no artigo 4° da Lei n° 5.764/71 –, são delimitadas as diferenças das sociedades cooperativas para as demais sociedades de natureza civil ou comercial presentes em nosso ordenamento jurídico.

O douto ministro do colendo STJ, Edson Vidigal, assim se manifestou prefaciando obra pertinente ao direito cooperativo:

> Entidades de portas abertas, na qual a adesão e a retirada acontecem com ampla liberdade. As cooperativas de crédito trazem a marca da democracia na sua gestão. As decisões administrativas são tomadas em assembleias

gerais e, nelas, é clausula pétrea o princípio "um associado, um voto" (VIDIGAL, 2005, prefácio).

Os pioneiros de Rochdale, ao evoluírem o conceito de cooperativismo já existente, trazendo para o século XIX a cooperação em sua forma atual, basearam a relação entre os associados e as cooperativas e destas para com a sociedade em geral, em sete pilares básicos hoje reconhecidos internacionalmente pela Aliança Cooperativa Internacional (ACI). São estes os princípios norteadores: adesão livre e voluntária, gestão democrática, participação econômica, autonomia e independência, educação, formação e informação, intercooperação e, interesse pela comunidade.

A citada lei cooperativista estabeleceu onze normas, desdobrando alguns princípios norteadores a fim de enfatizar a importância dos mesmos, estando descritos nos incisos I a XI do artigo 4º da Lei nº 5.764/71, os quais reportamos a leitura.

A identidade cooperativa e os princípios cooperativos estão umbilicalmente ligados, sendo um decorrente do outro; a identidade cooperativa decorre da aplicação correta dos princípios cooperativos.

Mesmo estando o mundo em constante transformação, notadamente nas últimas décadas, fruto do notável e perturbador avanço tecnológico, as sociedades cooperativas devem manter, integralmente, a aplicação dos princípios em seu cotidiano. Caso se desviem do seu fim, as cooperativas poderão se transformar em sociedades comuns, sem a liga que lhes dá vida, visto que a colaboração é a essência da cooperação; essa colaboração encontra-se em evidência por parte da denominada economia colaborativa.

Desde 1995, na oportunidade de Congresso ocorrido em Manchester, a Aliança Cooperativa Internacional alertava para essa realidade e para as suas repercussões quando anunciou a declaração sobre identidade cooperativa baseada na definição, nos valores e nos princípios.

Sobre a definição de cooperativa diz a declaração da ACI: "Uma cooperativa é uma associação autônoma de pessoas, que se unem, voluntariamente, para satisfazer necessidades e aspirações econômicas, sociais e culturais comuns, através de uma empresa de propriedade conjunta e democraticamente controlada".

As cooperativas baseiam-se em valores de autoajuda e responsabilidade própria, democracia, igualdade, equidade e solidariedade. Na tradição dos seus fundadores, os membros das cooperativas acreditam nos valores éticos de honestidade, transparência, responsabilidade social e preocupação pelos outros.

Esses princípios implicam na forte identidade cooperativa de se preocupar com o social sem se esquecer do econômico, já que a origem da aventura dos pioneiros de Rochdale (1844) é uma cooperativa de consumo que visava oferecer aos associados bens a preço justo, facilitando a aquisição de produtos básicos e indispensáveis à sobrevivência da população.

Ao participar ativamente da vida social das comunidades, as cooperativas praticam diariamente o sétimo princípio fundamental, qual seja: interesse pela comunidade. A prática social não se limita somente ao uso do FATES, mas sim em toda e qualquer operação realizada com seus associados e com a comunidade. É notório que enquanto as casas bancárias tradicionais estão a encerrar agências e demitir pessoas, as cooperativas de crédito estão atendendo em novos pontos, contratando colaboradores, reduzindo os juros, ofertando novos serviços.

Ao cumprir o objetivo social previsto no estatuto social, em sintonia com as disposições do artigo 2º da Lei Complementar nº 130/2009[1], regulamentado pelo artigo 17 da Resolução CMN n° 4434/2015, as cooperativas de crédito estão aplicando os outros seis princípios com seus associados e em prol de toda a coletividade.

A moderna doutrina cooperativista tem conceituado princípios tais como valor cooperativo, conforme nos ensina, com peculiar propriedade, Leonardo Rafael de Souza (2017, p. 29-30):

> Não obstante essa importante evolução, o que se nota até aqui é que os valores constituem uma resposta natural às necessidades sentidas pelo sujeito a partir das qualidades a serem por si apreciadas....
>
> Assim conceituar valor significa o considerar como uma possibilidade de escolha, isto é, uma disciplina inteligente das escolhas, que pode conduzir

---

1 Art. 2°. As cooperativas de crédito destinam-se, precipuamente, a prover, por meio da mutualidade, a prestação de serviços financeiros a seus associados, sendo-lhes assegurado o acesso aos instrumentos do mercado financeiro.

> a eliminar alguma delas ou declará-las irracionais ou nocivas, e poder conduzir (e conduz) a privilegiar outras, prescrevendo a sua repetição cada vez que determinadas condições se verifiquem (SOUZA, 2017, p. 29-30).

Portanto, afirma-se que as cooperativas de crédito não podem deixar de aplicar os seus valores e princípios, sob a pena de perder a identidade cooperativa, ainda que à custa de ter eventual crescimento de mercado em grau inferior ao da empresa correlata; vale ressaltar que o sentido da cooperação é a ajuda mútua sem intuito lucrativo. Esse é o desafio do Sistema Nacional de Crédito Cooperativo (SNCC, constituído pela Lei Complementar nº 130/2009): crescer, prestar excelentes serviços e atender à comunidade sem deixar de ser cooperativa.

4. PROCESSO ADMINISTRATIVO SANCIONADOR

A legislação pertinente ao processo administrativo sancionador no âmbito do sistema financeiro nacional foi radicalmente modificada com a promulgação da Lei nº 13.506, em 13 de novembro de 2017, que criou novas tipificações e novo rito processual, modificando toda a estrutura até então vigente.

O Banco Central do Brasil (BACEN) editou em 14 de novembro de 2017 a Circular nº 3.857, que dispõe sobre o rito do processo administrativo sancionador, a aplicação de penalidades, termo de compromisso, medidas acautelatórias, multa cominatória e acordo administrativo em processo de supervisão, previstos na Lei nº 13.506/2017.

Sendo tema recente em nosso ordenamento jurídico, não obstante presente desde a Lei nº 4.595/64, a hora é oportuna para aprofundar o debate acerca da sua aplicabilidade para as cooperativas de crédito e os membros de órgãos estatutários, especialmente diretores, conselheiros de administração e fiscal, sob a ótica não somente do processo em si, mas também e sobretudo sobre a ótica dos princípios-valores e da identidade cooperativa.

Não resta dúvida de que a nova legislação é moderna e visa aperfeiçoar o processo e o procedimento administrativos, destacando os seguintes aspectos positivos das alterações:

a) uniformiza os parâmetros para a aplicação de penalidades aos vários segmentos supervisionados, tipificando as infrações puníveis de maneira abrangente;
b) aperfeiçoa os critérios de gradação e de aplicação de penalidades pelo Banco Central: institui-se gradação nas punições, revisão no valor da multa e criação da multa cominatória, aplicável em caso de descumprimento de determinação do Banco Central, além de determinar que na fixação da pena (dosimetria) deverá ser levado em consideração a gravidade e duração da infração; o grau de lesão ou o perigo de lesão ao Sistema Financeiro Nacional, à instituição ou a terceiros; a vantagem auferida ou pretendida pelo infrator, bem como sua capacidade econômica; o valor da operação; a reincidência e a colaboração do transgressor para apuração da infração;
c) o valor da multa pecuniária antes limitado a R$ 250.000,00 (duzentos e cinquenta mil reais) pode alcançar até dois bilhões de reais;
d) poderão ser aplicadas penas cumulativas, tais como: pena pecuniária e inabilitação, por exemplo;
e) cria o processo eletrônico: mais moderno, ágil e seguro; e
f) o apenado pode requerer atribuição de efeito suspensivo ao recurso, visando suprir uma lacuna até então existente no processo anterior, que fora modificada por via transversa através da Resolução CMN n° 4.122/2012.

A nova lei apresenta a possibilidade de adoção de medidas coercitivas e acautelatórias pelo BACEN, desde a prestação de informações ou esclarecimentos, até afastamento e impedimento da pessoa investigada, prevendo, inclusive, a aplicação de multa em caso de descumprimento das medidas, que pode ser de até R$ 100.000,00 (cem mil reais) por dia de atraso.

Surgem também novas figuras administrativas de composição de conflitos: o termo de compromisso e o acordo.

O termo de compromisso é um instrumento alternativo (no âmbito do direito das obrigações, constitui título executivo) ao processo administrativo sancionador, por meio do qual o administrado se compromete a cessar a prática, corrigir as irregularidades, indenizar prejuízos e recolher contribuição pecuniária, além de outras condições que podem ser acordadas caso a caso. Assinado o termo de compromisso o processo pode ser suspenso ou nem instaurado, preservando sempre a punibilidade de eventuais ilícitos penais.

A celebração do termo de compromisso não importará confissão quanto à matéria de fato, nem reconhecimento da ilicitude da conduta analisada, sua assinatura importará o arquivamento do referido procedimento, sem análise de mérito.

Por sua vez, o acordo é um instrumento de investigação que poderá ser celebrado com pessoas físicas ou jurídicas que confessarem a prática de atos ilícitos. A assinatura do acordo pode significar a extinção de penalidade ou a redução de um a dois terços da penalidade aplicável.

Ao contrário do que ocorre com as novas penalidades, por se tratar de matéria processual, os acordos administrativos podem ser propostos e celebrados no âmbito de processos que apurem fatos ocorridos antes da entrada em vigor da Lei nº 13.506/2017, inclusive em processos que já estejam em curso.

Como observamos, modificações de monta estão em vigor, cabendo às sociedades cooperativas de crédito atentarem para seus termos, por intermédio de seus membros de órgãos estatutários.

Fato que, infelizmente não tem sido observado, seja pelo julgador primevo (por parte do Banco Central do Brasil), seja no julgamento do recurso pelo Conselho de Recursos do Sistema Financeiro Nacional (CRSFN), que majoritariamente aplicam penas mais rigorosas para as cooperativas e seus administradores, diretores e conselheiros que para as pessoas correlatas que ocupam cargos nas demais instituições financeiras.

Esquecem os nobres julgadores que inexiste a figura de controlador nas sociedades cooperativas de crédito e que a capacitação técnica dos membros de órgãos estatutários não pode ser exigida no mesmo patamar das demais instituições financeiras (dada as particularidades e peculiaridades da composição do quadro social das cooperativas, e, sobretudo, ter sido o artigo 5º da Lei Complementar nº 130/2009[2] somente regulamentado em 2015 pela Resolução

---

2 Art. 5º. As cooperativas de crédito com conselho de administração podem criar diretoria executiva a ele subordinada, na qualidade de órgão estatutário composto por pessoas físicas associadas ou não, indicadas por aquele conselho.

CMN nº 4.434/2015, ainda a produzir efeitos para inclusão da nova governança até 2020).

Esquecem os julgadores do consagrado princípio da isonomia, tão bem definido pelo saudoso e insuperável Ruy Barbosa, na obra "Oração aos Moços", datada de 1920:

> A regra da igualdade não consiste senão em quinhoar desigualmente aos desiguais, na medida em que se desigualam. Nesta desigualdade social, proporcionada à desigualdade natural, é que se acha a verdadeira lei da igualdade...
>
> Tratar com desigualdade a iguais, ou a desiguais com igualdade, seria desigualdade flagrante, e não igualdade real.

Desta forma, entendemos que na aplicação da novel legislação que regulamenta o processo sancionador administrativo no âmbito do sistema financeiro nacional, o julgador deve sempre observar a identidade e os princípios/valores cooperativos envolvidos na discussão para fazer a verdadeira justiça.

5. COTEJAMENTO ENTRE OS PRINCÍPIOS COOPERATIVOS E CONSTITUCIONAIS FACE A APLICAÇÃO DA LEI Nº 13.506/2017 E SUA CORRELAÇÃO COM O PRINCÍPIO DA INSIGNIFICÂNCIA

A Constituição Federal em vigor prestigiou o cooperativismo ao dispor sobre o mesmo nos seguintes artigos: 5º, XVIII e XX, 146, III, "a", 174, §§2º e 4º, 187, VI e 192.

Os comandos constitucionais citados ditam prevalecer e assegurar a participação das cooperativas nos diversos setores da economia nacional, no mínimo com as mesmas condições competitivas do que as demais empresas e entidades, sobretudo as de caráter lucrativo.

Em nosso modesto entendimento, os principais dispositivos constitucionais pertinentes ao cooperativismo são os artigos 174, que determina que a lei deve apoiar e estimular o cooperativismo e 192, que determina que as cooperativas de crédito devem ter as mesmas condições operacionais que as demais instituições financeiras.

Não obstante sejam diretrizes econômicas (artigo 174, §2°) e normativas (artigo 192), não restam dúvidas de que devem ser sempre aplicadas em prol do cooperativismo e da cooperação.

O artigo 192 foi regulamentado com a promulgação da Lei Complementar n° 130/2009 com as alterações da Lei Complementar n° 161/2018, proporcionando o desenvolvimento do cooperativismo de crédito na esteira do comando do artigo 174, §2° da Constituição Federal vigente.

Como visto no segundo item deste artigo, os princípios valorativos do cooperativismo que marcam e definem sua identidade devem ser aplicados pelos julgadores quando do julgamento do eventual processo administrativo sancionador, dando azo pleno ao princípio do apoio e estímulo ao cooperativismo e aplicando as regras da Lei n° 13.506/2017, de modo a não desestimular a cooperação e o regular desenvolvimento das cooperativas de crédito.

Doravante, o grande desafio do julgador administrativo é aplicar as regras do processo sancionador administrativo em sintonia com os princípios e valores cooperativos, sem descolar da determinação constitucional presente no art. 5°, LV da Constituição Federal, segundo o qual "*aos litigantes, em processo administrativo, e aos acusados em geral são assegurados o contraditório e ampla defesa, com os meios e recursos a ela inerentes (BRASIL, 1988)*".

Citado direito ao contraditório e à ampla defesa recebe proteção especial por estar localizado no capítulo "Dos Direitos e Deveres Individuais e Coletivos" da Constituição Federal, ou seja, o direito à ampla defesa refere-se à uma cláusula pétrea, podendo ser alterado somente mediante processo legislativo diferenciado, conforme doutrina Gisela Maria Bester (2005, p.87). Por esta razão, este direito se destaca frente aos demais direitos processuais.

Também sob a ótica do processo e das normas da Constituição Federal que garantem o devido processo legal e a ampla defesa, citamos a conclusão dos autores Sandro Lúcio Dezan e Paulo Afonso Cavichioli Carmona em brilhante artigo publicado na "Revista Direito, Estado e Sociedade", nos seguintes termos:

> Em conclusão, o princípio do formalismo moderado, ou da instrumentalidade formas, representado nos vários ramos epistemológicos do processo jurídico estatal pelo adágio *pas de nullité sans grief* é empregado de modo

> indistinto para a garantia de um direito material, dando-lhe estrutura rígida e, sobremaneira, superior ao instrumento processual.
>
> Este ficaria apenas como, de fato, "mero instrumento" serviente dos fins do direito material.
>
> Todavia, processo e direito material devem-se encontrar em mesmo nível de importância e de funcionalidade dentro do sistema de normas e esse paradigma se aufere à luz da Constituição Federal e de seus princípios e valores regentes dos direitos fundamentais de todo e qualquer administrado e jurisdicionado.
>
> Nesse viés, função, fins e finalidade do processo apresentam, ao amparo do princípio da juridicidade administrativa de atuação conforme a *lei* e o *direito*, o condão de reestruturação dessa ideal interação perdida entre direito material e direito processual (DEZAN e CARMONA, jan./jun 2017).

O que vem a ser princípio no âmbito do regramento jurídico? Esta pergunta torna-se fundamental, já que sua resposta irá determinar ou não a aplicação dos mesmos por parte dos julgadores no caso concreto. Princípio cooperativo ou valor cooperativo está intrinsicamente ligado à gênese cooperativa e a identidade cooperativa - sem valor cooperativo não temos identidade cooperativa.

Assim sendo, nunca podemos pensar na aplicação de normas ou regras jurídicas nas relações cooperativas ou naquelas decorrentes da prática do cooperativismo sem que a exegese cooperativa faça parte da aplicação das normas.

Segundo Carvalho Filho (2006), tanto os princípios como as regras poderiam enquadrar-se no gênero normas jurídicas, estando as regras no plano de validade (regra "a" *versus* regra "b", tendo por consequência a exclusão de uma delas) e os princípios no plano da ponderação, cuja consequência seria a utilização dos princípios conforme o grau de preponderância de cada um deles.

De fato, além do reconhecimento da natureza normativa dos princípios pela doutrina e jurisprudência, reconhece-se também a sua eficácia mais intensa do que a da própria regra.

O princípio possui em sua origem os próprios valores da sociedade, congregando determinação e valor. Esta é a lição de José Ricardo Cunha:

> A grande virtude, pois, dos princípios é esta capacidade de condensar numa unidade operacional os aspectos axiológicos e deontológicos da normatividade jurídica, revelando que o dever ser das imperatividades do direito não pode ser dissociado de um núcleo ontológico que resguarde uma eticidade necessária à consecução dos fins do direito.

Assim, o comando (dever ser) não pode ser separado do valor que lhe justifica, impedindo que o direito seja reduzido à pura força ou violência institucional, muito embora não prescinda dela (CUNHA, 2006).

No mesmo sentido, Marçal Justen Filho assim se manifesta:

> Os princípios obrigam, talvez em termos mais intensos do que as regras. Já se disse que infringir um princípio é mais grave do que descumprir uma regra. Isso deriva de que o princípio é uma síntese axiológica: os valores fundamentais são consagrados por meio de princípios que refletem as decisões fundamentais da Nação (FILHO, 2005).

Não devemos esquecer de que o processo deve buscar a verdade real, e, para que a mesma seja alcançada, deve o julgador observar todos os princípios e normas pertinentes, constitucionais e próprias do cooperativismo. Neste sentido, Nicolás Guzmán (2006), com a propriedade que lhe é peculiar, concorda prontamente na busca da verdade e na sua aplicação ao caso concreto.

Sabemos que o princípio constitucional insculpido no §2° do artigo 174 da Constituição Federal de 1988[3], se destina precipuamente à entidade cooperativa no cumprimento de seus objetivos sociais, porém pode e deve ser considerada juntamente com os princípios e valores cooperativos no exame do caso concreto submetido à apreciação da autoridade administrativa (Banco Central e o Conselho de Recursos do Sistema Financeiro Nacional), na medida em que os atos eventualmente praticados pelos gestores das cooperativas de crédito no exercício de cargos eletivos não tem o condão de gerar prejuízos para a sociedade como um todo, ao contrário dos atos praticados pelos demais gestores de instituições financeiras tradicionais.

Referidos atos não repercutem fora do âmbito social por um motivo simples: na cooperativa de crédito o resultado é sempre suportado pelos associados, seja este positivo (sobras) ou negativo (perdas); além disso, em caso de eventual crise de solvência de determinada cooperativa, o sistema de crédito cooperativo muito sabiamente constituiu fundo garantidor de depósitos (FGCOOP), bem como o sistema de garantias recíprocas entre as cooperativas associadas de um mesmo sistema, o que assegura solidez ímpar ao sistema nacional de crédito cooperativo.

---

3 **§2º** A lei apoiará e estimulará o cooperativismo e outras formas de associativismo.

Certamente por desconhecimento dos princípios cooperativos e das particularidades das cooperativas de crédito, os julgadores administrativos têm apenado com uma frequência elevada as cooperativas e seus gestores com punições, sejam pecuniárias, sejam de restrição de direito, em patamares mais elevados que as sanções destinadas às demais instituições financeiras.

O fato descrito acima foi objeto de estudos por parte das colegas Marianna e Marília Ferraz Teixeira, em capítulo constante da obra referenciada, citando estudos da Universidade Corporativa Sicoob, onde concluem:

> De acordo com estudos realizados pela Universidade Corporativa Sicoob, **as penas aplicadas às cooperativas financeiras** e aos bancos, **assim como aos seus diretores e fiscais, têm sido claramente mais gravosas para as primeiras do que para os segundos**, embora impactem mais significativamente o SFN do que aquelas (TEIXEIRA e TEIXEIRA, 2016, p. 302, grifo do autor).

A constatação das autoras revela um verdadeiro abuso e desrespeito aos princípios comezinhos do direito administrativo e constitucional vigentes, notadamente face às características das sociedades cooperativas de crédito, seus valores e sua relação com a comunidade que atendem, bem como à inexistência de risco institucional para o Sistema Financeiro Nacional (SFN).

Não é justo, legal, e, sobretudo, constitucional, tratar os iguais de forma desigual e os desiguais de forma igual. O princípio da isonomia, tão bem-conceituado por Ruy Barbosa, deve ser aplicado integralmente nos julgamentos; portanto não resta dúvida de que em situações similares, a eventual pena a ser aplicada ao gestor da cooperativa deve ser inferior à pena aplicada ao gestor das instituições financeiras tradicionais.

Corrobora para nossa assertiva o fato de que as decisões judiciais no âmbito do direito penal em processos decorrentes da fiscalização administrativa promovida pelo Banco Central do Brasil têm concluído em sua maioria pela absolvição dos dirigentes de cooperativas de crédito, julgando improcedente a pretensão punitiva[4], inclusive com o prévio e expresso reconhecimento do próprio representante do *parquet* federal.

---

4 Destacamos os seguintes julgados: 2005.38.00.009512-5, 0054974-48. 2012.4.01.3800, 36975-48.2013.4.01.3800 e 29679-38.2014.4.01.38800 todas tramitaram junto a Quarta Vara Federal Criminal da Seção Judiciária de Minas Gerais, especializada em crimes contra o sistema financeiro nacional.

Estamos diante de aplicação de pena desproporcional ao ato praticado, violando os julgadores o sagrado princípio constitucional da razoabilidade e da proporcionalidade, sem descuidar da aplicação do princípio da insignificância, dada a inexistência de dano à sociedade como um todo.

Daniel Castro (2015, p. 182), comentando o princípio da insignificância no âmbito do processo administrativo sancionador, comunga da nossa tese ao dispor que:

> Sob essa perspectiva, o alemão Claus Roxin, em sua obra Política Criminal y Sistema del Derecho Penal, de 1964, teria sugerido a introdução do princípio da insignificância na determinação geral do injusto e na interpretação das normas penais[5]. Nas palavras do jurista alemão:
>
> *[...] a esto pertenece además el llamado principio de la insignificancia, que permite en la mayoría de los tipos excluir desde un principio de poca importancia [...] Como fuerza debe considerarse únicamente un obstáculo de cierta importancia.*
>
> *Igualmente también la amenaza debe ser sensible para passar el umbral de la criminalidad. Si con estos planteamientos se organizara de nuevo consecuentemente la instrumentación de nuestra interpretación del tipo, se lograría, además de uma mejor interpretación, una importante aportación para reducir la criminalidad en nuestro país.* (Roxin *apud* Toledo, 1994, p. 133-134)

Sabemos que o Colendo Superior Tribunal de Justiça (STJ)[6] tem se posicionado contra a aplicação do princípio da bagatela em situações a envolver o SFN tradicional, que possui características totalmente distintas do SNCC; portanto, entendemos que o tema, ao envolver a gestão da cooperativa de crédito, deve ser examinado sob a ótica especial dos princípios e valores cooperativos cotejando com o real e eventual risco sistêmico.

A própria Lei nº 13.506/2017 traz em seu bojo a possibilidade do acordo entre as partes e o Estado, corroborando a aplicação do princípio ora citado, já que traz benefícios para toda coletividade ao não desviar o foco da autoridade monetária para as questões que podem, sim, trazer reais e graves problemas

---

5 "Welzel considera que o princípio da adequação social bastaria para excluir certas lesões insignificantes. É discutível que assim seja. Por isso, Claus Roxin propôs a introdução, no sistema penal, de outro princípio geral para a determinação do injusto, o qual atuaria igualmente como regra auxiliar de interpretação. Trata-se do denominado princípio da insignificância, que permite, na maioria dos tipos, excluir os danos de pouca importância" (Toledo, 1994, p. 133).

6 Vide Resp nº 1580638/RS

para a sociedade como a quebra de banco de porte médio ou grande ou operações ruinosas nos mercados de câmbio e acionário, dentre outras que possam colocar em risco o Sistema Financeiro Nacional.

Como dito anteriormente, eventual resultado negativo apresentado pela sociedade cooperativa de crédito é suportado pelos cooperados na forma prevista nos incisos IV do artigo 21, II do artigo 44 e no artigo 89[7] da Lei nº 5.764/71, portanto sobejaria somente a prática de eventual ato do administrador passível de punição em grau mínimo (advertência ou multa pecuniária), porém nunca a restrição de direitos.

Daniel Castro, novamente com a maestria que lhe é peculiar, prescreve:

> A aplicabilidade do princípio da insignificância, ainda, pode ser defendida com o fundamento de que, enquanto no Direito Penal, em razão da subsidiariedade e da fragmentariedade, há um quantitativo menor de condutas puníveis, no Direito Administrativo ocorre o oposto, com uma maior amplitude de condutas tuteláveis, o que indica a necessidade de uma aplicação mais acentuada deste princípio, fazendo com que a Administração não gaste recursos (físicos e financeiros) com comportamentos inexpressivos e incapazes de ocasionar um dano efetivo ao Erário ou à coletividade (CASTRO, 2015, p. 183).

Caio Tácito, por sua vez, preleciona que:

> a chave de abertura do Direito Administrativo se identifica, em suma, com a vigência do *princípio de legalidade* que serve de limite ao arbítrio do poder e identifica a fronteira da competência da Administração Pública", complementa o estudioso no sentido de que o administrador não pode agir ao seu bel prazer, confira : conceito externo de legalidade se aprofunda no reconhecimento de que a norma de competência do administrador não é um cheque em branco, mas deve ser ajustada em função do fim específico a que se destina a atividade administrativa (TÁCITO, out./dez. 1998, p. 27-34).

Gregório Edoardo Raphael Selingardi Guardia[8], em brilhante artigo no qual abordam os princípios processuais no âmbito do Direito Administrativo, cotejando com as disposições constitucionais, concluem que:

---

7 Art. 89. Os prejuízos verificados no decorrer do exercício serão cobertos com recursos provenientes do Fundo de Reserva e, se insuficiente este, mediante rateio, entre os associados, na razão direta dos serviços usufruídos, ressalvada a opção prevista no parágrafo único do artigo 80.

8 Princípios processuais no direito administrativo sancionador: um estudo à luz das garantias constitucionais. R. Fac. Dir. Univ. São Paulo v. 109 p. 773 - 793 jan./dez. 2014

> Aliás, antes mesmo de responder se o *ius puniendi* estatal é único, como sustentam alguns, ou se na verdade o poder sancionador administrativo integra-se no conceito genérico de gestão ou intervenção, impõe reconhecer que a realização de qualquer processo punitivo não pode prescindir dos direitos historicamente afirmados.
>
> Os princípios e garantias penais, a nosso ver, devem ser recepcionadas pelo Direito Administrativo, pois representam vetores de realização do devido processo, sem óbice para analogias *in bonan partem*, mediante "la extensión de normas que se refieren a circunstancias desincriminatorias, atenuantes o causales de extinción de las penas" (RAPHAEL e GUARDIA *apud* CASSAGNE, 2014, p. 773)[9].

Esses dualismos: direito e princípios / dever e identidade devem ser interpretados de forma harmônica, na busca da verdade processual e, sobretudo, da verdadeira justiça aplicando-se as disposições da novel Lei n° 13.506/2017, de modo a prestigiar os valores cooperativos e a diferenciação entre cooperativas de crédito e as demais entidades financeiras sem se esquecer do direito do cidadão, como nos ensina Perez:

> *La sujeción de la acción administrativa a determinadas formalidades, la necesidad de que la acción administrativa se realice a través de los cauces formales de um procedimiento ha sido siempre – y sigue siéndolo – una de las más firmes garantías del interés público. El procedimiento administrativo podrá cumplir otras finalidades – como la garantía de los derechos de los ciudadanos –. Pero es, ante todo, garantía de que la actuación de los administradores va a dirigirse hacia el interés público, y, por tanto, garantía de un comportamiento ético* (PEREZ, 2014, p. 207-208).

O fim do processo administrativo sancionador, como de qualquer processo, é pôr fim a controvérsia apreciada de forma justa e equânime. Na medida em que o julgador administrativo não contempla as particularidades da relação cooperativa em relação à situação descrita, muito provavelmente não gerou danos a sociedade e tampouco ao sistema financeiro nacional, como já relatado neste breve estudo, não resta dúvida de que a justiça não está sendo feita.

---

9 CASSAGNE, Juan Carlos. Derecho administrativo [...], op. cit., p. 452.
Egberto Maia Luz, ao tratar da íntima correlação entre as normas processuais penais e do processo administrativo disciplinar constata que a administração pública jamais cometerá erro algum "[...] se tiver como fonte o Direito Judiciário Penal para justificar o seu movimento formal ao apurar responsabilidades e ao expressar, formalmente, a adequada cominação da pena sempre preservando a presença efetiva em várias ocasiões, de toda a instrução probatória da defesa" (LUZ, 1999, p. 82).

6. TRATAMENTO ISONÔMICO E A NECESSIDADE DE PRESERVAÇÃO DO DIFERENCIAL COOPERATIVO

Conforme já abordado no presente artigo, temos assistido por parte do BCB e do Conselho de Recursos do Sistema Financeiro Nacional (CRSFN) a aplicação de penalidades mais gravosas para as cooperativas de crédito e seus conselheiros administrativos e fiscais, bem como diretores em situações similares às das demais instituições financeiras convencionais.

Esta questão desafia uma reflexão mais aprofundada dos operadores do Direito, tendo em vista a necessidade de promover a contínua contextualização do processo sancionador administrativo com o Estado Constitucional de Direito.

Desde o julgamento de Nuremberg, temos observado uma migração do Estado de Direito para o Estado Constitucional de Direitos, constante evolução da doutrina e jurisprudências, visando adequar às normas a realidade e necessidades sociais.

Tal evolução ressaltou a distinção entre a lei e o Direito, para revelar que o Direito não se esgota na lei e que a constitucionalização do Direito instituiu a Constituição como norma jurídica superior, que impede a aplicação de normas infraconstitucionais que lhe sejam contrárias.

No contexto de um Estado Constitucional, a noção de validade das normas jurídicas passa a não estar mais restrita a uma análise meramente formal do processo de sua produção, e sim materialmente comprometida em conciliar o conteúdo das disposições normativas com os princípios constitucionais que definem os direitos fundamentais.

Nesse sentido, Luiz Flávio Gomes e Rodolfo Luís Vigo, ressaltando a prevalência do Direito conformado na Constituição sobre as disposições legais, esclarecem que:

> Precisamente esse 'Direito' que antecede, excede e controla a 'lei' é o que as novas constituições reconhecem sob o rótulo – explícito ou implícito – de valores, princípios, fins ou de direitos humanos, e, consequentemente, se delega a Tribunais constitucionais (ou a juízes ordinários) a atribuição de zelar para que aquela *higher Law* (lei magna) prevaleça sobre toda a tentativa de violação gerada pelas normas infraconstitucionais (GOMES e VIGO, 2008).

Eros Grau leciona a respeito:

> a norma é produzida, pelo intérprete, não apenas a partir de elementos colhidos no texto normativo (mundo do dever-ser), mas também a partir de elementos do caso ao qual ela será aplicada, isto é, a partir de dados da realidade (mundo do ser)". E mais à frente: "todo texto deve ser compreendido em cada momento e em cada situação concreta de maneira nova e distinta (GRAU, 2009).

Com efeito, a tradição enquanto contexto dos efeitos factuais e históricos é uma peça importante na atividade hermenêutica. Nessa linha, a compreensão pressupõe uma antecipação do sentido (uma espécie de compreensão prévia, influenciada pela tradição em que se encontra o intérprete) de que a integração da parte que deve ser compreendida em um todo pré-concebido.

De fato, como norte interpretativo, deve-se ter em mente que, apesar de também comporem o sistema financeiro nacional, as cooperativas de crédito não devem ser tratadas simplesmente como se bancos fossem. Como será demonstrado, as assimetrias entre cooperativas de crédito e bancos são muitas e, dessa forma, suas especificidades devem ser levadas em consideração no momento do julgamento.

No preciso escolio da magnífica Ministra Nancy Andrighi:

[...] a relação jurídica que se opera no âmbito cooperativo recebe tratamento singular, totalmente distinto daquele que se dá às instituições financeiras, tanto no que concerne ao objetivo social, quanto na normatização jurídico-tributária dada pelo legislador (Nancy Andrighi, *op. cit.*).

Neste contexto fático, legal e constitucional de que os aplicadores do direito devem considerar todas as particularidades das sociedades cooperativas e dos associados que exercem mandatos eletivos, visando aplicar corretamente o direito à situação concreta em discussão administrativa, nunca esquecendo dos diferenciais e dos comandos, sobretudo constitucionais, de apoio e estímulo à cooperação.

Nunca é demais repetir que a identidade, os princípios e valores cooperativos decorrem da correta exegese do que venha a ser a prática cooperativa, seus anseios e objetivos de libertar os associados do jugo do sistema financeiro tradicional, promovendo o desenvolvimento sustentável e ético de toda cadeia produtiva; logicamente, sem esquecer da correta governança cooperativa.

Não se pode apenar a sociedade cooperativa e seus diretores, administradores e fiscalizadores com penas superiores às aplicadas aos membros que exercem cargos nas tradicionais casas bancárias, tratando de forma igual os desiguais, não dando azo ao diferencial cooperativo em seu plano integral, como bem dito pelo brilhante jurista Eros Grau, a norma deve partir da realidade, ou seja, do "mundo ser".

7. CONCLUSÕES

A análise da Lei nº 13.506/2017, que dispõe sobre o processo administrativo sancionador na esfera do Banco Central do Brasil, não pode ser realizada sem o cotejamento com os princípios e valores cooperativos, sob pena de configurar tratamento não isonômico entre as instituições financeiras que compõem o sistema financeiro nacional; aplicando-se logicamente o mesmo critério de interpretação para as situações decorrentes do exercício de cargos estatutários em cooperativas de crédito.

A identidade cooperativa forjada pelos pioneiros de Rochdale, fruto dos princípios e valores que se cristalizam nas legislações mundo afora, e que regulam o direito cooperativo, em especial o artigo 4º da Lei nº 5.764/71, determina que o intérprete e o aplicador da lei, na espécie dos servidores do Banco Central do Brasil e os integrantes do denominado popularmente "conselhinho", em sua nobre missão de julgar e aplicar o direito, o façam considerando o exposto nesse breve artigo.

Não podemos esquecer que a axiologia cooperativa, quando não prevalece sobre os demais princípios e valores do direito administrativo, deve ser observada na conduta do intérprete e do julgador na situação fática posta à apreciação.

Sem a correta exegese dos princípios e valores cooperativos que consubstanciam na identidade cooperativa, não se estará dando azo e aplicando corretamente os princípios constitucionais da isonomia (tão bem definido por Ruy Barbosa, já citado anteriormente), do contraditório e da ampla defesa, apoio e estímulo à cooperação e da bagatela.

Também dada a natureza especial da sociedade cooperativa, que não possui grupo controlador, deve permitir a ampla participação de seus cooperados na gestão e fiscalização da sociedade, inclusive exercendo cargos eletivos (lembrando que até 2020, por força da Resolução nº 4.434/2015 ainda teremos cooperativas de crédito nas quais não será permitida a participação na diretoria de não associados), não é justo e razoável apenar seus administradores com penas superiores aos que exercem cargos em outras instituições financeiras – estes sim, profissionais do mercado.

Não podemos olvidar a questão de fundamental importância, que inclusive embasa com força a aplicação do princípio da insignificância no âmbito das relações oriundas da gestão cooperativa, que são o não oferecimento de risco para o sistema financeiro nacional, dado o comando legal que determina o rateio dos resultados da cooperativa de crédito entre seus associados em conjunto com a presença do instituto das garantias recíprocas e da presença do fundo garantidor de créditos do cooperativismo (FGCoop).

Citando a sempre lúcida lição de Jane Aparecida Stefanes Domingues para enfatizar mais uma vez a diferença entre eventual resultado negativo da sociedade cooperativa e risco sistêmico do SFN, *verbis*:

> No sistema cooperativo não existe um prejuízo individual, existe rateio de prejuízo social. Em citação Walmor Franke se refere ao tema referindo-se que nas cooperativas, "o fim visado pelo empreendimento se identifica com o da clientela associada". Refere-se ao princípio da identidade. Existe identidade de interesses entre o associado/usuário e a cooperativa (DOMINGUES, 2002, p. 67-68).

Por fim, citando o grande cooperativista português, Arnaldo Leite, para corroborar a importância do correto entendimento e aplicação prática dos princípios e valores cooperativos que fazem das cooperativas, sociedades únicas no ordenamento jurídico, social e econômico mundial:

> Deveremos acreditar na validade das palavras de Ian MacPherson no seu trabalho designado por "Princípios Cooperativos para o Século XXI" onde refere que "... a eficácia das cooperativas deriva da cuidada aplicação dos valores e princípios que tornam as cooperativas únicas. Em última análise, as cooperativas carregam consigo - nas suas estruturas e ideologia básicas - as chaves do seu próprio sucesso. A aplicação varia com o tempo e o tipo de empresa, mas a fórmula de sucesso é sempre a mesma (LEITE, 2005).

REFERÊNCIAS BIBLIOGRÁFICAS

ABRÃO, Nelson. *Direito Bancário*. São Paulo: Saraiva, 2002.

AGUDO, José Dias. *Cooperativas de Consumo*. Lisboa: Livros Horizonte, 1980.

ANDRIGHI, Nancy. *A autonomia do direito cooperativo*. *In:* KRUGER, G. (Org.) *Cooperativismo e o novo Código Civil*. Belo Horizonte: Mandamentos, 2003.

BARBOSA, Ruy. *Oração aos Moços*. 1920.

BECHO, Renato Lopes. *Tributação das Cooperativas*. 2ed. São Paulo: Dialética, 1999.

BESTER, Gisela Maria. *Direito Constitucional*. v.1. Barueri: Manole, 2005.

BRAGA, Paulo Roberto Cardoso. *Palestra proferida na ocasião do IV Fórum: Aspectos Legais do Cooperativismo*. Espanha, 25 set. 2013.

BRASIL. Constituição da República Federativa do Brasil. Disponível em: <http://www.planalto.gov.br/ccivil_03/Constituicao/Constituicao.htm>. Acesso em 28 dez. 2018.

______. Lei nº 5.764, de 16 de dezembro de 1971. *Define a Política Nacional de Cooperativismo, institui o regime jurídico das sociedades cooperativas, e dá outras providências*. Disponível em: <http://www.planalto.gov.br/ccivil_03/LEIS/L5764.htm>. Acesso em 28 dez. 2018.

_____. Lei Complementar nº 130, de 17 de abril de 2009. Dispõe sobre o Sistema Nacional de Crédito Cooperativo e revoga dispositivos das Leis nos 4.595, de 31 de dezembro de 1964, e 5.764, de 16 de dezembro de 1971. Disponível em: <http://www.planalto.gov.br/ccivil_03/leis/lcp/Lcp130.htm>. Acesso em 28 dez. 2018.

BRASIL. SUPERIOR TRIBUNAL DE JUSTIÇA. *Revista Eletrônica de Jurisprudência. Recurso especial nº 1.535.888 MG (2015/0130964-4)*. Relatora: Ministra Nancy Andrighi, Julgamento em 26 mai. 2017.

CARVALHO FILHO, José dos Santos. *Manual de Direito Administrativo.* 15ª. Rio de Janeiro: Lumen Juris, 2006.

CASSAGNE, Juan Carlos. *Derecho administración.* 7ª ed. Buenos Aires: Abeledo Perrot, 2002.

CASTRO, Daniel Guimarães Medrado de Castro. *Direito Administrativo Sancionador: Reflexões sobre a aplicabilidade do princípio da insignificância.* Revista da AJURIS – v.42, n.137. Março/2015.

CUNHA, José Ricardo. *Sistema aberto e princípios na ordem jurídica e na metódica constitucional.* 2ed. Rio de Janeiro: Lúmen Juris.

DEZAN. Sandro Lúcio e CARMONA. Paulo Afonso Cavichioli. *Revista: Direito, Estado e Sociedade.* n.50 jan/jun 2017.

DOMINGUES, Jane Aparecida Stefanes. *Aspectos Jurídicos do cooperativismo.* Porto Alegre: Editora Sagra Luzzatto, 2002.

GOMES, Luiz Flávio; VIGO, Rodolfo, Luis. *Do estado de direito constitucional e transnacional: riscos e precauções.* São Paulo: Premier Máxima, 2008.

GRAU, Eros Roberto. *Ensaio e Discurso sobre a Interpretação/Aplicação do direito.* 5.ed. São Paulo: Malheiros, 2009.

GUZMÁN, Nicolás. *La verdad en el proceso penal: una contribución a epistemología jurídica.* Buenos Aires: Editores del Puerto, 2006.

JUSTEN FILHO, Marçal. *Curso de Direito Administrativo.* São Paulo: Saraiva, 2005.

LEITE, Arnaldo. *IDENTIDADE COOPERATIVA: Crescimento e Identidade – Serão compatíveis?* Revista EasyCoop, São Paulo, 2005. Disponível em: <http://www.cooperativismo.org.br/Artigos/View.aspx?id=507#!>. Acesso em 15 dez. 2018.

LUZ, Egberto Maia. *O ilícito administrativo.* São. Paulo: Celso Bastos, 1999.

PAGNUSSATT, Alcenor. *Guia do cooperativismo de crédito.* Porto Alegre: Sagra Luzzatto, 2004.

PÉREZ, Jesús González. *Corrupción ética y moral en las administraciones públicas*. 2.ed. Navarra: Civitas, 2014.

PONTES, Miranda. *Tratado de Direito Privado*. 1954.

RAPHAEL, Gregório Edoardo e GUARDIA, Selingardi. *Princípios processuais no direito administrativo sancionador: um estudo à luz das garantias constitucionais*. Revista da Faculdade de Direito da Universidade de São Paulo. v.109. jan/dez, 2014.

RIPERT, Georges. *Traité Élémentarie de Droit Commercial. 9ed. França: Librairie générale de droit et de jurisprudence*, 1644.

SCUCATO, Ronaldo Ernesto. *Jornal Cooperação*. Editorial. Ano XV, jun/2018. Ed.320.

SOUZA, Leonardo Rafael de. *Cooperativas de crédito: regulação do CMN e os valores cooperativos*. Curitiba: Juruá, 2017.

TÁCITO, Caio. *Transformações do direito administrativo*. Revista de Direito Administrativo FGV, Rio de Janeiro, 214, out./dez. 1998.

TEIXEIRA, Marianna Ferraz e TEIXEIRA, Marília Ferraz. *O pensamento feminino na construção do direito cooperativo*. Brasília, DF: Vincere Associados, 2016.

VIDIGAL, Edson. *Aspectos Jurídicos das Cooperativas de Crédito*. Belo Horizonte: Mandamentos, 2005, prefácio.

TERCEIRIZAÇÃO DE SERVIÇOS PÚBLICOS ATRAVÉS DE COOPERATIVAS: UMA PANACEIA DE INTERPRETAÇÕES E EQUÍVOCOS.

PEDRO HENRIQUE SILVEIRA FERREIRA DO AMARAL DUARTE

Advogado; Pós-graduado em Direito Público; Mestrando em Desenvolvimento Regional e Urbano. Presidente da Comissão Especial de Direito Cooperativo da OAB/BA. Membro e Delegado Regional do Instituto Brasileiro de Estudos em Cooperativismo (IBECOOP). Membro do Instituto dos Advogados do Brasil (IAB).

RESUMO

O presente artigo objetiva apontar as razões da utilização da terceirização através de cooperativas na Administração Pública, expondo os modelos de terceirização pública adotados no Brasil, realizando uma análise dos mitos e verdades sobre terceirização mediante cooperativas no serviço público brasileiro. A análise conjugada destes elementos perpassa pela demonstração dos dispositivos legais que possibilitam a terceirização, confrontando-os com a hodierna situação econômica, possibilitando, assim, a obtenção de uma síntese da panaceia de interpretações e possibilidades.

Palavras-chave: Administração Pública. Terceirização. Cooperativas. Hodierna Situação Econômica.

ABSTRACT

This article objective to indicate the reasons for the use of outsourcing through cooperatives in the Public Administration, exhibiting which models of public outsourcing adopted in Brazil, performing an analysis myths and truths about outsourcing through cooperatives in the service Brazilian public. The combined analysis of these elements demonstration of the legal provisions that make it possible to outsource, confronting them with the current economic situation, enabling the obtaining a synthesis of the panacea of interpretations and possibilities.

Keywords: Public Administration. Outsourcing. Cooperatives. Current economic situation.

1. INTRODUÇÃO

A terceirização de serviços públicos é uma matéria que passa longe da convergência de ideias. Não obstante a panaceia de interpretações e equívocos, tal instituto é legal e possui vasta utilização, mesmo sendo objeto de diversos questionamentos. A grave crise econômica e política, em conjunto com as recentes alterações legislativas, por sua vez, impõem uma reanálise do tema, perpassando, necessariamente, pelas razões, legalidade, modelos e, mais importante, por uma dissecação sobre os mitos e verdades.

Distante de apontar uma fórmula capaz de aquietar as discussões acaloradas sobre o tema e de superar os inconvenientes da terceirização no serviço público, o presente artigo traz uma análise objetiva, despojada de qualquer subjetivismo, sem que se distancie das questões atuais que envolvem a matéria.

Normalmente o tema é tratado mediante uma dicotomia – não razoável – que apenas demonstra opiniões contrárias, e muitas vezes acirradas, pejadas de subjetivismo. Contrariando essa lógica, o presente artigo esboça algumas razões, priorizando o enfoque legal e econômico.

Os modelos de terceirização são variados, cada um com seus aspectos positivos e negativos. O mais importante, entretanto, é visualizar que nenhum modelo é capaz de, sozinho, sanear os problemas econômicos e sociais. Sob o enfoque legal é imprescindível acentuar que cada modelo tem sua contribuição para os serviços públicos, mas a utilização desmedida, sem análise e gestão é incapaz de contribuir para uma melhor prestação, afastando-se, pois, da eficácia, eficiência e, principalmente, da efetividade impostas aos serviços públicos.

O cooperativismo vem sendo tratado ultimamente como um grande vilão, mas na verdade o modelo de terceirização adotado no Brasil tem sido utilizado de forma equivocada, sem as devidas cautelas. Mesmo com toda a panaceia trazida, há de se considerar o cooperativismo como um modelo apto a ajustar a terceirização de serviços públicos especializados, notadamente de saúde.

Nesse trilhar, a análise dos mitos e verdades deve elencar de forma expressa os equívocos perpetrados na terceirização de serviços públicos, possibilitando, assim, um ensaio mais amplo e lógico, sem qualquer subjetivismo.

2. RAZÕES DA UTILIZAÇÃO DA TERCEIRIZAÇÃO NA ADMINISTRAÇÃO PÚBLICA

Convencionou-se genericamente que não era possível contratar terceiros para a atividade finalística. A partir daí passou-se a delegar funções indispensáveis e menos importantes para terceiros. Essa, entretanto, é a visão mais simplista da terceirização, que traz o enfoque apenas na dualidade entre atividade-fim e atividade-meio.

A terceirização deve, ao invés disso, ser vista como instrumento capaz de implementar o aumento no quantitativo e melhoria na qualidade da produção, com significativa redução de custos, sem distinguir o que é atividade-fim da atividade-meio. Ou seja, deve haver com o implemento do modelo a otimização sem que haja descumprimento dos direitos sociais dos trabalhadores envolvidos no contrato. Por essa lógica, a terceirização não deve ser restrita às atividades tidas como menos importantes, até mesmo para que possibilite novos empregos – ou trabalho (no caso de cooperativas) – aos milhões de desempregados brasileiros.

No Poder Público, a implementação desse fenômeno inspira os mesmos objetivos do setor privado, pois com o aumento do rol de serviços prestados pelo Estado, a prestação exclusiva através do aparato estatal tornou-se inviável. Mas, por outro lado, exige uma série de cuidados, de forma que os erros não sejam repetidos.

Na esfera pública, sua aplicabilidade objetiva, acima de tudo, a eficácia, efetividade e eficiência, adotando ainda como premissas o cumprimento irrestrito aos princípios inerentes à Administração Pública, notadamente a isonomia, legalidade e moralidade, sem afastar-se do regramento do art. 37 da Carta Magna, que impõe a realização de concurso público para provimento de cargos e vagas. Há de ser levado em consideração, portanto, a forma e o modelo adequado para cada situação. A terceirização impensada e não programada aumenta muito os riscos de cometimento dos mesmos erros que vêm sendo perpetrados de forma genérica e ampla.

Sem entrar no mérito do pensamento *Keynesiano* do *wellfare state*, é imprescindível esclarecer que a crise econômico-social vivida atualmente impõe, de igual modo, a mudança de paradigmas e suas consequentes transformações. A terceirização é, nesse enfoque, uma das transformações necessárias e irreversíveis. Mas sua aplicabilidade deve servir como instrumento estratégico de gestão. Em razão disso, é de extrema importância destacar que a constante prática de atos reprováveis, algumas vezes irregulares ou ilícitos, não tem o condão de superar o fenômeno da terceirização que, diferente do que é genericamente difundido, tem, sim, o lado positivo.

O ordenamento jurídico brasileiro demonstra claramente a legalidade da terceirização na Administração Pública, mesmo sem trazer no texto legal, expressamente, o vocábulo terceirização. Portanto, a ausência de referido termo, de forma expressa, na Lei, não significa inexistência de norma legal sobre o tema. A título exemplificativo, é importante trazer à colação que a Consolidação das Leis Trabalhistas (CLT), datada de 1943, já previa a subempreitada, no seu art. 455. A Lei n° 6.019/1974, trouxe a previsão do trabalho temporário. A Lei n° 7.102/1983 permitiu a prestação de serviços de vigilância e transporte de valores para Instituições Financeiras.

No âmbito judicial, em um primeiro momento (1986), o Tribunal Superior do Trabalho (TST) editou a Súmula n° 256, que considerou ilegal a contratação de trabalhadores por empresa interposta. Entretanto, a reação negativa e a imposição socioeconômica fez com que o TST flexibilizasse o verbete, editando a Súmula n° 331, datada de 1993, que permitiu a contratação de mão de obra fora dos quadros da empresa para serviços de conservação e limpeza e os ligados à atividade-meio do tomador.

Registre-se, por ser de extrema importância, que desde 2017 o ordenamento jurídico brasileiro vem sofrendo uma transição significativa na legislação trabalhista, bem como no entendimento jurisprudencial. Nesse diapasão, foi promulgada a Lei n ° 13.429/2017 – que alterou a Lei n° 6.019/1974 – e trouxe regras para a prestação de serviços por terceiros. Houve também a edição da Lei n° 13.467/2017, que alterou dispositivos da CLT, flexibilizando as regras das relações de emprego. Por fim, em 2018 o Supremo Tribunal Federal (STF) declarou a inconstitucionalidade da Súmula n° 331, do TST, que vedava a terceirização de atividades finalísticas.

Apesar das constantes críticas ao modelo de terceirização no serviço público, a atividade da Administração Pública pode ser exercida de forma direta ou indireta, havendo respaldo legal para ambas as situações.

Na forma direta, os próprios órgãos da Administração exercem as atividades. Na indireta há uma transferência de atribuições, que pode ser a entes da Administração Indireta ou a terceiros (pessoas físicas ou jurídicas, públicas ou privadas).

Mesmo não havendo expressamente o termo terceirização no ordenamento jurídico brasileiro, o art. 175 da Constituição prevê a prestação de serviços públicos: "[...] diretamente ou sob regime de concessão ou permissão". A Lei nº8.987/1995 complementa, dispondo sobre o regime de concessão e permissão da prestação de serviços públicos previsto no referido artigo constitucional.

Ainda tratando da descentralização dos serviços públicos, o Decreto-Lei nº 200/1967, por sua vez, determina em seu art. 10º:

> [...]
>
> Art. 10. A execução das atividades da Administração Federal deverá ser amplamente descentralizada.
>
> §1º A descentralização será posta em prática em três planos principais:
>
> [...]
>
> c) da Administração Federal para a órbita privada, mediante contratos ou concessões.
>
> [...]
>
> §7º Para melhor desincumbir-se das tarefas de planejamento, coordenação, supervisão e controle e com o objetivo de impedir o crescimento desmesurado da máquina administrativa, a Administração procurará desobrigar-se da realização material de tarefas executivas, recorrendo, sempre que possível, à execução indireta, mediante contrato, desde que exista, na área, iniciativa privada suficientemente desenvolvida e capacitada a desempenhar os encargos de execução.
>
> §8º A aplicação desse critério está condicionada, em qualquer caso, aos ditames do interesse público e às conveniências da segurança nacional (BRASIL, 1967).

A Lei nº 13.429/2017, que alterou a Lei nº 6.019/1974, trouxe o seguinte texto:

> [...]
>
> Art. 4º-A. Considera-se prestação de serviços a terceiros a transferência feita pela contratante da execução de quaisquer de suas atividades, inclusive sua atividade principal, à pessoa jurídica de direito privado prestadora de serviços que possua capacidade econômica compatível com a sua execução (Idem, 2017).

Por conta do referido dispositivo, resta induvidosa a possibilidade de terceirização de serviços. Fato que foi corroborado com o julgamento da Arguição de Descumprimento de Preceito Fundamental (ADPF) n° 324 e do Recurso Especial (RE) n° 958.252, concluído em 31 de agosto de 2018, no qual foi declarada a constitucionalidade da terceirização de toda as etapas produtivas, incluindo nesse rol a denominada atividade-fim.

Tratando de um tema mais específico, cumpre anotar que, em relação aos serviços públicos de saúde, a Constituição Federal, em seu art. 197, permite expressamente a sua prestação através de terceiros, como se observa no trecho abaixo enunciado:

> [...]
>
> Art. 197. São de relevância pública as ações e serviços de saúde, cabendo ao Poder Público dispor, nos termos da lei, sobre sua regulamentação, fiscalização e controle, devendo sua execução ser feita diretamente ou através de terceiros e, também, por pessoa física ou jurídica de direito privado (BRASIL, 1988).

A Lei n° 8.080/1990, que estabeleceu o Sistema Único de Saúde (SUS), trouxe no seu art. 24 o permissivo para prestação de serviços por terceiros:

> [...]
>
> Art. 24. Quando as suas disponibilidades forem insuficientes para garantir a cobertura assistencial à população de uma determinada área, o Sistema Único de Saúde (SUS) poderá recorrer aos serviços ofertados pela iniciativa privada.
>
> Parágrafo único. A participação complementar dos serviços privados será formalizada mediante contrato ou convênio, observadas, a respeito, as normas de direito público (Idem, 1990).

A simples leitura dos dispositivos adrede citados permite abstrair que o objetivo maior das regras é impedir o crescimento do aparato estatal, utilizando-se de terceiros capazes e capacitados de desempenhar as tarefas estatais privativas, sem que haja uma desestatização.

Quando há transferência de serviços públicos a terceiros, existem alguns modelos que podem ser utilizados. Primeiro, a concessão (ou permissão), que é regulada pela Lei n° 8.987/1995. Segundo, a terceirização de serviços *strictu sensu*, que deve respeitar as regras do art. 37 da Constituição Federal e da Lei n° 8.666/1993.

A terceirização via contrato público de prestação de serviços é o modelo mais criticado e, em especial na Bahia, o cooperativismo vem sendo reprovado. No entanto, a legislação permite expressamente tal modalidade, que vem sendo adotada em larga escala por entes públicos. Ressalte-se, por ser de extrema importância, que sua utilização em largo espectro tem ocasionado prejuízos, mas não por conta do modelo e, sim, em virtude da má contratação e fiscalização.

De mais a mais, abstrai-se que não cabe separar atividade fim de atividade meio, notadamente após a decisão proferida pelo Colendo STF, datada de agosto de 2018, na qual restou pacificada a possibilidade de terceirização ampla, incluindo a tão criticada transferência das atividades tidas como finalísticas.

Em uma breve retroação histórica, lembre-se que alguns renomados Professores, a exemplo de Diogo Figueiredo de Moreira Neto (2014), ao tratar do tema, distinguiam atividade-fim de atividade-meio, pontuando que "a desestatização que tem por objeto atividades-fim se faz pela via da concessão ou da permissão, bem como por outros instrumentos de parceria, enquanto a terceirização ficaria reservada para viabilizar a parceria com o setor privado nas atividades-meio da Administração".

Sem pretender contrapor o renomado administrativista e decano na matéria, há de ser esclarecido que tal entendimento merece ser revisto, em razão da recente normatização sobre a permissividade de transferência a terceiros de atividades-fim e atividades-meio. Outro fator que merece enfoque, objetivando a mudança de paradigmas, é a crise econômico-social vivida na atualidade, que impõe um olhar mais liberal, sem qualquer violação da legislação.

Não é despiciendo esclarecer que a convenção que separa atividade-fim de atividade meio é doutrinária e não existe qualquer norma sobre o tema. O Projeto de Lei (PL) n° 4330, que se encontra no Senado, após aprovação do Congresso Nacional, seria – ou será – a primeira lei a regular a matéria. Dessa forma, não existe, ainda, nenhuma lei que proíba a terceirização de atividades-fim, tendo sido, repise-se, recentemente declarada a constitucionalidade da terceirização de toda e qualquer atividade pelo STF, o que supera, pelo menos por enquanto, a discussão sobre o tema.

Ao analisar a terceirização, o Desembargador baiano Raymundo Antônio Carneiro Pinto, em artigo publicado no dia 27 de setembro de 2014, no Jornal Tribuna da Bahia, apontou os seguintes benefícios da terceirização:

> Eis algumas vantagens da terceirização para a empresa tomadora: a) diminuição de encargos trabalhistas e previdenciários; b) melhoria da produtividade e da qualidade do produto ou serviço oferecido, pois a empresa se dedicará mais à sua especialização; c) simplificação da estrutura organizacional; d) redução dos custos, podendo destinar recursos a novos investimentos e pesquisa de tecnologia; e) diminuição do espaço ocupado, contribuindo para melhorar as condições ambientais, de segurança e de saúde dos trabalhadores. Quanto aos empregados das prestadoras, os principais benefícios são: a) geração de novos empregos nas terceirizadas; b) melhor distribuição de renda entre os participantes do processo produtivo; c)aperfeiçoamento da mão de obra daqueles que vão trabalhar em empresas especializadas; d) possibilidade de criação de sindicatos que vão defender interesses de empregados das terceirizadas (PINTO, Jornal Tribuna da Bahia, 27 set. 2014).

Esclareça-se que o texto adrede transcrito analisou especificamente a terceirização em empresas privadas, mas isso não afasta os benefícios para a Administração Pública. Em relação à terceirização de serviços públicos, vários benefícios devem ser observados, como se percebe a seguir.

A terceirização no âmbito público tem como finalidade a transferência da execução de atividades públicas para terceiros. Esse tipo de contratação deve ser precedida de processo licitatório, que originará contrato administrativo, visando à economicidade. Além disso, a sábia denominação de Professor Denny Monteiro da Silva sintetiza, de forma extraordinária, o principal objetivo da terceirização na Administração Pública, que é se tornar instrumento estratégico de gestão.

Registre-se, que não será adotado o conceito generalizado de atividades-fim e atividades-meio, já superado, frise-se. Assim, ao longo do presente artigo, a terceirização será tratada de acordo com as leis em vigor, elidindo-se, ainda, o PL nº 4.330, que, além de não votado ainda no Senado, no último texto – aprovado na Câmara Federal – exclui de sua incidência a terceirização no âmbito da Administração Pública direta, autárquica e fundacional da União, dos Estados, do Distrito Federal e dos Municípios.

Superada a distinção de atividades e a aplicabilidade do referido PL, é necessário, a partir de agora, elencar os benefícios que a terceirização pode trazer.

O fenômeno da terceirização é amplamente adotado em diversos países, não fugindo à esta regra o Brasil. A questão que dita o preconceito enraizado no país tem íntima relação com o desvirtuamento do modelo. As constantes irregularidades praticadas não podem afastar os benefícios que esse sistema possibilita.

A terceirização de serviços públicos, quando feita de forma planejada e com gestão eficiente é capaz de mitigar os erros e preconceitos, tornando eficaz, eficiente e trazendo efetividade à prestação, possibilitando que o usuário final tenha um serviço de qualidade, sem que o Estado tenha um alto custo.

Em atendimento à dinâmica socioeconômica brasileira, o redimensionamento do Estado tem sido um dos grandes entraves dos gestores públicos. De outra banda, a Lei de Responsabilidade Fiscal – que impõe limite de gastos com funcionários públicos – pressiona os gestores para reduzirem o quantitativo do funcionalismo público efetivo. Contrapondo-se a essas regras, o significativo crescimento dos serviços públicos implica em um confronto desleal e perigoso.

Aliado a tudo isso, a má gestão pública – para não dizer mais – impôs aos servidores públicos penas severas, tais como trabalhar mais de 03 (três) meses sem receber seus salários (a título de exemplo, o que ocorreu no Rio de Janeiro, em 2016); programas de demissão em massa (Caixa Econômica Federal, Banco do Brasil e Correios, em 2016). E, mais ainda, a possibilidade de mais de 09 (nove) Estados não conseguirem honrar com os salários de seus servidores. Quando transfere-se essa realidade para os municípios, a situação fica ainda mais crítica e assustadora.

Dessa forma, ao contrário dos abusos perpetrados, a terceirização não deve ser utilizada para fraudar o concurso público – normalmente mediante Regime Especial de Direito Administrativo (REDA) –, mas sim, para buscar um redimensionamento do Estado, através de instrumento estratégico de gestão.

Em suma, ao mesmo tempo em que o Estado não pode parar suas atividades, a desestatização tem se mostrado um 'mal necessário', na esperança de que os direitos sociais sejam garantidos aos cidadãos, principalmente àqueles que necessitam da assistência estatal.

Em apertada síntese, conclui-se que não faltam razões legais para a terceirização, as quais superam a divisão de atividades finalísticas e de meio, absolutamente ultrapassada, em razão das recentes mudanças legislativas e jurisprudenciais.

De mais a mais, além dos benefícios inerentes à terceirização privada, a maior vantagem que a terceirização de serviços públicos possibilita é em relação à gestão pública, que vem, ao longo dos anos, se mostrando precária e ineficiente.

A terceirização poderá ser o elemento necessário para uma prestação de serviços públicos mais eficaz, que atenda aos anseios da população, principalmente aquela que depende da assistência do Estado, contanto que sejam obedecidas as regras do serviço público e, o mais importante, sejam evitados os desvios de finalidade, tão desagradável para qualquer relação, mormente as públicas.

3. MODELOS DE TERCEIRIZAÇÃO NO SERVIÇO PÚBLICO

Ultrapassada a questão da legalidade da terceirização e, em razão do princípio da objetividade, restringir-se-á à análise dos modelos de terceirização *strictu sensu*. No entanto, o texto não fugirá de seu objetivo precípuo, que é tratar da panaceia de interpretações e possibilidades de terceirização na Administração Pública.

Conforme explicação no tópico anterior, existem vários modelos de terceirização no serviço público. Entretanto, este arrazoado tem o foco na terceirização (*strictu sensu*) de serviços públicos, por dois motivos igualmente relevantes: o primeiro, o pequeno espaço para analisar o tema e o segundo, o fato da concessão (e permissão) tratar-se de um modelo em que a transferência a terceiro se dá de maneira *intuitu personae*, o que afasta a possibilidade da concessionária (ou permissionária) subcontratar a terceiros os serviços públicos para os quais assumiu o compromisso de prestar.

Nesse diapasão, é de bom alvitre lembrar que o art. 25 da Lei n° 8.987/1995, não trata de autorização para terceiros serem subcontratados para a prestação de serviços públicos objeto a concessão (ou permissão), mas sim da possibilidade de a concessionária (permissionária) firmar contratos privados, sem a necessidade de consentimento do ente público, circunstância que não afasta a responsabilidade da concessionária (permissionária) diante do poder público.

O modelo de concessão, ou permissão, portanto, não atrai grandes questionamentos, tendo sido aceito sem maiores combates. Entretanto, há de ser esclarecido que estes modelos não são exclusivos para prestação de serviços públicos essenciais, tais como saúde, por exemplo.

A transferência a terceiros dos serviços públicos, de saúde ou não, pode – e deve – ocorrer, contanto que haja um planejamento prévio e não seja utilizada para burlar o concurso público ou para precarizar as relações de trabalho. Os direitos sociais do trabalhador devem, nessa lógica, ser respeitados, assim como a efetividade, eficácia e eficiência no serviço público devem ser plenamente atendidas.

O modelo de terceirização de serviços públicos, através de contrato administrativo deve, por essas razões, ser precedido de análise apurada da gestão, que ao concluir pela transferência a terceiros, deve garantir o cumprimento de todos os princípios norteadores da Administração.

O gestor, ao invés de optar pelo modelo mais fácil, na ilusória tentativa de "se livrar do problema" – como vem ocorrendo constantemente –, deve pensar na terceirização de serviços, quando cabível, como um modelo de buscar a prestação mais eficiente e eficaz, trazendo a efetividade na prestação de serviços públicos.

A terceirização é, pois, um dos modelos utilizados no serviço público e consiste em uma opção interessante, quando utilizada com as devidas precauções. Quando adotado o modelo, o mesmo deve servir de instrumento de estratégia de gestão e, nunca de solução imediatista de problemas. Nesse caminho, deve haver necessariamente o processo de redimensionamento da máquina pública, o qual deve observar obrigatoriamente o modelo de terceirização que melhor se adequa ao caso concreto.

A concessão não há de ser considerada como a única alternativa para terceirização de atividades-fim. A própria lei permite que serviços essenciais, tais como saúde pública, sejam prestados por terceiros, de forma complementar, quando insuficiente a capacidade do Estado de prestar a devida assistência. Além disso, após a decisão do STF em relação à Súmula nº 331, não há qualquer óbice à terceirização de atividades tidas com finalísticas. Portanto, mais uma vez a norma – seja ela constitucional ou infraconstitucional – estabelece critérios para a terceirização, que, repita-se insistentemente, não pode ser desmedida e impensada.

Neste ponto, é necessário esclarecer que a concessão de serviços públicos de saúde contraria a Norma Operacional Básica (NOB) do SUS (Portaria n° 2.203/1996), que normatiza:

> [...]
>
> 4. SISTEMA DE SAÚDE MUNICIPAL
>
> A totalidade das ações e de serviços de atenção à saúde no âmbito do SUS, deve ser desenvolvida em um conjunto de estabelecimentos, organizados em rede regionalizada e hierarquizada, e disciplinados segundo subsistemas, um para cada município - o SUS-Municipal - voltado ao atendimento integral de sua própria população e inserido de forma indissociável no SUS, em suas abrangências estadual e nacional.
>
> [...]
>
> Suas ações, desenvolvidas pelas unidades estatais (próprias, estaduais ou federais) ou privadas (contratadas ou conveniadas, com prioridade para as entidades filantrópicas), têm que estar organizadas e coordenadas, de modo que o gestor municipal possa garantir à população o acesso aos serviços e a disponibilidade das ações e dos meios para o atendimento integral. [...], a gestão de todo o sistema municipal é, necessariamente, da competência do poder público e exclusiva desta esfera de governo, [...] (BRASIL, 1996).

Observa-se, após a leitura do trecho adrede transcrito, que a gestão do serviço público de saúde é obrigação do ente público, o que afasta a possibilidade de concessão. Ademais, tanto os artigos constitucionais que tratam do tema (197 a 199), quanto a Lei n° 8.080/1990, estabelecem que a transferência a terceiros deve ocorrer de forma complementar.

Tratando especificamente das formas de terceirização *strictu sensu* cumpre anotar que o art. 37 da CF, impõe que seja via contrato administrativo, respeitadas as normas. Isso significa que a contratação de serviços deve, necessariamente, ser precedida do competente processo licitatório. Frise-se, ainda, que tal modalidade de contratação não configura burla ao concurso público, mesmo porque, ainda que se trate de serviços públicos continuados, o art. 57, II, limita a contratação a, no máximo, 12 (doze) meses, prorrogáveis por até 60 (sessenta) meses. De resto, é válido lembrar, mais uma vez, que a terceirização não deve ser utilizada como forma do gestor se livrar daquela responsabilidade pela prestação de serviço essencial, devendo, pois, servir como instrumento capaz de impingir eficiência, eficácia e efetividade na prestação.

Conforme os ensinamentos do Desembargador Raymundo Pinto, em artigo publicado no dia 10 de outubro de 2014 no Jornal Tribunal da Bahia, é absolutamente possível a participação de cooperativas na execução de determinados serviços públicos, como se observa no trecho a seguir transcrito:

> Discute-se a participação de cooperativas na execução de determinados serviços públicos. Vamos nos ater, de modo específico, à área de saúde. Há decisões, na Justiça do Trabalho, entendendo que seria irregular a contratação de cooperativas de trabalho que reúnem profissionais do setor – médicos, dentistas, enfermeiros, etc. Parece-nos que o equívoco está em não ter sido feita uma leitura atenta dos arts. 197 e 199 da Constituição Federal.
>
> O primeiro considera relevantes os serviços de saúde e autoriza sua execução "...diretamente ou através de terceiros e, também, por pessoa física ou jurídica de direito privado". O segundo artigo, após declarar que a assistência à saúde é livre à iniciativa privada, permite que esta participe do sistema único de saúde (SUS) de forma complementar, dando preferência às entidades filantrópicas e as sem fins lucrativos. Não existe dúvida de que as cooperativas são pessoas jurídicas e que, por lei, não podem ter finalidade lucrativa (PINTO. Jornal Tribuna da Bahia, 10 out. 2014).

Assim sendo, resta incontroverso que a prestação de serviços públicos de saúde pode ocorrer através de terceiro (pessoas físicas e jurídicas de direito privado), dando-se prioridade às entidades sem fins lucrativos. Nesta modalidade enquadram-se as cooperativas, que são sociedades de pessoas, sem fins lucrativos, nas quais o patrimônio é o homem e não o capital.

No que diz respeito aos demais serviços, como dito reiteradamente, não existe qualquer óbice. Prova maior disso é a edição da Instrução Normativa (IN) n° 05/2017 e do Decreto Lei n° 9.507/2018, o qual "dispõe sobre a execução indireta, mediante contratação, de serviços da administração pública federal direta, autárquica e fundacional e das empresas públicas e das sociedades de economia mista controladas pela União".

Aqui, impende pontuar que já havia um Decreto Lei que regulamentava a temática, mas em virtude da inconstitucionalidade da Súmula n° 331, o Decreto n° 2.271/97 foi revogado para dar lugar ao Decreto Lei n° 9.507/2018.

Anote-se que o diploma anterior tratava, apenas e tão somente, da terceirização de atividades secundárias.

Importante destacar que Decreto Lei n° 9.507/2018 traz um ponto muito importante, ao estabelecer no seu art. 3°, que:

> [...]
>
> Art. 3°. Não serão objeto de execução indireta na administração pública federal direta, autárquica e fundacional, os serviços;
>
> I - que envolvam a tomada de decisão ou posicionamento institucional nas áreas de planejamento, coordenação, supervisão e controle;
>
> II - que sejam considerados estratégicos para o órgão ou a entidade, cuja terceirização possa colocar em risco o controle de processos e de conhecimentos e tecnologias;
>
> III - que estejam relacionados ao poder de polícia, de regulação, de outorga de serviços públicos e de aplicação de sanção; e
>
> IV - que sejam inerentes às categorias funcionais abrangidas pelo plano de cargos do órgão ou da entidade, exceto disposição legal em contrário ou quando se tratar de cargo extinto, total ou parcialmente, no âmbito do quadro geral de pessoal (BRASIL, 2018).

Este artigo 3° suplanta a tese – infundada – dos críticos vorazes da terceirização, que tentam impor o concurso público como única forma de contratação para prestação de serviços públicos.

Sob outro enfoque, não menos importante, é necessário trazer à lume que a IN n° 05/2017 – anterior à decisão do STF – remete à contratação de cooperativas, normatizando entre os artigos 10 e 13, no âmbito do Governo Federal, como e quais critérios devem ser adotados, objetivando uma prestação mais segura e eficaz através de cooperativas.

Ainda sobre cooperativas é valido colacionar a regra do art. 10, §2°, da Lei n° 12.690/2012, que dispõe: "A Cooperativa de Trabalho não poderá ser impedida de participar de procedimentos de licitação pública que tenham por escopo os mesmos serviços, operações e atividades previstas em seu objeto social".

Em resumo, tem-se como lícita e possível a terceirização de serviços públicos mediante contratação de cooperativas de trabalho.

Ainda tratando dos modelos de terceirização no serviço público, cabe trazer à colação o modelo de organizações sociais de interesse público, implementados pela Lei n° 9.790/1999.

Este modelo não parece ser o mais adequado, pois ao final consiste na terceirização da terceirização, pois as entidades sem fins lucrativos contratam outras pessoas jurídicas para prestar os serviços.

Note-se, que há na verdade um desvirtuamento do que a Lei estabelece em seu art. 9º, a realização de Termos de Parceria para realização de Programas de Trabalho específico. Não serve, portanto, para ser utilizada como intermediadora de mão de obra – o que é ilegal –, muito menos para terceirização de serviços. Por conseguinte, ao observar as vedações do art. 2º da referida Lei, em conjunto com os objetivos enunciados no art. 3º, abstrai-se que a finalidade das Organizações da Sociedade Civil de Interesse Público (OSCIPS) não é a prestação de serviços públicos, mediante terceirização.

Na Bahia, foi promulgada a Lei nº 8.764/2003, que seguindo a lógica de outros Estados, criou uma figura *sui generis*, talvez para fugir da regra das OSCIPS. Referida Lei Estadual traz em seus arts. 20 e 21, o seguinte:

> [...]
>
> Art. 20. Para os efeitos desta Lei, entende-se por Contrato de Gestão o instrumento firmado entre o Poder Público e a entidade qualificada como Organização Social, com vistas à formação de parceria entre as partes para fomento e execução de atividades relativas às áreas relacionadas no artigo 1º.
>
> Art. 21 - O Contrato de Gestão será instrumentalizado sempre por escrito, com as atribuições, responsabilidades e obrigações a serem cumpridas pelo Estado e pela Organização Social, observando as regras gerais de direito público e deverá conter cláusulas que disponham sobre:
>
> I - atendimento indiferenciado aos usuários dos serviços objeto do Contrato de Gestão;
>
> II - indicação de que, em caso de extinção da Organização Social ou rescisão do Contrato de Gestão, o seu patrimônio, os legados e as doações que lhe forem destinados, bem como os excedentes financeiros decorrentes de suas atividades, serão incorporados ao patrimônio do Estado ou ao de outra Organização Social, qualificada na forma desta Lei, ressalvados o patrimônio, bens e recursos pré-existentes ao Contrato ou adquiridos com recursos a ele estranhos;
>
> III - adoção de práticas de planejamento sistemático das ações da Organização Social, mediante instrumentos de programação, orçamentação, acompanhamento e avaliação de suas atividades, de acordo com as metas pactuadas;

> IV - obrigatoriedade de publicação anual, no Diário Oficial do Estado, de demonstrações financeiras, elaboradas em conformidade com os princípios fundamentais de contabilidade e do relatório de execução do contrato de gestão;
>
> V - obrigatoriedade de especificar o programa de trabalho proposto pela Organização Social, estipular as metas a serem atingidas, os respectivos prazos de execução, bem como os critérios objetivos de avaliação de desempenho, inclusive mediante indicadores de qualidade e produtividade;
>
> VI - estipulação de limites e critérios para remuneração e vantagens, de qualquer natureza, a serem pagas aos dirigentes e empregados da Organização Social, no exercício de suas funções;
>
> VII - vinculação dos repasses financeiros, que forem realizados pelo Estado, ao cumprimento das metas pactuadas no Contrato de Gestão (ESTADO DA BAHIA, 2003).

Ao contrapor a Lei Estadual com a Federal, percebe-se que a local, diferente da nacional, prevê a utilização de Organizações Sociais (OS's) para gerir serviços públicos, o que possibilita, como vem ocorrendo, a terceirização da terceirização, pois, ao invés de gerir seus serviços essenciais, os transfere a terceiros, que, por sua vez, transferem a outros terceiros os serviços contratados. Isso, além de encarecer demais a prestação, implica em nítida precarização das relações de trabalho e causa maior insegurança nas mesmas.

A terceira possibilidade de terceirização de serviços públicos é através de pessoas físicas, mas é bom ressaltar que é um modelo arriscado, pois tem que ser em caráter excepcionalíssimo, por tempo determinado, para que não seja uma burla ao concurso público.

O caso mais típico é o Regime Especial de Direito Administrativo (REDA), que não deve superar 02 (dois) anos e tem as situações específicas definidas em Lei.

Em derradeira análise sobre o tópico, depreende-se que a terceirização *strictu sensu* – afastadas a concessão e a permissão – tem como forma mais eficaz a terceirização via competente processo de licitação para contratação de terceiros, sejam estas pessoas físicas ou jurídicas de direito privado.

O mais importante é que a terceirização não deve ser total e desmedida, prescindindo sua implantação de uma avaliação e planejamento prévios, de forma que seja utilizada como instrumento estratégico de gestão, e não como meio de fraudar os institutos de Direito Público e precarizar as relações de trabalho, subtraindo direitos dos trabalhadores.

4. MITOS E VERDADES SOBRE A TERCEIRIZAÇÃO NO SERVIÇO PÚBLICO BRASILEIRO

A terceirização na Administração Pública esbarra em um preconceito que, na maioria das vezes, impede uma ponderação isenta de subjetivismo. As experiências vividas têm revelado inúmeras desvantagens, ocultando seus possíveis benefícios e seus aspectos legais.

Em razão dessa subjetividade aplicada cria um movimento dicotômico, entre os que são favoráveis e os que são totalmente contra a terceirização de serviços públicos na Administração Pública.

É importante destacar que os inconvenientes da terceirização de serviços públicos são muito equivalentes aos problemas vividos na externalização adotada na esfera privada. Esses inconvenientes remetem à ineficiência do Estado, que é na verdade o oposto do que se busca com esta forma de organização estrutural.

A sua legalidade é patente e os abusos perpetrados não devem - e nem podem - servir como justificativa para eliminar esse modelo de aplicação ampla e irreversível, que, diferente do que vem disseminando os contrários à medida, vem contribuindo significativamente e de modo positivo para o desenvolvimento econômico brasileiro.

Diversos diplomas legais foram mencionados ao longo do artigo, assim como as razões de utilização desse sistema, mas de outro giro, não foram contrapostos os equívocos disseminados, que analisam a terceirização apenas pelos casos que não deram certo. A análise destes casos deve servir como exemplo do que não fazer e, mais do que isso, subsidiar a correção dos erros anteriormente praticados.

Dizer que a terceirização de serviços públicos tem como resultado apenas a precarização das relações de trabalho ou a redução de custos é fechar os olhos para a possibilidade de o trabalhador ter uma oportunidade de trabalho, mesmo diante da crise atualmente vivida. O índice de desemprego chegou a patamar insustentável, pois conforme a última Pesquisa Nacional por Amostra de Domicílios (PNAD), do Instituto Brasileiro de Geografia e Estatística (IBGE), este índice supera os 12 milhões.

O quadro econômico apontado em referida pesquisa, *realizada de março a maio do ano de 2018 expôs que a população desocupada atingiu 13,2 milhões de pessoas. Mesmo tendo reduzido em relação ao mesmo período do ano de 2017, ainda indica um número alarmante.* Essa situação, aliada ao fato de que os entes da administração pública têm tido dificuldades de custear os salários de seus funcionários estatutários, demonstra que o fenômeno da terceirização – entendido até aqui como modelo de transferência a terceiros de atividades visando maior eficiência – é irreversível e merece especial destaque, podendo ser inclusive uma forma de superar o aumento significativo nos desocupados, ou como refere-se Castel, dos supranumerários.

Maior prova disso, consta do próprio PNAD, que aponta um decréscimo no quantitativo do trabalho "por conta própria", no qual está inserido o trabalhador autônomo e o cooperado.

Perceba-se, nesse diapasão, que foram implantados programas de demissão voluntária de empregados públicos, em especial dos Correios, da Caixa Econômica Federal e do Banco do Brasil. Tais programas vieram sob a justificativa de adaptação ao mercado, com o objetivo de tornar as mencionadas empresas mais competitivas em relação às empresas privadas. Por essa lógica, Robert Castel está correto, ao afirmar que pior do que o desemprego é a precarização das relações de trabalho. No entanto, a precarização não pode ser vista exclusivamente sob o enfoque da relação de emprego, que – repita-se insistentemente – objetiva garantir condições mínimas ao trabalhador.

A propósito da atual situação econômica, impõe-se evidenciar que recentes alterações legislativas buscaram a flexibilização das leis trabalhistas, sob o pretenso argumento de minimizar o crescente índice da taxa de desocupação, através do aumento na produtividade da economia e na redução de custos para os empresários. Talvez essa seja a maior precarização que as relações de trabalho possa sofrer, juntamente com a desocupação desenfreada que assola o país.

É importante evidenciar que a máquina pública – Estado – não tem condições de prestar, com eficiência e eficácia, todos os serviços públicos que é obrigada. Visando efetividade na prestação, o Decreto-Lei n° 200, de 1967, já estabelecia que a Administração Pública deverá buscar, sempre que possível, a descentralização das atividades, focando nas atividades de planejamento, coordenação, supervisão e controle.

Entre mitos e verdades, é imperioso destacar, de forma insistente, que a terceirização de serviços públicos é legal e sua utilização deve guardar certas precauções e, para que seja eficaz, eficiente e haja efetividade nos serviços públicos, há de ser planejada e utilizada de acordo com uma estratégia de gestão pública. É, pois, a terceirização um modelo que pode contribuir significativamente para uma melhor prestação ao usuário final dos serviços públicos, notadamente os de caráter essencial.

As cooperativas não são apenas um modelo alternativo, mas consistem na emancipação do trabalhador e na busca incessante por melhores condições, que não se confundem com os direitos e garantias dos trabalhadores na modalidade de emprego, devendo, por essas razões, serem difundidas e melhor utilizadas.

O que falta, entretanto, é conscientização sobre isso por parte dos cooperados e a divulgação do verdadeiro cooperativismo, além, sobretudo, da conscientização dos gestores públicos que devem ter cuidados específicos e, o mais importante, suprir a falta de apoio e fomento do Estado, em clara violação às normas constitucionais. Tudo isso complementam a crise de identidade, sobretudo, na consecução dos objetivos cooperativistas.

5. CONSIDERAÇÕES FINAIS

Extirpar os erros na terceirização impõe, necessariamente, que o emprego de tal instituto seja devidamente estabelecido na proporção apropriada, sem utilização desmedida e com planejamento estratégico. O Estado deve exercer seu papel institucional e, ao mesmo tempo, assegurar ao cidadão garantias sociais adequadas e, não as mínimas tão faladas.

O trabalhador deve ter seus direitos sociais respeitados e, pelo menos, ter a possibilidade de um trabalho digno e lícito. O Estado tem a capilaridade necessária para possibilitar este trabalho, mas deve, por sua vez, garantir uma desestatização correta, que vise desonerar a máquina pública, sem fugir dos seus objetivos precípuos.

A utilização de institutos antigos no âmbito privado deve ter as cautelas necessárias e deve fugir do subjetivismo e do campo das ideologias. A razão deve pautar a boa gestão, que necessariamente passa pela adoção de uma estratégia. O Administrador deve cercar-se de quadros técnicos, fugindo de todos os problemas políticos que vieram à tona nos últimos anos, notadamente quando se trata de contratação de cooperativas, sem olvidar de proteger os trabalhadores da tão combatida precarização nas relações de trabalho.

A gestão pública tem por objetivo a impessoalidade, o que implica em admitir que o gestor não pode agir discricionariamente, muito menos visando interesses pessoais e, ao contrário disso, tem o *munus* de espargir qualidade, eficiência, eficácia e efetividade aos serviços públicos.

O cooperativismo de trabalho está devidamente capacitado para contribuir com a superação da atual crise na terceirização e nas relações de trabalho. E, quando se trata de terceirização de serviços públicos, a legalidade é inconteste, apesar da crítica voraz que vem ocorrendo. Não se trata de distinguir, pois, atividade-meio de atividade fim – como vêm fazendo os críticos e desconhecedores do tema –, mas ao revés disso, há de ser analisado como, o que e de que forma deve haver a terceirização.

Quem sabe seja através da terceirização via cooperativas, utilizada como instrumento estratégico e gestão, que a crise socioeconômica vivida seja superada? Para que isso ocorra, o brocardo romancista brasileiro Dalcidio Jurandir, que afirmou para a Voz Operária, em 2 de setembro de 1950, deve ser alterado: "quando se ouve falar a frase 'defender as instituições', fiquem logo sabendo: é a defesa dos ricos. As instituições são o governo deles, a polícia deles, a instrução deles, os jornais deles, as leis deles".

As instituições devem ser o governo, polícia, instrução, a voz e a lei do povo e, mais do que tudo isso, a serviço da população.

REFERÊNCIAS BIBLIOGRÁFICAS

ALEXANDRINO, Marcelo e PAULO, Vicente. *Direito Administrativo Descomplicado*. 23Ed. São Paulo: Editora Gen, 2015.

ANTUNES, Ricardo. *Adeus ao Trabalho?* 16Ed. São Paulo: Ed. Cortez, 2015.

ANTUNES, Ricardo. *Os Sentidos do Trabalho Ensaio sobre a afirmação e a negação do trabalho.* 2Ed. São Paulo: Boitempo Editorial, 2015.

BRASIL. Constituição da República Federativa do Brasil de 1988. Disponível em: <http://www.planalto.gov.br/ccivil_03/constituicao/constituicao.htm>. Acesso em 20 abr. 2019.

BRASIL. Decreto-Lei nº 200, de 25 de fevereiro de 1967. *Dispõe sôbre a organização da Administração Federal, estabelece diretrizes para a Reforma Administrativa e dá outras providências.* Disponível em: <http://www.planalto.gov.br/ccivil_03/decreto-lei/del0200.htm>. Acesso em 20 abr. 2019.

BRASIL. Decreto-Lei nº 9.507, de 21 de setembro de 2018. *Dispõe sobre a execução indireta, mediante contratação, de serviços da administração pública federal direta, autárquica e fundacional e das empresas públicas e das sociedades de economia mista controladas pela União.* Disponível em: <https://presrepublica.jusbrasil.com.br/legislacao/629045299/decreto-9507-18>. Acesso em 20 abr. 2019.

BRASIL. Lei nº 12.690, de 19 de julho de 2012. *Dispõe sobre a organização e o funcionamento das Cooperativas de Trabalho; institui o Programa Nacional de Fomento às Cooperativas de Trabalho - PRONACOOP; e revoga o parágrafo único do art. 442 da Consolidação das Leis do Trabalho - CLT, aprovada pelo Decreto-Lei no 5.452, de 1º de maio de 1943.* Disponível em: <http://www.normaslegais.com.br/legislacao/lei-12690-2012.htm>. Acesso em 20 abr. 2019.

BRASIL. Lei nº 13.429, de 31 de março de 2017. *Altera dispositivos da Lei nº 6.019, de 3 de janeiro de 1974, que dispõe sobre o trabalho temporário nas empresas urbanas e dá outras providências; e dispõe sobre as relações de trabalho na empresa de prestação de serviços a terceiros.* Disponível em: <http://www.normaslegais.com.br/legislacao/lei-13429-2017.htm>. Acesso em 20 abr. 2019.

BRASIL. Lei nº 8.080, de 19 de setembro de 1990. *Dispõe sobre as condições para a promoção, proteção e recuperação da saúde, a organização e o funcionamento dos serviços correspondentes e dá outras providências.* Disponível em: <http://www.planalto.gov.br/ccivil_03/leis/l8080.htm>. Acesso em 20 abr. 2019.

BRASIL. MINISTÉRIO DA SAÚDE. Norma Operacional Básica do Sistema Único de Saúde. Portaria nº 2.203, de 05 de novembro de 1996. Disponível em: <http://bvsms.saude.gov.br/bvs/saudelegis/gm/1996/prt2203_05_11_1996.html>. Acesso em 20 abr. 2019.

CASTEL, Robert. *As metamorfoses da questão social: uma crônica do salário.* 11Ed. Belo Horizonte: Editora Vozes, 1998.

GARCIA, Flavio Amaral e GAUDIO, Ronaldo. *Planejamento, Terceirização na Administração e Cooperativas de Trabalho – O Sentido de Isonomia Constitucional Ratificado pela Lei 12.690/12.* Artigo publicado no Livro *Ordem Econômica Constitucional.* 1Ed. Curitiba: Juruá Editora.

GIL, Antonio Carlos. *Como elaborar projetos de pesquisa.* 5Ed. São Paulo: Atlas, 2010.

LIMA, Denise Hollanda Costa. *Terceirização na Administração Pública.* 1Ed. Belo Horizonte: Editora Fórum, 2007.

MARTINS, Sergio Pinto. *A Terceirização e o Direito do Trabalho.* 12Ed. São Paulo: Editora Atlas, 2012.

NETO, Diogo Figueiredo de Moreira. *Curso de Direito Adminitrativo.* 16Ed. São Paulo: Editora Gen, 2014.

PINTO. Raymundo Antonio Carneiro. *Terceirização: Tem, sim, um lado positivo.* Artigo publicado no Jornal Tribuna da Bahia, dia 27 de setembro de 2014.

SANTOS, Diogo Palau Flores dos. *Terceirização de serviços pela Administração Pública – Estudo da Responsabilidade subsidiária.* 2Ed. São Paulo: Saraiva, 2014.

SENNETT, Richard. *A corrosão do caráter consequências pessoais do trabalho no novo capitalismo.* 17Ed. Belo Horizonte: Editora Record, 2012.

SILVA, Danny Monteiro da. *Terceirização Na Administração Pública Como Instrumento Estratégico de Gestão.* Curitiba: Editora Juruá, 2014.

LIQUIDAÇÃO DE COOPERATIVAS

RAFAEL VIEIRA FERNANDES
Sócio da Arantes Brito, Ottoni & Fernandes Sociedade de Advogados
Graduado pela Faculdade de Direito Milton Campos
Pós-Graduado pela Faculdade de Direito Milton Campos

CELSO ARANTES BRITO NETO
Sócio da Arantes Brito, Ottoni & Fernandes Sociedade de Advogados
Graduado pela Universidade Federal de Ouro Preto

RESUMO

O presente artigo tem como objetivo compreender os procedimentos de liquidação das sociedades cooperativas, suas nuances, delimitações e efeitos, com base na legislação, doutrina e jurisprudência.

Palavras-chave: Cooperativa. Liquidação. Natureza Jurídica. Dissolução de sociedade. Sociedade de Pessoas. Responsabilidades.

ABSTRACT

This article aims to understand the cooperatives societies winding up proceedings, its nuances, delimitations and effects, according law, doctrine and jurisprudence.

Keywords: Cooperative. Wind up. Legal Nature. Company Dissolution. Society of people. Liabilities.

1. INTRODUÇÃO – NATUREZA JURÍDICA

Para maior entendimento da sistemática de liquidação das sociedades cooperativas, não restam dúvidas quanto à necessidade de compreensão de sua natureza jurídica e seu enquadramento dentro da normatização brasileira.

O Código Civil, em seu artigo 928, parágrafo único, classifica as cooperativas como sociedades simples. Tal afirmativa é, *de per si*, demasiadamente singela em virtude das inúmeras especificidades inerentes a esta categoria societária, possuindo, inclusive, diploma legal próprio (Lei nº 5.764/71). Neste sentido, o jurista Bulgarelli dispõe que:

> A sociedade cooperativa é hoje mais um tipo de sociedade, com forma jurídica própria, pois tantas foram as modificações, adaptações e limitações que sofreram as regras oriundas dos outros tipos societários, que se tornou impossível confundir a atual sociedade cooperativa com os demais tipos societários (BULGARELLI, 1975, p. 75).

Nilson Reis Júnior, reconhecendo a incompatibilidade da caracterização civilista das cooperativas como sociedades simples, bem expõe seu entendimento sobre o tema, conforme publicado em 2006:

> A nosso ver, as cooperativas não têm natureza *sui generis*, civil ou comercial. É que, em virtude das particularidades próprias, apresentam inequívoca originalidade em sua organização, em sua atuação e em seu funcionamento, com objetivos singulares, constituindo-se, assim, uma nova categoria de sociedade cooperativa (REIS JÚNIOR, 2006, p. 54-56).

Waldírio Bulgarelli assim já se manifestava desde 1967, quando da publicação de sua tese de doutorado, cujo objeto era a autonomia do Direito Cooperativo.

Desse modo, ao lado das coletividades civis e empresariais, devemos ter as sociedades cooperativas, com gênero próprio, regidas por suas regras, com princípios, valores e éticas características, configurando-se, assim, a autonomia do Direito Cooperativo.

E conclui a ministra do Superior Tribunal de Justiça, Fátima Nancy Andrighi:

> Nesse contexto, é imprescindível atestar que a autonomia do Direito Cooperativo tem como esteio justamente a natureza peculiar das sociedades cooperativas em relação às demais instituições, formando um sistema próprio e independente, por incompatível a sua sistema jurídica com a orientação e o conteúdo das normas de outros ramos (Andrighi, *apud* STJ. REsp 901782 RS (2006/0241767-3). Rel. Min. Luís Felipe Salomão).

Contudo, essa natureza jurídica própria da cooperativa não foi reconhecida pela legislação brasileira. Pelo contrário, o Código Civil de 2002 desconsiderou por completo o avanço conquistado pelo movimento cooperativista nesse sentido, ao atribuir à cooperativa natureza de sociedade simples.

Vislumbrando acerto nessa disposição, por encerrar a vetusta e infindável discussão sobre a real natureza da sociedade cooperativa, afirmou Modesto Carvalhosa (2005, p. 465):

> [...] O Código Civil de 2002 pôs fim a essa controvérsia, estabelecendo em seu art. 982, parágrafo único, que, independentemente de seu objetivo a cooperativa terá sempre natureza jurídica de sociedade simples.

E complementa Nilson Reis Júnior:

> Com efeito, o ideal é que o legislador pátrio reconheça a natureza jurídica própria da sociedade cooperativa, dadas suas peculiaridades, o que a torna, consequentemente, original perante as demais sociedades existentes (REIS JÚNIOR, 2006, p. 54-56).

A jurisprudência também já firmou seu entendimento quanto ao tema. Cite-se:

> ADMINISTRATIVO. SOCIEDADE COOPERATIVA. TIPO DE SOCIEDADE SIMPLES. TRANSFORMAÇÃO EM TIPO DIVERSO. POSSIBILIDADE. PRESCINDIBILIDADE DE DISSOLUÇÃO OU LIQUIDAÇÃO.
>
> 1. O art. 4º da Lei nº 5.764/71 estabelece que "as cooperativas são sociedades de pessoas, com forma e natureza jurídica próprias, de natureza civil, não sujeitas a falência, constituídas para prestar serviços aos associados [...]".
>
> 2. Consoante jurisprudência do STJ, as cooperativas, nos termos do art. 982, parágrafo único, do código civil, são sociedades simples que não exercem atividade empresarial (art. 1.093 do mesmo diploma legal).
>
> 3. O art. 63, IV, da Lei 5.765/71 prevê que, em caso de transformação da forma jurídica, ocorrerá de pleno direito, a dissolução da sociedade cooperativa, dissolução esta compreendida como a resolução da função social para a qual foi criada a cooperativa em decorrência da transformação do tipo de sociedade.
>
> 4. O art. 1.113 do Código Civil de 2002 autoriza o ato de transformação societária independentemente "de dissolução ou liquidação da sociedade", resguardando, apenas, a observância dos "preceitos reguladores da constituição e inscrição do tipo em que vai converter-se", de modo que a transformação do tipo societário simples (classificação das cooperativas) não impõe a necessidade de liquidá-la, porque a pessoa jurídica é uma só, tanto antes como depois da operação, mudando apenas o tipo (de cooperativa para limitada, na hipótese) (REsp 1.528.305-RS. Rel. Ministro Humberto Martins. Segunda Turma. Julg. 18 ago. 2015, DJe 01 set. 2015).

Assim, classificadas de forma singela pelo Código Civil como sociedades simples, as sociedades cooperativas, por suas peculiaridades, possuem regramento próprio, sendo classificadas nos artigos 3º e 4º da Lei nº 5.764 de 16 de dezembro de 1971 como "sociedades de pessoas, com forma e natureza jurídica próprias, de natureza civil" que se unem e "se obrigam a contribuir com bens ou serviços para o exercício de uma atividade econômica, de proveito comum, sem objetivo de lucro".

Desta forma, apesar da rasa classificação prevista no diploma civil, com espeque na legislação e normatização própria, e sem maiores delongas, entende-se que as cooperativas detêm natureza jurídica distinta, tratando-se de uma sociedade de pessoas, de natureza civil, sem objetivo de lucro, com escopo na prestação de serviços exclusiva aos seus sócios.

2. DA EXTINÇÃO DAS SOCIEDADES COOPERATIVAS

Delimitada a natureza jurídica das cooperativas, para continuidade do presente estudo, em específico quanto ao tema liquidação de sociedades cooperativas, entende-se como essencial a compreensão quanto às fases que acarretam a extinção das sociedades.

De forma clara e objetiva, o ilustre jurista Fábio Ulhôa, delimita a extinção das sociedades em três fases, assim compreendidas:

> A dissolução, entendida como procedimento de terminação da personalidade jurídica da sociedade empresária, abrange três fases: a dissolução (ato ou fato desencadeante), a liquidação (solução das pendências obrigacionais da sociedade) e a partilha (repartição do acervo entre os sócios) (COELHO, 2012, p. 487).

Desta forma, uma sociedade, assim entendida em sentido amplo, tem seu fim quando, em decorrência de um ato (deliberação dos sócios) ou fato jurídico, inicia sua dissolução através dos procedimentos de liquidação e partilha, com sua efetiva extinção após seu registro no órgão competente.

Em específico quanto às sociedades simples, o Código Civil, em seus artigos 1.033 e 1.034, delimita os atos e fatos responsáveis pela sua extinção, judicial ou extrajudicialmente. Cite-se:

> [...]
>
> Art. 1.033. Dissolve-se a sociedade quando ocorrer:

> I – o vencimento do prazo de duração, salvo se, vencido este e sem oposição de sócio, não entrar a sociedade em liquidação, caso em que se prorrogará por tempo indeterminado;
>
> II – o consenso unânime dos sócios;
>
> III – a deliberação dos sócios, por maioria absoluta, na sociedade de prazo indeterminado;
>
> IV – a falta de pluralidade de sócios, não reconstituída no prazo de cento e oitenta dias;
>
> V – a extinção, na forma da lei, de autorização para funcionar.
>
> Parágrafo único. Não se aplica o disposto no inciso IV caso o sócio remanescente, inclusive na hipótese de concentração de todas as cotas da sociedade sob sua titularidade, requeira, no Registro Público de Empresas Mercantis, a transformação do registro da sociedade para empresário individual ou para empresa individual de responsabilidade limitada, observado, no que couber, o disposto nos arts. 1.113 a 1.115 deste Código.
>
> Art. 1.034. A sociedade pode ser dissolvida judicialmente, a requerimento de qualquer dos sócios, quando:
>
> I – anulada a sua constituição;
>
> II – exaurido o fim social, ou verificada a sua inexequibilidade (BRASIL, 2002).

No tocante às sociedades cooperativas, em virtude de suas especificidades, estas possuem normatização própria quanto a cada uma das fases de sua extinção, as quais passa-se a analisar pormenorizadamente.

2.1 Do ato ou fato desencadeante

Nos termos delineados alhures, a extinção de uma sociedade se dá em decorrência de um ato ou fato jurídico, sendo certo que, no caso das cooperativas, em virtude de suas especificidades, as hipóteses de extinção estão previstas na Lei nº 5.764/71, mais precisamente em seu artigo 63, o qual dispõe:

> [...]
>
> Art. 63. As sociedades cooperativas se dissolvem de pleno direito:
>
> I – quando assim deliberar a Assembleia Geral, desde que os associados, totalizando o número mínimo exigido por Lei, não se disponham a assegurar a sua continuidade;
>
> II – pelo decurso do prazo de duração;

> III – pela consecução dos objetivos predeterminados;
>
> IV – devido à alteração de sua forma jurídica;
>
> V – pela redução do número mínimo de associados ou do capital social mínimo se, até a Assembleia Geral subsequente, realizada em prazo não inferior a 6 (seis) meses, eles não forem restabelecidos;
>
> VI – pelo cancelamento da autorização para funcionar;
>
> VII – pela paralisação de suas atividades por mais de 120 (cento e vinte) dias.
>
> Parágrafo único. A dissolução da sociedade importará no cancelamento da autorização para funcionar e do registro (BRASIL, 1971).

Assim, a sociedade cooperativa terá sua fase de dissolução iniciada por ato jurídico quando, por deliberação da Assembleia Geral, tiver decidido por sua extinção, mediante aprovação de ao menos 2/3 dos presentes.

A dissolução também terá seu início, em decorrência dos seguintes fatos jurídicos: (i) pelo decurso do prazo de duração; (ii) pela consecução dos objetivos predeterminados; (iii) pela transformação de sua forma jurídica; (iv) através da redução do número de associados ou do capital social mínimo, quando não reestabelecidos dentro do prazo legal; (iv) pelo cancelamento da autorização para funcionar e (v) pela paralização de suas atividades por mais de 120 (cento e vinte) dias.

Aprovada a dissolução, decorrente de deliberação da Assembleia Geral, os demais atos deverão se dar pela via extrajudicial, com início da fase de liquidação, a qual será abordada detalhadamente a seguir.

Na hipótese em que, ocorrido o fato desencadeante da dissolução, não acarrete a dissolução de forma voluntária, esta poderá se dar pela via judicial, podendo ser proposta por qualquer sócio ou através de iniciativa do órgão executivo federal.

Ocorrido qualquer ato/fato ensejador da dissolução da cooperativa, dar-se-á início aos procedimentos de liquidação, mediante a nomeação de um ou mais liquidantes, bem como de um Conselho Fiscal composto de 3 (três) membros, passando, a partir de então, a constar na denominação da cooperativa a expressão "em liquidação".

3. LIQUIDAÇÃO DAS SOCIEDADES COOPERATIVAS – HIPÓTESES E PROCEDIMENTOS

Ocorrido qualquer ato ou fato jurídico elencado no tópico anterior, seja ele judicial ou extrajudicial, deverá ser dado início à fase de liquidação da cooperativa.

Quando deliberada sua extinção por meio de Assembleia Geral, em mesmo ato deverá ser nomeado ao menos um liquidante, bem como um conselho fiscal, composto de 3 (três) membros, os quais ficarão responsáveis pelo procedimento de liquidação, sendo certo que fica ressalvado à própria Assembleia, a qualquer tempo, caso necessário, destituí-los e nomear substitutos.

A sociedade cooperativa, a partir do ato de aprovação de sua extinção em Assembleia, deverá acrescer à sua denominação social o termo "em liquidação".

O liquidante, que exercerá todos os poderes de administração, incluindo os atos e operações necessários à realização do ativo e pagamento do passivo, terá, nos termos do artigo 68 da Lei nº 5.764/71, as seguintes obrigações:

> [...]
>
> Art. 68. São obrigações dos liquidantes:
>
> I – providenciar o arquivamento, na junta Comercial, da Ata da Assembleia Geral em que foi deliberada a liquidação;
>
> II – comunicar à administração central do respectivo órgão executivo federal e ao Banco Nacional de Crédito Cooperativo S/A, a sua nomeação, fornecendo cópia da Ata da Assembleia geral que decidiu a matéria;
>
> III – arrecadar os bens, livros e documentos da sociedade, onde quer que estejam;
>
> IV – convocar os credores e devedores e promover o levantamento dos créditos e débitos da sociedade;
>
> V – proceder nos 15 (quinze) dias seguintes ao de sua investidura e com a assistência, sempre que possível, dos administradores, ao levantamento do inventário e balanço geral do ativo e passivo;
>
> VI – realizar o ativo social para saldar o passivo e reembolsar os associados de suas quotas-partes, destinando o remanescente, inclusive o dos fundos indivisíveis, ao Banco Nacional de Crédito Cooperativo S/A;
>
> VII – exigir dos associados a integralização das respectivas quotas-partes do capital social não realizadas, quando o ativo não bastar para solução do passivo;

> VIII- fornecer aos credores a relação dos associados, se a sociedade for de responsabilidade ilimitada e se os recursos apurados forem insuficientes para o pagamento das dívidas;
>
> IX – convocar a Assembleia Geral, cada 6 (seis) meses ou sempre que necessário, para apresentar relatório e balanço do estado da liquidação e prestar contas dos atos praticados durante o período anterior;
>
> X – apresentar à Assembleia Geral, finda a liquidação, o respectivo relatório e as contas finais;
>
> XI – averbar, no órgão competente, a Ata da Assembleia Geral que considerar encerrada a liquidação (BRASIL, 1971).

Ainda no tocante à realização do ativo da sociedade, o liquidante deverá "mandar avaliar, por avaliadores judiciais ou de instituições financeiras públicas, os bens da sociedade" (art. 77, I, da Lei nº 5.764/71) bem como "proceder à venda dos bens necessários ao pagamento do passivo da sociedade" (art. 77, II).

3.1 DA LIQUIDAÇÃO EXTRAJUDICIAL POR ATO DO PODER EXECUTIVO FEDERAL – INCONSTITUCIONALIDADE

Os artigos 75 e 76 da Lei nº 5.764/71 preveem a hipótese de liquidação extrajudicial por ato de órgão executivo federal:

> [...]
>
> Art. 75. A liquidação extrajudicial das cooperativas poderá ser promovida por iniciativa do respectivo órgão executivo federal, que designará o liquidante, e será processada de acordo com a legislação específica e demais disposições regulamentares, desde que a sociedade deixe de oferecer condições operacionais, principalmente por constatada insolvência.
>
> §1º A liquidação extrajudicial, tanto quanto possível, deverá ser precedida de intervenção na sociedade.
>
> §2º Ao interventor, além dos poderes expressamente concedidos no ato de intervenção, são atribuídas funções, prerrogativas e obrigações dos órgãos de administração.
>
> Art. 76. A publicação no Diário Oficial, da ata da Assembleia Geral da sociedade, que deliberou sua liquidação, ou da decisão do órgão executivo federal quanto a medida for de sua iniciativa, implicará a sustação de qualquer ação judicial contra a cooperativa, pelo prazo de 1 (um) ano, sem prejuízo, entretanto, da fluência dos juros legais ou pactuados e seus acessórios (BRASIL, 1971).

Não restam dúvidas que os mencionados artigos de Lei não foram recepcionados pela Constituição Federal de 1988, a qual, de forma muito bem acertada, dispõe em seu artigo 5º, XVIII, que "a criação de associações e, na forma da lei, a de cooperativas independem de autorização, sendo vedada a interferência estatal em seu funcionamento".

Sobre o tema, Eduardo Faria Silva dispôs, em sua dissertação de mestrado:

> A Constituição Federal de 1988 fez emergir expressamente, ao assegurar o direito à livre constituição e associação, nos incisos XVIII e XX do artigo 5º, a contrariedade existente entre a redação da Lei nº 5.764/71 e as lutas travadas pelos atores sociais contrários ao intervencionismo Estatal exercido e legalmente permitido no cooperativismo, bem como ao controle exercido no sistema pela OCB.
>
> O novo texto constitucional, inscrito entre os direitos fundamentais regentes da sociedade e do Estado brasileiro, refundou a estrutura de poder constante no ordenamento jurídico e, no que se refere à liberdade de organização e associação para constituição e representação das sociedades cooperativas, pode ser entendido nas seguintes dimensões: a) como o direito de livre criação dessas sociedades e de livre estabelecimento das normas de organização, funcionamento e representação interna; b) como direito à livre associação das sociedades cooperativas entre si, para deliberarem sobre a criação de pessoa jurídica que as congregue e as represente na defesa de seus interesses comuns ou, em sentido oposto, o direito de se desvincular espontaneamente da pessoa jurídica a que estavam associadas, e c) em sua vertente negativa, pode ser compreendido como direito a não se associar, ou de não tornar parte de qualquer entidade representativa, como têm ressaltado a doutrina e as Cortes Constitucionais de outros países (SILVA, 2005, p. 131).

O Supremo Tribunal Federal, no julgamento do Recurso Especial nº 218351, de relatoria do Ministro Carlos Veloso, já se posicionou sobre o tema, conforme transcrito a seguir:

> DECISÃO: - Vistos. Assim está ementado o acórdão recorrido, proferido pela Segunda Câmara Cível do Tribunal de Alçada do Estado do Rio Grande do Sul: "MANDADO DE SEGURANÇA. COOPERATIVA EM LIQUIDAÇÃO. SUSPENSÃO DAS AÇÕES. CONSTITUCIONALIDADE. Não é inconstitucional a sustação de ações contra a cooperativa em liquidação. Simetria desta interpretação com a do art. 18, letra a, da Lei 6.024/74. Segurança concedida" (fl. 60). Daí o RE, interposto pelo Banco do Brasil S.A., com fundamento no art. 102, III, a, da C.F., sustentando-se, em síntese, que a Constituição Federal, ao afastar a intervenção estatal nas cooperativas, não recebeu o art. 76 da Lei 5.764/71, de modo que sua aplicação viola o art. 5º, caput, XVIII, XXXV e LIV, da mesma Carta. Inadmitido o recurso, subiram

os autos em virtude do provimento do agravo de instrumento em apenso. O ilustre Subprocurador-Geral da República, Dr. Flávio Giron, opinou pelo não conhecimento do recurso. Autos conclusos em 19.6.2001. Decido. Destaco do parecer oferecido pelo ilustre Subprocurador- Geral, Dr. Flávio Giron: "[...] A irresignação do recorrente não merece abrigo. O v. acórdão recorrido não afrontou nenhum dos dispositivos constitucionais apontados pelo recorrente. Pelo contrário, afirmou a validade e aplicabilidade deles sem, contudo, entender inconstitucional o artigo 76 da Lei 5.764/71. Houve clara afirmação da possibilidade de apreciação, pelo Poder Judiciário, das liquidações, quando terceiro entender estar sendo lesado. Colaciona-se (fl. 61): 'Não existe mais a antiga ingerência estatal na liquidação das sociedades cooperativas. A norma constitucional insculpida no art. 5º, inciso XVIII, proíbe a interferência do Estado em seu funcionamento. Isto é, exclui aquela antiga fiscalização que realizava o poder público sobre as associações cooperativas, que tinham cunho eminentemente privado. A afirmação da decisão atacada pelo agravo - cuja suspensividade foi deferida liminarmente - é de que não se coaduna com a atual estrutura constitucional a liquidação extrajudicial, com a suspensão das ações intentadas, conforme a previsão do art. 76, da Lei 5.764/71, porque, em assim sendo, veda-se o acesso ao Poder Judiciário, com ferimento a norma constitucional. A dissolução das sociedades cooperativas obedece ao regime próprio da citada Lei. Destarte, não há que se cogitar da insolvência civil ou da declaração de falência. Contudo, não se exclui da apreciação do Poder Judiciário, a liquidação, ainda que extrajudicial. É o que deflui da leitura do art. 5º, inciso XVIII, da Carta Política de 88, e das disposições contidas na Lei 5.764/71. Isto é, a vedação de interferência estatal fica afastada em função da exagerada ingerência que o Estado produzia em entidades de cunho privado. Mas, repita-se, não quer dizer que afasta da apreciação do Poder Judiciário ofensa a direito da parte que se sinta prejudicada diante da liquidação extrajudicial.' Depreende-se que, ao contrário do que afirma o recorrente, a norma insculpida no artigo 5º, inciso XXXV, da Carta Federal, veio somente reforçar e ampliar a garantia de acesso ao Poder Judiciário quando ocorrer lesão de direitos. Ou seja, o recorrente pretende, em verdade, debater novamente a questão já exaustivamente analisada pelo v. acórdão recorrido. O fato de ter sido a decisão contrária à pretendida pelo recorrente não autoriza a interposição do apelo extremo. [...]" (fls. 112/113). Correto o parecer. O acórdão-recorrido não praticou ofensa ao inc. XVIII, do art. 5º, da C.F.. Ao contrário, afirmou a sua validade. Também não há falar em ofensa ao inc. XXXV, do mesmo art. 5º: o acórdão deixou claro que "não se exclui da apreciação do Poder Judiciário a liquidação, ainda que extrajudicial". Registre-se, finalmente, que a questão constitucional do inc. LIV, do art. 5º, da C.F. (devido processo legal substantivo), não foi prequestionada. Inviável, pois, o RE, nego-lhe seguimento (STF, RE 218351, Rel. Min. Carlos Velloso. Julg. 06 mai. 2002. DJ 05 ago. 2002).

Pondera-se que, apesar do disposto no art. 5º, XVIII da Constituição Federal, bem como quanto ao entendimento acima delineado, no tocante à inconstitucionalidade da intervenção do Estado pela via extrajudicial nas liquidações das cooperativas, alguns doutrinadores entendem que os artigos 75 e 76 da Lei nº 5.764/71 teriam sido recepcionados de forma expressa pelo artigo 46 dos Atos das Disposições Constitucionais Transitórias, o qual dispõe que:

> [...]
>
> Art. 46. São sujeitos à correção monetária desde o vencimento, até o seu efetivo pagamento, sem interrupção ou suspensão, os créditos junto a entidades submetidas aos regimes de intervenção ou liquidação extrajudicial, mesmo quando esses regimes sejam convertidos em falência (BRASIL, 1988).

Neste sentido ensina Alberto Camiña Moreira:

> [...] Em nosso país, apesar de a liquidação extrajudicial ser um instituto antigo, ainda não houve pronunciamento do Supremo Tribunal Federal a respeito da matéria, isto é, especificamente sobre o cabimento ou não da liquidação pelas autarquias antes referidas. Para mim, a liquidação extrajudicial é constitucional, pois está expressamente referida no artigo 46 das Disposições Constitucionais Transitórias, que assegura correção monetária aos créditos junto a entidades sujeitas aos regimes de intervenção ou liquidação extrajudicial, mesmo quando esses regimes sejam convertidos em falência. Como as normas das Disposições Transitórias têm a mesma força normativa das previsões do Corpo Permanente da Constituição, a referência à liquidação extrajudicial é o suficiente para se admitir a sua presença na legislação ordinária, obedecidos, evidentemente, outros aspectos constitucionais, como o devido processo. Além disso, esse dispositivo impede que se fale em monopólio da primeira palavra ou reserva absoluta de jurisdição. O Judiciário controla a legalidade do ato praticado pela autarquia, como já ocorreu [...] (MOREIRA, 2018).

Com a devida vênia ao ilustre jurista, entende-se que o instituto da liquidação extrajudicial por meio da intervenção de órgão do executivo não foi recepcionada pela Constituição Federal de 1988, já que prevista expressamente e especificamente às cooperativas a impossibilidade de intervenção.

Noutro norte, o Estado poderá se valer da liquidação judicial, nas hipóteses previstas em lei.

Pondera-se, ainda, que os procedimentos elencados não devem ser aplicados na hipótese de cooperativas de crédito e da seção de crédito das cooperativas agrícolas mistas, as quais possuem regramento normativo e legal próprio.

4. DA LIQUIDAÇÃO EXTRAJUDICIAL DAS COOPERATIVAS DE CRÉDITO

Nos termos narrados anteriormente, apesar do entendimento quanto à inaplicabilidade da liquidação extrajudicial por intervenção de Órgão do Executivo Federal, tal compreensão não deve ser aplicada quanto às cooperativas de crédito, as quais submetem-se ao conceito de instituição financeira, previsto no artigo 17 da Lei nº 4.595/64, sendo, por consequência, fiscalizada pelo Banco Central do Brasil.

Neste sentido, dispõe o art. 1º da Lei nº 6.024/74:

> Art. 1º As instituições financeiras privadas e as públicas não federais, assim como as cooperativas de crédito, estão sujeitas, nos termos desta Lei, à intervenção ou à liquidação extrajudicial, em ambos os casos efetuada e decretada pelo Banco Central do Brasil, sem prejuízo do disposto nos artigos 137 e 138 do Decreto-lei nº 2.627, de 26 de setembro de 1940, ou à falência, nos termos da legislação vigente (BRASIL, 1974).

Anote-se que a constitucionalidade dos dispositivos de lei citados é amparada no art. 192 da Constituição Federal, o qual excepciona as cooperativas de crédito das demais, nos seguintes termos:

> [...]
>
> Art. 192. O sistema financeiro nacional, estruturado de forma a promover o desenvolvimento equilibrado do País e a servir aos interesses da coletividade, em todas as partes que o compõem, abrangendo as cooperativas de crédito, será regulado por leis complementares que disporão, inclusive, sobre a participação do capital estrangeiro nas instituições que o integram (Idem, 1988).

Quanto à possibilidade de intervenção do Estado nas Cooperativas de Crédito, bem delineou sobre o tema Felipe Herdem Lima, em sua dissertação de mestrado:

> [...] Assim, com o advento da ordem constitucional de 1988, é possível afirmar que a mesma optou por um regime capitalista, assentando a ordem econômica nos pilares da livre iniciativa, da propriedade privada e da livre concorrência. Vigora, portanto, a regra da excepcionalidade da exploração direta da atividade econômica pelo Estado, estipulada no artigo 173 da Constituição. Portanto, o comando que se extrai do artigo 173 é que a exploração da atividade econômica só é possível nas seguintes hipóteses: (i)) necessária aos imperativos da segurança nacional e (ii) relevante interesse

> coletivo. Logo, a regra é a exploração da atividade econômica pelo particular pautada no princípio da livre iniciativa.
>
> Ainda sobre o tema, a racionalidade instituída pela ordem constitucional foi a de um Estado juiz. Em outras palavras, o Estado se abstém de intervir na ordem econômica, atuando como um agente normativo e regulador desta. É o que se extrai da norma disposta no artigo 174 da Constituição Federal.
>
> Portanto, apesar da prévia autorização para atuar no sistema financeiro nacional e da regulamentação do setor, a intervenção estatal no domínio econômico, manifestada através da decretação da liquidação extrajudicial, se justifica pelo interesse coletivo da sociedade em geral em gozar de um sistema financeiro hígido e saudável [...] (LIMA, 2017, p. 50-51).

Portanto, entende-se como constitucional a possibilidade de intervenção/liquidação extrajudicial por parte do Estado, em face das cooperativas de crédito.

Assim, são causas de intervenção estatal aquelas previstas no artigo 2º da Lei nº 6.024/74:

> [...]
>
> Art. 2º Far-se-á a intervenção quando se verificarem as seguintes anormalidades nos negócios da instituição:
>
> I – a entidade sofrer prejuízo, decorrente da má administração, que sujeite a riscos os seus credores;
>
> II – forem verificadas reiteradas infrações a dispositivos da legislação bancária não regularizadas após as determinações do Banco Central do Brasil, no uso das suas atribuições de fiscalização;
>
> III – na hipóteses de ocorrer qualquer dos fatos mencionados nos artigos 1º e 2º, do Decreto-lei nº 7.661, de 21 de junho de 1945 (lei de falências), houver possibilidade de evitar-se, a liquidação extrajudicial (BRASIL, 1974).

A mesma Lei dispõe, em seu artigo 15, as hipóteses de liquidação extrajudicial:

> [...]
>
> Art. 15. Decretar-se-á a liquidação extrajudicial da instituição financeira:
>
> I – ex officio:
>
> a) em razão de ocorrências que comprometam sua situação econômica ou financeira especialmente quando deixar de satisfazer, com pontualidade, seus compromissos ou quando se caracterizar qualquer dos motivos que autorizem a declaração de falência;

b) quando a administração violar gravemente as normas legais e estatutárias que disciplinam a atividade da instituição bem como as determinações do Conselho Monetário Nacional ou do Banco Central do Brasil, no uso de suas atribuições legais;

c) quando a instituição sofrer prejuízo que sujeite a risco anormal seus credores quirografários;

d) quando, cassada a autorização para funcionar, a instituição não iniciar, nos 90 (noventa) dias seguintes, sua liquidação ordinária, ou quando, iniciada esta, verificar o Banco Central do Brasil que a morosidade de sua administração pode acarretar prejuízos aos credores (Idem).

Nos casos de liquidação *ex-officio*, o Banco Central deverá nomear liquidante, com amplos poderes de administração e liquidação, nos termos do art. 16 da citada Lei, podendo inclusive "nomear e demitir funcionários, fixando-lhes os vencimentos, outorgar e cassar mandatos, propor ações e representar a massa em Juízo ou fora dele".

Os atos e procedimentos de liquidação extrajudicial são previstos nos artigos 20 a 35 da aludida Lei.

5. DA IMPOSSIBILIDADE DE APLICAÇÃO DAS COOPERATIVAS À LEI DE FALÊNCIAS

Nos termos dispostos anteriormente, as Cooperativas possuem natureza jurídica de sociedade simples que não exercem a atividade empresarial, com regime jurídico próprio.

A conceituação quanto ao não exercício da atividade empresarial às cooperativas se dá pela impossibilidade de obtenção de lucro pelos cooperados, já que a sociedade cooperativa tem como objetivo atender exclusivamente os próprios cooperados, sendo estes, ao mesmo tempo, clientes e sócios.

Sendo assim, as cooperativas, ao não possuir o caráter empresarial, não se encontram sob a égide da Lei nº 11.101/2005. Tal afirmativa se dá com base nos seguintes dispositivos da mencionada Lei:

> Art. 1º Esta lei disciplina a recuperação judicial, a recuperação extrajudicial e a falência do empresário e da sociedade empresária, doravante referidos simplesmente como devedor.
>
> Art. 2º Esta Lei não se aplica a:
>
> I – empresa pública e sociedade de economia mista;

> II – instituição financeira pública ou privada, cooperativa de crédito, consórcio, entidade de previdência complementar, sociedade operadora de plano de assistência à saúde, sociedade seguradora, sociedade de capitalização e outras entidades legalmente equipadas às anteriores (BRASIL, 2005).

Neste sentido a jurisprudência fora firmada pelo STJ, nos Agravos Regimentais de Agravos Especiais n°s 1129512 e 1109103, de relatoria da Ministra Eliana Calmon e Ministro Sérgio Kukina, respectivamente:

> TRIBUTÁRIO – EXECUÇÃO FISCAL CONTRA COOPERATIVA EM LIQUIDAÇÃO JUDICIAL – INAPLICABILIDADE DA LEI DE FALÊNCIAS – REMESSA DO PRODUTO DA ARREMATAÇÃO AO JUÍZO DA LIQUIDAÇÃO – INEXISTÊNCIA DE PREVISÃO LEGAL. 1. As sociedades cooperativas não estão sujeitas à falência, uma vez que não possuem natureza empresarial, devendo, portanto, prevalecer a forma de liquidação prevista na Lei 5.764/71. [...] 3. Agravo regimental não provido (STJ. AgRg no AgRg nos EDcl no REsp 1129512/SP. Rel. Min. Eliana Calmon. Julg. 03 dez. 2013; DJe 10 dez. 2013).

> TRIBUTÁRIO E PROCESSUAL CIVIL. AGRAVO REGIMENTAL NO RECURSO ESPECIAL. COOPERATIVA EM LIQUIDAÇÃO. CARÁTER NÃO EMPRESARIAL. LEI DE FALÊNCIAS. INAPLICABILIDADE. APLICAÇÃO DA LEI 5.764/71. ENTENDIMENTO PACÍFICO DO STJ. 1. A jurisprudência desta Corte Superior tem entendimento pacífico no sentido da inaplicabilidade da legislação falimentar às cooperativas em liquidação, pois estas não possuem características empresariais, sendo a elas aplicáveis as disposições previstas na Lei 5.764/71. Precedentes: AgRg no Ag 1.385.428/MG, Rel. Ministro Teori Albino Zavascki, Primeira Turma, DJe 13/09/2011; AgRg no REsp 999.134/PR, Rel. Ministro Luiz Fux, Primeira Turma, DJe 21/09/2009; REsp 1.202.225/SP, Rel. Ministro Mauro Campbell Marques, Segunda Turma, DJe 06/10/2010. 2. [...] (STJ. AgRg no REsp 1109103/SP. Rel. Min. Sérgio Kukina. Julg. 25 nov. 2014; DJe 02 dez. 2014).

Sendo assim, entende-se que as cooperativas, incluindo as de crédito, não se sujeitam à legislação falimentar, devendo ser aplicadas a estas as liquidações extrajudiciais (cooperativas de crédito) e judiciais quanto às demais.

6. RESPONSABILIDADE DOS COOPERADOS

Os artigos 11 e 12 da Lei nº 5.764/71 estabelecem o caráter limitado das cooperativas quando houver previsão em seu estatuto de que a responsabilidade do sócio se limitar ao valor do capital social por ele subscrito e o caráter ilimitado quando a responsabilidade do associado for prevista de forma pessoal, solidária e sem limite.

Pondera-se, ainda, a responsabilidade ilimitada dos administradores na hipótese da existência de fraude ou confusão patrimonial destes para com a cooperativa, o que poderá ensejar na desconsideração da personalidade jurídica.

Deve-se trazer a hipótese de rateio de prejuízos prevista no artigo 80 e 89 da Lei n° 5.764, os quais preveem que:

> [...]
>
> Art. 80. As despesas da sociedade serão cobertas pelos associados mediante rateio na proporção direta da fruição de serviços.
>
> Parágrafo único. A cooperativa poderá, para melhor atender à equanimidade de cobertura das despesas da sociedade, estabelecer:
>
> I – rateio, em partes iguais, das despesas gerais da sociedade entre todos os associados, quer tenham ou não, no ano, usufruído dos serviços por ela prestados, conforme definidas no estatuto;
>
> II – rateio, em razão diretamente proporcional, entre os associados que tenham usufruído dos serviços durante o ano, das sobras líquidas ou dos prejuízos verificados no balanço do exercício, excluídas as despesas gerais já entendidas na forma do item anterior.
>
> [...]
>
> Art. 89. Os prejuízos verificados no decorrer do exercício serão cobertos com recursos provenientes do Fundo de Reserva e, se insuficiente este, mediante rateio, entre os associados, na razão direta dos serviços usufruídos, ressalvada a opção prevista no parágrafo único do artigo 80 (BRASIL, 1971).

Portanto, ainda que previsto o caráter limitado no estatuto da cooperativa, deve-se observar a responsabilidade de cada associado no rateio, em partes iguais ou na proporção dos serviços usufruídos (conforme o estatuto definir), caso o fundo de reserva não seja suficiente para tanto.

7. DA SUSPENSÃO DOS PROCESSOS JUDICIAIS – LIMITAÇÃO INTERPRETATIVA DO ART. 76 DA LEI N° 5.764/71

Estabelece o artigo 76 da Lei nº 5.764/71 que a

> publicação no Diário Oficial, da ata da Assembleia Geral da Sociedade, que deliberou sua liquidação, ou da decisão do órgão executivo federal quando a medida for de sua iniciativa, implicará em sustação de qualquer ação judicial contra a cooperativa, pelo prazo de 1 (um) ano, sem prejuízo, da fluência dos juros legais ou pactuados e seus acessórios (BRASIL, 1971).

Entende-se que, apesar de não haver, no texto da Lei, qualquer delimitação quanto à natureza das ações a serem suspensas, a jurisprudência vem entendendo no sentido de que somente as ações executivas, não abrangendo as discussões de mérito. Neste sentido, pronuncia-se o desembargador Márcio Idalmo Santos Miranda, do Tribunal de Justiça de Minas Gerais.

> DIREITO CIVIL E PROCESSUAL CIVIL - APELAÇÃO CÍVEL - AÇÃO DE COBRANÇA - COOPERATIVA EM LIQUIDAÇÃO - SUSPENSÃO DO PROCESSO - IMPOSSIBILIDADE - COMPRA E VENDA DE PRODUTOS AGROPECUÁRIOS - COMPROVAÇÃO DE FATO IMPEDITIVO, MODIFICATIVO OU EXTINTIVO DO DIREITO DO AUTOR - AUSÊNCIA - INTELIGÊNCIA DO ARTIGO 373, INCISO II, DO CÓDIGO DE PROCESSO CIVIL - PROCEDÊNCIA DO PEDIDO - RECURSO NÃO PROVIDO.
>
> - A liquidação extrajudicial, ainda que de sociedade cooperativa, acarreta a suspensão apenas das ações e execuções que possam repercutir diretamente no acervo da entidade liquidanda [...] (TJMG. Apelação Cível nº 1.0261.18.001854-9/001, Rel. Des. Márcio Idalmo Santos Miranda. Julg. 06 nov. 2018; Publ. 23 nov. 2018).

Sendo assim, o termo "qualquer ação judicial" vem sendo interpretado tão somente quanto às ações que possam atingir diretamente o acervo da entidade liquidanda, não atingindo assim as ações em fase cognitiva.

CONCLUSÃO

Por todo o exposto, compreende-se que as cooperativas, como sociedade de pessoas, poderão ser dissolvidas, em decorrência de um ato ou fato jurídico, o qual delimitará os procedimentos de dissolução e liquidação a serem adotados, os quais poderão se dar/instaurar, pela via judicial ou extrajudicial, nos termos e diretrizes previstas na Lei nº 5.764/71, cumuladas com os artigos 1.102 a 1.112 do Código Civil.

Além das legislações delimitadas, a análise detida do estatuto da cooperativa a ser dissolvida, bem como as deliberações em Assembleia, é de suma importância para delimitação das responsabilidades dos sócios cooperados.

REFERÊNCIAS

BRASIL. *Ato das Disposições Constitucionais Transitórias.* Disponível em: <http://www.planalto.gov.br/ccivil_03/Constituicao/Constituicao.htm>. Acesso em 25 mar. 2019.

______. Lei n° 10.406, de 10 de janeiro de 2002. *Institui o Código Civil.* Disponível em: <http://www.planalto.gov.br/ccivil_03/LEIS/2002/L10406.htm>. Acesso em 25 mar. 2019.

______. Lei n° 5.764, de 16 de dezembro de 1971. Disponível em: <http://www.planalto.gov.br/ccivil_03/leis/L5764.htm>. Acesso em 25 mar. 2019.

______. Lei nº 11.101, de 09 de fevereiro de 2005. *Regula a recuperação judicial, a extrajudicial e a falência do empresário e da sociedade empresária.* Disponível em: <http://www.planalto.gov.br/ccivil_03/_ato2004-2006/2005/lei/l11101.htm>. Acesso em 25 mar. 2019.

______. Lei nº 6.024, de 13 de março de 1974. *Dispõe sobre a intervenção e a liquidação extrajudicial de instituições financeiras, e dá outras providências.* Disponível em: <http://www.planalto.gov.br/ccivil_03/LEIS/L6024.htm>. Acesso em 25 mar. 2019.

______. SUPERIOR TRIBUNAL DE JUSTIÇA. Agravo Regimental no Agravo Regimental nos Embargos de Declaração no Recurso Especial n° 1129512/SP. Relatora Ministra Eliana Calmon. Julg. 03 dez. 2013; DJe 10 dez. 2013.

______. SUPERIOR TRIBUNAL DE JUSTIÇA. Agravo Regimental no Recurso Especial n° 1109103/SP. Relator Ministro Sérgio Kukina. Julg. 25 nov. 2014; DJe 02 dez. 2014.

______. SUPERIOR TRIBUNAL DE JUSTIÇA. Recurso Especial n° 1.528.305-RS. Relator Ministro Humberto Martins. Segunda Turma. Julg. 18 ago. 2015; DJe 1 set. 2015.

______. SUPREMO TRIBUNAL FEDERAL. Recurso Especial n° 218351; Relator Ministro Carlos Velloso. Julg. 06 maio. 2002; DJ 05 ago. 2002.

BULGARELLI, Waldírio. *Sociedades comerciais: empresa e estabelecimento.* 2ed. São Paulo: Atlas, 1985.

CARVALHOSA, Modesto. *Comentários ao Código Civil.* V.13. 2ed. São Paulo: Saraiva, 2005.

COELHO, Fábio Ulhôa. *Curso de Direito Comercial. Vol. 2: Direito da empresa.* 16Ed. São Paulo: Saraiva, 2012.

LIMA, Felipe Herdem. Dissertação (Mestrado em Direito). Fundação Getúlio Vargas – Escola de Direito do Rio de Janeiro. *Devido processo administrativo no regime de liquidação extrajudicial.* 2017.

MOREIRA. Alberto Camiña. *A presença dos credores na solução da liquidação extrajudicial.* Disponível em: <https://www.migalhas.com.br/InsolvenciaemFoco/121,MI272933,91041-A+presenca+dos+credores+na+solucao+da+liquidacao+extrajudicial>. Acesso em 25 mar. 2019.

REIS JÚNIOR, Nilson. *Aspectos Societários das Cooperativas.* Belo Horizonte: Mandamentos, 2006.

SILVA, Eduardo Faria. Dissertação (Mestrado em Direito). Universidade Federal do Paraná (UFPR). *A organização das cooperativas brasileiras e a negação do direito fundamental à livre associação.* 2006.

TRIBUNAL DE JUSTIÇA DE MINAS GERAIS. Apelação Cível nº 1.0261.18.001854-9/001, Relator Desembargador Márcio Idalmo Santos Miranda. 9ª Câmara Cível. Julg. 06 nov. 2018; Publ. 23 nov. 2018.

A RESPONSABILIDADE DOS GESTORES NAS COOPERATIVAS DE CRÉDITO E O PROCESSO ADMINISTRATIVO SANCIONADOR

RODRIGO COELHO DE LIMA

Advogado. Proprietário do escritório Rodrigo Coelho Advocacia. Especialista em Direito de Empresa pela PUC Minas. Fundador e 1º presidente da Comissão de Direito Cooperativista da OAB/MG; Conselheiro Seccional e membro julgador da Primeira Câmara da OAB/MG, gestão 2016/2018. Palestrante e parecerista sobre o Direito Cooperativo. Coautor do livro "Sustentabilidade e Cooperativismo: uma ação conjunta para o século XXI", publicado em Belo Horizonte pela Editora Vorto, 2017. Coordenador e coautor do livro "Direito Cooperativo - avanços, desafios e perspectivas", publicado em Belo Horizonte pela Editora Del Rey, 2018. Autor de vários artigos sobre o Direito Cooperativo. Professor Universitário de MBA em Gestão de Cooperativas de Crédito. Coordenador e membro do quadro de especialistas da Câmara Setorial de Cooperativismo da Câmara Mineira de Mediação e Arbitragem Empresarial (CAMINAS). Ex-Assessor Jurídico da Cooperativa Central dos Produtores Rurais de Minas Gerais (CCPR/ITAMBÉ). Ex-Gerente Jurídico do Grupo Casa do Rádio.

E-mail: rodrigocoelhoadvocacia@hotmail.com

RESUMO

O objetivo do presente artigo é demonstrar a importância de se andar alinhado com a legislação, incorporando processos modernos de governança corporativa e *compliance* no seio das cooperativas de crédito, evitando assim condenações administrativas e judiciais dos gestores e das cooperativas nas esferas do Banco Central do Brasil (BCB) e do Conselho de Recursos do Sistema Financeiro Nacional (CRSFN), bem como na área cível e criminal. Como consequência, evitam-se prejuízos de ordem financeira e social, o que contribui sobremaneira para a perenidade da instituição e do Sistema Financeiro Nacional (SFN).

Tem-se também a pretensão de colaborar, um pouco que seja, com os profissionais do direito e demais interessados, a entender o Processo Administrativo Sancionador perante o BCB e no CRSFN.

Palavras-chave: Cooperativas de Crédito. Responsabilidades. Processo Administrativo Sancionador. Governança Corporativa e *Compliance*. Diferenciais do Cooperativismo.

ABSTRACT

The purpose of this article is to demonstrate the importance of being aligned with legislation, incorporating modern processes of corporate governance and compliance within credit cooperatives, thus avoiding administrative and judicial convictions of managers and cooperatives in the spheres of the Central Bank of Brazil (BCB) and the National Financial System Resources Board (CRSFN), as well as in the civil and criminal area. As a consequence, financial and social losses are avoided, which contributes greatly to the sustainability of the institution and the National Financial System (SFN).

It is also intended to collaborate, with legal professionals and other interested parties, to understand the Administrative Sanctioning Process before the BCB and the CRSFN.

Keywords: Credit Cooperatives. Responsibilities. Administrative Sanction Process. Corporate Governance and Compliance. Differentials of Cooperativism.

1. INTRODUÇÃO

Neste trabalho, o foco será a responsabilidade administrativa dos gestores nas cooperativas de crédito e o respectivo processo administrativo sancionador que tramita no Banco Central do Brasil (BACEN ou BCB) e no Conselho de Recursos do Sistema Financeiro Nacional (CRSFN). No entanto, abordaremos também, de forma sucinta, as responsabilidades dos gestores na esfera cível e criminal.

Acompanha-se, atualmente, o endurecimento da legislação aplicável às cooperativas de crédito, como não poderia deixar de ser, pois uma instituição financeira, bancária ou não, se não for gerida da forma mais acertada possível, numa eventual insolvência pode causar prejuízo não só a seus cooperados ou correntistas, mas a todo sistema financeiro pátrio. Por isso, no ramo crédito do cooperativismo, a regulação específica se faz amplamente necessária.

No cooperativismo existe uma característica salutar, qual seja, os cooperados participam do rateio pelas perdas, proporcionalmente às operações realizadas com a cooperativa, o que aumenta a segurança do Sistema Financeiro Nacional (SFN), garantindo que o dinheiro público não será usado para cobrir prejuízos, tal como já ocorrera no passado com bancos. Pode-se citar, ainda, a existência do FGCOOP (Fundo Garantidor do Cooperativismo de Crédito), que atualmente garante R$ 250 mil por CPF ou CNPJ, corroborando assim com a segurança dos cooperados e de todo o sistema.

Atualmente, a aplicação da Governança Corporativa ou Cooperativa nas instituições não é só um modismo, mas uma necessidade legal e moral, assim como o *compliance*, que se pode considerar uma das ferramentas mais importantes que a Governança Corporativa dispõe para introduzir uma política de integridade, transparência e ética na organização. Tais aplicações devem ser aplaudidas, pois trazem segurança para os cooperados e a cooperativa, incluindo seus colaboradores, gestores e o Sistema Financeiro Nacional, trazendo, igualmente, perenidade para a instituição.

Compliance tem origem no verbo em inglês *to comply*, que significa agir de acordo com alguma lei, norma, regulamento ou política interna, ou seja, é estar em conformidade.

Sobre as cooperativas, o Instituto Brasileiro de Governança Corporativa (IBGC) assim se manifesta:

> As Cooperativas são parte relevante da economia brasileira e a adoção de práticas de Governança pode contribuir para aprimorar sua administração e os relacionamentos entre todos os agentes desse sistema (cooperados, administradores, funcionários e a sociedade), reduzindo possíveis conflitos e riscos inerentes a esse tipo de organização (IBGC, 2006).

São quatro os pilares da Governança Corporativa: transparência (disponibilização das informações para todas as partes interessadas); equidade (tratamento justo e isonômico a todos os interessados); *accountability* (prestação responsável de contas) e *compliance* (conformidade no cumprimento das normas).

Importante transcrever uma informação divulgada pelo IBGC, vejamos:

> Marcada por levar em conta a realidade concreta de cada instituição financeira para a definição de suas próprias políticas de conformidade, a Resolução 4.595 demonstra a fundamental importância de que a conduta dos administradores, funcionários, fornecedores e terceiros permaneça

> atrelada a elevados padrões éticos. As recentes sanções administrativas, cíveis e criminais aplicadas pelo judiciário e por autoridades como Banco Central do Brasil, Cade, CVM, CGU, Procon, Coaf e MPF, além de autoridades internacionais como OCC e SEC, evidenciam a intolerância às negligências ou má-fé relacionadas à integridade e ao compliance (Idem, grifo do autor).

No âmbito do SFN, o BCB editou a Resolução nº 4.595/2017, que dispõe sobre a política de conformidade (*compliance*) das instituições financeiras e demais organizações autorizadas a funcionar pelo Banco Central do Brasil, ou seja, através desta norma se regulamentou a política de conformidade aplicável às cooperativas de crédito, definindo que até o dia 31 de dezembro de 2017 deveria ser implementada a política de conformidade por todas as sociedades cooperativas.

2. DIFERENÇA ENTRE COOPERATIVA DE CRÉDITO E BANCO

Antes mesmo de falarmos sobre as diferenças entre a cooperativa de crédito e o banco, reputo importante descrever resumidamente sobre o Direito Cooperativo.

Esse ramo do Direito é atualmente considerado como uma ciência autônoma dessa disciplina. Tem como objetivo estudar e pesquisar os princípios jurídicos, legislação, doutrina e relações jurídicas que envolvem as cooperativas, seus cooperados, colaboradores, terceiros envolvidos nas operações cooperativas, ato cooperativo, bem como a sociedade que se beneficia com tais operações e os entes públicos.

O cooperativismo é visto e considerado pelo ordenamento jurídico nacional como um movimento ou tipo societário de uma importância singular, eis que é provedor de um considerável desenvolvimento econômico e social, de forma sustentável, tanto que a Carta Magna (Constituição Federal), assim dispõe:

> [...]
>
> Art. 5º Todos são iguais perante a lei, sem distinção de qualquer natureza, garantindo-se aos brasileiros e aos estrangeiros residentes no País a inviolabilidade do direito à vida, à liberdade, à igualdade, à segurança e à propriedade, nos termos seguintes:
>
> [...]

> XVIII - a criação de associações e, na forma da lei, a de cooperativas independem de autorização, sendo vedada a interferência estatal em seu funcionamento;
>
> [...]
>
> Art. 146. Cabe à lei complementar:
>
> [...]
>
> III - estabelecer normas gerais em matéria de legislação tributária, especialmente sobre:
>
> [...]
>
> c) adequado tratamento tributário ao ato cooperativo praticado pelas sociedades cooperativas.
>
> Art. 174. Como agente normativo e regulador da atividade econômica, o Estado exercerá, na forma da lei, as funções de fiscalização, incentivo e planejamento, sendo este determinante para o setor público e indicativo para o setor privado.
>
> (...)
>
> §2º A lei apoiará e estimulará o cooperativismo e outras formas de associativismo.
>
> Art. 187. A política agrícola será planejada e executada na forma da lei, com a participação efetiva do setor de produção, envolvendo produtores e trabalhadores rurais, bem como dos setores de comercialização, de armazenamento e de transportes, levando em conta, especialmente:
>
> [...]
>
> VI - o cooperativismo;
>
> Art. 192. O sistema financeiro nacional, estruturado de forma a promover o desenvolvimento equilibrado do País e a servir aos interesses da coletividade, em todas as partes que o compõem, abrangendo as cooperativas de crédito, será regulado por leis complementares que disporão, inclusive, sobre a participação do capital estrangeiro nas instituições que o integram (BRASIL, 1988).

Importante salientar que a sociedade cooperativa se caracteriza como uma sociedade simples (conforme prevê o art. 1.096 do Código Civil). Trata-se de entidade de pessoas, e não de capital, regida pela Lei do Cooperativismo (Lei nº 5.764/71). É um tipo societário que privilegia as pessoas, ao contrário dos demais, tendo em vista que vige o princípio "um associado, um voto", independentemente do número de quotas-partes que cada cooperado seja detentor, prevalecendo sempre a vontade da maioria e não do capital (princípio da gestão democrática), sem objetivar o lucro, não obstante visar o incremento econômico de seus associados.

As cooperativas de crédito são regidas pela Lei Geral do Cooperativismo (Lei nº 5.764/71), dispositivos constitucionais, pelo Código Civil, e, especificamente, pela Lei Complementar (LC) nº 130/2009, somada a resoluções e circulares do Conselho Monetário Nacional e do Banco Central do Brasil, além de outras normas federais que vamos mencionar no decorrer deste artigo.

A LC nº 130/2009 assim rege as cooperativas de crédito:

> Art. 1º As instituições financeiras constituídas sob a forma de cooperativas de crédito submetem-se a esta Lei Complementar, bem como à legislação do Sistema Financeiro Nacional - SFN e das sociedades cooperativas.
>
> §1º As competências legais do Conselho Monetário Nacional - CMN e do Banco Central do Brasil em relação às instituições financeiras aplicam-se às cooperativas de crédito.
>
> §2º É vedada a constituição de cooperativa mista com seção de crédito.
>
> Art. 2º As cooperativas de crédito destinam-se, precipuamente, a prover, por meio da mutualidade, a prestação de serviços financeiros a seus associados, sendo-lhes assegurado o acesso aos instrumentos do mercado financeiro (BRASIL, 2009).

A cooperativa de crédito, por meio da mutualidade, destina-se a prestar serviços financeiros aos seus cooperados. Com essa atividade, os custos para os cooperados são consideravelmente reduzidos, se comparados a uma instituição financeira bancária, em razão da inexistência do lucro, principalmente, e pela eliminação da figura do intermediário mercantil.

O art. 3º da Lei do Cooperativismo assim descreve a sociedade cooperativa:

> [...]
>
> Art. 3° Celebram contrato de sociedade cooperativa as pessoas que reciprocamente se obrigam a contribuir com <u>bens ou serviços para o exercício de uma atividade econômica</u>, de proveito comum, sem objetivo de lucro (BRASIL, 1971, grifo do autor).

A Ministra Nancy Andrighi, do Superior Tribunal de Justiça (STJ), no julgamento do Recurso Especial (REsp) nº 1.535.888/MG, elucida de forma clara as diferenças entre as cooperativas de crédito e os bancos, como se vê abaixo transcrito:

> Neste ponto, cumpre diferenciar as cooperativas de crédito dos bancos. Em uma primeira análise, a principal diferença é a ausência de finalidade lucrativa das cooperativas, o que é presente nas instituições financeiras tradicionais. Além dessa, muitas outras distinções podem ser apontadas, como se verifica abaixo:
>
> a) quanto ao tipo de sociedade: os bancos são sociedades de capital, onde o poder é exercido na proporção do número de ações, enquanto que as cooperativas de crédito são sociedades de pessoas, onde o voto tem peso igual para todos (uma pessoa, um voto);
>
> b) quanto às deliberações: nos bancos as deliberações são concentradas, já nas cooperativas de crédito as decisões são compartilhadas entre muitos;
>
> c) administração: nos bancos, o administrador é um terceiro (homem do mercado), já nas cooperativas de crédito o administrador é do meio (cooperativado);
>
> d) quanto ao usuário: nos bancos, o usuário das operações é mero cliente e não exerce qualquer influência na definição do preço dos produtos; enquanto que nas cooperativas de crédito o usuário é o próprio dono (cooperativado) e, toda a política operacional é decidida pelos próprios usuários/donos (cooperativados);
>
> e) quanto à distinção: os bancos podem tratar distintamente cada usuário, beneficiando grandes correntistas e investidores, oferecendo taxas de juros e prestação de serviços mais barata; já nas cooperativas de crédito os associados não podem ser distinguidos: o que vale para um, vale para todos (Art. 37 da Lei nº 5.764/71);
>
> f) propósitos: os bancos têm propósitos mercantis, já nas cooperativas de crédito a mercancia não é cogitada (Art. 79, parágrafo único, da Lei nº 5.764/71);
>
> g) atendimento: os bancos atendem em massa, priorizando ademais, o autosserviço/a automação; já as cooperativas de crédito visam o atendimento personalizado/individual, com o apoio da informática;
>
> h) resultados: os bancos visam o lucro por excelência, o resultado é de poucos (acionistas), enquanto que nas cooperativas o lucro está fora do seu objeto social (Art. 3 da Lei nº 5.764/71) e o excedente (sobras) é distribuído entre todos (usuários), na proporção das operações individuais, reduzindo ainda mais o preço final pago pelos cooperativados;
>
> i) no plano societário: os bancos são regulados pela Lei nº 6.404/76 - Lei das Sociedades Anônimas, enquanto que as cooperativas de crédito são reguladas pela Lei nº 5.764/71 - Lei Cooperativista. (STJ. REsp nº 1.535.888/MG. 3ª Turma. Rel. Min. Nancy Andrighi. Julg. 16 maio 2017; DJe 26 maio 2017).

Fica claro e evidente que hoje, felizmente, uma boa parte da justiça, mormente os tribunais superiores, conhecem as nuances das sociedades cooperativas e suas diferenças com os demais tipos societários.

3. RESPONSABILIDADE NA ESFERA ADMINISTRATIVA

A responsabilização administrativa do gestor pode ter como origem a infração à Lei, ao estatuto ou a normas internas da cooperativa e no tocante à regulamentação do BCB e do CMN.

A penalidade administrativa, após esgotado o trâmite do procedimento interno da entidade cooperativista, pode ser aplicada pela própria sociedade, como por exemplo a eliminação dos quadros sociais da entidade cooperativa (prevista no art. 33 da Lei n° 5.764/71), assim como pode ocorrer no âmbito do BACEN, quando, obviamente, houver infração às normas vigentes, sempre respeitando, em ambos os casos, os princípios constitucionais do contraditório e da ampla defesa.

É impossível mencionar todas as origens (atos tidos como infrações) de processo administrativo sancionador que poderá ser instaurado pelo BCB, órgão responsável por fiscalizar as instituições financeiras. Infrações como sonegar informações, dificultar a fiscalização, negligenciar boas práticas de auditoria, concessão de crédito e de contabilidade, desviar recursos e descuidar dos controles internos, omissão dos conselheiros fiscais e fraude ou gestão temerária são algumas que levam à instauração de processos.

Portanto, reproduz-se abaixo algumas ementas de julgados do CRSFN, visando ilustrar o supracitado:

> **EMENTA: RECURSO(S) VOLUNTÁRIO(S) E DE OFÍCIO** - Cooperativa de crédito - Realização de operações em desacordo com as normas de boa gestão e segurança operacional (contratação e renovação de operações de crédito sem observância dos princípios de seletividade, garantia, liquidez e diversificação de riscos - liberação de crédito a clientes com restrições cadastrais ou com fichas cadastrais incompletas ou inexistentes; concessão de crédito sem formalização de documento adequado, representativo da dívida) - Realização de movimentações em contas de depósitos à revelia dos titulares - Manutenção de registros contábeis omissos, com ludibrio de autoridades fiscalizadoras, aplicadores e associados - Descumprimento de deveres legais e estatutários do conselho fiscal (falta de análise de balancetes mensais; realização de reuniões com periodicidade inferior à determinada no estatuto; aprovação de balanços patrimoniais e de demonstrações

de resultados sem refletir com fidedignidade e clareza a real situação econômico-financeira da cooperativa) - Irregularidades, inclusive de natureza grave, caracterizadas - Recursos a que se nega provimento - Decisão de primeiro grau confirmada (CRSFN. 363ª Sessão. Recurso nº 12712. Proc. BCB nº 0501296742. Julg. 18 e 19 fev. 2015. DOU 05 fev. 2014).

EMENTA: RECURSOS VOLUNTÁRIOS - Cooperativa de crédito - Empréstimos - Concessão acima da capacidade creditícia do cliente inclusive com saques a descoberto na conta corrente (adiantamento a depositantes), em montantes superiores em muito ao limite do cheque especial - Deferimento de operações, sob aval, responsabilidade e em benefício de associado mediante utilização de interpostas pessoas - Congelamento de crédito através de sucessivas negociações - Falta de adoção de procedimentos para cobrança de responsabilidade, direta ou indireta, de cooperado, especialmente de operações amparadas por garantias reais - Consolidação de dividas, com diminuição de perspectivas de recebimento e diminuição das garantias reais das operações objeto de confissão - Descumprimento do limite máximo de concessão de crédito sob responsabilidade de um mesmo cliente, direta ou indiretamente - Irregularidades, inclusive de natureza grave, caracterizadas - Apelos a que se nega provimento (CRSFN. 295ª Sessão. Recurso nº 5778. Processo BCB nº 0101076647. Julg. 27 e 28 jan. 2009. Publ. 28 jan. 2009).

Em 14 de novembro de 2017 entrou em vigor a Lei nº 13.506, que dispõe sobre o processo administrativo sancionador na esfera de atuação do BCB e da Comissão de Valores Mobiliários (CVM), assim como alterou dispositivos de várias leis. Com o intuito de regulamentar a referida Lei, o BACEN editou no mesmo dia a Circular n° 3.857/2017, a qual dispõe sobre o rito do Processo Administrativo Sancionador, estabelece o rito processual e a aplicação de penalidades, regulamenta o termo de compromisso, o acordo administrativo em processo de supervisão previstos na Lei nº 13.506/2017, as medidas acautelatórias, multa cominatória, entre outros.

O processo inicia-se a cargo do Departamento de Supervisão de Cooperativas e Instituições Não Bancárias (DESUC), do Banco Central do Brasil, e a 2ª instância administrativa fica a cargo do CRSFN.

Tanto a Lei nº 13.506 como a Circular n° 3.857 aperfeiçoaram os critérios de gradação, de aplicação de penalidades pelo BCB e da dosimetria da pena; majoraram a multa pecuniária, cujo valor máximo era R$ 250 mil, podendo, atualmente, chegar até R$ 2 bilhões; estabeleceu-se a possibilidade de cumulação de penalidades; criou o processo eletrônico e a possibilidade de se requerer o efeito suspensivo no recurso dirigido ao CRSFN.

3.1. Do Processo Administrativo Sancionador

Neste tópico vamos analisar as principais características da Lei nº 13.506/2017 e da Circular nº 3.857/2017, no que concerne ao processo administrativo sancionador.

Percebe-se pela leitura do art. 3º, §1º da Circular e da Lei que os objetivos destas normas são os seguintes:

- estabilidade e solidez do Sistema Financeiro Nacional;
- regular funcionamento das instituições supervisionadas pelo BCB; e
- o adequado relacionamento das instituições com clientes e usuários de produtos e de serviços financeiros.

O art. 3º de referida Lei define as infrações, algumas transcritas abaixo:

> [...]
>
> XIII - deixar de atuar com diligência e prudência na condução dos interesses de pessoa mencionada no *caput* do art. 2º desta Lei;
>
> XIV - deixar de segregar as atividades de pessoa mencionada no *caput* do art. 2º desta Lei das atividades de outras sociedades, controladas e coligadas, de modo a gerar ou contribuir para gerar confusão patrimonial;
>
> XV - deixar de fiscalizar os atos dos órgãos de administração de pessoa mencionada no *caput* do art. 2º desta Lei, quando obrigado a isso;
>
> XVII - descumprir normas legais e regulamentares do Sistema Financeiro Nacional, do Sistema de Consórcios e do Sistema de Pagamentos Brasileiro, cujo cumprimento caiba ao Banco Central do Brasil fiscalizar, inclusive as relativas a:
>
> a) contabilidade e auditoria;
>
> b) elaboração, divulgação e publicação de demonstrações contábeis e financeiras;
>
> c) auditoria independente;
>
> d) controles internos e gerenciamento de riscos;
>
> e) governança corporativa;
>
> f) abertura ou movimentação de contas de depósito e de pagamento;
>
> g) limites operacionais; [...] (BRASIL, 2017).

O art. 4º de supracitada Lei elenca as infrações graves, que são as seguintes:

> [...]

> Art. 4º Constituem infrações graves aquelas infrações que produzam ou possam produzir quaisquer dos seguintes efeitos:
>
> I - causar dano à liquidez, à solvência ou à higidez ou assumir risco incompatível com a estrutura patrimonial de pessoa mencionada no *caput* do art. 2º desta Lei;
>
> II - contribuir para gerar indisciplina no mercado financeiro ou para afetar a estabilidade ou o funcionamento regular do Sistema Financeiro Nacional, do Sistema de Consórcios, do Sistema de Pagamentos Brasileiro ou do mercado de capitais;
>
> III - dificultar o conhecimento da real situação patrimonial ou financeira de pessoa mencionada no *caput* do art. 2º desta Lei;
>
> IV - afetar severamente a finalidade e a continuidade das atividades ou das operações no âmbito do Sistema Financeiro Nacional, do Sistema de Consórcios ou do Sistema de Pagamentos Brasileiro (Idem).

A Lei define como sujeitos ou possíveis infratores, além da própria instituição financeira (art. 2º), administradoras de consórcios, instituições de pagamento, administradores, diretores, conselheiros fiscais, membros do comitê de auditoria e de outros órgãos previstos no estatuto (art. 2º, §1º, III), e pessoas físicas ou jurídicas que prestem serviço de auditoria cooperativa (inciso II, §1º, art. 2º).

Como complemento, o art. 17 da Lei nº 4.595/1964 assim define as instituições financeiras:

> [...]
>
> Art. 17. Consideram-se instituições financeiras, para os efeitos da legislação em vigor, as pessoas jurídicas públicas ou privadas, que tenham como atividade principal ou acessória a coleta, intermediação ou aplicação de recursos financeiros próprios ou de terceiros, em moeda nacional ou estrangeira, e a custódia de valor de propriedade de terceiros.
>
> Parágrafo único. Para os efeitos desta lei e da legislação em vigor, equiparam-se às instituições financeiras as pessoas físicas que exerçam qualquer das atividades referidas neste artigo, de forma permanente ou eventual (BRASIL, 1964).

Já o art. 5º de referida Lei define as penalidades administrativas aplicáveis aos infratores, que podem ser cumuladas. Vejamos:

> [...]
>
> Art. 5º São aplicáveis as seguintes penalidades às pessoas mencionadas no art. 2º desta Lei, de forma isolada ou cumulativa:
>
> I - admoestação pública;

II - multa;

III - proibição de prestar determinados serviços para as instituições mencionadas no *caput* do art. 2º desta Lei;

IV - proibição de realizar determinadas atividades ou modalidades de operação;

V - inabilitação para atuar como administrador e para exercer cargo em órgão previsto em estatuto ou em contrato social de pessoa mencionada no *caput* do art. 2º desta Lei;

VI - cassação de autorização para funcionamento (BRASIL, 2017).

A admoestação pública consiste na obrigação do apenado, às suas custas, de publicação da notícia sobre a imposição da pena e do texto especificado na decisão condenatória, no sítio do BCB (art. 40 da Circular), podendo, também, referida instituição determinar que o infrator divulgue a notícia da condenação no sítio da própria instituição apenada ou da instituição com o qual o apenado possua vínculo vigente ao tempo da sanção, ou ainda, em veículo de notícias de grande circulação.

A multa é definida no art. 7º da Lei, e regulamentada pelos arts. 41, 50 e 51 e outros da Circular. O valor máximo desta sanção será o maior entre 0,5% (cinco décimos por cento) da receita de serviços e de produtos financeiros e dois bilhões de reais.

A pena-base de proibição de prestar determinados serviços para as instituições mencionadas no *caput* do art. 2º da Lei será fixada em número inteiro de anos na faixa de três a dez anos (conforme prevê o art. 52 da Circular).

No tocante a penalidade de proibição de realizar determinadas atividades ou modalidades de operação, a pena-base será de um a cinco anos (art. 53 do documento).

No que concerne à penalidade de inabilitação, cumpre salientar que tal pena consiste em proibição do apenado de exercer cargos que dependam da autorização do BACEN, como administradores e cargos previstos nos estatutos das sociedades cooperativas. O prazo de duração do impedimento pode variar entre três a quinze anos, o qual dependerá da infração, obedecendo a gradação da pena prevista nos incisos do art. 54 da Circular.

Para efeito de apuração do início do cumprimento da pena de inabilitação, deverão ser observadas as diretrizes do art. 42 da Circular e o art. 8º da Lei, sob pena de aplicação de multa cominatória por dia de atraso ao apenado, com fulcro no art. 18 de supradita norma e arts. 75 ao 78 da Circular.

Já a pena de cassação consiste na revogação pelo BCB da autorização de funcionamento da instituição financeira, devendo ser observado o que dispõe o § 2º do art. 9º da Lei supra, que dispõe que a instituição permanecerá sob a supervisão do BACEN enquanto existir passivo em seu patrimônio, *verbis*:

> [...]
>
> §2º Aplicada a penalidade de cassação de autorização para funcionamento, a instituição apenada permanecerá sob supervisão do Banco Central do Brasil enquanto mantiver em seu patrimônio operações passivas privativas de instituição mencionada no *caput* do art. 2º desta Lei, e o Banco Central do Brasil poderá determinar a adoção das medidas que entender necessárias para a retirada da instituição do Sistema Financeiro Nacional, do Sistema de Consórcios ou do Sistema de Pagamentos Brasileiro, cujo descumprimento ensejará a aplicação da multa de que trata o art. 18 desta Lei (BRASIL, 2017).

Na hipótese da pena de cassação acima referida, a instituição financeira apenada deverá comunicar imediatamente os cooperados da decisão condenatória, após, obviamente, a publicação da decisão do CRSFN, caso haja recurso com deferimento de efeito suspensivo (previsto no § 4º do art. 45 da Circular), bem como adotar as medidas previstas nos incisos I e II do art. 45 de referido documento, sob pena de multa cominatória prevista no art. 18 da Lei. Segue abaixo transcrito os aduzidos incisos I e II, vejamos:

> [...]
>
> I - encerramento ou transferência das operações e dos contratos privativos de instituição supervisionada pelo Banco Central do Brasil ou de integrantes do Sistema de Pagamentos Brasileiro para instituição regularmente autorizada a operar; e
>
> II - alteração de sua denominação e de seu objeto social, com o respectivo registro na Junta Comercial e comprovação ao Banco Central do Brasil (BCB, 2017).

O art. 50 da Circular, por sua vez, prescreve a forma da aplicação das penalidades, ou seja, a dosimetria da pena:

> [...]
>
> Art. 50. Na aplicação das penalidades de multa, de proibição de prestar determinados serviços, de proibição de realizar determinadas atividades

> ou modalidades de operação e de inabilitação, será inicialmente fixada a pena-base, considerando no seu cálculo, na medida em que possam ser determinados:
>
> I - a capacidade econômica do infrator;
>
> II - o grau de lesão ou o perigo de lesão ao Sistema Financeiro Nacional, ao Sistema de Consórcios, ao Sistema de Pagamentos Brasileiro, à instituição ou a terceiros;
>
> III - o grau de reprovabilidade da conduta do infrator;
>
> IV - a expressividade dos valores das operações irregulares;
>
> V - a duração da infração ou a prática sistemática ou reiterada; e
>
> VI - os antecedentes do infrator (Idem).

Já o art. 51 do documento define a pena-base aplicável a cada infração, devendo obedecer a uma gradação definida nos incisos do mesmo artigo, levando em consideração o fator de ponderação constante de seu Anexo 1.

Na definição das penas deve-se levar também em consideração as circunstâncias agravantes (conforme previsto no art. 55 da Circular), atenuantes (disposto em seu art. 56) e a causa de aumento de pena (o qual se refere o art. 57), como preceitua o art. 58 de aduzido documento.

É salutar informar que para cada agravante a ser levado em consideração na fixação das penas, ocorrerá o incremento de 20% sobre o valor da multa ou de 1 (um) ano para as penalidades de inabilitação, proibição de prestar determinados serviços ou de realizar quaisquer atividades ou modalidades de operação, como nos ensina os §§ 1º e 2º do art. 55 de referida Circular.

Vejamos quais são as circunstâncias agravantes:

> [...]
>
> Art. 55. São circunstâncias que agravam as penalidades de multa, de proibição de prestar determinados serviços, de proibição de realizar determinadas atividades ou modalidades de operação e de inabilitação, quando não constituírem infrações autônomas:
>
> I - a reincidência;
>
> II - (revogado pela Circular nº 3.910/2018);
>
> III - a ocorrência de dano à imagem da instituição ou do segmento em que atua;
>
> IV - a vantagem auferida ou pretendida pelo infrator; e
>
> V - o cometimento de infração mediante fraude ou simulação (Idem).

Na hipótese de aplicação de circunstâncias atenuantes, importa informar que essas não descaracterizam a gravidade da conduta infratora, mas reduzem em 20% o valor da multa a cada atenuante verificada e *in casu* das penalidades de inabilitação, proibição de prestar determinados serviços ou proibição de realizar determinadas atividades ou modalidades de operação, serão reduzidos em 1 (um) ano para cada atenuante que for levado em consideração.

Abaixo estão elencadas as circunstâncias que atenuam as penas:

> Art. 56. São circunstâncias que atenuam as penalidades de multa, de proibição de prestar determinados serviços, de proibição de realizar determinadas atividades ou modalidades de operação e de inabilitação:
>
> I - a colaboração do infrator que resulte na identificação dos demais envolvidos na infração, se for o caso, e na obtenção de informações e de documentos que comprovem o cometimento de infração punível com base na legislação em vigor, desde que não sejam de conhecimento prévio do Banco Central do Brasil;
>
> II - (Revogado pela Circular nº 3.910, de 17/8/2018.)
>
> III - a regularização da infração antes da sua detecção pelo Banco Central do Brasil;
>
> IV - a reparação dos danos causados, desde que comprovada pelo infrator por meio de prova documental apresentada até a publicação da data de julgamento do processo administrativo sancionador (Idem).

No que se refere à causa de aumento de pena, prevista no art. 57 da Circular, cumpre dizer que caso a infração cometida cause a aplicação de medidas extremas como a intervenção, liquidação extrajudicial, recuperação ou regime de administração especial temporária da instituição financeira (RAET), a pena será aumentada em até 100% (cem por cento).

Na eventualidade de a infração contribuir para a necessidade de assistência ou suporte financeiro do fundo garantidor de crédito, incidirá, outrossim, em aumento da pena prevista no art. 57, § 1º de aludido documento.

A dosimetria da pena deverá seguir uma ordem, qual seja, em primeiro lugar incidirão as agravantes, depois as atenuantes e por último a causa de aumento de pena, como reza o art. 58 da Circular.

Considero, igualmente, mencionar que a correção da irregularidade pelo infrator ou a alegação de desconhecimento ou de equivocada compreensão da legislação não são causas de extinção da punibilidade (conforme previsto no art. 48).

Outra hipótese que não poderíamos deixar de citar é a faculdade que o BACEN tem para deixar de instaurar o processo administrativo quando, vejamos:

> Art. 3º O Banco Central do Brasil considerará as seguintes diretrizes para deixar de instaurar processo administrativo sancionador:
>
> I - baixa lesão ao bem jurídico tutelado; e
>
> II - efetividade e eficiência do instrumento ou da medida de supervisão alternativo utilizado tanto para o saneamento da irregularidade administrativa quanto para dissuasão da reincidência (Idem).

Outro instituto jurídico posto à disposição dos litigantes é o chamado termo de compromisso, previsto no art. 11 ao 15 da Lei e regulamentado pela Circular, por intermédio dos arts. 61 *usque* 67.

O Banco Central do Brasil, a seu critério, poderá deixar de instaurar o processo administrativo sancionador ou suspendê-lo em qualquer fase, caso instaurado e não tenha sido objeto de decisão de 1ª instância, se o investigado apresentar uma proposta de termo de compromisso e esta for aceita pelo BCB, através do qual se obrigará a cumprir as condições legais abaixo transcritas, bem como outras que podem ser acordadas entre as partes:

> [...]
>
> I - cessar a prática sob investigação ou os seus efeitos lesivos;
>
> II - corrigir as irregularidades apontadas e indenizar os prejuízos;
>
> III - cumprir as demais condições que forem acordadas no caso concreto, com obrigatório recolhimento de contribuição pecuniária, observado o disposto no art. 10 desta Lei (BRASIL, 2017).

Outras características não menos importantes deste *novel* instituto, é que o termo de compromisso constitui título executivo extrajudicial; não é aplicável no caso das infrações graves relacionadas no art. 4º da Lei nº 13.506/2017 e a sua assinatura não isenta o infrator de possíveis penalidades criminais.

Referida Lei criou outro mecanismo alternativo de solução de controvérsia na esfera administrativa, o acordo administrativo em processo de supervisão. Está previsto nos arts. 79 a 92-A da circular e nos arts. 30 a 32 da norma supracitada.

A proposta de acordo administrativo pode ser apresentada por pessoa jurídica ou física, antes da instauração do processo administrativo sancionador.

Caso já tenha sido instaurado, a proposta de acordo poderá ser apresentada até a decisão de primeira instância. Se aceita por órgão colegiado do BCB e cumprida integralmente, pode resultar na extinção da ação punitiva ou na redução de 1/3 (um terço) a 2/3 (dois terços) da penalidade aplicável.

O infrator ou investigado na proposta deverá confessar a prática da infração e cooperar para a apuração dos fatos, contribuindo com a identificação de outros envolvidos na execução do ilícito, assim como auxiliar na obtenção de informações e documentos que comprovem a infração noticiada ou sob investigação, preenchendo, ainda, outros requisitos legais.

A apresentação da proposta de acordo não suspende a tramitação de processo administrativo sancionador já instaurado, bem como não obsta a instauração do competente processo administrativo para apurar fatos já identificados no processo de supervisão do BACEN (conforme previsto no art. 81 da Circular). Os benefícios que poderão advir ao signatário da proposta de acordo com o BCB, caso o acordo seja aceito e assinado, são a extinção da ação punitiva ou a redução de 1/3 a 2/3 das penas aplicáveis na esfera administrativa (art. 87-A, I e II de referido documento).

A assinatura do acordo não elide a responsabilização no âmbito penal e não exime a pessoa jurídica da obrigação de reparar integralmente o dano causado.

Em seus arts. 16 ao 18, a Lei estabelece os requisitos e condições para a aplicação de medidas coercitivas e acautelatórias, sendo tais medidas regulamentadas nos arts. 68 a 74 da Circular.

> [...]
>
> Art. 17. Antes da instauração ou durante a tramitação do processo administrativo sancionador, quando estiverem presentes <u>os requisitos de verossimilhança das alegações e do perigo de mora</u>, o Banco Central do Brasil poderá, cautelarmente:
>
> I - determinar o afastamento de quaisquer das pessoas mencionadas no inciso III do §1º do art. 2º desta Lei;
>
> II - impedir que o investigado atue - em nome próprio ou como mandatário ou preposto - como administrador ou como membro da diretoria, do conselho de administração, do conselho fiscal, do comitê de auditoria ou de outros órgãos previstos no estatuto ou no contrato social de instituição mencionada no *caput* do art. 2º desta Lei;

> III - impor restrições à realização de determinadas atividades ou modalidades de operações a pessoa mencionada no *caput* do art. 2º desta Lei; ou
>
> IV - determinar à instituição supervisionada a substituição:
>
> a) do auditor independente ou da sociedade responsável pela auditoria contábil; ou
>
> b) da entidade responsável pela auditoria cooperativa (BRASIL, 2017).

Pode também determinar o que se segue abaixo transcrito:

> Art. 16. [...]
>
> I - a prestação de informações ou esclarecimentos necessários ao desempenho de suas atribuições legais;
>
> II - a cessação de atos que prejudiquem ou coloquem em risco o funcionamento regular de pessoa mencionada no *caput* do art. 2º desta Lei, do Sistema Financeiro Nacional, do Sistema de Consórcios ou do Sistema de Pagamentos Brasileiro; e
>
> III - a adoção de medidas necessárias ao funcionamento regular de pessoa mencionada no *caput* do art. 2º desta Lei, do Sistema Financeiro Nacional, do Sistema de Consórcios ou do Sistema de Pagamentos Brasileiro (Idem).

Poderá ser aplicada multa cominatória de até R$ 100.000,00 (cem mil reais) por dia de atraso em razão de descumprimento das medidas determinadas coercitiva ou cautelarmente.

A Circular e a Lei em questão definem alguns prazos referentes ao procedimento administrativo, contados de forma contínua, excluído o dia de início e incluído o dia de vencimento. Quando não definidos legalmente ou não haja fixação diversa pelo BACEN, o prazo para a prática de ato processual pelo acusado será de 10 (dez) dias, conforme prevê o art. 17 da Circular. A seguir, observa-se alguns dos prazos mencionados na mencionada norma:

- Defesa: prazo de 30 (trinta) dias a partir da citação, prevista em seu art. 20;
- Impugnações, recursos e efeitos:
- decisão condenatória: prazo de 30 dias, conforme art. 29, recebido nos efeitos devolutivo e suspensivo;
- decisão concessiva de medida cautelar: impugnação, sem efeito suspensivo, no prazo de 10 (dez) dias, conforme se pode observar no art. 17, § 3º;

- à decisão que julgar a impugnação prevista no § 3º do art. 17 cabe recurso para o CRSFN, no prazo de 10 (dez) dias, sem efeito suspensivo, § 5º do art. supra;
- à decisão que impuser multa cominatória, caberá impugnação, no prazo de 10 (dez) dias, somente no efeito devolutivo, conforme art. 18, § 2º;
- à decisão que julgar a impugnação prevista no § 2º do art. 18 caberá recurso sem efeito suspensivo, com a interposição no prazo de 10 (dez) dias, como determina o § 4º do art. supracitado;
- à decisão que negar a atribuição de efeito suspensivo ao recurso, o prazo é de 5 (cinco) dias, com fulcro no art. 38 da Circular.

O art. 29, § 2º da Lei proíbe expressamente a *reformatio in pejus*, ou seja, é defeso o agravamento da penalidade em razão do recurso interposto.

Por fim, considero importante dizer que o entendimento do BACEN é no sentido de que o prazo prescricional para a propositura do processo administrativo sancionador é de cinco anos, conforme prescreve o art. 1º da Lei nº 9.873/99, abaixo reproduzido:

> Art. 1º Prescreve em cinco anos a ação punitiva da Administração Pública Federal, direta e indireta, no exercício do poder de polícia, objetivando apurar infração à legislação em vigor, contados da data da prática do ato ou, no caso de infração permanente ou continuada, do dia em que tiver cessado.
>
> §1º Incide a prescrição no procedimento administrativo paralisado por mais de três anos, pendente de julgamento ou despacho, cujos autos serão arquivados de ofício ou mediante requerimento da parte interessada, sem prejuízo da apuração da responsabilidade funcional decorrente da paralisação, se for o caso.
>
> §2º Quando o fato objeto da ação punitiva da Administração também constituir crime, a prescrição reger-se-á pelo prazo previsto na lei penal (BRASIL, 1999).

4. RESPONSABILIDADE NA ESFERA CÍVEL

O Professor Sergio Cavalieri Filho, citando San Tiago Dantas diz o seguinte: "O principal objetivo da ordem jurídica é proteger o lícito e reprimir o ilícito" (FILHO, 2013, p.13)

Continua o jurista:

> A violação de um dever jurídico configura o ilícito, que, quase sempre, acarreta dano para outrem, gerando um novo dever jurídico, qual seja, o de reparar o dano.
>
> [...]
>
> A responsabilidade civil opera a partir do ato ilícito, com o nascimento da obrigação de indenizar, que tem por finalidade tornar indemne o lesado, colocar a vítima na situação em que estaria sem a ocorrência do fato danoso (Idem, p 14-16).

O Código Civil assim define a responsabilidade civil:

> [...]
>
> Art. 927. Aquele que, por ato ilícito (arts. 186 e 187), causar dano a outrem, fica obrigado a repará-lo.
>
> Parágrafo único. Haverá obrigação de reparar o dano, independentemente de culpa, nos casos especificados em lei, ou quando a atividade normalmente desenvolvida pelo autor do dano implicar, por sua natureza, risco para os direitos de outrem (BRASIL, 2002, grifo do autor).

Vejamos o texto legal dos artigos 186 e 187 do Código Civil:

> [...]
>
> Art. 186. Aquele que, por ação ou omissão voluntária, negligência ou imprudência, violar direito e causar dano a outrem, ainda que exclusivamente moral, comete ato ilícito.
>
> Art. 187. Também comete ato ilícito o titular de um direito que, ao exercê-lo, excede manifestamente os limites impostos pelo seu fim econômico ou social, pela boa-fé ou pelos bons costumes (Idem).
>
> O art. 932 da mesma norma define os responsáveis pela reparação civil:
>
> [...]

Art. 932. São também responsáveis pela reparação civil:

> [...]
>
> III - o empregador ou comitente, por seus empregados, serviçais e prepostos, no exercício do trabalho que lhes competir, ou em razão dele; [...] (Idem).

O Supremo Tribunal Federal (STF), por intermédio da Súmula 341, expôs seu entendimento sobre o assunto, *in verbis*: "Súmula 341 - É presumida a culpa do patrão ou comitente pelo ato culposo do empregado ou preposto" (STF, 2009).

O STF manifestou claramente que a culpa do empregador ou comitente pelo ato culposo é presumida, ou seja, a vítima precisa comprovar apenas o dano e o nexo causal entre o fato e o dano (Teoria do Risco) - esta é a base da responsabilidade objetiva, diferentemente da responsabilidade subjetiva, que para se indenizar tem que se provar o dano, o nexo causal, a culpa ou o dolo do agente que praticou o ato indenizável.

O art. 944 do Código Civil preceitua: "A indenização mede-se pela extensão do dano" (BRASIL, 2002).

Importante mencionar que no STF e no Superior Tribunal de Justiça (STJ) existem outras súmulas que exprimem o entendimento desses sodalícios superiores, que não serão mencionados em razão da objetividade do estudo sobre a responsabilidade civil neste artigo.

Cumpre mencionar que, se em razão de uma gestão temerária ou fraudulenta a cooperativa gerar resultados negativos/perdas, os cooperados respondem por elas, proporcionalmente às suas operações, e em contrapartida podem propor a competente ação regressiva contra os infratores que causaram as perdas, no judiciário ou através dos Métodos Extrajudiciais de Solução de Controvérsias (MESCs), representados pela mediação e arbitragem, sendo alguns de seus benefícios: celeridade (6 meses); especialidade dos mediadores e árbitros; confidencialidade e uma excelente relação custo *x* benefício.

A Lei nº 6.024/74, que dispõe sobre a intervenção e a liquidação extrajudicial de instituições financeiras, define que os administradores e conselheiros fiscais respondem solidariamente pelos atos praticados ou pelas omissões, que causarem prejuízo:

> Art. 39. Os administradores e membros do Conselho Fiscal de instituições financeiras responderão, a qualquer tempo, salvo prescrição extintiva, pelos que tiverem praticado ou omissões em que houverem incorrido.
>
> Art. 40. Os administradores de instituições financeiras respondem solidariamente pelas obrigações por elas assumidas durante sua gestão, até que se cumpram.
>
> Parágrafo único. A responsabilidade solidária se circunscreverá ao montante e dos prejuízos causados (BRASIL, 1974).

Já a Lei Federal nº 12.846/13, comumente chamada de "Lei Anticorrupção ou Lei da Empresa Limpa", dispõe sobre a responsabilização administrativa e civil de pessoas jurídicas pela prática de atos contra a administração pública, nacional ou estrangeira, conforme observa-se a seguir:

> Art. 1º Esta Lei dispõe sobre a responsabilização objetiva administrativa e civil de pessoas jurídicas pela prática de atos contra a administração pública, nacional ou estrangeira.
>
> Parágrafo único. Aplica-se o disposto nesta Lei às sociedades empresárias e às sociedades simples, personificadas ou não, independentemente da forma de organização ou modelo societário adotado, bem como a quaisquer fundações, associações de entidades ou pessoas, ou sociedades estrangeiras, que tenham sede, filial ou representação no território brasileiro, constituídas de fato ou de direito, ainda que temporariamente.
>
> Art. 2º As pessoas jurídicas serão responsabilizadas objetivamente, nos âmbitos administrativo e civil, pelos atos lesivos previstos nesta Lei praticados em seu interesse ou benefício, exclusivo ou não.
>
> Art. 3º A responsabilização da pessoa jurídica não exclui a responsabilidade individual de seus dirigentes ou administradores ou de qualquer pessoa natural, autora, coautora ou partícipe do ato ilícito.
>
> §1º A pessoa jurídica será responsabilizada independentemente da responsabilização individual das pessoas naturais referidas no *caput.*
>
> §2º Os dirigentes ou administradores somente serão responsabilizados por atos ilícitos na medida da sua culpabilidade.
>
> Art. 4º Subsiste a responsabilidade da pessoa jurídica na hipótese de alteração contratual, transformação, incorporação, fusão ou cisão societária (BRASIL, 2013).

A partir, principalmente, do escândalo chamado "mensalão", ocorrido em 2005, que provocou grande repercussão no cenário empresarial e político brasileiro, é que foi aprovada a denominada Lei Anticorrupção (Lei nº 12.846/2013), provocando, como consequência, que as cooperativas, empresas e bancos investissem pesadamente em governança corporativa e *compliance.*

Um programa de *compliance* envolve todos os aspectos legais e regulatórios de uma cooperativa, pois serve como uma ferramenta de gerenciamento e mitigação de riscos em várias áreas do direito, tais como tributária, trabalhista, concorrencial, financeira, ambiental, anticorrupção, criminal, direitos humanos, dentre outras.

Percebe-se claramente pela legislação que os gestores das cooperativas serão responsabilizados por atos ilícitos na medida da sua culpabilidade, seja por atos dolosos ou culposos, apurados através do processo judicial, respeitados, obviamente, os princípios constitucionais do contraditório e da ampla defesa.

Elencadas algumas das principais normas, pode-se dizer que a responsabilidade civil é a obrigação de reparar o dano que uma pessoa causar a outrem, seja pessoa física ou jurídica. A teoria da responsabilidade civil procura determinar em que condições um indivíduo pode ser considerado responsável pelo dano sofrido por outrem e em que medida está obrigada a repará-lo. A responsabilidade civil decorre de ato omissivo (omissão) ou comissivo (ação), doloso (vontade) ou culposo (negligência, imperícia ou imprudência), que resulte em prejuízo a terceiros ou a ente público. Nessa hipótese, o dano causado, de ordem material ou moral, será reparado/indenizado, geralmente através de uma prestação pecuniária ou por meio de obrigação de fazer ou não fazer.

Temos, outrossim, a denominada responsabilidade contratual (prevista nos arts. 389 a 405 do Código Civil) e extracontratual (aos quais aludem os arts. 927 a 954 de referida Lei). Vejamos os ensinamentos do Professor Sergio Cavalieri sobre essas responsabilidades, *verbis*:

> Na precisa lição do professor Ricardo Pereira Lira, "o dever jurídico pode surgir da lei ou da vontade dos indivíduos. Nesse último caso, os indivíduos criam para si deveres jurídicos, contraindo obrigações em negócios jurídicos, que são os contratos e as manifestações unilaterais de vontade. [...] Ilícito extracontratual é, assim, a transgressão de um dever jurídico imposto pela lei", enquanto que ilícito contratual é violação de dever jurídico criado pelas partes no contrato (FILHO, 2014, p.31).

No tocante à prescrição, o art. 206, § 3º, V do Código Civil dispõe que o prazo prescricional para propor a ação judicial é de três anos, entretanto, o STJ recentemente decidiu através do julgamento de um Embargo de Divergência (EREsp nº 1281594/SP, Corte Especial, Min. Rel. Felix Fischer, publicado em 23 de maio 2019) que a prescrição aplicável para as reparações cíveis contratuais é a decenal, com fulcro no art. 205 do Código Civil, e não a prevista no art. 206, § 3º, V do mesmo código. Essa decisão abre um importante precedente, no entanto, para as reparações extracontratuais, segundo o entendimento do Col. STJ, visto que o prazo para prescrição continua sendo de três anos.

4.1. Responsabilidade dos dirigentes (Conselho de Administração, Diretoria Executiva e Gerentes)

A responsabilidade pessoal dos dirigentes somente ocorrerá quando eles infringirem o estatuto social, normas internas da sociedade cooperativa e a legislação vigente. A resolução nº 4.122/2012 do BCB, por seu Regulamento Anexo II, que "Disciplina as condições para o exercício de cargos em órgãos estatutários ou contratuais das instituições financeiras e demais instituições autorizadas a funcionar pelo Banco Central do Brasil", segue abaixo transcrita:

> **REGULAMENTO ANEXO II À RESOLUÇÃO Nº 4.122, DE 02 DE AGOSTO DE 2012**
>
> Art. 5º É também condição para o exercício dos cargos de membro do conselho de administração, de diretor ou de sócio-administrador das instituições referidas no art. 1º possuir capacitação técnica compatível com as atribuições do cargo para o qual foi eleito ou nomeado.
>
> §1º A capacitação técnica de que trata o caput deve ser comprovada com base na formação acadêmica, experiência profissional ou em outros quesitos julgados relevantes, por intermédio de documentos e declaração firmada pelas instituições referidas no art. 1º, submetidos à avaliação do Banco Central do Brasil concomitantemente à documentação prevista no art. 4º (BRASIL, 2012, grifo do autor).

Percebe-se claramente que há alguns anos o SFN, de forma acertada, tem a preocupação de que os gestores das cooperativas de crédito sejam qualificados tecnicamente para o exercício de um *mister* tão importante para a sociedade e para o país, pois tais instituições financeiras exercem uma atividade extremante relevante para a nação.

Todo e qualquer cooperado/sócio, dirigente ou administrador contratado pela cooperativa, que participar de atos fraudulentos com dolo ou culpa responderá pessoalmente e com seus bens pessoais. Além disso, caso o ato praticado configure crime previsto na legislação brasileira, também poderá ser processado e condenado criminalmente.

O art. 49 da Lei do cooperativismo diz o seguinte:

> Art. 49. Ressalvada a legislação específica que rege as cooperativas de crédito, as seções de crédito das cooperativas agrícolas mistas e as de habitação, os administradores eleitos ou contratados não serão pessoalmente responsáveis pelas obrigações que contraírem em nome da sociedade, mas

> responderão solidariamente pelos prejuízos resultantes de seus atos, se procederem com culpa ou dolo.
>
> Parágrafo único. A sociedade responderá pelos atos a que se refere a última parte deste artigo se os houver ratificado ou deles logrado proveito (BRASIL, 1971).

Referida Lei data de 1971, ou seja, foi promulgada muito antes da entrada em vigor do Código Civil corrente, que se deu em 11 de janeiro de 2003. Com a inclusão do art. 927, o qual codificou a responsabilidade objetiva, deduzimos que poderá haver entendimentos de que com relação à culpa ou o dolo previstos no art. 49, acima transcrito, não se fará mais necessária a comprovação, bastando tão somente provar o dano e o nexo causal entre o ato e o prejuízo. Desta forma, fica ainda mais evidente a imperiosidade de que as cooperativas invistam em treinamentos e cursos para os gestores e colaboradores, bem como em sistemas que dificultem a execução de irregularidades, mesmo que de forma involuntária.

Cumpre salientar que na hipótese de a cooperativa se beneficiar de tais atos, ou seja, caso referidos atos sejam aprovados em assembleia, responderá a sociedade, e não o dirigente, ainda que este tenha agido com dolo ou culpa, podendo e devendo, no entanto, a cooperativa propor uma ação regressiva contra o administrador responsável pelo prejuízo, até mesmo como forma de prestar contas aos cooperados e ao órgão regulador, visando demonstrar que a cooperativa não ficou inerte frente a um prejuízo causado aos associados.

Para evitar a responsabilidade dos cooperados pelas irregularidades praticadas em assembleia, é recomendável a anulação da mesma, o que deve ser feito no prazo máximo de 04 (quatro) anos, tal como dispõe o art. 43 da Lei nº 5.746/71: "Prescreve em 4 (quatro) anos, a ação para anular as deliberações da Assembleia Geral viciadas de erro, dolo, fraude ou simulação, ou tomadas com violação da lei ou do estatuto, contado o prazo da data em que a Assembleia foi realizada" (Idem).

O art. 54 de aduzida Lei faculta ao cooperado ou à cooperativa interpor ação judicial contra o administrador causador do dano, com o intuito de reparar os prejuízos causados e evitar, conforme o caso, impacto nas finanças da cooperativa e como corolário, de seus associados. Vejamos o texto legal: "Art. 54. Sem prejuízo da ação que couber ao associado, a sociedade, por seus diretores, ou representada pelo associado escolhido em Assembleia Geral, terá direito de ação contra os administradores, para promover sua responsabilidade" (Idem).

4.2. Responsabilidade dos conselheiros fiscais

O conselho fiscal exerce uma das funções mais importantes numa cooperativa, que é a de fiscalizar assídua e minuciosamente a administração da sociedade, podendo, para tanto, ter acesso *à* toda documentação e informação sobre a cooperativa, seus administradores e cooperados. Atualmente, a Resolução nº 4.434/2015 exige, para a autorização de constituição e funcionamento de uma cooperativa, um plano operacional, detalhando, por exemplo, a definição dos padrões de governança corporativa.

Os conselheiros fiscais não podem ser omissos (conforme art. 31 de referida Resolução) no ato de fiscalizar, posto que, senão, os danos decorrentes da atuação dos dirigentes poderão também gerar a responsabilidade dos fiscalizadores, nos campos cível, penal e administrativo. Esses respondem também, por óbvio, por atos dolosos que causem prejuízos.

Trata-se de responsabilidade subjetiva (é necessária a comprovação do dolo ou culpa, o dano e o nexo causal). O conselheiro tem o dever de fiscalizar e advertir os dirigentes, comunicando formalmente as irregularidades ao conselho de administração, à assembleia geral e ao BACEN, convocando, se for o caso, imediatamente, uma assembleia geral (conforme preveem o art. 31 da Resolução n° 4.434/2015 e art. 56 da Lei n° 5.764/71). Por isso a importância dos conselheiros fiscais, administrativos e demais gestores se qualificarem para gerirem a cooperativa da forma adequada, inclusive o BCB, através da Resolução nº 4.538/2016, define como política de sucessão dos gestores o seguinte, *verbis:*

> [...]
>
> Art. 3º A política de sucessão de administradores deve abranger processos de recrutamento, de promoção, de eleição e de retenção de administradores, formalizados com base em regras que disciplinem a identificação, a avaliação, o treinamento e a seleção dos candidatos aos cargos da alta administração, considerando, no mínimo, os seguintes aspectos:
>
> I - condições para o exercício do cargo exigidas pela legislação e pela regulamentação em vigor;

> II - capacidade técnica;
>
> III - capacidade gerencial;
>
> IV - habilidades interpessoais;
>
> V - conhecimento da legislação e da regulamentação relativas à responsabilização de qualquer natureza por sua atuação; e
>
> VI - experiência (BRASIL, 2016).

5. RESPONSABILIDADE NA ESFERA PENAL

As infrações listadas no art. 3º da Lei nº 13.506/17 (a qual dispõe sobre o processo administrativo sancionador na esfera de atuação do BCB e da CVM), além de poderem gerar as penalidades previstas no art. 5º da mesma Lei, pode ocasionar que o BACEN oficie o Ministério Público para uma eventual apuração de infração de ordem penal, notadamente sobre gestão temerária ou fraudulenta, nos termos do art. 4º da Lei nº 7.492/86, a qual define os crimes contra o SFN, os quais: gestão fraudulenta: reclusão de 3 a 12 anos e multa; se a gestão for temerária: 2 a 8 anos de reclusão e multa (parágrafo único de mencionado artigo). Esta Lei define vários outros crimes, não só os acima mencionados.

A Lei nº 6.385/76, que dispõe sobre o mercado de valores mobiliários, no seu § 4º do art. 9º prescreve, *in verbis:*

> [...]
>
> §4º - Na apuração de infrações da legislação do mercado de valores mobiliários, a Comissão priorizará as infrações de natureza grave, cuja apenação proporcione maior efeito educativo e preventivo para os participantes do mercado, e poderá deixar de instaurar o processo administrativo sancionador, consideradas a pouca relevância da conduta, a baixa expressividade da lesão ao bem jurídico tutelado e a utilização de outros instrumentos e medidas de supervisão que julgar mais efetivos (Redação dada pela Lei nº 13.506, de 2017).

Cumpre informar que a Lei nº 13.506/17 realizou várias alterações na Lei nº 6.385/76, notadamente os arts. 27-C, 27-D e 27-E, os quais estão no capítulo que trata dos Crimes contra o Mercado de Capitais.

Por seu turno, a Lei nº 6.024/74, que dispõe sobre a intervenção e a liquidação extrajudicial de instituições financeiras, determina que na hipótese de indícios da prática de delito ou contravenção penal, o Ministério Público será comunicado para a devida e necessária apuração, vejamos:

> [...]
>
> Art. 32 - Apurados, no curso da liquidação, seguros elementos de prova, mesmo indiciaria, da prática de contravenções penais ou crimes por parte de qualquer dos antigos administradores e membros do Conselho Fiscal, o liquidante os encaminhará ao órgão do Ministério Público para que este promova a ação penal (BRASIL, 1974).

Atualmente, não só os membros do conselho de administração, conselho fiscal e diretoria executiva respondem penalmente, mas também os gerentes. Esses também são responsabilizados por eventuais crimes praticados na gestão da cooperativa, o que reforça a importância de uma eficiente governança corporativa e o investimento em programa adequado de *compliance*.

A Lei nº 7.492/86, que define os crimes contra o SFN, prevê em seu art. 25 os sujeitos ativos dos delitos/crimes, os quais "são penalmente responsáveis, nos termos desta lei, o controlador e os administradores de instituição financeira, assim considerados os diretores, gerentes" (BRASIL, 1986).

A Lei do Cooperativismo, em seu art. 53, determina o seguinte: "Os componentes da Administração e do Conselho fiscal, bem como os liquidantes, equiparam-se aos administradores das sociedades anônimas para efeito de responsabilidade criminal" (BRASIL, 1971, grifo do autor).

Reputamos importante transcrever abaixo o art. 26 da Resolução nº 4.434/2015 do BCB, que trata da governança corporativa, com o objetivo de alertar os gestores de que devem sempre observar com afinco esta determinação legal:

> Art. 26. As cooperativas de crédito devem observar política de governança corporativa aprovada pela assembleia geral, que aborde os aspectos de representatividade e participação, direção estratégica, gestão executiva e fiscalização e controle, e que contemple a aplicação dos princípios de segregação de funções na administração, remuneração dos membros dos órgãos estatutários, transparência, equidade, ética, educação cooperativista, responsabilidade corporativa e prestação de contas (BRASIL, 2015).

Consideramos, outrossim, crucial definir o que é segregação de funções, conforme definido pelo Portal de Auditoria:

> Um sistema de controle adequado é aquele que elimina a possibilidade de dissimulação de erros ou irregularidades. Assim sendo, os procedimentos destinados a detectar tais erros ou irregularidades, devem ser executados por pessoas que não estejam em posição de praticá-los, isto é, deve haver uma adequada segregação de funções. De uma maneira geral, o sistema de

> controle interno, deve prever segregação entre as funções de aprovação de operações, execução e controle das mesmas, de modo que nenhuma pessoa possa ter completa autoridade sobre uma parcela significativa de qualquer transação (PORTAL DE AUDITORIA, 2018).

Por fim, é importante salientar que não é o mero exercício do cargo de administrador ou gerente que implica na responsabilização penal, mas sim, a prova de sua conduta antijurídica e ilícita, através do dolo ou culpa.

Importa esclarecer que além dos crimes contra o SFN, os gestores de cooperativas poderão ser responsabilizados por crimes, por exemplo, contra a organização do trabalho, crimes ambientais, tributários, previdenciários e contra o consumidor.

6. CONSIDERAÇÕES FINAIS

Por tudo exposto, pode-se concluir que diante da imensidão de atos previstos na legislação considerados infracionais, bem como os inúmeros e complexos processos operacionais atinentes às atividades das cooperativas de crédito, assim como a complexidade do Sistema Financeiro Nacional, não resta outra saída, senão investir, investir e investir em governança corporativa, *compliance*, tecnologia da informação. Os bons gestores de uma cooperativa devem, também, se cercar de assessores jurídicos, contábeis e administradores competentes, com o intuito de se realizar um trabalho preventivo, pois, como se sabe, quando praticado um ato ilícito, mesmo que de forma involuntária, o prejuízo que se pode causar à instituição é bastante considerável, em todos os aspectos, como por exemplo, nas esferas econômica e social. Referidos prejuízos refletem-se, especialmente, com relação a marca da instituição, considerada patrimônio intangível de grande valor no mercado, sendo que muitas vezes supera inclusive o patrimônio tangível da cooperativa.

As cooperativas de crédito e seus gestores, além da infinidade de dispositivos legais pertinentes, devem, outrossim, sempre ter em mente a respeitabilidade aos valores e princípios do cooperativismo, sob pena de a cooperativa deixar de ser uma cooperativa e se tornar uma sociedade empresária. Consideramos que os princípios da gestão democrática e o da intercooperação, seja ela no campo horizontal ou vertical, devem sempre ser cultivados de uma forma especial.

Por derradeiro, não obstante as dificuldades que são peculiares a qualquer nicho de mercado, é de se elogiar as cooperativas de crédito singulares, as centrais e federações, confederações, bancos cooperativos, seus gestores e colaboradores, pelos esforços que têm sido realizados para aprimorar a governança corporativa, o *compliance* e demais processos, no intuito de fortalecer o sistema e dar mais segurança, inclusive jurídica, a todos os atores envolvidos, mas principalmente aos associados e ao Sistema Financeiro Nacional.

REFERÊNCIAS

BANCO CENTRAL DO BRASIL. Circular nº 3.857, de 14 de novembro de 2017. *Dispõe sobre o rito do processo administrativo sancionador, a aplicação de penalidades, o termo de compromisso, as medidas acautelatórias, a multa cominatória e o acordo administrativo em processo de supervisão previstos na Lei nº 13.506, de 13 de novembro de 2017.* Disponível em: <https://www.bcb.gov.br/htms/normativ/Circular3857.pdf?r=1>. Acesso em 15 maio 2019.

______. Resolução nº 4.122, de 02 de agosto de 2012. *Estabelece requisitos e procedimentos para constituição, autorização para funcionamento, cancelamento de autorização, alterações de controle, reorganizações societárias e condições para o exercício de cargos em órgãos estatutários ou contratuais das instituições que especifica.* Disponível em: <https://www.bcb.gov.br/estabilidadefinanceira/exibenormativo?tipo=Resolu%C3%A7%C3%A3o&numero=4122>. Acesso em 15 maio 2019.

______. Resolução nº 4.434, de 5 de agosto de 2015. *Dispõe sobre a constituição, a autorização para funcionamento, o funcionamento, as alterações estatutárias e o cancelamento de autorização para funcionamento das cooperativas de crédito e dá outras providências.* Disponível em: <https://www.bcb.gov.br/pre/normativos/busca/downloadNormativo.asp?arquivo=/Lists/Normativos/Attachments/48507/Res_4434_v1_O.pdf>. Acesso em 15 maio 2019.

______. Resolução nº 4.538, de 24 de novembro de 2016. *Dispõe sobre a política de sucessão de administradores das instituições financeiras e demais instituições autorizadas a funcionar pelo Banco Central do Brasil.* Disponível em: <https://www.bcb.gov.br/pre/normativos/busca/downloadNormativo.asp?arquivo=/Lists/Normativos/Attachments/48507/Res_4434_v1_O.pdf>. Acesso em 15 maio 2019.

______. Resolução nº 4.595, de 28 de agosto de 2017. *Dispõe sobre a política de conformidade (compliance) das instituições financeiras e demais instituições autorizadas a funcionar pelo Banco Central do Brasil.* Disponível em: <https://www.bcb.gov.br/pre/normativos/busca/downloadNormativo.asp?arquivo=/Lists/Normativos/Attachments/50427/Res_4595_v1_O.pdf>. Acesso em 15 maio 2019.

BRASIL. *Constituição da República Federativa do Brasil de 1988.* Disponível em: <http://www.planalto.gov.br/ccivil_03/constituicao/constituicao.htm>. Acesso em 15 maio 2019.

______. Lei Complementar n° 130, de 17 de abril de 2009. *Dispõe sobre o Sistema Nacional de Crédito Cooperativo e revoga dispositivos das Leis nos 4.595, de 31 de dezembro de 1964, e 5.764, de 16 de dezembro de 1971.* Disponível em: <http://www.planalto.gov.br/ccivil_03/leis/lcp/Lcp130.htm>. Acesso em 15 maio 2019.

______. Lei n° 10.406, de 10 de janeiro de 2002. *Institui o Código Civil.* Disponível em: <http://www.planalto.gov.br/ccivil_03/leis/2002/l10406.htm>. Acesso em 15 maio 2019.

______. Lei n° 4.595, de 31 de dezembro de 1964. *Dispõe sobre a Política e as Instituições Monetárias, Bancárias e Creditícias, Cria o Conselho Monetário Nacional e dá outras providências.* Disponível em: <http://www.planalto.gov.br/ccivil_03/leis/l4595.htm>. Acesso em 15 maio 2019.

______. Lei n° 7.492, de 16 de junho de 1986. *Define os crimes contra o sistema financeiro nacional, e dá outras providências.* Disponível em: <http://www.planalto.gov.br/ccivil_03/leis/l7492.htm>. Acesso em 15 maio 2019.

______. Lei n° 9.873, de 23 de novembro de 1999. *Estabelece prazo de prescrição para o exercício de ação punitiva pela Administração Pública Federal, direta e indireta, e dá outras providências.* Disponível em: <http://www.planalto.gov.br/ccivil_03/leis/l9873.htm>. Acesso em 15 maio 2019.

______. Lei nº 13.506, de 13 de novembro de 2017. *Dispõe sobre o processo administrativo sancionador na esfera de atuação do Banco Central do Brasil e da Comissão de Valores Mobiliários; [...] e dá outras providências.* Disponível em: <https://www2.camara.leg.br/legin/fed/lei/2017/lei-13506-13-novembro--2017-785749-publicacaooriginal-154241-pl.html>. Acesso em 15 maio 2019.

______. Lei nº 6.024, de 13 de março de 1974. *Dispõe sobre a intervenção e a liquidação extrajudicial de instituições financeiras, e dá outras providências.* Disponível em: <http://www.planalto.gov.br/ccivil_03/leis/L6024.htm>. Acesso em 15 maio 2019.

______. Lei nº 6.385, de 07 de dezembro de 1976. *Dispõe sobre o mercado de valores mobiliários e cria a Comissão de Valores Mobiliários.* Disponível em: <http://www.planalto.gov.br/ccivil_03/leis/l6385.htm>. Acesso em 15 maio 2019.

CONSELHO DE RECURSOS DO SISTEMA FINANCEIRO NACIONAL (CRSFN). *295ª Sessão. Recurso nº 5778. Processo BCB nº 0101076647.* Disponível em: <http://fazenda.gov.br/orgaos/colegiados/crsfn/atas-de-sessoes/ata-da-295a-sessao-de-julgamento>. Acesso em 14 maio 2019.

______. *363ª Sessão. Recurso nº 12712. Processo BCB nº 0501296742.* Disponível em: <http://fazenda.gov.br/orgaos/colegiados/crsfn/atas-de-sessoes/ata-da--363a-sessao-de-julgamento>. Acesso em 15 maio 2019.

FILHO, Sergio Cavalieri. *Programa de Responsabilidade Civil.* 11Ed. São Paulo: Editora Atlas, 2014.

INSTITUTO BRASILEIRO DE GOVERNANÇA CORPORATIVA (IBGC). *Governança em organizações não empresariais.* Disponível em: <https://www.ibgc.org.br/governanca/governanca-em-organizacoes-nao-empresariais>. Acesso em 15 maio 2019.

______. *IBGC discute política de conformidade.* Disponível em: <https://conhecimento.ibgc.org.br/Lists/Publicacoes/Attachments/23842/PublicacaoIBGCDiscute-Pol%C3%ADticaDeConformidade.pdf>. Acesso em 15 maio 2019.

Lei nº 12.846, de 1° de agosto de 2013. *Dispõe sobre a responsabilização administrativa e civil de pessoas jurídicas pela prática de atos contra a administração pública, nacional ou estrangeira, e dá outras providências.* Disponível em:

<http://www.planalto.gov.br/ccivil_03/_ato2011-2014/2013/lei/l12846.htm>. Acesso em 15 maio 2019.

PORTAL DE AUDITORIA. *Conceitos que contribuem para um bom sistema de Controle Interno.* Disponível em: <https://portaldeauditoria.com.br/conceitos-que-contribuem-para-um-bom-sistema-de-controle-interno/>. Acesso em 15 maio 2019.

SUPERIOR TRIBUNAL DE JUSTIÇA (STF). *Recurso Especial n° 1.535.888/MG.* Disponível em: <https://juristas.com.br/wp-content/uploads/2017/06/AC%C3%93RD%C3%83O-1.pdf>. Acesso em 15 maio 2019.

SUPREMO TRIBUNAL FEDERAL (STF). *Súmula n° 341.* Disponível em: <http://www.stf.jus.br/portal/jurisprudencia/menuSumarioSumulas.asp?sumula=2478>. Acesso em 15 maio 2019.